上海市重点学科（商品流通学）建设
项　目　成　果

商业营运管理系列教材

市场营销学

主编　池丽华　朱文敏

立信会计出版社
LIXIN ACCOUNTING PUBLISHING HOUSE

图书在版编目(CIP)数据

市场营销学/池丽华,朱文敏主编. 一上海:立信会计出版社,2011. 2

商业营运管理系列教材

ISBN 978-7-5429-2789-7

Ⅰ. ①市… Ⅱ. ①池… ②朱… Ⅲ. ①市场营销学一教材 Ⅳ. ①F713.50

中国版本图书馆 CIP 数据核字(2011)第 021152 号

责任编辑　洪梅春
封面设计　周崇文

市场营销学

出版发行	立信会计出版社		
地　　址	上海市中山西路 2230 号	邮政编码	200235
电　　话	(021)64411389	传　　真	(021)64411325
网　　址	www. lixinaph. com	电子邮箱	lxaph@sh163. net
网上书店	www. shlx. net	电　　话	(021)64411071
经　　销	各地新华书店		

印　　刷	常熟市梅李印刷有限公司	
开　　本	787 毫米×1092 毫米	1/16
印　　张	23. 25	
字　　数	390 千字	
版　　次	2011 年 2 月第 1 版	
印　　次	2015 年 7 月第 3 次	
印　　数	6 201—7 300	
书　　号	ISBN 978-7-5429-2789-7/F	
定　　价	35. 00 元	

前　言

与市场相关的活动被定义为“营销”，这不仅是营利性组织经营理念的一次飞跃，也对那些比较贴近市场的非营利性组织产生了显著影响。在理论与实践的交互作用下，市场营销的理念、逻辑思维、战略战术、组织管理等方面的研究越来越深入，市场营销学也就越来越成熟。

营销环境的变革，对营销无疑产生了重大影响。就我国而言，过去30年的有效发展，一方面得益于企业当家人与广大员工的创造性努力，另一方面得益于社会经济的迅猛发展，消费能级的普遍提升。未来30年，企业应该更关注宏观环境的发展变化，从洞察宏观环境的变化中捕捉新的商机。同时，消费者需求的变化则更直接、更迅速、更显著。这些变化提示研究者与实践者：研究要从虚无转向实际，分析要从定性转向定量，功夫要从思辨转向实战；对企业而言，做任何决策，都不能想当然，应该首先去洞察消费心理，研究消费行为，关注消费者的购物行为与生活规律。

我国市场营销重大变革的另一个议题是：企业应该如何正确对待社会责任？我国法律工作者、理论工作者、市场营销学者、人民代表、政协委员等都应该向政府、企业界以及一切非营利组织呼吁并践行：每一个行业都必须设立自己的“行业底线”，一个能持续发展的行业，必定是一个有道德底线、有抱负、有社会责任感的行业。面对消费者的觉醒，法律法规的完善，只有守法的组织才能被允许生存与发展，这应该成为一条营销的“铁律”，也将成为我国企业发展的下一个转折点，企业应该尽责尽善！

从战略层面审视，任何一个产品的成功，都离不开两个空间，一个是虚拟空间，另一个是实体空间。这里所指的虚拟空间，不是网络，而是消费者的“思维空间”，也就是在消费者心智中的定位（注意：不是企业自说自话的自我定位）；另一个是“渠道空间”，最关键的是经销商渠道与零售商的货架空间，当然也包括现代的网络空间。如果思维空间的占有率很高，但渠道空间不足，那就无法现实地满足顾客的需求，如果产品很好，但常常缺货，顾客就会放弃，于是就会失去了“思维空间”。所以，思维空间与渠道空间必须紧密配合。供应商打广告是占领顾客的“思维空间”，供应商对经销商与零售商的支持，是为了占领“渠道空间”。所以，营销组合的关键是“思维空间”与“渠道空间”的组合。

本书共分12章，1～2章为营销理论部分，其中：第1章市场营销导论，介绍了市场营销的一般概念，以及市场营销管理过程和基本原则；第2章营销理论发展与创新，介绍了市场营销不同发展阶段营销观念及营销理论的演变及发展。学习该部分内容，能使读者对市场营销有初步的认识。3～4章为营销管理部分，其中：第3章战略、营销组织与管理，介绍了企业战略的特征、作用与形式，营销战略的影响因素与管理过程，营销组织的不同形式及营销战略执行；第4章营销信息管理，介绍了营销信息系统与营销工程，市场营销调研的方法与技巧，以及市场需求预测的主要方法。学习该部分内容，可使读者了解如何实施企业的营销管理。5～6章为市场分析部分，其中：第5章营销环境分析，对市场营销的环境从宏观、微观两个方面进行了阐述，并介绍了应对市场机会和环境威胁的各种策略和方法；第6章消费者分析，对消费者市场以及消费者购买行为进行了具体分析。学习该部分内容，可使读者了解如何发现市场机会。第7章为目标市场营销，介绍市场细分的依据、程序、条件，目标市场的营销战略和定位战略，使读者了解如何设计营销战略。8～12章为营销策略部分，分别介绍了营销学中的各种策略和实际操作的方法，使读者了解如何处理各种营销组合因素——产品、价格、渠道和促销，以及针对卖场应如何有效地开展营销活动。

本书每章都有若干"启示故事"，通过引用一些实例及点评，使读者能加深对相关理论知识的认识和理解，其中的"案例资料"大部分由作者采编，部分引用"案例资料"因出处不详而未标注来源。每章都设有"问题与探讨"、"案例分析"和"实践训练"，可作为学生课后的作业或课堂讨论。

本书的主要特点是由行业人员参与共同编写，是校企合作的成果。本书营销理论体系较为完善和详尽，且通俗易懂，可作为普通高等院校相关专业的教材，也可以作为企业从业人员培训教材或参考书。

本书由池丽华、朱文敏联合主编，参加编写的人员分工如下：第1、第2、第4章由池丽华编写；第3章由周勇编写；5～7章由朱文敏编写；第8、第10章由伊铭编写；第9、第11章由李仉辉编写；第12章由徐慧群、池丽华联合编写。在编写过程中，我们参考了许多专家学者的论著，在此对这些著作的作者一并致谢！我们真诚希望与同行们互动交流，不断完善教材内容，并邀请更多的专家学者、职业经理人参与教材修订。我们的联系方式：池丽华(chilihua99@sina.com)；朱文敏(zwm402@yahoo.com.cn)。

编　者

2011年元月

目　　录

第1章　市场营销导论

通过本章学习，你应该理解：

1. 市场营销的关键是将关注点从企业转移到顾客身上；

2. 清晰描述市场营销定义以及该定义演变中的变化；

3. 客户关系维系是营销的主要内容，客户需求认识和客户价值创造是营销活动的核心内容。

营销不仅是企业的一项基本活动，非营利组织同样需要这一活动，如政府、学校、医院甚至宗教组织，它们通过各种公共关系手段的宣传，让人们去认识和了解自己。营销已经渗透到生活的方方面面，我们随处都能够看到各类广告、打折、购买赠送等活动。现代营销不仅仅是推广宣传活动，而是通过了解顾客需求开展营销。企业需要更多地关注顾客，营销活动已经从单纯策略层面的营销活动，转变成为企业范围内真正以顾客为中心的战略层面的营销，顾客导向营销已成为企业经营的核心。

【引导案例】

与顾客一起创造价值

宜家公司是瑞典一家著名的家庭装饰用品零售企业，从最初的小型邮购家具公司一跃成为在世界各地拥有100多家连锁商店的大企业。宜家成功的秘诀是它具有独特的营销理念——“与顾客一起创造价值”。在这种理念指导下，宜家公司把自己与顾客、供应商之间的买卖关系发展成为共同创造价值的关系，你中有我，我中有你，共同组成一条价值链。

◎ 为顾客搭建创造价值的舞台

宜家在公司的一本小册子中写道：“财富就是你实现自己想法的那种能力。”从这一点出发，宜家认为不论是生产者还是消费者，都有创造价值的能力。问题关键在于，作为销售商如何为每一个消费者施展能力、创造价值搭建一个舞台。宜家不把向顾客提供产品和服务视为一种简单的交易，而是视为一种崭新的劳动分工，即：将一些原来由加工者和零售商所做的工作交给顾客去做，公司方面则专心致志地向顾客提供价格低廉而质量优良的产品。宜家每年都要印刷千万份、十多种语言的产品目录。而每份目录同时又是宜家理念的宣传品和指导顾客创造价值的说明书。宜家销售的可随意拆卸、拼装的家具，一是品种多，有厨房、卫生间、书房、客厅摆放的；有分别适用于儿童和成人的；有用木材、金属等各种材料制作的。二是便于消费者根据自己的爱好进行再创造，比如，宜家负责提供所需的油漆，消费者可以自己设计家具的颜色。进入宜家的商场，顾客不仅可以无偿使用商场提供的各种设施，还可以得到产品目录、卷尺、铅笔和记录纸，以便选择家具时使用，可谓“想顾客之所想”。宜家的商品标签也与众不同，除标有商品的名称、价格外，还有尺寸、材料颜色以及订货、提货的地点。宜家希望顾客能够明白，自己来这里不仅可以消费，而且可以再创造。在一些家具上津津乐道与现场定做、送货上门的时候，宜家却别出心裁地向顾客提供了无数个自己创新的条件和机会。这正是宜家的高明之处。

◎ 供应商也是宜家的顾客

宜家不但支持顾客创造价值，而且还支持自己的供应商创造价值。为了最终向顾客提供优质的商品和服务，宜家必须拥有能够提供优质廉价产品的供应商。因此，宜家在寻找和评估供应商时格外认真。供应商一旦成为宜家系统的一部分，就能够获得宜家提供的多方面的支持和帮助。例如，设在维也纳的宜家商业服务部，建有一个电脑数据库，目的就是向原材料供应商提供生意上的信息。宜家家具组件的来源极为分散，一把椅子的椅背可能是波兰制造的，椅子腿则可能是法国制造的，而把它们组装到一起的螺丝钉有可能是西班牙生产的。因此，宜家必须拥有一个高效率的订货和发货系统。这个系统的核心由 14 个仓库组成世界网络。这些仓库不是简单的储藏设施，而是公司的控制中心和供货枢纽。他们按照电脑优化的程序协调供求，帮助零售商预测需求和补充缺货。

由此可以看出，在宜家的系统中，不仅顾客的角色增添了新的内容——家具的再创作者，而且供应商的角色也发生了新变化，他们已经成了宜家的服务对象。宜家就是这样把顾客和供应商巧妙地连接在一起，从而形成了一个牢固的共同创造价值的链条。

资料来源：杨顺勇，牛淑珍，赵春华. 市场营销案例与实务[M]. 上海：复旦大学出版社，2009.

我们看到了在新经济条件下的市场营销发展趋势之一，就是顾客越来越多地参与到了企业的营销活动中来。从新产品开发到售后服务，从营销战略开发到营销策略实施。在这样一系列的过程中，应当重视顾客更多的参与，也只有这样才能真正做到尊重顾客价值。

思考： 1. 顾客价值是如何体现的？
2. 供应商、企业、顾客可以结成一体吗？

一、经济发展导致消费方式改变

随着经济的快速发展，消费者的消费行为在悄然发生变化。由于技术进步，产品更新换代加快，新产品和各种高科技产品层出不穷，不断推动消费方式与消费内容的更新；电子信息技术发展与广泛使用，强烈冲击了传统的商品交换方式，电子商务使消费方式发生了根本性改变；世界经济一体化及国际贸易广泛开展，促进了各国在民族文化传统、价值观念、生活方式等方面广泛交流与融合，各种新文化、消费意识、消费潮流不断涌现；“人性”解放以及物质生活和精神生活的日益丰富，使得人类审美情趣和价值取向多元化，人们有了更多选择自己生活方式的权利。主要表现在：

(1) 消费者在注重产品质量的同时,更加注重消费情感的愉悦和满足。人们更喜欢享受购物过程,享受服务,因此,对产品和服务的要求越来越高,顾客不仅渴望得到合理的价格、快捷的服务、符合要求的产品,更加注重产品给顾客带来的价值和体验。

(2) 个性化产品需求越来越强烈,个性化产品更能够体现个人的审美观和价值观。特别是年青一代,更加崇尚独特性,其生活方式、消费观念均发生了深刻变化。

(3) 人们越来越注重产品品牌及性能的分享,任何产品都可以通过网络实现分享其他人的购物感受,其传播过程是AISAS(Attention→Interest→Search→Action→Share,注意→兴趣→搜寻→行动→分享)。网络的发展使消费者购物方式发生改变,消费者能够快速通过网络去分享他人的购物体验,消费者对产品和服务的比较范围大大扩展。

(4) 人们不再满足于被动地接受企业的诱导和操纵,而是主动参与产品的设计和制造,商家已为消费者创立了更大的空间,让他们发挥自己的想象来创造独特产品,如上述宜家案例中描述的情况。

(5)"低碳、绿色"已逐渐渗透到消费者的消费意识中,消费者都希望通过消费"低碳、绿色"产品成为生活环境的维护者,并不断追求永续的消费。保护地球生态环境已成为企业的重要职责。企业,作为与地球息息相关的法人,必须承担起保护地球生态环境的社会责任,努力开发"绿色、低碳"产品。

消费者的这些变化是由于人们的消费观念向外在化、个性化、自然化方向发展,精神消费和心理消费的要求越来越高所致,这就迫切地需要企业与顾客之间通过更多的交流来实现各自的需要与利益,也就促使了营销方式的不断变革。

面对消费者消费方式的改变,企业需要随时关注消费者,了解消费者,对消费者的认识应成为企业成功营销计划的主要内容;反过来,消费者的反应则是一项营销策略是否成功的最终体验。**角色理论**(Role Theory)认为,消费者就像市场舞台上的演员,每个消费者的出色演出需要有行走路线、道具和服装。由于消费者要扮演许多角色,人们有时候会根据所处的特定"剧情"来改变消费决策,而且他们在一个"角色"中用以评价产品和服务的标准与另一个"角色"中的评价标准可能大相径庭。因此,营销的基本观念是企业为了满足消费者需要而存在的,只有当营销者比竞争者能够更好地理解消费者需要,并提供能够满足他们需要的产品和服务时,企业才能够生存和发展。而要真正以消费者为中心,需要将消费者作为理性顾客来分析其购买决策过程,同时更重要的是把握消费者体验,将营销的重点放在消费者体验上,通过知觉体验、思维体验、行为体验、情感体验等以观摩、聆听、尝试、试用等方式,使消费者亲身体验企业提供的产品或服务,使消费者在消费购买决策中具有更多值得回味的情景和感受,更好地体现个人的价值观。在这样广阔多变的营销世界里,没有什么是永恒的,只有对消费者的认识和了解,才有可能保持企业的产品不断吸引顾客的能力,才能够维护好自己的市场。

因此,对消费者各种消费方式、消费习惯等消费行为的研究,是市场营销的出发点。市场营销研究的理论和内涵也随着消费者的变化发生着深刻的变化。

二、市场营销内涵

市场营销理论源于美国,这个理论的发展过程已经超过100年。今天我们所看到市场营销概念是经历了一个长期变化的过程才逐渐形成的。市场营销的英文表述为“Marketing”，是“Market”的动名词形式，因此这个词的含义不仅仅是“买卖东西的地方”，更是需要将“买卖东西”这一行为描述进去，包括交易范围及买卖双方的全部行为。

(一) 市场营销内涵演变

1. 早期市场营销定义

对市场营销定义，不同时期具有不同的表述。

早期的市场营销主要指“推销”与“广告”，这个时期大致为20世纪初期。到第二次世界大战之后，特别是20世纪50年代，各个国家都将发展本国经济放在头等重要位置，生产力、科学技术得以发展，产品变得丰富，市场逐渐由卖方市场转向买方市场，现代市场营销开始形成。许多理论出现并开始用于市场营销活动中，具有代表性的就是STP理论（将在第7章中介绍），企业不再是生产什么卖什么，而是开始想办法关注和了解消费者的需求。通过市场调查分析、预测消费者的需求，人们需要什么，什么产品好卖，企业才生产什么。因为有人有听觉障碍，所以才有人设计和制造助听器；因为人们生活水平不断提高，体重超标的人越来越多，当他们需要无糖可乐时，可口可乐公司和百事可乐公司便开始生产和销售无糖可乐，来满足这一特殊消费群体的需求；因为母亲希望孩子聪明健康，就有了“生命一号”；因为老人渴望寻找到延年益寿的补品，“脑白金”应运而生，等等。

随着营销方式演变，人们对市场营销过程的表述也发生了变化。

1985年，美国市场营销协会（AMA，American Marketing Association）为市场营销作了如下描述：“市场营销是指对设计、产品和服务的定价、促销和分销进行计划并加以实施的过程，其目的是完成交换并实现个人及组织的目标。”这个定义是世界公认的，它较为完整地描述了市场营销的全部过程，并一直沿用多年。

2. 市场营销新定义

2004年8月，美国波士顿AMA夏季营销教学者研讨会上提出了市场营销新定义，这个新定义在美国的市场营销理论界、实践界都引起了广泛的讨论。新定义表述是：市场营销既是一种组织职能，也是为了组织自身及利益相关者的利益而创造、传播、传递客户价值，管理客户关系的一系列过程。

新定义不论在表述的重点还是在着眼点上都有了创新：① 着眼于客户，强调要重视并管理客户关系；② 重视客户价值，客户构成市场，市场沉浮企业。争取客户的支持，千方百计地满足客户，应当永远是企业思考营销问题的核心；③ 强调客户体验与互动，市场营销过程就是客户体验和创造价值的过程；④ 肯定了市场营销是一个过程，是一项组织职能，不仅涉及组织目标还涉及利益相关者目标；⑤ 市场营销在理念上应该以关注客户价值为核心，专注于更好地创造、传播和传递客户价值，管理客户关系，专注于把自己的事情做好，这就是最好的市场营销。

因此，简单地说，市场营销就是处理与客户的关系。基于客户价值和客户满意来建立客户关系，是现代市场营销的核心：一方面是通过提供优质客户价值来吸引新客户；另一方面是通过传递客户满意来保持和发展当前客户。

（二）理解市场营销相关概念

1. 需要、欲望与需求

需要(Needs)是构成市场营销最基本的概念。需要是人类没有得到满足的感觉状态，是一种天性，既包含基本的生理需要，如对食物、衣物、温暖、家庭和安全的需要，也包括对归属和情感的社会需要，以及对知识和自我实现的需要。

欲望(Wants)是对人类需要的具体满足物的追求。如一个美国人需要食物，他的欲望可能是一个汉堡包、炸薯条和一杯可乐，而一个中国人需要食物，他的欲望可能是米饭、炒菜。而一个日本人的欲望就可能是寿司，韩国人的欲望可能是泡菜。欲望是由一个人所处的社会塑造的。

需求(Demands)则是指当一个人具备购买力时的欲望。即需求是人们对以商品和服务形式存在的消费品的要求和欲望。在一定条件下，人们需要一种能够给予其最大价值和满意的产品。需求分为现实需求和潜在需求，现实需求是具有明确意识和足够支付能力的需求，潜在需求是未来可能的消费需求。消费者之所以购买你的产品，是因为受着需求的驱使。需求形成于内心，由于缺少某些令人满意的东西，人们便产生了需求。不同的购买者对想要的东西有不同的购买动机，但都是为了满足他们获得尊敬、方便、舒适、健康、美丽或者其他方面的需求。市场营销就是要不断发现顾客潜在需求，并不断开发新产品来满足这种需求。

启示故事1-1：李老太买李子

李老太的儿媳妇怀孕有两个多月了，这几天胃口一直不是很好，老想吃酸的。李老太想，可不能亏待了我没出世的小孙子，儿媳妇的营养一定要加强。

想着，李老太就来到了李子摊前。李子摊王老板一见有顾客来，马上热情地招呼："新上市的李子，要不要?"李老太看了看，问道："这李子怎么样?"王老板马上说："我的李子个大味儿甜，您老来二斤?"李老太左摸摸右看看，李子的确是又大又红，李老太却摇摇头说："我再转转。"

李老太又来到了张老板摊前，张老板见李老太面露喜色，肯定家有喜事，便问道："老太太，什么事这么高兴?"李老太乐呵呵地说："就要抱孙子了，能不高兴吗?!"张老板马上说："恭喜！恭喜！儿媳妇几个月了?""都俩月了。"李老太笑得嘴都合不拢。"那可得加强营养，喜欢吃酸的吧?""是啊是啊！这两天就想吃酸的!"张老板顺势说道："我这个李子够酸，而且很有营养，您儿媳妇吃了，一准儿给您生个大胖小子。""是吗？那给我来二斤。"李老太高兴地买了李子，哼着小曲回家了。

销售人员要善于把握潜在顾客的需要，在此基础之上，把产品的利益和潜在顾客的特定需要和欲望结合起来，解决其面临的问题，这就是成功销售的秘诀。找准需求，不论是酸李子还是甜李子都会有它的市场!

资料来源：http：//www. amway. com. cn。

我们需要明白几点：没有哪家企业能够满足每一个人的一切需求；我们不仅要找客户，更重要的是了解需求；企业各部门必须相互合作来满足客户需求；营销的最终目的就是以满足需求来达成适当利润的。

2. 产品、服务和体验

消费者的需求靠产品、服务、信息、体验及它们的组合来满足。产品不仅包含实体产品,还包含无形的服务,甚至延伸到人物、地点、组织、活动、事件或企业所提供的利益、观念等。许多企业营销者错误地将注意力仅仅放在他们所提供的实体产品上,忽略了这些产品能给消费者带来的利益和体验,即只强调自己的产品好而忽视消费者的感受,我们称之患上了"营销近视症"。

当咖啡被当做普通的产品卖时,一磅可卖 300 元;当咖啡被包装为商品时,一杯就可以卖 10～20 元钱;当其加入了服务,在咖啡店中出售,一杯要几十元;但如能让咖啡成为一种香醇与美好的体验,一杯就可以卖到上百元甚至是几百元。

上例蕴含一个定律:增加产品的体验含量,满足消费者对产品价值的体验,带给其舒适、方便和美的享受,能为企业带来意想不到的收获。聪明的营销者不仅可以超越他们所售产品或服务的具体属性,而且能为消费者创造品牌内涵和品牌体验。可口可乐不仅仅代表一种碳酸饮料,它已成为一个拥有丰富历史和内涵的国际化标志;耐克也不仅仅是鞋子,它代表鞋子能为你所做的事情和能把你带到你要去的地方。我们穿上耐克鞋感觉很酷,能像运动员一样,成为迈克尔·乔丹和老虎伍兹玩转的那个体育世界中的一员。

启示故事 1-2: JUST DO IT

仅仅三个单词使其成为市场营销历史上重复次数最多的广告语之一。看到"Just Do It",我们大脑立即充满关于耐克这一品牌的联想:魅力无穷的迈克尔·乔丹,突破自我极限的勇气与自豪感。这句广告语既是普遍意义的,又是极度个性化的。它关乎体育,带来梦想,是一句对行动的号召,拒绝各种借口,让你迅速行动。也许我们不会立即去酣畅淋漓地运动一场,但一定会买上一双耐克鞋,因为它暗示我们就是具有这种气质和精神的人。在慢跑和健身热的风潮过去之后,运动鞋悄然流行起来。1988 年的这场营销活动,奠定了耐克的市场主导地位。

为什么"Just Do It"会有如此大的影响力?这是因为"Just Do It"传达的信息很少涉及产品本身;相反,它更加关注消费者。耐克经常引用创始人之一比尔·鲍尔曼的话:"如果你有身体,那你就是运动员。"如果你是运动员那你就是耐克的潜在消费者。从运动员到消费者其实就是"Just Do It"营销活动的内涵。创造这场营销活动的广告人丹·韦登,他从容地将目光集中于我们消费者身上,也集中于耐克对消费者采取行动的期待上,那就是:希望消费者把自己看做是运动员,想拥有一个坚韧的形象,然后买一双耐克鞋。

在中国市场上,耐克发现,相对于美国青少年,中国的年轻人更多的时间是花费在学习上而不是运动场上。中国的家长把更多希望寄托在孩子身上,希望他们成为医生而不是体育明星。因此耐克在中国市场推出"我梦想":耐克在向年轻人诉说成为一个体育明星的梦想,成为另一种学习之外的选择。耐克在每个市场上都在做同样一件事:那就是关注消费者本身,然后让消费者体验!

体验在于创造客户价值！体验是客户心灵与行为的感受。体验不仅是指对具体产品和服务的体验，还可以通过广告传播体验，通过品牌凝聚体验！

资料来源：① 菲利普·科特勒、加里·阿姆斯特朗、洪瑞云等：市场营销原理（亚洲版），机械工业出版社2010年版。

② 凯蒂亚·安德森著：罗宾汉市场营销，东方出版社2009年版。

体验不仅仅体现在销售产品的全过程中，更体现在客户对产品消费前的认知、消费中的亲历，以及消费后的满意程度。客户购物前、中、后的体验，已成为增加客户满意度和品牌忠诚度的关键性因素。当然，体验是非常复杂的，没有两种体验是完全相同的，人们只能通过一些标准，来将体验分成不同的体验形式。企业的营销人员如关心一些特别的个别体验，还不如探讨一下营销战略，考虑企业要为客户提供哪一类体验形式，并如何才能提供永久的新奇。

3. 价值、成本和满意

客户价值(Customer Value)是客户从某种商品或服务上获得的包括物理属性与精神感受的总体利益（商品价值）与获得该商品所付出成本之差。客户心中有一杆秤，会不断衡量商品价值与购买成本。当商品价值大于成本，交易则可能成功。因此只有商品价值与购买成本在客户心中达到一种平衡或拥有更高商品价值认知时，客户才会决定购买商品。图1-1是客户价值模型。

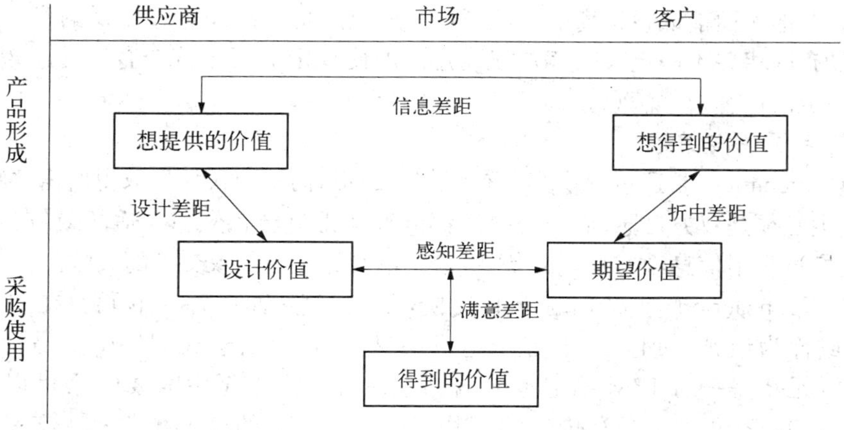

图1-1 客户价值模型

提高客户价值需要考虑两方面：提高商品价值和降低购买成本。

一个商品的价值不完全是由其物理属性决定的，更多是由消费者心理因素决定的。不管这个商品实际价值是多少，关键要看消费者心中对该商品价值的认知是多少。当一件商品的物理属性无法提升时，市场营销者可以增加消费者对商品的心理价值。如通过塑造产品的品牌文化、提升商品品位、为商品注入感情、巧妙的终端设计、巧妙的折扣等方式，均可以提升商品价值。假如一个人来买奔驰汽车，你告诉他打5折，估计这个消费者会扭头就走。因为购买奔驰汽车不是为了购买一辆交通工具,而是来购买一种身份、地位与价值。现在打5折就意味着他的身份也打了5折。但如果你告诉他购买奔驰可以送他一块瑞士手表、一只名牌打火机及100万元的车险,他可能就会欣然接受,因为这样既满足了消费者想在交易中占便宜的人性特点,又维护了商品的价值。

减少客户的购买成本需要分析购买成本构成。一般可以分为:时间成本、体力成本、风险成本和选择成本四种。客户更多的是抱怨等待而不会抱怨价格,时间成本过多,客户就会抱怨,因此降低时间成本成为减少客户购买成本的关键因素。随着生活水平提高、网络的发达、快捷的交通,体力成本开始在消费成本中出现,特别是“80后”和“90后”的年轻人及“宅男”、“宅女”的出现,市场营销者更需要考虑减少消费者的体力成本,更多采用网购、送货上门等服务。有调查显示,客户的购买风险是商家销售风险的两倍,因此客户购物会前思后想、小心翼翼、谨慎决策,生怕出现购买失误。因此,市场营销者需要把客户购买各种顾虑和风险消除,给予客户购物保障就可以有效降低风险成本。选择某商品必然要放弃其他可替代商品,不要试图设置各种转换消费的障碍来否定其他替代品,要明白一旦消费者失去选择余地就会本能地感觉到有更大的消费风险。

客户满意(Customer Satisfaction)是指对于一次购买的满意程度。菲利普·科特勒认为,客户满意“是指一个人通过对一个产品的可感知效果与他的期望值相比较后,所形成的愉悦或失望的感觉状态”。客户满意是对客户将来购买行为影响的关键因素。满意的客户将会再次购买,并且告诉他人自己愉快的购物经历;不满意的客户将会转向竞争者购买,还会在他人面前诋毁该商品。注意:客户抱怨是一种满意程度低的最常见的表达方式,但没有抱怨并不一定表明客户很满意。即使规定的要求符合客户的愿望并得到满足,也不一定确保客户很满意。

4. 交换、交易与关系

交换(Exchange)是通过提供某种东西作为回报,而从他人那里取得所需之物的行为。交换的发生必须是双方自愿、而且交换后都能够获得自己较先前合适的或较为满意的物品。在交换过程中信息沟通是先决条件,信息不对称往往导致交换的失败。

交易(Transaction)是双方的价值交换,是交换活动的基本单元。在双方进行信息沟通(或称为谈判)过程中,若趋于达成协议,一旦协议达成即发生交易行为。如你付出9 500元获得一台IBM笔记本电脑。交易行为发生至少需要三个可以度量的实质性内容:① 至少有一个有价值的事物;② 双方达成的交换条件;③ 交易的时间与地点。

买卖双方发生交易行为过程即产生了交换关系(Exchange Relationships)。精明的市场营销者为促使企业与客户交易成功而需要与客户、分销商、经销商、供应商保持长期稳定的互信互利关系。要想与客户建立和维持长期密切的关系,必须注意:首先,企业要从客户的需求和利益出发,不以销售本企业产品为目的,而以解决客户的问题为目标;其次,为客户提供方便、周到的服务。消费者需要的不仅仅是核心产品利益,更要求具有良好的外延产品和附加产品;再次,不断创造新需求。在知识经济时代,科技的变化日新月异,消费者很难意识到新技术的发展方向,需要企业进行引导。例如:为了满足消费者对计算机速度的要求，英特尔公司连续推出了赛扬系列、奔腾系列、酷睿系列，这些产品如果等到消费者意识到再去研究，将会大大损害消费者利益。

启示故事 1-3：日产汽车

日产(Nissan)在设计推出它的新型载货卡车(Titan)之前，开展了一系列调查活动。他们让卡车司机试开一系列相互竞争的不同品牌的卡车，然后再询问司机，哪种是他最喜欢的卡车，哪种卡车拥有最好的驾驶体验，哪种卡车拥有最好的转向系统和悬吊系统等。这种单独询问参与者的方式能够帮助企业获得更多认识。日产开始理解了卡车购买者另一面的需要，即对卡车内部构造、自动控制系统等的了解。日产的员工开始跟随卡车司机左右，观察他们如何使用卡车，在其工作地点，日产观察到，卡车司机常常会为卡车座位上不方便的安全带而感到沮丧，这促使日产设计的卡车基座带有一些轨道，从而使安全带更为灵活。这又提供了滚动工具箱以及自行车、雪橇架的销售机会。日产还跟随卡车司机的周末旅行，当看到司机在努力往其车内装载货物而不断地被困在门中间时，日产从中受到启发，开发出了可旋转180度的车门。

真正做到以客户为中心，急客户所急，想客户所想，把客户当做自己亲人对待，建立长期友好互惠互利关系，营销才能成功！

资料来源：菲利普·科特勒，加里·阿姆斯特朗，洪瑞云等. 市场营销原理[M]. 亚洲版. 机械工业出版社，2010.

5. 市场、市场营销者

市场(Market)，一般意义上是指买卖双方进行交换的场所。但市场营销中的市场则是由交换关系衍生出来的，是某种产品的现实购买者和潜在购买者的集合。站在销售者立场上，同行供给者即成为竞争者，而不是市场。销售者构成行业，购买者构成市场。这些购买者具有共同特性，即他们具有某种共同需求或欲望，可以通过交换关系来满足。因此，市场包含三个基本要素：有某种需要的人、为满足这种需要的购买欲望和购买能力。整个社会就是一个由各种交换关系构成的复杂的营销体系：生产商到资源市场购买资源(包括劳动力、资本和原材料)，转换成商品和服务之后卖给中间商，再由中间商出售给消费者。消费者则到资源市场出售劳动力而获取报酬来购买和消费商品和服务。政府则从资源市场、生产商、中间商那里购买商品，支付货币，再对这些市场进行征税并提供服务。市场之间不断进行信息与实物的交换，交换实现的前提仍然是需求。图1-2揭示现代交换经济中复杂的市场营销体系及市场流程。

在上述营销体系中，每个市场成员都是市场营销者。不要以为只有企业才能成为市场营销者，消费者同样也是市场营销者，他同样执行营销活动。当消费者主动寻找他们的需要而又能够为此支付得起的产品时，他就参与了市场营销活动。当企业的采购代理搜寻供应商并进行讨价还价时，他同样在进行营销。创造交换关系需要付出努力，卖者必须寻找买者，并识别他们的需求，设计良好的产品与服务提供给买者。一般来说，在交换关系中，一方主动积极地寻找交换就是市场营销者，另一方则成为潜在客户。如果双方都在积极寻求交换，他们都成为市场营销者，称为相互市场营销。

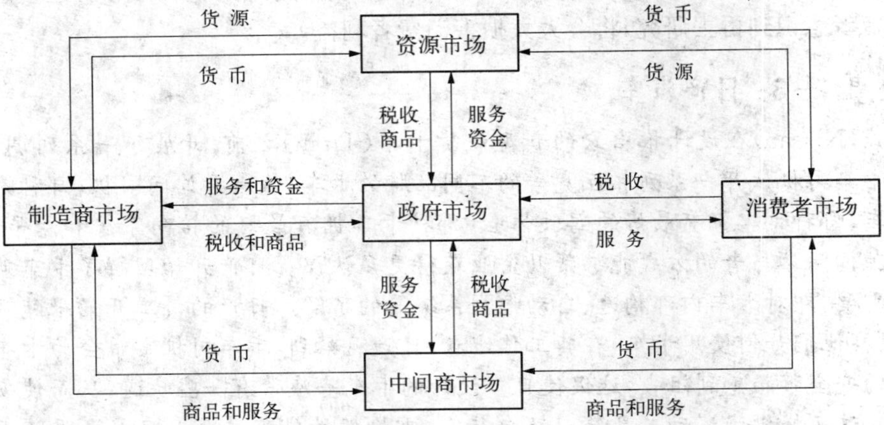

图 1-2 复杂的市场营销体系和市场流程

三、市场营销过程

市场营销是一个有步骤、有计划的活动过程。简单地说就是如何发现客户需求，根据发现来设计符合客户需求的产品和服务，构建营销方案，通过持续客户关系维护与管理，通过为客户创造卓越的价值来实现回报获取利润。因此，市场营销过程包括以下步骤：寻找目标消费者；确立竞争优势战略；发展市场营销组合；营销活动管理。

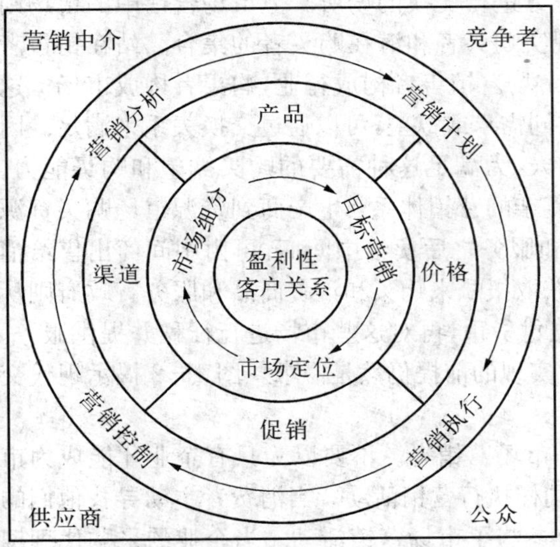

图 1-3 营销过程

整个营销过程客户处于中心地位，企业的目标就是要建立强大而盈利的客户关系。图 1-3 描述了营销过程及涉及的影响因素。

1. 寻找目标消费者

任何一个企业都不可能满足所有消费者的需求，因此必须寻找自己的目标市场。通过需求测量与预测、市场细分、目标市场选择、市场定位，企业才能决定为哪些人服务以及如何提供服务。市场营销的关键是发现和了解客户需要，识别出整个市场，并将它分为许多小的细分市场，从中选择最有前途的细分市场，集中服务于这个市场。

2. 确立竞争优势战略

为了获得成功，企业必须在满足目标客户方面比竞争者做得更好。企业必须仔细分析目前所处的环境状况、自身优势以及相对于竞争对手的独特能力，建立自己的差异化优势。而创建差异化优势的关键因素依然是以客户价值(如：更低的价格、更优良的产品、更周全的服务等)为依据，同时要运用竞争者难以模仿的技术，形成自己的核心竞争力。企业采用何种竞争性营销战略依赖于其行业地位：市场领导者(Market Leader)如可口可乐(软饮料)、微软(电脑软件)、索尼(电视)、诺基亚(手机)、沃尔玛(零售)等；市场挑战者(Market Challenger)是处于第二位的、努力通过竞争来提高自己在某行业的市场份额的企业，如松下挑战索尼，百事可乐挑战可口可乐，三星挑战诺基亚等；市场跟随者(Market Follower)以及市场补缺者(Market Nicher)。

3. 发展市场营销组合

一旦企业确定了总体竞争性营销战略，就开始考虑营销组合的细节。营销组合是指企业为获得目标市场中希望的反应而设计的一套可控的营销策略，包括：决定产品(Product)、制定价格(Price)、考虑销售渠道(Place)以及选择促销(Promotion)手段四方面，这就是通常所说的4P。注意：4P是从卖方而不是买方角度考虑问题的。从买方角度，以客户为中心必须考虑4C：客户(Customer)、成本(Cost)、便利(Convenience)、沟通(Communication)。

4. 营销活动管理

为了找到企业适合的营销组合并付诸行动，企业必须进行营销分析、营销计划、营销执行和营销控制等管理活动。

本书第3章和第4章较为详细地阐述了营销管理及营销工具，第5章到第7章则详细分析了市场细分、目标市场选择、市场定位过程以及企业竞争优势的决定，第8章到第12章则围绕营销组合开展论述。

四、市场营销基本原则

市场营销渗透到社会的方方面面，因此企业及市场营销者们必须牢牢记住市场营销的几个基本原则。

原则一：以客户为中心

营销的第一条原则是对营销概念本身的理解。我们不要盲目理解以客户为中心，我们需要清楚认识客户以及与企业的关系：企业为客户创造以商品为载体的价值，客户用金钱作为酬劳来交换这种价值；只要企业能够真正为客户解决问题，客户就需要你；企业能够持续不断地为客户解决问题，客户就会忠诚于你。因此，企业与客户是建立在双方利益交换基础之上的、较为合理稳定的一种关系，企业做得如何，客户是最终的评判者！客户根据自己的需求被满足情况来评价市场中产品和服务的质量。对客户而言，优质产品和服务必须满足或者适合其需求，而不是那些不必要的奢华之物。著名管理大师彼得·德鲁克有一句经典名言："企业的唯一目的就是创造客户。"

小链接

苹果电脑公司推出的Macintosh(麦金塔)电脑同IBM的OS2同时败给了微软的Windows就是一个非常典型的不了解客户真正需求的例子。苹果公司失败的原因就是过分迷信自己的研发实力与技术，不去进行市场与消费者研究，认为最好的产品一定是赢家。的确，Macintosh 操作系统优于 Windows，直到现在，一些设计、制图等计算机高级需要人群还会选择 Macintosh，也因此有了"苹果"迷们所说的："95%的电脑使用者都做出了错误选择，"即使企业的技术在业界领先，也有足够实力来研发客户的新需求，但开发客户需求若变成了坐在办公室与研究室里一厢情愿的推测，那结果就是成功了产品却失去了市场。Macintosh 就是以其卓越的产品来对抗 Windows 这个被业界称为仅是合格的产品，结果却是因为没有把握消费者真正的需求——方便、容易使用，而败给了 Windows 这个虽然性能平平，但却非常容易操作的系统，市场份额不足 Windows 系统的 5%。

世界著名的家电品牌惠而浦采用的则是与消费者直接合作沟通的方式来发现消费者真正的需求。他们设计了一套简单的产品实验室，其主要特点是可以随意移动。而后把实验室搬到目标消费者家中，与消费者一起探讨什么样的产品能够改善他们的生活，然后共同开发新产品。消费者为能够参与国际知名品牌的产品研发设计而感到骄傲，同时还能借助惠而浦研发人员的手来达成他们的期望与梦想，因此参与的顾客都非常投入。结果是一件件符合消费者需要的产品不断产生，也因此，惠而浦产品失败率是同行业中最低的，平均后的单品销售量却是业界最高的。因为他们扮演着客户、思考着客户、代表着客户。

原则二：客户想买的并不是产品本身

这一条原则是对第一条原则的引申。客户购买的并非是产品，而是产品能为他们带来的利益——解决某个问题。换句话说，一项产品或服务的技术特色对客户并没有多少吸引力，客户真正感兴趣的是自己从购买、使用到消费产品或服务中所能够得到的利益。

小链接

苹果公司因为缺乏对消费者真正需求的了解而在操作系统竞争中输给了微软，他们吸取教训，在接下来的产品开发中从客户导向转变为问题导向，以解决客户问题入手，为大量喜欢音乐的消费者可以方便获取音乐，同时追求炫酷的年轻时尚一族提供了 iPod MP3 播放器。这款播放器小巧轻便，存贮量却很大，并且音质清晰，操作便捷，还可以连接网络获得各种音乐。这款产品完全满足了随时听音乐一族的个性需求——他们希望无论什么情况都可以把音乐随时带在身边，因此，产品体积要小；因为都是音乐达人，自然想听的歌曲很多，也很个性化，所以产品不仅内存要大；可以随时获取新音乐，具备从互联网获得音乐的功能；外形时尚炫酷，声音清晰逼真……苹果公司针对客户的这些问题完全予以解决，因此该产品大受欢迎。苹果公司通过为客户提供音乐获得的最佳解决方案而大获成功。

原则三：市场营销是商业性的竞争战略

市场营销是商业性竞争战略。战略的特征要求，一是时间跨度有长远性，二是站在一定的高度，并通过高管层引导方向，执行层组织推动，最终实现"批量制造"忠诚客户。营销战略必须置于企业整体战略环境中，其关键是如何将企业产品在未来潜在客户的脑海里确定一个合理的位置，以区别竞争者产品，从而获得差异化竞争优势。由于竞争态势瞬息万变，客户需求迥然不同，企业的竞争性定位能够清晰描述目标市场（即企业在什么市场上开展竞争）以及差异化优势（即企业将如何竞争）。定位是为了在核心战略指导下实现企业目标。

小链接

被称为“星巴克之父”的舒尔茨当年在规划星巴克的时候下过很多工夫，他想为消费者提供顶级的服务和产品，从而获得较高的利润。因为当时并没有特别高档的咖啡店，于是他参考了高档饭店和星级酒店的产品和服务。但他发现，从一家咖啡店的属性特点到当时自身的实力，都无法达到和高档酒店一样的设施、产品、服务及综合体验。结果他放弃这种想法，确定了星巴克有名的“第三空间”的独特体验形式：也就是说除了家和上班地点以外的另一个舒适的社交场所，就像是客厅的延伸。在那里，顾客们心情放松，并享受交际的乐趣。承诺给消费者的不是多么豪华的环境，也不是绝世的美味，而是一种完全独立、新颖的价值思想。当消费者带着新奇与试试看的心态走进星巴克，就会被这独特的体验所征服。由于星巴克提出的这种体验理念不同于传统的奢华或流行，因此可以说，消费者走进星巴克后一切规则都由星巴克来决定。可见，独特的、差异化的营销战略使星巴克成为世界上增长最快的品牌之一。

原则四：要在能够确定竞争优势的市场开展竞争

选择在哪个市场开展竞争和投入资源，对于任何一个组织都是至关重要的。原则三已经告知我们要传递给客户的定位信息，但在传递信息前必须找准自己的目标客户。市场选择需要考虑多方面因素，一个关键问题是：我们能否拥有技能和能力在这个市场竞争？因为选择市场错误的企业比比皆是，它们被市场表面的吸引力所诱惑，将自己的资源投入进去，直到市场竞争激化，才发现自己并没有可以一搏的资本。任何企业的资源都是有限的，我们需要将有限资源全力用在具有竞争优势的市场上，这就是竞争性市场聚焦。聚焦并非简单的资源集合，而必须以战略性视野设计聚焦战术，才会有 1+1≥2 的效果。

小链接

1988 年，亚洲太平洋酿酒集团登陆中国饮品市场，合资成立了上海亚太啤酒饮料公司，主推“力波”啤酒。1996 年，拥有百年历史的日本酒业巨头——“三得利”抢滩上海，力波与之展开了激烈的市场争夺战，几个回合下来，力波均告失利，失去了大量市场份额。力波仔细分析自己与对手的情况，决定将各区域的运作资源全部集中在上海，并且一反啤酒品牌不喜欢被冠为区域品牌的常规，自报“上海啤酒”，创作了广告歌曲《喜欢上海的理由》，不久该歌曲即风靡上海，在广告歌曲推动下，力波销售量迅速回升。紧接着，各种灵活多样的营销战术迭出——推出新产品超爽啤酒，视觉上改变产品瓶体外观，利用韩日世界杯，大家关注足球的机会，和众多饭店联盟，推出“看足球喝力波”的营销活动。世界杯之后，力波继续和餐馆终端联盟，推出“好吃千百种，好喝有一种”的广告攻势，引导消费者改变消费行为。

力波关注上海的营销战非常成功，取得了关键市场份额的大幅提升。

原则五：大多数市场非同质而是异质的

由于消费者之间需求表现为越来越大的差异性，他们更希望凸显个性，更愿意接受个性化服务，就是同一个人也会因不同时间段而表现不同需求。因而，大多数市场都是异质的，是由不同消费者、子市场或细分市场构成的。而这种消费者需求的异质性，导致市场细分或一对一营销，每一位消费者都可以被看做是一个细分市场。

市场上消费者群体或个体之间，哪里有需求和愿望的差别，或者对市场上产品或服务的态度和偏好的差别，哪里就有市场细分的机会，即可以把一个较大的市场细分为较小的群体（细分市场），从而企业可以找到自己有能力获取利润的目标市场。

原则六：市场和客户都在不断变化

市场是动态的，客户需求也是不断变化的，而且产品的市场生命周期也有限，当出现一种能更好地满足潜在客户需求时，原先的产品就要被淘汰。变是永恒的真理，因而企业也要不断更新产品和服务去适应市场及客户的变化，及时了解他们，才能更好地为他们创造更多价值，企业需要通过持续不断的改进来保持其市场的竞争优势。

企业经营的第一要务就是要根据市场的变化来淘汰、演进自己的产品、营销模式，甚至是经营方式，我们不这样做，竞争对手会这样做，等竞争对手这样做的时候，就会被市场和客户抛弃。面对市场的不断变化，企业的应对策略也千差万别，如跟随市场变化而改变、预见市场未来变化而提前采取措施，或利用企业自身力量及强力的营销策略来赢得市场的未来。

小链接

中山聚龙金属首饰有限公司是一家生产指甲钳的企业，主导品牌为“非常小器”，像它的名字一样，他们的产品是很小的器具，但是他们却把这个很小的器具做出非常大的成绩。当初我国的指甲钳市场很小，也很杂乱，产品品质普遍偏低。“非常小器”的老总梁伯强看准了未来将是优胜劣汰、精品生存、品牌为王的市场格局。于是他奔走全球146个国家进行考察，归国后确定了不求做大，但求做强，走精品路线，创自主品牌的经营战略。在10多年前，多数以代工为生的中小企业中，这种想法是超前的。但是，同时也具有相当大的风险，因为代工有收入保障，自主品牌则没有，前期还要投入大量的设备与研发费用。但是，今天看来，梁伯强的预见是正确的。当年为其他品牌做代工的企业多数都已经灰飞烟灭，而“非常小器”由于推出了“盛雅伦”与“非常小器”两个品牌，产品出口到国外多个国家，位列全球前三甲，亚洲第一，并成为我国指甲钳行业标准的起草者。虽然企业规模并不大，却是名副其实的隐形冠军。可见，不论企业大小，只要看得准看得远，都能取得经营的成功。

原则七：关系营销越来越重要

1985年，芭芭拉·本德·杰克逊首先提出了关系营销概念，她认为，关系营销将使企业获得较之其在交易营销（与交易有关的市场营销活动）中所得到的更多。关系营销是企业为了满足客户需要，获得客户的忠诚，企业与各个相关利益者，通过一系列的合作或配合创造各方亲密的相互依赖关系，同时实现各方目标的过程。关系营销的实质是在双方买卖关系的基础上建立非交易关系，以保证交易关系能够持续不断地确立和发生。营销大师科特勒认为：企业营销应成为买卖双方之间创造更亲密工作关系和相互依赖关系的艺术。关系营销的核心则是建立和发展与各方利益相关者相兼顾的长期关系。企业作为一个开放的系统从事活动，不仅要关注客户，还应注意大环境的各种关系：企业与客户的关系、与上游企业的关系、企业内部关系以及与竞争者、社会组织和政府之间的关系。其中，与客户的关系是关系营销的核心和归宿。

关系营销已经被实践证明是成功的战略，它为我们带来了一种全新的营销理念，为企业不断赢得客户赞许，并让企业与客户之间建立了长远的合作伙伴关系。现代营销的成功案例验证了这一点，一名优秀的营销人员在业务洽谈中，重点并不一定是推销产品，而是建立彼此之间的关系，以作为日后合作的基础，当客户感受到彼此已超越一般生意伙伴关系时，自然会产生一种恒久的信任；有了这种信任基础，再通过各项相关的“关系营销”活动，保持并加深双方的友谊，才能巩固双方的和谐关系。在与客户建立关系过程中，要优先与能够给企业带来75%～80%利润的那20%左右的重要客户建立牢固关系，而沟通是建立关系的重要手段。

除了与客户建立关系外，供应商与制造商之间，制造商与分销商之间，不同制造商、分销商或供应商之间也存在这种相互关系。成功的企业需要维持及突出自己与客户之间以及与上下游企业之间深厚的关系，这样才能巩固市场地位。而维系这种关系的基础是双方都必须互信、互惠、互利，以对等的身份，寻求共同利益，期望共同回报。

小链接

IBM虽然是生产型企业，却定位于服务企业，以服务来强化企业核心竞争力，为客户提供各种问题的解决方案。IBM员工的上班地点不是在IBM公司，而是在客户的企业，工作就是为客户解决问题，创造价值。其不仅是销售他们的产品，还提供战略建议、管理指导，以及产品维护、使用培训等，当客户需要一些IBM没有的产品时，IBM甚至会帮助客户以最低的价格采购竞争对手的产品。为什么？因为客户的所有需求IBM都为其满足了，客户必然对其形成依赖，有什么事自然会先想到这个“朋友”，此时再向其销售产品，就自然而然接受了。

原则八：营销需要不断创新

市场营销需要运用动态的观点坚持不断创新。表现在：第一，营销观念创新。实际上营销发展过程中营销观念始终在不断发生变化，从生产观念、产品观念、推销观念到市场营销观念、社会市场营销观念以及战略营销、服务营销、关系营销、大市场营销、全球营销、网络营销、绿色营销等等，随着社会环境的变化，营销始终在创新，也不断推动营销从策略到战略、从客户到社会、从外部到内部、从一国到全球，使营销得到了全面系统发展。第二，不断开拓新市场，创造新需求，从而发现新的市场营销机会。第三，不断开发新产品，由于科学技术的进步，产品市场生命周期不断缩短，企业要面对不断出现的新需求，就需要加快产品更新换代，要求企业不断地开发新产品。第四，新价格的确定。价格需要根据市场需求状况不断进行调整或重新制定价格，这里包含三个意思：① 要求企业不断改进工艺，提高效率，降低成本，以适应市场上的价格变化；② 根据产品所处市场生命周期的不同阶段和竞争者价格策略及时作出反应，调整产品价格策略；③ 价格的决定要贯穿一个观念，即：产品要在自由竞争市场上接受消费者冷酷的挑选。产品的成本与消费者没有多大关系，主要看其产品对消费者是否有价值，有多大的价值。第五，改革流通渠道，导入新的渠道模式。最近我国流通业态发生了很大变化，导入了不少新的业态，如邮购、电视购物、直销、超级市场、折扣商店、平价商店、专门商店、便利商店、仓储商店、量贩店等。尤其成为热门话题的电子商务、网络营销，这是在今后必定大力发展的新的渠道模式。第六，开发新的促销方式或在现有方式上增加新的内涵。据有关报道，5 年后，美国的网络广告将超过电视广告。

小链接

市场销售领域的十大新趋势

营销大师菲利普·科特勒曾预言，21 世纪初的市场销售领域将出现十大新趋势：

(1) 电子商务的发展，使批发和零售之间出现了实质性非居间化；

(2) 零售店交易量减少，它们更多是在推销“体验”而不是产品；

(3) 建立客户信息库，根据某客户的特别需要提供“定制产品”，成为企业时尚；

(4) 商家在通过富于想象力的方法来超过消费者期望方面做了出色的工作；

(5) 企业重视并对个别客户、产品和销售渠道进行利润核算；

(6) 许多企业进一步树立忠实于客户的远见；

(7) 企业的活动和需要，更多依赖外部资源与合作；

(8) 现场销售人员拥有更多的特许权限；

(9) 大量的电视广告、报纸杂志广告消失，“互联网”广告兴起；

(10) 企业不可能长久地保持其竞争优势，除非它们具有尽快地学习和尽快跟上形势变化的能力。

五、客户关系管理

今天的需求构成了市场，也构成了企业的获利潜力，市场中的最佳状态则是客户满意，因此客户满意就是企业效益的源泉。建立以客户为中心的市场机制是企业营销战略的关键环节，即满意的客户更容易成为企业的忠诚客户，也更容易为企业带来更多的交易。

世界市场竞争形态依次经历了 5 个形态：产量、质量、推销、营销和客户满意。前 4 个形态实质均以企业为中心(市场营销的 4P 策略尽管以客户为出发点设计，但本质上仍以企业为中心)，而客户满意竞争形态才真正是以客户为中心的。所以，随着市场竞争日益激烈，消费者对产品选择的空间变得越来越大，因此一个企业在研究和拓展产品物质市场的同时，必须研究和拓展产品在客户心目中的“心灵市场”。国际上一些非常有权威的研究机构，经过深入的调查研究以后分别得出了这样一些结论：“把客户的满意度提高 5

个百分点，其结果是企业的利润增加一倍”；“一个非常满意的客户其购买意愿比一个满意客户高出六倍”；“2/3 的客户离开供应商是因为供应商对他们的关怀不够”；“93％的企业 CEO 认为客户关系管理是企业成功和更有竞争能力的最重要的因素”。在这种情况下，国内外著名的跨国公司，如奔驰公司、IBM、HP、丰田、海尔集团等，都不约而同地重构了自己的供应链管理体系和组织结构，把建立与本企业资源相吻合的客户关系管理系统作为当前构筑企业竞争力的新支点。

（一）客户关系管理内涵

客户关系管理（Customer Relationship Management，CRM）的目的是改变传统市场营销中的产品导向和销售导向的营销方式，形成以客户为中心的营销机制，从而达到吸引客户，留住客户，并且与客户建立长期稳定关系的目标。在企业参与市场竞争的资源中，客户资源是至关重要的资源，客户资源的有效管理与维护应该是整个企业的事情，是企业健康发展的一大前提。

最早发展客户关系管理的国家是美国，在 1980 年初便有了所谓的**“接触管理”**（Contact Management），专门负责收集客户与公司联系的所有信息。到 1990 年则演变成为包括电话服务中心支持的资料分析的**客户关怀**（Customer Care）。客户关怀贯穿了市场营销的所有环节，包括客户服务、产品质量、服务质量、售后服务等。

（二）客户关系管理业务流程

具体如何做好客户关系管理？首先必须清楚客户关系的业务流程，如客户接待工作流程、客户开发工作流程、客户关系维护流程、客户投诉处理流程、客户回访工作流程等；其次必须能够设计客户开发方案，如通用客户开发方案、团购客户开发方案、大客户开发方案等；再次需要设计客户关系方案，如客户参观接待方案、客户接待费用方案、客户档案管理方案、客户关系维护方案、客户投诉处理方案、客户评估管理方案、客户提案管理方案、客户满意度评价方案、客户数据库管理方案、客户当面回访管理方案、客户电话回访管理方案等。特别需要清楚大客户的关系管理及各种方案的设计。

由于信息技术的快速发展，企业利用信息手段建立了客户数据库，以更好进行管理。因此，从管理学角度看，客户关系管理源于市场营销理论；从解决客户方案角度看，客户关系管理则是将市场营销的科学管理理念通过信息技术的手段集成在软件上面，得以在全球大规模的普及和应用。

（三）客户满意与客户忠诚

客户满意不等同于客户忠诚。客户的满意是衡量客户的期望与感受，客户满意的心理根源在于客户感知服务质量，服务质量决定客户满意，客户满意可以部分决定客户忠诚。满意的客户不一定能保证他们始终会对企业忠诚，产生重复购买的行为。客户忠诚就是重复购买同一品牌的行为，并且只考虑这种品牌，不进行其他品牌尝试的客户。客户忠诚度的获得必须有一个最低的客户满意水平，在这个满意度水平线下，忠诚度将明显下降。

一般而言，随着客户满意增加，客户忠诚度都会提高，但也不完全相同。图 1－4 显示了在 5 个市场中客户满意和客户忠诚之间的关系。如在高度竞争的手机和个人电脑市场，有点不满意的客户与有点满意的客户的忠诚度差异很小，而满意客户与完全满意客户的忠诚度却显示出极大的差异。也就是从完全满意降低一点，客户忠诚度会大幅度降低。有数据表明，完全满意客户要比勉强满意的客户对企业保持忠诚的可能性要高出 42%。在非竞争性市场，客户不论多不满意都会保持对企业的忠诚，原因是这些企业居于垄断地位。如果一旦丧失其垄断地位，灾难就会降临。如银行、电信行业。

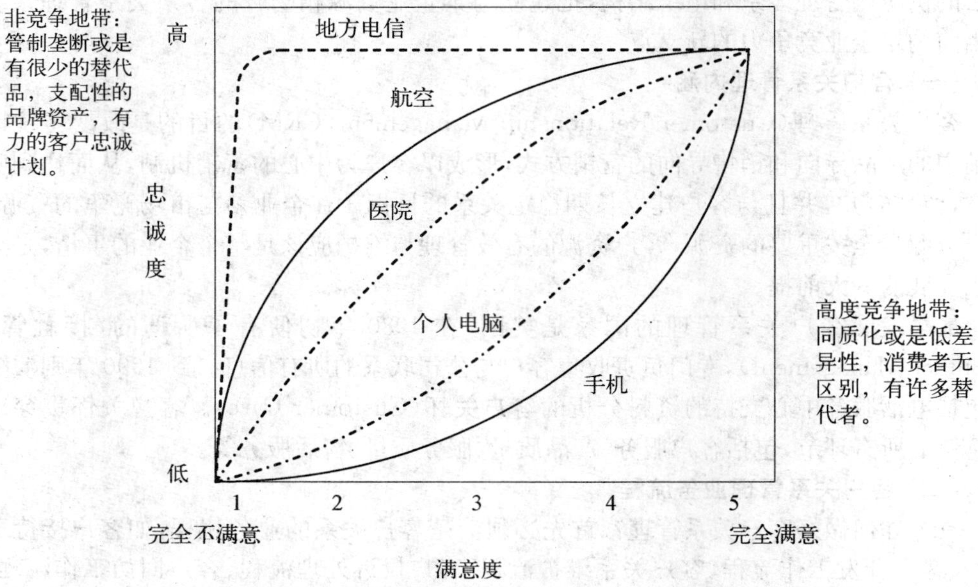

图 1-4　客户满意与客户忠诚的关系

上述研究显示，忠诚度在完全满意、一般满意和不满意之间的巨大差异。某些行业客户即便是在完全满意的基础上略有下滑也会导致客户忠诚度的急剧下降。所以，良好的客户关系管理创造了客户满意，更重要的是要让客户愉悦，只有满意加愉悦的客户才会对企业保持忠诚，而且还能够不断对他人讲关于企业的和产品的好话，实现了**口碑营销**。沃顿商学院市场营销学教授凡·登·布尔特(Christophe Van Den Bulte)认为由客户推荐是企业吸引高质量客户的有效途径，并提出了客户推荐计划的口碑营销。他和另一德国教授在银行做了三年的跟踪调查，发现这种营销实践的结果是被推荐客户为企业带来了更多的利润，比那些通过传统市场营销手段获得的客户更高，同时留在银行的几率比其他客户大约高出 18%。因为作为一名客户，他比非客户更了解银行所提供的产品和服务，同时，他也比银行更了解其推荐的朋友，而且如果一个人的朋友或熟人都跟同一个机构有某种联系，那么他往往也会对这个组织产生一种更强烈的依附感。

另一种借助客户关系管理的新兴营销方式是**交叉销售**(Cross Selling)。这种营销方式是通过客户关系管理，发现客户的多种需求，通过满足其需求而销售多种相关服务或产品。交叉销售是在同一个客户身上挖掘、开拓更多需求，而不仅仅满足于客户的某次购买需求。一方面通过增加客户的转移成本来培养客户的忠诚度，以减少客户的流失率；另一方面是通过降低边际销售成本来提高利润率，因为开发一个新客户比维护一个老客户的成本要高得多得多。交叉销售是提高客户占有率的最好方法之一。在超市里，有一个有趣的现象：尿布和啤酒赫然摆在一起出售。但是这个奇怪的举措却使尿布和啤酒的销量双双增加了。这不是一个笑话，而是发生在美国沃尔玛连锁店超市的真实案例，并一直为商家所津津乐道。原来，美国的妇女们经常会嘱咐她们的丈夫下班以后要为孩子买尿布。而丈夫在买完尿布之后又要顺手买回自己爱喝的啤酒，因此啤酒和尿布在一起购买的机会还是很多的。沃尔玛正是通过对超市一年多原始交易数据进行详细的分析之后，才发现这对神奇组合的。

与客户关系更为密切的则是**关系营销**。关系营销的核心是在组织与客户之间建立纽带和联系，改善反馈机制，并最终建立和强化客户忠诚。市场营销首要的工作就是发现潜在客户并激发其成为现实客户，一旦获得客户，市场营销的工作重点即转移到与客户建立和维持长期的、持久的关系上，成为企业的伙伴。并非所有的客户都能成为企业的伙伴，关系营销的关键是瞄准那些最有价值的客户，他们可能只占到所有企业客户的20%～30%，但他们能够创造企业75%～80%利润，需要将这些客户看成是企业的重要资产来精心管理。沟通是建立关系的重要手段。沟通拉近了营销人员与客户的心理距离，可从中了解到客户的希望、渴望和真实需求及需求变化，企业通过建立快速反应机制，从而为客户提供适时的服务，更好地满足客户需求。客户与企业联系的根本是价值与利益，良好的客户关系建立，也就表明了企业必须尽其所能为客户创造价值，并公开、明确地对客户进行价值承诺，告诉客户你能为其提供怎样的利益，这也是客户最为关注的。一旦客户认为企业做到了价值承诺，其忠诚度自然也就提高了。

六、营 销 延 伸

彼得·德鲁克曾指出，现代企业最重要的两个基本职能，一个是创新，一个是营销。市场营销对整个世界的影响是深远的，从最早意识到市场营销重要性的日用消费品生产企业，到耐用消费品生产企业，再扩展到银行、航空公司等服务型企业，市场营销越来越显示其对企业战略与企业效益的重要影响。这种影响也开始渗透到其他非营利性组织中，如政府、学校等。特别是近20年来，经济的全球化带来的消费全球化、网络的普及化，消费者购买行为的改变，竞争的加剧、环境保护以及对营销责任的要求等，都对市场营销提出了挑战。

(一) 非营利性组织的营销

过去营销活动一直应用在营利性组织中，但近年来营销活动也开始逐渐在非营利性组织中开展，并开始渗透到一些机构的战略制定中。如典型的大学的招生宣传活动、博物馆的展览推广活动、医院，甚至包括宗教也开始借鉴营销活动。非营利组织一般是指不以营利为目的，主要开展各种志愿性的、公益或互益性活动的非政府的社会组织，其特点主要表现在三个方面：非营利性，非政府性，志愿公益性或互益性。

事实上，所有非营利组织都拥有各种不同层次的“客户”。非营利性组织早期开展的营销活动，是通过直接的邮寄和“销售”来筹集资金，通过宣布公共服务的公告和采用传统的广告等形式刺激更多的群体“消费”非营利组织的服务。然而到20世纪80～90年代，非营利性组织这种营销变化却是里程碑式的。例如，美国著名的联合之路(United Way)

和癌症协会等都设立了专事营销工作的副会长。全球许多非营利组织和国际组织，如世界银行、联合国开发计划署等机构都通过营销策略来解决世界范围内面临的诸多问题。

营销理念已经成为非营利组织成功的主要要素和基本因素。最起码，非营利组织认为它们所做的每一件事，特别是它们的重要宗旨，都对其他人（即营销目标市场）的行为产生了影响。不论是倡导环境保护，还是开展扶贫济困；不论是维护和平、人权，还是保护多元文化、弱势群体；不论政府扶助，还是志愿者奉献，这些领域统统都涉及营销。

对于非营利组织来说，由于营利不是动机，也不是目的，其营销目的仍然是满足“客户”的需要。因此“满足客户需求”，以客户要求为导向也成为非营利组织的出发点，同时也要求非营利组织更多地关注公共产品的提供，并有义务向目标客户说明如何有效地交换这种产品。

非营利组织是当今社会的一种重要的经济力量，它在不同的国家中占有非常重要的就业比例。同时，非营利组织又需要雇佣大批的志愿人员来承担组织的任务。如何吸引到更多人前来参与，并认同其价值观，需要依靠营销活动并建立良好的组织形象。

小链接

人口服务国际组织（PSI）是一家非营利机构，该机构对如何高效地保护人类健康的项目营销十分在行。PSI 刚刚在柬埔寨打造了“Number One”这个品牌，这是一个为预防艾滋病进行的宣传工作。在整个工作进程中，PSI 都始终保持着敏锐的商业头脑，坚持以成效为目标的方法，在通过全面调查的基础上，为抗击艾滋病的传播打造了该品牌及销售该产品的平台：具有企业背景、强大的销售团队、积极而迅速的宣传战略及精心策划的销售系统。

柬埔寨是一个艾滋病泛滥非常严重的国家，预防艾滋病最有效办法是使用安全套。首先，PSI 在柬埔寨首都街头悬浮一个巨大安全套气球，上面醒目的标志着“Number One”，气球顶部还有一张友好的笑脸，许多人聚集在气球下方，急切抢着“Number One”的免费安全套样品，以及派发的个人随身物品，如 T 恤、帽子、短裤等。夜晚，PSI 工作人员来到金边艾滋病肆虐的地方，工作人员游走在这个地区所有的场所，批量销售物美价廉的安全套，100 个 1 盒的安全套只售 1 美元，因为 PSI 对这里人们的消费标准拿捏得非常准确，并且制定了相应的销售指标。这里的人们逐渐开始接受这个具有外国名字的品牌，也开始意识到使用该产品的重要性。

PSI 获得成功的关键点是将社会慈善与市场营销思想结合在一起，并将客户视为永远的中心和焦点。

（二）数字时代的市场营销

计算机、电信、信息交换及互联网的快速发展，一个数字化时代的到来，改变了人们的思维方式和生活方式，也促使企业管理者去思考：如何在这样背景下构建与供应商和客户的关系，如何为他们创造价值，并且能够获得收益。因此，需要建立新的市场营销策略和营销模式。

1. 电子商务与网络营销

电子商务（E-Business）的核心是电子化交易，即利用电子平台（如内部网、外联网和互联网)来经营企业的各种业务,打破了国家与地区的界限,能够快速实现贸易的全球化。无数的公司已经建立了网站来宣传、推广自己的产品和服务。利用企业内部网促使员工之间的沟通与交流,以及对信息的共享。通过外部网络,企业与供应商和分销商之间实现了信息的交换、订货、交易、付款等快速便捷的电子交易方式。现在有超过70%的消费品制造商利用自己的Web网页发放产品信息并保持与客户的关系。宝洁公司经常登录内联网的员工有14 000多人,他们通过电子会议等来接受培训和搜索世界各地的信息;公司也通过外部网来完成与供应商、分销商、零售商之间的信息交换、订单处理及业务往来,并完成交易和在线支付。网络营销是指电子商务的营销部分,包括企业通过互联网传播、推广和销售它们的产品和服务,其注重在实现交易前阶段的宣传和推广。亚马逊、戴尔、三星等都在网站上实现网络营销。网络营销与电子采购一起构成了庞大的电子商务网络。

2. 电子化带给买卖双方的利益

首先,互联网可以让购买者更为便捷地购买商品,足不出户就可以接触更多的商品,也拥有了更多的选择,避免了交通拥挤、寻找商品的困惑。其次,可以在线购买,直接和购买者进行网上交流,购买简单和人性化,不必忍受嘈杂的购物环境和售货人员的脸色,以及他们的推销。再次,消费者更为容易通过网络获取更多有关商品的信息和有关竞争对手的信息,也可以分享其他购买者的经历,从而帮助他们作出更好的选择。

电子交易也为卖方提供许多利益。首先,客户关系的建立是基于电子技术和互联网技术的,与客户间一对一的互动,互联网是最好的实现工具。通过不断与客户交流,可以更好地帮助企业解决产品中存在的问题,提高服务水平。其次,互联网和其他电子渠道还可以降低成本并提高速度和效率,如避免了维持店铺、租赁等固定成本,也可以在订购、存货、分销和促销等方面降低成本。再次,互联网实现了无时间、无界限的跨地域销售。

3. 建立网络营销

很显然,所有的企业都应该建立网络营销。首先,就是创建企业网站。营销人员必须设计出具有吸引力的网站,并寻找各种方式让消费者愿意访问网站,并经常光顾网站。其次,是网络营销人员利用在线广告来建立网络品牌或吸引更多的人前来访问,特别可以采取"病毒营销方式",即互联网"口碑营销",通过创建电子邮件或其他市场事件,利用消费者进行相互间的传递。这种营销模式不仅适合企业对消费者的营销,也适合企业与企业之间的营销。再次,是企业需要参与和创建网络社区。网络社区的消费者在线时间长、互访频繁,为接受企业的各种宣传提供了机会。最后,使用大量电子邮件传送企业信息。

小链接

为吸引十几岁少女关注皮肤清洁用品和保养品,强生公司创建了一个能自动弹出的微站点,在这里消费者可以"向朋友发送能说话的卡片"。网站帮助访问者设计一种电子问候卡,选择装饰品,比如生机勃勃的鲜花或者如"永远最好的朋友"之类的信息。使用者还可以通过一个电话来进行一段录音,朋友们可以接收到这封电子邮件并且听到发送者的录音,一旦他们点开了这个信息,他们就被邀请点击"皮肤分析家"的链接,可以直接连接到公司的皮肤清洁用品和保养品主页上。

总之，数字化时代对营销者提出了巨大挑战，新的营销方式不断出现，本章节中提到的体验营销、客户关系管理也是基于网络技术的营销方式，另外还有数据库营销、交叉销售等。

（三）关注营销道德与营销责任

有责任的营销者发现消费者信任并做出反应的营销，是通过让他们满意的产品并且能够给他们带来利益的产品提供者所创造的，营销应该是营销者与消费者之间的双赢活动。但并非所有的营销者都会这样为消费者着想，有的制造者提供给消费者品质不好的产品，大量的广告宣传使得消费者不可能买到价格低廉的产品，虚假的广告还会误导消费者，有的制造者在制造产品同时给社会环境带来问题，大量泛滥的广告造成文化污染，更多的垄断行业还控制着政治的权力等等，这些问题的产生都是由于信息的不对称。在拥有信息方面，消费者是弱势群体，而企业掌握着主动权且信息充分，使其可利用这些优势做出有损消费者利益的事情。上述这些问题实际就是营销的道德与营销责任问题。

营销道德与营销责任问题并非近年才提出，早在20世纪60年代就有学者提出，到80年代成为学术界研究的热门话题之一。美国哈佛商学院建有专门的企业伦理问题研究中心，其研究的重点就是企业营销道德，其他欧洲国家也开始纷纷加入这个研究行列。

最基本的道德标准已被规定为法律和法规，并成为社会遵循的规范，企业必须遵守这些法律和法规。营销道德则不仅指法律范畴，还包括未纳入法律范畴而作为判断营销活动正确与否的道德标准。西方国家伦理学家提出了判断营销道德的两大理论，即功利论及道义论。功利论主要以行为后果来判断行为的道德合理性，如果某一行为给大多数人带来最大幸福，该行为就是道德的，否则就是不道德的。道义论则从处理事物的动机来审查是否具有道德，而不是从行动的后果来判断，并且从直觉和经验中归纳出某些人们应当遵守的道德责任和义务，以这些义务履行与否来判断行为的道德性。

营销道德与营销责任问题贯穿营销活动的全过程，从营销调研开始。通过市场营销调研了解现实和潜在客户的需求，发现市场营销机会，然后选择目标市场，针对目标市场需求特点，制定市场营销组合策略等，所有环节都存在营销道德与营销责任。

为了维护消费者的权力与利益，政府制定了相应的法律来约束企业的经营行为，也有一些组织（如消费者协会）等亦加入此行列。特别是近年来对环境保护意识的提高，使得许多企业开始将注意力转移至消费者，并开始关注环境，许多企业制定了相应的营销道德规范——企业中任何员工都必须遵守的主要准则，如与经销商关系、广告标准、客户服务、定价、产品开发以及一般的道德规范。许多行业协会也提出了道德准则，并且许多企业也在采用这些准则。制定准则和行为规范并不能保证营销者的营销道德与行为。道德的规范与责任是需要企业全力以赴的努力，并需要把它纳入到企业文化的建设中。

本章小结

随着经济的快速发展，消费者的消费行为在悄然发生变化：消费者更加注重购物过程的体验，消费者个性化需求越来越强烈，人们不再满足于被动接受企业的诱导和操纵，而是主动参与产品的设计和制造，低碳与绿色逐渐渗透到消费者的消费意识中，等等。对消费者各种消费方式、消费习惯等消费行为的研究成为市场营销的出发点。

市场营销的定义也在发生改变，最新的定义是：市场营销既是一种组织职能，也是为了组织自身及利益相关者的利益而创造、传播、传递客户价值，管理客户关系的一系列过程。

新定义不论在表述的重点还是在着眼点上都有了创新：① 着眼于客户；② 重视客户价值；③ 强调客户体验与互动；④ 肯定了市场营销是一个过程；⑤ 市场营销在理念上应该以关注客户价值为核心。简单地说，市场营销就是处理与客户的关系。基于客户价值和客户满意来建立客户关系，是现代市场营销的核心。因此，市场营销涉及很多概念，要注意它们之间的关系：① 需要、欲望与需求；② 产品、服务和体验；③ 价值、成本和满意；④ 交换、交易与关系；⑤ 市场、市场营销者。

市场营销是一个过程，是一项管理活动，需要企业各方面的协同才能更好完成。市场营销要遵循八项基本原则：以客户为中心；客户想买的并不是产品本身；市场营销是商业性的竞争战略；要在能够确定竞争优势的市场开展竞争；大多数市场非同质而是异质的；市场和客户都在不断变化；关系营销越来越重要；营销需要不断创新。

基于上述原则的一个较好营销方式是客户关系管理，它是改变传统市场营销中的产品导向和销售导向的营销方式，形成以客户为中心的营销机制，从而达到吸引客户、留住客户，并且与客户建立长期稳定关系的目标。

营销不仅在营利组织中存在，也同样渗透到其他非营利性组织中，如政府、学校等。特别是近 20 年来，经济的全球化带来的消费全球化、网络的普及化，消费者购买行为的改变，竞争的加剧、环境保护以及对营销责任的要求等等，都对市场营销提出了挑战。

【问题与探讨】

1. 如何理解市场营销？为什么说营销能够创造客户价值？
2. 怎样理解“需要、欲望与需求”、“产品”、“交易与交换”、“客户满意与客户忠诚”？
3. 如何理解营销过程？包含哪些内容？
4. 如何理解体验营销、关系营销、口碑营销？这些营销方式出发点是什么？
5. 市场营销原则包含哪些内容？
6. 为什么说客户关系建立是现代营销的关键？

【案例分析】

客户关系营销：麦当劳传奇汉堡 McRib 退市告别秀

聪明的麦当劳营销人员，利用了客户“得不到总是最好的”心理，将产品的告别秀导演成了一场客户关系营销活动。

像麦当劳这样的巨无霸公司从来都不缺少传奇。在菜单中存在了十三年的烤汁猪排堡(McRib)就要从麦当劳的菜单上消失了。为此，从 2005 年 10 月 31 日开始，麦当劳专门为 McRib 汉堡的退市举行了盛大的告别秀。而这场盛大的告别之旅在美国加利福尼亚、堪萨斯州、密苏里州、北卡罗来纳州等的一些城市同步登场。消费者可以在 32 个地区、2000多家麦当劳餐厅拥有最后品尝这款汉堡的机会。

我的菜单，我做主！

这款诞生于1982年的名为烤汁猪排堡的汉堡，实际上并没有猪肋骨，它是用一种泡菜、大蒜和BBQ腌制的去骨的猪肋骨肉。在美国，McRib已经不仅仅只是一款汉堡，它已成为美国文化中的一个特殊符号。这个符号所代表的意义就是奇特。不管是McRib的名称还是它的存在方式都充满着奇特的元素。就拿它的名称来说——烤汁猪排堡，但事实上汉堡中夹的只是猪肋骨肉，根本就没有猪肋骨。

那么，究竟是什么样的营销手段造就了McRib这个奇特的文化符号？

麦当劳的发言人珍妮弗·史密斯说："我们的哲学是让消费者来决定什么应该留在菜单上。和消费者直接互动和直接交流是非常有趣的事情。"

在开始这次退市告别秀的同时，麦当劳也开通了McRib专门的网站，喜欢McRib的消费者可以通过网站进行签名，支持继续在菜单中保留McRib。麦当劳过去曾好几次决定从菜单中撤除McRib汉堡，但是，最后都是在众多消费者的要求下McRib才得以在菜单中保留到现在。虽说这一次McRib汉堡的退市告别仪式正在火热进行，而且麦当劳公司也表示在这个仪式结束之后，McRib将不会继续在菜单中存在，但事实上，最后真正能决定McRib去留的还是消费者。截止到11月3日中午，已经有2.6万名消费者通过网站进行签名，支持保留McRib。

事实上这场盛大的告别秀，不啻是一场完美的客户营销活动。在整个过程中，客户感受到了完全的"客户至上"的作风，同时也得到了"我的菜单，我做主"的超级体验。毫无疑问这会加强麦当劳和客户之间的良好关系。

得不到的总是最好的！

埃里克，哥伦比亚摇滚乐团的首席乐手，自称是一位McRib的超级粉丝。埃里克常常会去麦当劳用餐，他说如果McRib永远都在菜单上的话，也许他每次去都不会吃它。但是现在他知道了也许有一天McRib会消失，他会吃不到它了。所以，每次去麦当劳他都会点McRib。"也许McRib的魅力部分是因为它的奇特和时限吧。"埃里克说，"我喜欢它就是因为它只会在有限的时间里存在。这使它变得非常特别。"

正应了那句老话"得不到的总是最好的"。聪明的营销人员正是利用了消费者渴求的心理，故意制造出高的需求和低的供给。这样McRib汉堡就变得非常与众不同，而品尝McRib的机会也变得格外珍贵。在美国的当代文化中，McRib已经占据了一个独特的位置，成为汉堡传奇。每一次McRib被撤离菜单后，都能很快成功重返菜单。这时麦当劳餐厅都会向欢迎老朋友一样打出"McRib又回来了"、"我们需要McRib"等各式各样的标语，欢迎传奇汉堡McRib的归来，同时也告诉消费者：您又可以在麦当劳餐厅享用美味的McRib汉堡了。

问题讨论：

1. 麦当劳是如何利用客户关系实施营销活动的？
2. 为什么说McRib成为美国文化的一部分？
3. 麦当劳的营销活动对我们有什么样的启示？

【实践训练】

市场营销认识

目的：通过收集组织采取的营销活动资料，对其分析以加深对市场营销概念的理解。

组织：以小组为单位收集相关资料，小组人数 4～5 人为宜，小组成员要合理分工。

内容：

(1) 每个小组至少收集 3 个组织所采取的市场营销活动；

(2) 分析每个营销活动方案的特点；

(3) 每个小组成员在分析营销活动方案的基础上完成一篇不超过 1 000 字的报告，报告的主题：对市场营销的理解与认知；

(4) 报告使用 A4 纸打印；

(5) 组织课堂讨论。

第2章 营销理论发展与创新

通过本章学习,你应该理解:

1. 市场营销理论是随着社会的发展、环境的变化而不断演化创新的;
2. 市场营销不同阶段其营销理论基本观点与侧重点是不同的;
3. 任何组织的营销活动都需要营销理论的支持。

商场在变,营销也在变。市场营销产生至今走过了100多年的时间,它是在大机器工业化背景下产生并随着社会经济的不断发展而演变的,是一门多学科交叉的、实用性强并不断发展演进的应用型学科。本章通过对营销理论的创新演变阐述,希望能够更好地运用营销理论来指导营销实践。

【引导案例】

三人卖药,谁最赚钱

蜀贾三人,皆卖药于市。其一人专取良,计入以为出,不虚价亦不过取赢。一人良不良皆取焉,其价之贱贵,唯买者之欲,而随以其良不良应之。一人不取良,惟其多卖,则贱其价,请益则益之不较,于是争趋之,其门之限月一易,岁馀而大富。其兼取者趋稍缓,再期亦富。其专取良者,肆日中如宵,旦食则昏不足。

这个故事说:四川有三个商人,都在街市上经营药材。其中,第一个人专门收购上等药材,然后稍稍考虑一下成本就标上价,从来不要谎价,也不求过多盈利;第二个人不管好药材、差药材都收购,卖价的高低只根据买者的心愿,原意给高价的就给好药材,愿意给低价的就给差药材;第三个人不收购好药材,只图多卖,并且降低价格,顾客要求多给就多给,在斤两上从不计较。

一年后,顾客都争着去买第三个药商的药,他家店铺的门槛,一个月就得换一条新的。过了一年多,就成为特别富有的人家了。

那个好药材、差药材都收购的药商,顾客稍微少一点,但过了两年也富有了。

至于那个专收购上等药材的商人的商铺,每天到了中午,门前还像傍晚一样萧条,结果是每天吃了上顿就愁下顿。

从社会道德角度看,第一个商人应予肯定,第三个应予贬抑。从社会需要上看,三人都符合社会不同消费层次的需要,应该都允许存在,但事实却非如此:三个商人都卖药,采用了不同的营销方法却带来了不同的经营结果。

第三个药商"不取良,惟其多卖",虽然他没有上等药材,但他最懂顾客的心,最了解顾客有多种多样的消费需求，还知道顾客最多的是那些钱财不多的平民百姓，而手头拮据的人总是倾向于追求低消费，愿意购买廉价商品。所以他卖的药品质量不高，但价格便宜，而且还按购买数量的多少给予优惠，这就刺激了许多人的购买欲望，同时也诱发了一批转手倒卖的人。人们纷纷跑到他那里买药，竟然踢破了门槛。如此一来，他的销售额大幅度上升，进而左右了市场，仅一年多就发财成为富人。

第二个商人，他虽比不上前者，但他的营销方法也比较灵活，他善于掌握市场上顾客需求多样性的心态。他的商品分为高、中、低三档，任顾客挑选，分等计价，这样也获得不少顾客的认同，取得了经商上的成功。

经营最惨的是第一个药商了。此人为人诚实、公平，对顾客负责，但缺少商业经营头脑，不了解顾客的需求，背离了顾客需求多样性和多数顾客的廉价心理，营销手段死板，缺乏灵活性，再加上他没有很好的宣传，而是等客上门，人们根本不了解他的商品性能效果及质量上的差别，故而他的药往往无人问津，他只好看着人家买卖兴旺而自己苦到"旦食而昏不足"的境地。

不同的营销思想对营销活动和营销效果的影响是不同的，合理的不一定是最好的。顾客购买行为受多方面的影响，只有了解消费者真正的需求才是营销的真谛，不论何时，顾客导向才是最重要的。

思考： 1. 顾客到底需要什么？他了解自己的需要吗？
2. 怎么才能做到真正了解顾客需求呢？

一、市场营销发展阶段

市场营销理论的发展大致经历了以下六个阶段，而美国的市场营销具有世界范围的引领作用。

（一）萌芽阶段（1900～1920年）

20世纪初期的美国处于以卖方市场为主状态，企业想得更多的是用什么方法既可以节约生产成本又能够生产出大量产品。以福特为代表的大规模标准化生产模式解决了当时市场上产品供不应求的状况，企业也开始关注生产出来后的产品分销工作。在美国伊利诺伊等州的大学开设相关课程，诸如簿记、推销术、广告、商法等，着重"分销学"（Distribution），而不是"市场营销学"（Marketing）。

巴特勒（Butler）教授首次提出"市场营销"（Marketing）概念。在进入威斯康星大学任商业管理系助教前，他曾担任过宝洁（P&G）公司东区销售部的经理助理，在工作实践中他深刻感受到：制造商在决定是通过中间商还是广告来推销产品时，往往要解决很多问题，才开始市场营销活动。他于1910年出版了《市场营销方法》，次年他又进行修订，并以《卖与买》（Selling and Buying）为名出版，一两年后，该书更名为《市场营销》。韦尔达（L. D. H. Weld）则认为：市场营销是生产的一个组成部分。制造创造了形态效用，营销则是创造时间、空间和持有效用,营销开始于制造结束之时。这也是早期营销思想以生产为中心的生产观念。

此期间"美国广告协会"也更改为"全美广告学与市场营销学教员协会",给市场营销学的研究提供了组织保证。这个阶段市场营销学的研究特点是：① 着重推销术和广告术,至于现代市场营销的理论、概念、原则还没有出现;② 研究活动基本上局限于大学的课堂和教授的书房,还没有得到社会和企业界的重视。

(二) 功能研究与应用阶段(1921～1949 年)

第一次世界大战后的经济大萧条,迫使企业加大了产品的推销力度,美国国内企业开始大规模运用市场营销学来运营企业,打开海外市场,欧洲国家也纷纷效仿。同时也掀起了营销职能研究的热潮。此期间典型的是营销思想是好的产品就会有好的市场,而且注重研究推销术与广告术。

当然此期间也有很多学者开始研究营销的功能,典型的有：1932 年,弗莱德·克拉克(Fred E. Clark)和韦尔达在《美国农产品营销》一书中指出：市场营销的主要目的是使产品从种植者顺利地转移到使用者手里。这一过程包括集中、平衡、分配三个重要内容,也包括集中、储存、运输、财务、承担风险、标准化和推销七种营销功能。1942 年克拉克在《市场营销原理》中将营销功能归结为三大类：一是交换功能,包括购买和销售;二是实体分配功能,包括运输和储存;三是辅助功能,包括金融、风险承担、市场情报沟通和标准化。这里市场情报沟通演变为后来的市场调查与预测。

1931 年,"美国市场营销协会"成立,开始宣讲市场营销学。到 1937 年全美广告学与市场营销学教员协会与美国市场营销协会合并,广泛吸收学术界与企业界人士参加,市场营销学开始从大学讲台走向社会。此阶段市场营销的发展表现在应用上。这个阶段市场营销学的研究特点是：① 没有脱离产品推销这一狭窄的概念;② 研究营销的功能是为更好地实现推销;③ 研究有利于推销的企业组织机构设置;④ 市场营销理论研究开始走向社会,被广大企业界所重视。

(三) 形成阶段(20 世纪 50 年代)

第二次世界大战后,美国军工经济开始转向民众经济,社会商品急剧增加,市场需求发生了重大变化,市场从卖方市场转向了买方市场,市场开始出现供过于求的状态,由此引发了营销理论的重大变革与发展,营销新概念、新观点不断涌现,现代市场营销体系开始形成。

比较典型的观点是：奥德逊(W. Aderson)和科克斯(R. Cox)在《市场营销学原理》一书中提出"广义的市场营销学,是促进生产者与消费者进行潜在商品或劳务交易的任何活动。"也就是说,市场是生产过程的起点,企业必须调查、分析和研究消费者的需求和欲望,尤其是潜在的需求,据以提供适当的产品和劳务,满足消费者的需求和欲望,由此获得利润。这标志着市场营销的研究已经从生产领域转移到流通领域和消费领域,被西方公认为是市场营销学领域的一次"革命"。

在此期间还出现了"市场营销组合"、"产品市场生命周期"、"品牌形象"、"市场细分"、"市场营销观念"、"营销审计"等概念和理论。

此阶段市场营销学研究的特点是：① 市场营销学摆脱企业框架而进入社会视野;② 市场营销关注焦点从产品转移到消费者身上,强调顾客导向;③ 营销新理论层出不穷;④ 现代市场营销体系形成。

（四）营销管理阶段（20世纪60年代）

这个时期买方市场全面形成，市场营销进入了营销管理导向阶段，对营销管理内容进行研究，同时强调市场营销不只是营销部门的事情，只有企业所有成员都意识到顾客的重要性，真正为顾客着想，企业才能发展。

典型的观点是：约翰·霍华德（John A. Howard）在《市场营销管理：分析和决策》一书中，主张从市场营销管理角度来论述市场营销理论和应用。第一次将"市场营销"和"管理"两个概念结合在一起，并指出了市场营销管理的本质就是企业面对政治、经济和社会环境等不可控因素下，需要通过调查预测，创造性地应用产品、定价、广告、渠道等手段的组合来实现环境的最佳适应。尤金·麦卡锡（Eugene McCarthy）从全新的角度对营销管理进行了论述，他在《营销学基础》一书中首次明确提出4P营销组合，即产品（Product）、价格（Price）、渠道（Place）、促销（Promotion），将消费者看作是一个特定群体——目标市场，并强调"以消费者需求为中心"的营销观念。

营销大师菲利普·科特勒全面整合与发展了现代市场营销管理理论，提出营销管理是通过创造、建立和保持与目标市场之间的有益交换和联系，以实现组织的各种目标而进行的计划控制过程。市场营销不仅应用于企业这种营利组织，同样也应用于非营利组织。这个阶段市场营销研究特点是：① 市场营销过程是管理活动过程；② 市场环境的多变性使企业必须以确立消费者为中心的思想；③ 市场营销应用领域更加广泛。

（五）发展成熟阶段（20世纪70～80年代）

这期间市场营销学发展更为迅猛，在原有理论基础上不断吸收其他学科的理论，如经济学、数学、统计学、行为科学、管理科学、心理学、社会心理学、社会学等学科理论，形成了战略营销、市场定位、社会营销、服务营销、市场营销系统等概念和理论。

同时又有很多学者提出新的营销方式，如芬兰营销学家克里斯汀·格朗鲁斯提出了"内部营销"（Internal Marketing）（1981）；莱维特提出"全球市场营销"（Global Marketing）并对此进行深入研究（1983）；芭芭拉·本德·杰克逊提出了"关系营销"（Relationship Marketing）（1985）等。此外，还有本土化营销（Local Marketing）、直复营销（Directing Marketing）等。而影响最大的是战略营销思想，尤其是科特勒在1986年提出的"大市场营销"（Mega Marketing）概念，使营销理论研究上升到战略营销高度。

此阶段市场营销学研究的主要特点是：① 多学科交叉，相互关联；② 市场营销理论上升到企业战略层面；③ 20世纪80年代是市场营销学的又一革命时期，开始进入现代营销领域，使市场营销学的面貌焕然一新。

（六）再发展时期（20世纪90年代至今）

随着知识经济、网络经济、信息经济带来了消费者生活方式、消费结构的改变，市场营销也在随之发生着深刻变化，出现了定制营销（Customization Marketing）、网络营销（E-Marketing）、政治营销、营销决策支持系统（MDSS）等新的营销理论与实践。

美国营销专家罗伯特·劳特朋教授在1990年提出有别于4P理论的4C理论，它以消费者需求为导向，重新设定了市场营销组合的四个基本要素：即顾客（Consumer）、成本（Cost）、便利（Convenience）和沟通（Communication）。

科特勒在1996年提出了顾客让渡价值理论，即顾客让渡价值是顾客总价值（Total

Customer Value)与顾客总成本(Total Customer Cost)之间的差额。在这一市场营销观念指导下,企业应致力于顾客服务和顾客满意。顾客并非只关注价格,价格只是考虑因素之一,消费者真正看重的是"顾客让渡价值",这成为市场营销活动的核心。

21世纪伊始,《4R营销》的作者艾略特·艾登伯格提出4R营销理论,即关联(Relativity)、反应(Reaction)、关系(Relation)和回报(Retribution)。进入21世纪以来,市场营销学开始突破以往理论框架的束缚,将科学技术、社会文化习俗、社会网络、人的想象力、体验和创新意识等融入市场营销理论和实践,更加强调市场营销的环境、社会营销、企业责任、营销道德以及其他与人类社会进步发展相关的问题,更加强调市场营销实践和真实数据的挖掘,研究方法也逐步从描述性方法向营销模型方法转化。这也标志着市场营销学进入了一个全新的创新、体验和科学化阶段。

启示故事2-1:章鱼保罗的营销启示

一只名不见经传的章鱼,却在2010年南非世界杯期间准确预测8场比赛,成功率高达100%,吸引了全世界的目光,令数以亿计的球迷为之魂牵梦萦。这就是被无数网友戏称为"章鱼帝"的保罗。尽管其背后的疑云仍未解开,但毋庸置疑的是,章鱼保罗对于自身的营销是极为成功的,无论从事件的选择、话题设置、整合传播等所有的环节都近乎完美。尽管世界杯的硝烟已渐渐散去,但章鱼保罗馈赠给营销人一眼醍醐灌顶的智慧之泉,值得我们去体味,去珍藏。

今天,西方营销学科的理论与实践都经历了近百年的发展历程。无论是市场环境、营销战略、消费者行为都已经相当规范、成熟,营销在西方更多的是一门严谨的"科学"。然而,章鱼保罗再次验证,即使在营销已经高度"科学化"的西方,优秀的创意依然重要。

其实,科学或创意仅仅只是表象或工具,其背后潜藏的才是主导性的力量——那便是对人性的准确思考和把握,这才是营销的魂魄,也是无数中国企业和中国营销人所最为欠缺的。

章鱼保罗因其牢牢把握了人性中的共通之处如人们的好奇心而大获成功。市场营销理论发展至今,时刻在提醒我们需要关注消费者,准确把握消费者的心理,认真研究消费者是每一个营销工作者的首要工作,顾客导向才是市场营销的真谛!

市场营销学在不同发展阶段都有许多新的概念提出,表明了市场营销学是一个不断创新的学科,市场营销是面对多变的市场环境需要不断探索创新的过程。

表2-1是对市场营销学新概念发展举例。

表2-1 市场营销学新概念发展举例

年代	概念发展	提出者
20世纪50年代	市场营销组合	尼尔·鲍顿
	产品市场生命周期	齐尔·迪安
	品牌形象	西德尼·莱维

（续表）

年　　代	概　念　发　展	提　　出　　者
20世纪50年代	市场细分	温德尔·史密斯
	市场营销观念	约翰·麦克金特里克
	营销审计	艾贝·肖克曼
20世纪60年代	营销4P组合	尤金·麦卡锡
	营销近视症	西奥多·莱维特
	价值观与生活方式	威廉·莱泽
	购买行为理论	约翰·霍华德,杰迪逊·西斯
	扩大营销概念	菲利普·科特勒,西德尼·莱维
20世纪70年代	社会营销	菲利普·科特勒,杰拉尔德·泽尔曼
	定位	阿尔·赖斯
	战略营销	波士顿咨询公司
	服务营销	林恩·休斯塔克
20世纪80年代	营销战	莱维·辛格
	大市场营销	菲利普·科特勒
	内部营销	克里斯琴·格罗路斯
	全球营销	西德尼·莱维
	关系营销	巴巴拉·本·德杰克
20世纪90年代	网络营销	
	差异化营销	葛斯·哈泊
	绿色营销	
	4C营销	唐·舒尔茨
	4R营销	

二、市场营销观念

市场营销观念是企业确定营销策略与实施营销活动的指导思想，是权衡企业利益、顾客利益和社会利益三者关系的指导思想。在市场营销发展的不同阶段，由于企业面临的环境不同，其营销的指导思想也在发生变化。我们把它划分为传统营销观念与现代营销观念。

1. 传统营销观念

传统营销观念主要指生产观念、产品观念、销售观念。

生产观念（Production Concept）认为：消费者更偏爱随处可见、价格低廉的产品。因此，企业管理者主要解决的问题是如何面对大量的需求与供给不足的问题，提高产量及分销效率。这一思想会导致营销近视症，只关注产品生产，没有关注和了解消费者真正的需求。这也是市场营销萌芽阶段指导企业营销的主要思想。

产品观念(Product Concept)认为消费者更喜欢质量好的产品，只要质量好不愁消费者不要。因此，将注意力集中在产品质量改进上。同样，这一观念也会导致营销近视症。

销售观念(Selling Concept)认为公司必须进行大规模推销和促销，否则消费者不会主动购买产品。一般公司的生产能力过剩时会采用此观念。这一观念更关注于交易，通过推销创造交易，而非建立长期的客户关系。

产品观念与推销观念是市场营销发展、功能研究阶段与形成阶段指导企业营销的主要思想。

2. 现代营销观念

随着对市场更为深刻的认识，市场营销发展阶段逐渐以形成走向成熟，企业的营销指导思想也逐步发生转移，从企业的内部转移到消费者身上，由此产生了现代营销观念：市场营销观念和社会市场营销观念。

市场营销观念(Marketing Concept)认为企业更应关注消费者的欲望与需求，如果能够做到比竞争者更好地满足了消费者的需求，组织才能持续地实现其目标。因此，以消费者为中心的，实现顾客价值成为企业获得利润的有效途径。营销观念由企业的"生产与销售"转化为以消费者需求为核心的"认识与响应"，营销要做的不是为企业自己的产品寻找消费者，而是为消费者寻找产品。

这里的顾客价值是指顾客的让渡价值，是由菲利普·科特勒提出的。所谓企业要战胜竞争对手，吸引更多潜在顾客，就必须向顾客提供更多具有让渡价值的产品。

社会市场营销观念(Societal Marketing Concept)认为企业应该明确目标市场的需要、欲望和利益，并以保护或者提高消费者和社会福利的方式，比竞争对手更有效、更有利地向目标市场提供能够满足其需要、欲望与利益的产品和服务。这一观念是对营销观念的挑战，认为营销观念可能忽视了顾客的短期欲望与长期利益之间可能存在的冲突。如快餐连锁业，提供给消费者方便可口的食物，但是汉堡、炸薯条、炸鸡块等快餐店出售的食物都是高脂肪高盐食物，短期满足了人们对食品的需求，但长期看就可能影响到消费者的健康；而且快餐店出售的食品方便袋包装还会引起浪费并造成环境污染。

社会营销观念要求营销人员在制定企业营销战略时，必须考虑到三个方面的平衡：企业利益、消费者需要和社会利益。如日本花王公司，将佛教徒式的机动性、透明性、公平性融入企业文化，花王是一个"要为了人们更美好地生活而对社会作出更大贡献"的企业，不仅在清洁行业未来产品研发上投入巨资，还将利润再投资。同时还认为一个企业行事不能偷偷摸摸、不光明磊落，不能对它的股东和员工说谎。在花王，尽快将信息传递给股东和员工是一项必须执行的原则。

图 2-1 清晰反映了传统营销观念与现代营销观念之间的差异。

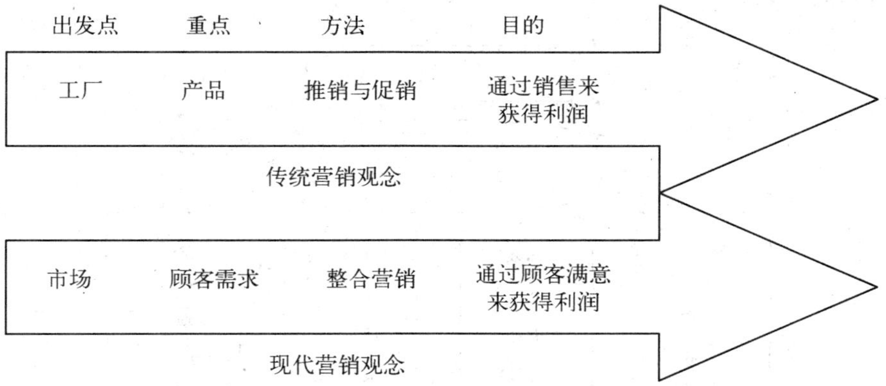

图2-1　传统营销观念与现代营销观念比较

三、市场营销组合理论演变

市场营销组合是现代市场营销理论的一个重要内容。最初由尼尔·鲍顿在1953年提出,他认为市场需求会在某种程度上受到“营销变量”的影响,企业需要对这些变量进行有效组合,才能实现企业既定的营销目标。此后,很多学者围绕“市场营销组合”展开深入研究,从不同角度提出了市场营销组合的内容,使其不断扩充与发展,并指导企业的营销实践。比较有代表性的营销组合有4P组合、6P组合、11P组合、7P组合、4C组合、4R组合、4V组合等。

(一) 4P营销组合

1. 4P营销组合架构

4P市场营销组合是由尤金·麦卡锡1960年在《基础营销》一书中第一次将企业的营销要素归结四个基本策略的组合:产品(Product)、价格(Price)、渠道(Place)、促销(Promotion)。由于这四个词的英文字头都是P,因而被称为4P营销组合。

1967年,菲利普·科特勒在其畅销书《营销管理:分析、规划与控制》第一版进一步确认了以4P为核心的营销组合方法。

产品(Product):包含企业为消费者提供的实体产品与服务。要求企业围绕目标市场提供合适的产品,注重产品开发,产品应具有独特卖点,把产品的功能诉求放在第一位。

价格(Price):根据不同的市场定位,制定不同的价格策略,产品的定价依据是企业的定价目标与品牌战略。

分销(Place):企业将产品送达到消费者的各种渠道。认为企业并不直接面对消费者,而是注重经销商的培育与销售网络的建立,企业与消费者的联系是通过分销商来进行的。

促销(Promotion):企业注重销售行为的改变来刺激消费者,企业需要利用各种信息载体与目标市场进行沟通与传播,以促成消费的增长,吸引其他品牌的消费者或导致提前消费来促进销售的增长。

4P市场营销组合的内容如图2-2所示。

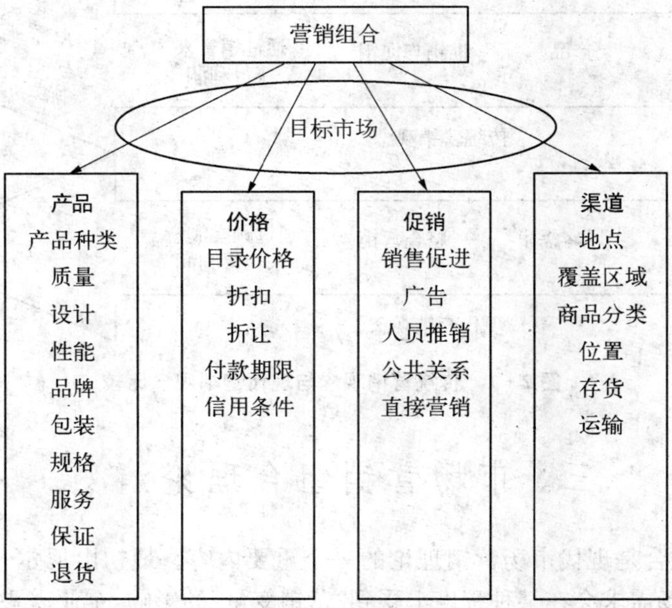

图2-2 4P市场营销组合

2. 4P营销组合特点

企业要满足顾客，实现经营目标，不能孤立地只是考虑某一因素和手段，必须从目标市场需求和市场营销环境的特点出发，根据企业的资源和优势，综合运用各种市场营销手段，形成统一的、配套的市场营销组合，使之发挥整体效应，争取最佳效果。其特点主要是：

(1) 4P组合是企业可控因素。企业可以根据自己的营销目标，为满足目标市场需求，可以决定自己的产品结构与特点、不同的价格区间、选择分销方式和促销方法。

(2) 4P组合是一个动态组合。因为面临不同的市场环境，不同目标市场，需要制定不同的营销组合，而且每一个要素里面还包含若干子要素，它们始终处于动态变化中。

(3) 4P组合是一个需要整体考虑的组合。市场营销4P组合不是简单相加或拼凑的集合，而是一个有机地整合，即在企业统一营销目标指导下，彼此配合，相互补充，才能够获得整体效应。

4P理论的提出，是现代市场营销理论最具划时代意义的变革，营销管理成为了公司管理的一个重要部分，而且涉及了远远比销售更广泛的领域。

小链接

在4P理论引进之前和引进之初，中国企业的营销行为基本上是东一榔头西一棒子，毫无整体章法。营销专家屈云波说："对4P理论的引进和理解，使中国的市场营销真正有了理论的指导，中国企业的市场营销行为也真正有目的有计划成体系地展开。"

20世纪80年代以来，一些营销咨询公司、广告公司纷纷出现，这大大推动了4P理论在中国企业中的运用。当时有一些企业对4P理论的认识和应用使它们取得了成功，比如苏州长城电扇、天津海鸥手表、沙市活力28洗衣粉、上海露美化妆品和常州金狮自行车，这些品牌在80年代中期都成为全国知名的品牌。

(二) 从4P到6P、10P、11P的营销组合

1. 市场营销组合架构

菲利普·科特勒于1984年提出“大市场营销”(Mega Marketing)概念。科特勒认为：企业能够而且应当影响自己所在的营销环境，而不应单纯地顺从和适应环境。在国际国内市场竞争日趋激烈、各种形式的政府干预和贸易保护主义再度兴起的新形势下，要运用政治力量和公共关系，才能打破国际或国内市场上的贸易壁垒，为企业的市场营销开辟道路。并指出市场营销组合在面对多变的经济环境下应该考虑权力和公共关系两个因素，由此提出大市场营销的6P营销组合：4P＋权力(Power)＋公共关系(Public Relations)。这是一种新的营销视角和战略思想。

随后科特勒又把6P进一步发展到10P，他把原有的6P称为战术营销组合，新提出的4P是：研究、细分、优先即目标选定、定位，称为战略营销。

研究(Probing)是市场调研，即用科学的方法，系统收集、记录、整理和分析有关市场情报资料，提出营销建议，以确保营销活动的顺利进行。

细分(Partitioning)是依据市场消费者需求差异性，用系统方法，将整体市场划分为若干子市场过程。

优先(Prioritizing)是在划分市场的基础上选择目标市场过程。

定位(Positioning)是根据市场上竞争者所处的位置以及消费者对产品的重视程度，以强有力的方式塑造本企业产品与众不同的特点而形成独特形象。

科特勒认为，战略营销计划过程必须先于战术性营销组合的制定，只有在搞好战略营销计划过程的基础上，战术性营销组合的制定才能顺利进行。他在讲到战略营销与战术营销组合区别时指出：“从市场营销角度看，战略的定义使企业为实现某一产品市场上特定目标所采用的竞争方法，而战术则是实施战略所必须研究的课题和采取的行动。”(菲利普·科特勒等著：《日本怎样占领美国市场》，中国物资出版社，1997年版)

到20世纪90年代，又有人认为，包括产品、价格、渠道、促销、政治力量、公共关系的6P是战术性的营销组合，企业要有效开展营销活动，首先要有为人们服务的正确的指导思想，又要有正确的战略性营销组合。这种战略性4P营销组合与正确的指导思想和战术性的6P营销组合构成了11P的营销组合。图2-3清晰地反映出它们之间的相互关系。

科特勒认为这第11个P贯穿于市场营销活动的全过程，是实现前面10个P的成功保证。该P将企业内部营销理论纳入市场营销组合理论之中，主张经营管理者了解和掌握员工需求动向和规律，解决员工的实际困难，适当满足员工物质和精神需求，以此来激励员工的工作积极性。

2. 比较分析

(1) 与4P营销组合特点相比，6P营销组合更关注企业与外界的关系，企业不仅要与顾客、经销商、广告代理商、资源供应者、市场研究机构发生联系，还需要与立法机构、政府

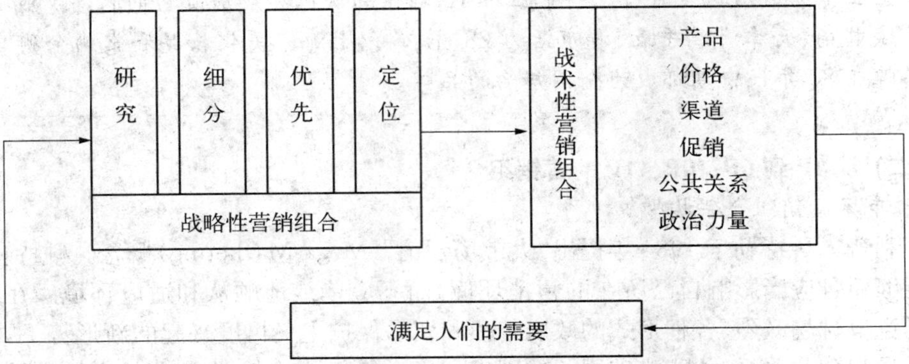

图 2-3　11P 市场营销组合

部门、政党、社会团体、工会、宗教组织等发生联系，企业必须争取各方面的支持与合作，排除人为的障碍，打通产品进入市场的通道。

(2) 6P 已经突破了市场营销环境因素是不可控因素的认识，认为只要通过企业的努力和相应资源的投入，是可以对某些环境因素施加影响或运用权力疏通关系来改变的。

(3) 与 4P 营销组合特点相比，10P 与 11P 营销组合的提出已上升到战略营销层面，清晰地描述了市场营销活动的全部内容，从规划营销战略开始：通过调查调研、进行市场划分、选择目标市场、进行市场定位，然后具体到 4P 营销策略的组合与实施。这些理论内容构成了市场营销最核心的理论内容。本教材的写作思路基本围绕这个理论体系进行介绍。

(4) 随着对营销理论更进一步的认识，营销理论正向多 P 理论发展。

小链接

"李锦记"蒸鱼豆豉油的营销策划

1994 年，李锦记首次推出其豆豉油产品，虽然做过种种营销方面的努力，销售成绩并不理想，销量一直没有取得突破性进展。

1996 年，李锦记在香港市场推出其新产品蒸鱼豆豉油，获得极大成功，并荣获 1997 年度香港 MA/TVB 杰出市场策划奖之铜奖。其过人之处在于：李锦记经过深入的市场调研、分析，认为进入一个更细分的市场能使自己的品牌凸显，与众多其他品牌区分。在品牌林立、竞争激烈的豆豉油市场中，发现了进入市场的机会，从而成功地研制和推出蒸鱼豆豉油这一新产品，开辟了一个新的市场空间。在推出新产品过程中，它通过不凡的创意，对营销工具的有效整合以及各种促销推广手段的完美演绎结合，树立了良好的品牌形象，取得骄人的销售成绩。

通过革新，李锦记树立了高品质的品牌形象。李锦记为推出蒸鱼豆豉油这一新产品所做的系列营销策划活动，真正体现了营销的本质。

(三) 服务市场营销组合：7P

随着 20 世纪 70 年代以来服务行业的迅速发展，与有形产品的营销一样，在确定了合适的目标市场后，服务营销工作的重点同样是采用正确的营销组合策略，满足目标市场顾客的需求，占领目标市场。但是产品的营销组合要素并不完全适合于服务营销，由于服务市场的特殊性，从而决定了服务营销组合策略的特殊性。于是，布姆斯(Booms)和比特纳(Bitner)根据外部营销环境的变化在传统的 4P 基础上又增加了 3P，即是人员、有形展示和过程管理。

人员(Participant)是指在服务企业担任生产或操作性角色的人，他们扮演着传递服务和服务销售的角色，尤其在服务型企业里，由于人员素质参差不齐，服务表现的质量就无法达到一致的要求，他们可以完全影响顾客对服务质量的认知与喜好。因此，营销工作者必须重视雇员的挑选、培训、激励与控制。营销经理人不仅要处理公司与已购顾客之间的互动关系，还得兼顾潜在顾客的行为与态度。特别是顾客与顾客之间的关系，更需要引起企业高度关注，这是因为某顾客对某一项服务产品质量的认知，很可能是受到其他顾客的影响。

有形展示(Physical Evidence)是通过商品与服务本身的展示以吸引顾客，任何有形的商品透过服务的传播及表现而更具有吸引力。有形展示会影响消费者对于一家企业的评价。有形展示通过实体环境、实体装备等展示，使顾客能从中得到可触及的线索，去体验企业所提供的服务质量。因此，最好的服务是将无法触及的东西变成有形的。

过程管理(Process Management)是指顾客获得服务前所必须经历的过程，如产品介绍、表情愉悦、声音甜美并专注和关切的工作人员，可以减少顾客在排队等待时表现出的不耐烦，也可以平息因技术问题所表现的怨言或不满。服务是通过一定的程序、机制以及活动得以实现的过程(亦即消费者管理流程)，是市场营销战略的一个关键要素。

启示故事 2-2：环境带来变化

一家有特色、价格适中的美容美体 SPA 馆，生意很不错，但顾客多为散客或办理月卡的消费者，办理年卡的顾客非常少。经营者一直在想方设法通过提高服务质量、降低价格、搞促销活动希望能够使这些消费者成为本店长期顾客，可是没有什么起色。于是她请教营销专家，希望他们帮助寻找原因。专家通过对产品、服务、营销手段进行检视，并没有发现什么不妥，可是为什么顾客不愿意办理年卡而成为长期顾客呢？顾客在犹豫什么呢？这位专家开始观察这家店的内外装潢，也没有发现什么问题，最后眼光落在店内走廊尽头一些旧家具和大货物箱上。询问得知，为节省空间，这里用来放置货物，箱子有的是新近的货物，有的是要退换的货物。哦，问题就在这里了！随后专家建议搬走这些旧家具和这些货物箱，然后放置几盆鲜花，在进口处摆放一块展板，写上本店最新动态、新推出的服务、来年公司的目标计划等信息。此后两个月不到，办理年卡的顾客数量明显增加，业绩也有显著提升。

环境给顾客以联想，顾客看见那些箱子和旧家具摆放在那里，是不是这家店要搬走？尤其是美容行业多为女性顾客，她们对细节更加敏感！为消除她们不安全的心理，鲜花、展板在店内就给她们传递出这样的信息：店的经营红红火火，更有长期计划，增加了顾客心中潜意识的安全感，自然她们就愿意成为长期顾客了！

顾客更加关注感受与细节，感受让顾客产生愉悦，细节让顾客产生联想，细节决定成败！

4P营销组合与7P营销组合之间的差别主要体现在7P的后三个P上，4P组合侧重于早期营销对产品的关注上，是实物营销的基础，而7P组合则侧重于后来所提倡的服务营销，对于除了产品之外服务的关注，是服务营销的基础；4P组合偏向于宏观层面，而7P组合更注重服务的细节与顾客的感受；4P组合是站在企业角度思考产品如何更快推进市场，是一种推的策略，而7P组合更偏向于消费者，是一种拉的策略，并提示企业营销工作者对消费者需求是不容忽视的。表2-2是4P组合与7P组合的比较。

表2-2　4P与7P之差异性比较

营销组合	传统的4P组合	现代的7P组合
产品(Product)	质量、特性、选择性、形态、品牌、包装、产品线、保证、服务程度、其他	质量、品牌、服务线、保证、服务能力、辅助物、可触及的附加物、人员组织、服务环境、服务传送过程
价格(Price)	定价、折扣、付款条件、信用条件	定价、折扣、付款条件、信用条件、顾客价值观、质量与价格之间的互动和差异性
渠道(Place)	渠道形态、渠道广度、地点、覆盖区域、库存控制、物流配送	地点、方便性、店形态、渠道广度
促销(Promotion)	广告、个人销售、促销活动、公共关系	广告、个人销售、促销活动、公共关系、人员组织、服务环境、辅助物、可触及的附加物、服务传送过程
人员(People)		人员组织、训练、筛选、承诺、奖励、人员形象、人际行为与态度、参与度、顾客接触
有形展示(Physical Evidence)		服务环境、气氛、装饰、颜色、配置、噪音程度、辅助物、其他可触及的附加物
过程管理(Process Management)		服务政策与宗旨、服务手续、服务方法、服务人员服饰、顾客参与度、顾客服务守则、活动流程

7P组合表明企业每个员工所做的每件事，都将是客户对企业服务感受的一部分，都将对企业的形象产生一定的影响。企业更应关注在为用户提供服务时的全过程，通过双向沟通了解客户在此过程中的感受，使客户成为服务营销过程的参与者，从而及时地改进自己的服务来满足客户的期望(外部营销)。企业营销也应重视内部各部门之间分工与合作过程的管理，因为营销是一个由各部门协作、全体员工共同参与的活动，而部门之间的有效分工与合作是营销活动实现的根本保证(内部营销)。

(四) 4P+3R的营销组合理论

20世纪80年代以来，人们开始认识到以顾客忠诚度为标志的市场份额所带来的利润，明显高于市场份额的规模所带来的利润。因此，许多企业的营销重点就放在了如何保留顾客，如何使他们购买相关产品，如何让他们向亲友推荐企业的产品上，而这一切的努力就是如何来提高顾客的满意度和忠诚度，这就产生了4P+3R的新的营销组合理论，其中的3R即顾客保留、相关销售和顾客推荐。“顾客永远是对的”这一经营哲理被“顾客不全是忠诚的"思想所替代。

顾客保留(Retention)是通过持续地、积极地与顾客建立长期关系,以维持与保留现有顾客,并取得稳定收入。因为维持客户关系保留老顾客所带来的利润远高于开发一个新客户,这将成为企业业绩增长的主要方式。

相关销售(Related Sales)是通过老顾客对企业的信任来推广新产品的,企业不需要花费更多广告促销费用来推广新产品。英奥特公司提供免费顾客服务的重要原因是公司期望在未来向这些顾客销售相关产品,并获取可观利润。事实上英奥特公司的成长主要来自产品的升级换代和相关产品的销售。

顾客推荐(Referrals)是通过老顾客推荐来扩大市场份额的。前提是基于老顾客对企业的信任而产生忠诚,通过自身体会向朋友推荐企业产品。顾客宣传的可信度和效果要比企业自身的广告强得多。

4P+3R营销组合理论告诉我们,企业营销工作更应放在为消费者提供服务上,企业并不需要投入巨额广告促销费用,通过服务质量提高获得顾客满意,通过客户关系维护提高顾客忠诚度,依靠人际传播媒介来传播企业相关信息。这一新的营销组合也更强调企业各部门之间的协调与合作。

(五)4C营销组合

20世纪90年代,由于消费个性化、感性化、多样化更加突出,企业需要更高程度地关注消费者需求的变化与差异,迫切需要与消费者建立双向的信息沟通。在1990年美国市场学家罗伯特·劳特朋(Robert Lauterborn)教授提出了4C理论,即顾客、成本、便利和沟通。

顾客(Customer)是企业一切经营活动的核心,企业通过关注顾客并深入了解顾客实际需求和潜在需求,诱导顾客一个个新的需求,进行客户需求分析,包括对产品个性化需求、对服务个性化需求、对价格的要求等。企业对顾客的重视要高于对产品的重视。注意:企业提供的不仅仅是产品和服务,更重要的是由此产生的客户价值。

成本(Cost)不单指企业制造成本,更多需要从消费者角度考虑其心理预期价格和可能的购买力及购买花费的成本,倒推价格模式"消费者接受价格－适当利润＝成本上限"取代传统价格模式"成本＋适当利润＝价格"。消费者接受价格成为决定因素,因此,企业要不断追求更高利润就需要不断降低成本。

便利(Convenience)是指为客户提供最大的购物和使用便利。企业在渠道设计上始终把消费者放第一位,要让消费者感到方便,如交易地点、空间距离与交易手段、交易方式、结算方式、送货上门、服务手册等方面提供全方位的方便;方便顾客消费就要求在使用操作、服务修理、产品及互补产品配套等方面提供方便。总之,要通过好的售前、售中和售后服务来让客户在购物享受的同时,也享受到了便利。便利是客户价值不可或缺的一部分。

沟通(Communication)是指企业与顾客间进行积极有效的双向沟通,用沟通取代促销,是顾客与企业间基于共同利益的新型关系——客户关系,企业不再单向通过促销和劝导来寻找顾客,而是在沟通中找到能够彼此实现各自利益的共同途径,与顾客建立良好关系,将顾客看做是与企业相互平等的主体,积极地通过感情交流,培养顾客忠诚。

小链接

美国金百利克拉克公司在推出好奇牌纸尿布时，采用了被称为《人之初》(At The Beginning)的印刷品简讯。每三个月一次，将简讯寄发给家中需要使用纸尿布的母亲们。他们利用电脑中小孩的资料，配合这些小孩出生的时间，教育且提醒父母亲，三个月后宝宝发育所需要注意的事项。虽然简讯中放有产品优惠券，但重点是附在一起的资料和信息，这些资讯体现了企业对年轻的妈妈和宝宝的关心。经过一年的测试，以《人之初》活动建立与顾客沟通的效益被证实。两年后，这项活动推广到全美国，达到每年 300 万个家庭。在接下来的数年中，好奇牌纸尿布的市场占有率稳定增长，击败了其他的纸尿布，成为市场的领导者。

4C 营销组合理论强调了企业要忘记产品去关注需求，忘记价格去关注购买成本，忘记渠道去关注便利，忘记促销去关注与沟通。总之，企业应该把追求顾客满意放在第一位，以满足顾客需求为己任，卖顾客想要购买的产品，而不是只卖企业所能生产的产品；暂时放弃主观的定价策略，而是要了解消费者愿意为满足其需求所需付出的代价，设法降低顾客的购买成本，因而在产品和服务研发时就要充分考虑客户的购买力；然后要充分注意到顾客购买过程中的便利性，最后还应以消费者为中心实施有效的营销沟通。这是 20 世纪 90 年代市场营销新的发展。

4C 营销组合深化了 4P 组合，是站在消费者角度反思营销活动的全过程，显然 4C 组合是更积极主动的营销者，是真正能够为消费者着想的营销者。但 4C 关注到了顾客，是顾客导向，却没有关注竞争对手，非竞争导向，因为市场竞争是残酷的，要想在竞争中取胜，必须两者均要兼顾，才能在竞争中求发展。4C 是顾客导向，但顾客需求的合理性并没有考虑，如果只偏向一方可能导致企业会付出更大代价，因而需要从长远角度考虑从企业与顾客间的双赢战略。此外，4C 还没有关注到如何为客户提供更好的方案来解决问题，如何做到快速响应。

（六）4R 营销组合

4R 营销理论是由美国学者唐·舒尔茨(Don Shultz)在 4C 营销理论的基础上提出的新营销理论。20 世纪的 90 年代末，信息技术和知识经济迅猛发展，消费者的生活节奏越来越快，市场竞争空前的激烈，消费者对产品的忠诚度和信任度在不断下降。人们开始认识到建立企业与顾客之间的战略协作关系十分重要。于是舒尔茨提出了关联、反应、关系、回报的 4R 新的营销组合理论。

关联(Relevance)是与顾客建立关联。为防止顾客流失，提高顾客忠诚度，企业必须通过某些有效的方式在业务、需求等方面与顾客建立关联，形成一种互助、互求、互需的关系，把顾客与企业紧密联系在一起，才能赢得长期而稳定的市场。如利用系统集成模式为客户服务，为客户提供一体化、系统化的解决方案，建立有机联系，形成互相需求、利益共享的关系，共同发展。或者提高产品与需求的对应程度，提供符合客户特点和个性的具有特色或独特性的优质产品或服务。定制营销就是为满足客户需求实现的一对一营销。

反应(Reaction)是提高市场的反应速度。关注顾客就是要认真倾听顾客的心声，倾听他们的希望、渴望和需求，并快速做出反应来满足他们的需求。企业建立快速反应机制，提高反应速度和回应力，可以最大限度地减少客户抱怨，稳定客户群，减少客户转移的概率。网络的神奇在于迅速，企业必须把网络作为快速反应的重要工具和手段。

关系(Relationship)是企业与顾客间的关系已经发生了根本性的变化，从最初的交易变成一种责任，从顾客变成伙伴，从管理营销组合变成管理和顾客的互动关系。而沟通是建立这种关系的重要手段。

回报(Return)是营销的源泉，营销的最终价值在于其是否给企业带来短期或长期获利的能力。企业必须关注营销活动中的回报。

4R营销组合的显著特点是以竞争为导向，以建立顾客忠诚为目标，着眼于企业通过关联、反应、关系等形式与顾客建立长久的、互动的、双赢的关系，从而形成企业独特的竞争优势；4R营销真正体现并落实了关系营销的思想，研究顾客，倾听顾客，感受顾客，通过建立快速反应机制以实现对市场变化的快速反应，延伸和升华了营销便利性；4R营销从实现销售转变为实现对顾客的责任和承诺，将营销重点放在建立与提高顾客忠诚度方面，强调以系统观点开展营销活动；企业应追求市场回报，并将市场回报当做企业进一步发展和保持与市场建立关系的动力与源泉。这一理论表明处于产业链上任何企业都应该以最终消费者为中心，以将自己的产品真正被消费者消费为目标，保持渠道畅通，掌握产业链主动权；反之，不论是直面消费者的终端企业还是处于产业链上游企业，不能有效了解消费者，掌握消费者需求动向，都将是被动的。当然，4R营销同任何理论一样，也有其不足和缺陷，如与顾客建立关联、关系、反应需要实力基础或某些特殊条件，并不是任何企业可以轻易做到的。但不管怎样，4R营销组合提供了一个很好的思路，是经营者和营销人员应该学习和掌握的。

启示故事2-3：获得主动权

一位姓王顾客去购买笔记本电脑，当他在询问店主笔记本配置时，店主说处理器是“酷睿”品牌，这位顾客坚决反对，一定要求使用英特尔的处理器。经店主一番解释后才消除了误会。

为什么一个不直接面对消费者的品牌却对消费者产生如此大的影响力？

英特尔面对的是计算机厂商，处于产业链上游，远离消费者。怎样才能紧紧抓住消费者呢？首先，英特尔与消费者深入沟通，发现其需求来提高产品性能；其次，与计算机厂商协商好在计算机厂家广告中插入英特尔的宣传广告，并分摊一定广告费，告知消费者该款计算机使用的是英特尔处理器，同时在计算机平面广告中也会出现英特尔的Logo。消费者购买笔记本电脑关注的是计算机的品牌，很少会去关注配件的品牌，但是，时间长了，人们的注意力转移了，也都知道计算机处理器的重要性，也认识到了英特尔。

任何一家企业不论你处于产业链的任何位置，都需要关注最终的消费者，研究消费者，需要掌握消费者的心智，才能获得在产业链上的主动权，获得竞争优势。

（七）4V营销组合

4V组合是指差异化、功能化、附加值和共鸣。在信息经济时代，企业面临快速变化的市场,企业的生存与发展与企业是否具备核心竞争力密切相关。企业面临核心竞争力的提升难题,4V 营销组合理论正是在这种背景下提出的。

差异化(Variation)就是与他人不同,不论是产品性能上还是服务上,企业在消费者心目中形成了独具特色的个性形象。事实上,现在的消费者更多追求个性化,表现出需求的多样性,因而需要企业提供不同层次、不同个性形象的具有独特优势的产品,并在服务、营销等多方面也同样表现出独特性。也就是说,企业要依据自己的技术优势和管理优势,创造出产品、形象与市场三方面具有差异性的独特优势来获取竞争力。产品差异化就是企业生产的产品,在质量、性能上明显优于同类产品,从而形成独特的市场。如海尔集团为满足我国居民住房紧张的需要,推出小巧玲珑的小王子冰箱;美菱集团为满足一些顾客讲究食品卫生要求,生产出美菱保鲜冰箱;而新飞则以省电节能作为自己为顾客提供服务的第一任务,从而吸引了不同的顾客群。形象差异化就是企业通过各种手段确立在消费者心目中的形象,如企业 CI 的实施、公益活动的参与、品牌的宣传等等都能反映出企业形象。市场差异化是对产品从企业转移到消费者手中全过程的营销因素差异化的形成,如价格差异、通路差异、促销差异、服务差异等。

功能化(Versatility)就是产品能够提供给消费者的不同功能。首先,要明确消费者购买产品的目的是什么,满足什么方面的需要,与之匹配的就是产品的不同功能;其次,进行不同功能的组合就形成不同类型产品而形成产品系列,满足不同顾客的需求。如手机的基本功能是移动电话功能,随后又出现短信功能、音乐功能、照相功能、上网功能等等。不同顾客可以选择具有不同使用功能的产品,却不会单纯只考虑功能,而是更加注重性价比。顾客真正需要的是除了基本功能外,产品辅助功能所能给他带来的乐趣和兴奋,还不要花费更多价钱。

附加值(Value)是指整体产品中的第三个层次,即产品的附加值。现代企业间竞争的重心已经转移到附加值的竞争。附加值主要由技术附加、营销或服务附加和企业文化与品牌附加三部分所构成。如一只中国生产的鼠标,在美国市场的价格是 24 美元,其中渠道商赚 8 美元,品牌商拿走了 10 美元,而国内的制造厂商只能赚 0.3 美元;芭比娃娃在美国卖 10 美元,中国企业加工所得的利润只有 0.35 美元;Nike 鞋大多数是在中国制造的,但贴上中国的品牌只能卖 120 元人民币,贴上 Nike 品牌就能卖到 120 美元……有专家指出"外国人就是从产品的设计研发、生产、仓储、物流、订单处理、零售等方面,创造了高于产品价值本身数倍的利润。"换句话说外商赚取附加价值远远大于由产品物耗和社会必要劳动时间消耗构成的价值,因而技术、品牌、渠道、营销手段等已成为现代企业竞争的焦点。因此,企业必须考虑:第一,通过技术创新提高产品技术含量体现价值提升;第二,通过更加便利、更好的服务创新提升顾客满意度,实现顾客"价值最大化";第三,通过提升企业形象、品牌形象提升价值含量,让消费者感受到购买的不是产品而是体验、是愉悦、是心理满足。

共鸣(Vibration)就是企业不间断地提供价值创新来使顾客实现最大限度的满足。每一位顾客在消费产品和服务时都具有一定的价值取向,顾客的购买行为是在对成本与利益进行比较和心理评价之后才发生的。因此,企业在经营活动中不仅要创造价值,更要关注顾客在购买产品和服务时所倾注的全部成本,顾客追求的是获得最大效用同时使让渡价值达到最大化。因此，企业必须为客户持续地提供具有最大价值创新的产品和服务，使客户能够更多地体验到产品和服务的实际价值，企业和顾客之间才能够产生利益与情感的关联，当顾客能持续稳定地得到这种“价值最大化”的满足之后，将不可避免地成为该企业的忠诚顾客，从而使企业与消费者之间产生共鸣。

差异化形成企业产品的独特性；功能化与附加值的获取形成了完整的价值增值链与产业链，其独特性（或技术或产品或服务的单一面与多面共存等）使企业的独特所在具有渗透力与扩展性；能否长期稳定地给顾客进行价值提供，并带给顾客更多的消费者剩余与超值效用正是共鸣的基础。这几个方面正好与企业核心竞争力形成的三个条件相吻合。因此，4V营销组合的实践过程也是培养、形成企业核心竞争力的过程，是企业营销战略的重要内容。4V组合更适用于生产高科技产品的产业，也更有利于形成产品的差异化。而传统产业只有通过转型、创新来提高获得提高产品附加值的能力，否则将会被市场所淘汰。

小链接

斯图·伦纳德经营着三家连锁超市而且获利颇丰。他戏称每当看到一个满面怒容的客户，他就看见50 000美元从他的商店飞走了。为什么呢？因为一个客户平均每周会购买100美元的商品，每年大约购买50次，大约会在这个地方住10年。如果这个客户有了不愉快的购物经历，他就有可能转到其他的超市去购买。这也意味着伦纳德损失了50 000美元的收入。如果这个客户向其他的客户说超市的坏话，并且导致其他的客户也离开的话，损失还要大许多。为了留住客户，伦纳德店面的工作人员全部装扮成卡通形象，安排了定期的娱乐节目，开设了一个爱畜动物园，商店里到处是电子动画合成的怪诞形象，《纽约时报》称之为“乳品店里的迪斯尼乐园”。1969年的时候，伦纳德只开了一家小小的乳品店，但是他发展的步伐快得惊人。现在他已经开了30多家乳品分店，每周的客户超过25万人。如此众多忠诚的购物者基本都是因为商店里那种激情洋溢的客户服务方式而获得的。商店里有两条原则：第一条原则“客户永远是对的！”第二条原则：“如果客户真的错了，那么参见第一条！”

（八）4S营销组合

互联网技术的发展为电子商务发展提供了平台，企业的商务活动在因特网上以数字化电子方式完成，打破了时间与空间的界限，网上营销也开始发展。传统市场的营销组合对于虚拟的互联网市场显得不是很有效了，人们开始关注网络营销这种模式。康斯坦丁尼德斯（Constantinides）博士在1996～1997年间对电子商务市场（E-Marketing）提出了4S网络营销组合，尽管最初是被用作一项数学工具，随后被证明非常适合用来指导企业的网站建设，以及对已有的网站进行评估和改进。这个4S组合是范围、网站、协同和系统。

范围（Scope）是界定所有支撑在线商业活动的战略要素。包括：第一，确定网络营销战略目标，以及与传统营销目标和企业整体战略目标的关系；第二，进行市场分析，确定参与竞争的范围、市场潜力、潜在顾客构成以及竞争对手状况，找到新的市场机会；第三，进行内部分析确定企业是否为实施网络营销做好了准备，并预测未来可能对企业产生的影响；第四，确定网络营销战略角色。管理层对这些战略要素要做经常性的、持续性的回顾和评估。

网站（Site）是确定企业所有线上的运营活动，包括业务特征和市场定位等。网站是网络营销最基本的交流工具和场所，可以展示产品、销售产品、提供价格目录、配送网点、线上支付等。网站的使命就是要树立网络形象，以吸引顾客积极互动，同时也便于企业能够迅速联系到这些顾客。

协同（Synergy）是企业线上活动与线下活动的整合。包括三方面的整合：前方整合——网络营销与企业传统市场销售的融合；后方整合——网络营销所要求的组织架构与传统组织架构之间的融合；第三方整合——企业与除了顾客以外的互联网伙伴的合作。

系统（System）是提供技术支撑的框架系统，要实现功能管理、内容管理、运行管理、安全管理等，确保企业网站在运作过程中做到安全可靠、经济高效、用户友好。

网络营销的4S组合的操作性强，4个S即为网络营销四个步骤，每个S都是依据前一个S为基础的，由于互联网的快速易变性，需要不断进行循环反馈，而这四个步骤恰好适应了这种变化。另外，网络营销组合是在企业战略管理统一下实施的，四个步骤既有战略层面的又有战术层面的，范围是战略层面的，网站和系统是战术层面的，协同是具有战略层面的又有战术层面的内容。可以说，4S网络营销组合较好地结合了战略性和可操作性，是营销组合e化的一种较为成熟的理论。

小链接

根据淘宝网发布的2009年年报：目前网上的店铺已超200万家（其中1星级以上的170万家），开店速度持续递增，学生创业渐成主流，淘宝每日都会新增1万个掌柜。淘宝现有9 000万的注册用户群，每天2 000万的登录人数，而且这部分人群主要是22～35岁之间的活跃人群，消费能力非常高，单笔消费金额约为180元。平均每分钟，网上将会卖出473件衣服、438件家居日用品、261件化妆品、32台笔记本电脑……可以毫不夸张地说，在电子商务领域里，淘宝网上遍地都是金矿。

从淘宝网开创到现在，它都是一个C2C的网站。但是，2010年伊始，淘宝网连番做出了“大动作”：一方面，集结联想、美的等大型品牌厂家组建3C电器城，摆脱“小卖家集散地”的形象，向B2C大举进军；另一方面，淘宝开始授权代购店，准备把中国10亿不上网的人口也纳入到淘宝的势力范围，梦想打造一艘“零售业超级航母”。而早在2007年，马云就启动了淘宝商城，并且开始在媒体和舆论方面模糊淘宝的C2C界限，有目的地提出了“淘宝是B2C2C”的新概念。淘宝引入了从前不进淘宝的大品牌实体商家入驻，如美特斯邦威、优衣库等。经过将近两年的培育，淘宝商城在淘宝的位置越来越重要，时至今日，淘宝商城已经放到网站最醒目的位置！

按照这种发展趋势，3年内，淘宝网B2C的销售规模必然会和C2C并驾齐驱。

从4P逐渐演变到4C、4R、4V、4S都是来自企业的营销实践，又反过来指导着企业的营销实践活动。特别是受当今信息化、经济全球化和网络化的影响，企业竞争规则不断转变，加上消费者的理念与消费习惯的变化，都成为新营销思想涌现的加速器，未来必然还会出现更多创新的营销理念和实践方案，来共同完善和发展营销体系，为市场上的不同企业提供丰富的营销思路。企业可以有多种不同营销组合的选择，但不管选择怎样的营销组合，都必须依据企业长期的战略目标与短期的战术目标来制定营销组合，以保证其战略方向及组织目标的实现；同时要分析企业所处的外部环境和具有的内部资源条件，以保证制定的营销组合是企业可实施的。表2-3将营销新理论的主要内容汇总在一起，以便读者更好比较，更好运用。

表2-3 营销理论演变及内容

理论	4P	4C	4R	4V	4S
内容	产品、价格 渠道、促销	顾客、成本 便利、沟通	关联、反应 关系、影响	差异化、功能化 附加价值、共鸣	范围、网站 协调、系统
目标	以满足市场需求	追求客户满意	建立顾客忠诚	构建企业核心竞争力	网络营销
营销观	企业导向的推动型营销观	顾客导向的拉动型营销观	竞争导向的供应链营销观	竞争导向的战略营销观	战略营销观念在互联网市场的具体形式
产生时间	20世纪60年代 短缺经济时代	20世纪90年代 过剩经济时代	20世纪末至21世纪初	20世纪末至21世纪初	互联网、电子商务快速发展时期
提出者	麦卡锡	劳特朋	唐·舒尔茨		康斯坦丁尼德斯

四、市场营销创新理论——1P理论

1P理论是由北京大学教授、北京大学新市场经济与管理研究中心主任王建国教授提出的。该理论是以降低顾客支付成本为核心的价格营销战略。不同于4P营销组合，1P把营销战略的重点归结为找谁为顾客买单和怎样把零和转变为多赢、把B2C营销转变为B2B营销。

（一）1P理论内涵

1P理论把现代营销战略归结为产品价格，即消费者成本问题。该理论认为，在传统4P中产品、渠道、促销3个P都是企业的成本，只有价格这个P是企业的收益。而成本问题归根到底是为价格提供定价空间的，因而是定价策略的一个部分。所以营销的多P战略可以归结为1P战略。

其根源也在于在激烈的市场竞争中，产品同质化现象越来越严重，消费者得到的信息越来越多，购买决策就变得越理性，导致对价格越来越敏感。企业间的竞争手段无非是多花更多的钱不断进行产品和服务改进、渠道建设以方便顾客购买，并加大促销力度，而以降低产品价格（即降低顾客购买成本）来争夺消费者。也就是说，企业要把3P做得更好，以增加顾客价值，企业就会不断增加成本；要降低价格，减少顾客成本，企业就会减少利润。以这种竞争方式的结果导致企业间的利润互损，营销也变得越来越难做。如果一个企业改变思路，以合作思维替代竞争思维，以多赢合作替代零和竞争，充分利用共享目标顾客、产品多功能化、联合生产、联合促销、联合渠道、信息搭载、网络经济、战略联盟、资源整合、边际产品非稀缺供给、消费者文化个性共享、目标顾客商品化、把企业对顾客的营销转变为企业对企业的营销等多种合作战略来寻找第三方与企业和顾客共同支付，企业就能以比竞争对手低得多的价格，或低于平均成本的价格，乃至零价格或负价格的条件出售自己的产品而仍能获利，即企业能够少花多收的同时还能保持对顾客的吸引力，增加顾客价值，同时还能增加企业获利能力。

例如，一个生产打火机的企业，它每个打火机的平均生产成本为 0.6 元，其售价定为 1 元。它在打火机上为一家餐馆打上广告，然后把打火机同时卖给餐馆和打火机最终消费者。每个打火机向餐馆和打火机最终消费者各收 0.5 元；或者每个打火机收餐馆 1 元，再由餐馆免费送给打火机最终消费者。这个案例说明：

第一，企业同一个产品可以有不同类型的目标顾客市场，是一对多而非一对一（因为打火机除了具备点火功能外还可以具备信息运载功能）；

第二，企业对消费者（B2C）与企业对企业（B2B）不是两个完全分开的市场（即打火机的目标市场有两个：最终消费者 C 和餐馆 B）；

第三，餐馆也可以不在打火机上做广告，选择其他产品如餐巾纸或杯子，则餐巾纸生产企业和杯子生产企业就成为打火机生产企业的竞争对手（不相干的企业变成了竞争对手）；

第四，企业可以以低于长期平均成本的价格，甚至以零价格把打火机卖给打火机最终消费者仍能获利（成本为 0.6 元，卖给消费者是 0.5 元或免费送给消费者）；

第五，企业也可以以高于打火机的最终消费者可以接受的价格出售打火机（给餐馆）；

第六，一个企业的同一产品可以有来自看似毫不相干的目标市场多类目标顾客和看似毫不相干的行业多个竞争对手；

第七，从企业的竞争对手和目标顾客方面而言，行业边界消失了，企业成为网状经济和网状营销的一个纽结；

第八，企业与企业之间不一定是替代竞争或零和竞争，而可以是合作共赢的关系（生产打火机的企业和餐馆是合作共赢的关系）。

这个案例说明：通过为第三方顾客或企业创造价格，并由第三方参与支付，企业就能够把多花少收的竞争转化为多收少花的共赢，也增加了行业和企业的利润。

因此，1P 理论告诉我们，合作共赢、发现企业利益攸关者，为第三方利益有关企业创造价值，成为 1P 理论的关键所在。图 2-4、图 2-5 反映了 1P 理论思路以及为第三方创造价值思路。

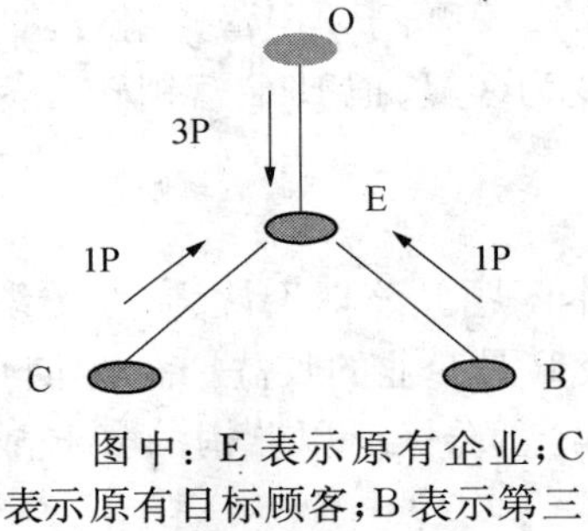

图中：E 表示原有企业；C 表示原有目标顾客；B 表示第三方利益攸关顾客，与 C 共付价格给 E；O 表示第三方利益攸关企业，与 E 共担 3P 成本；3P 表示产品、渠道、促销；1P 表示价格

图 2-4 1P 理论思路

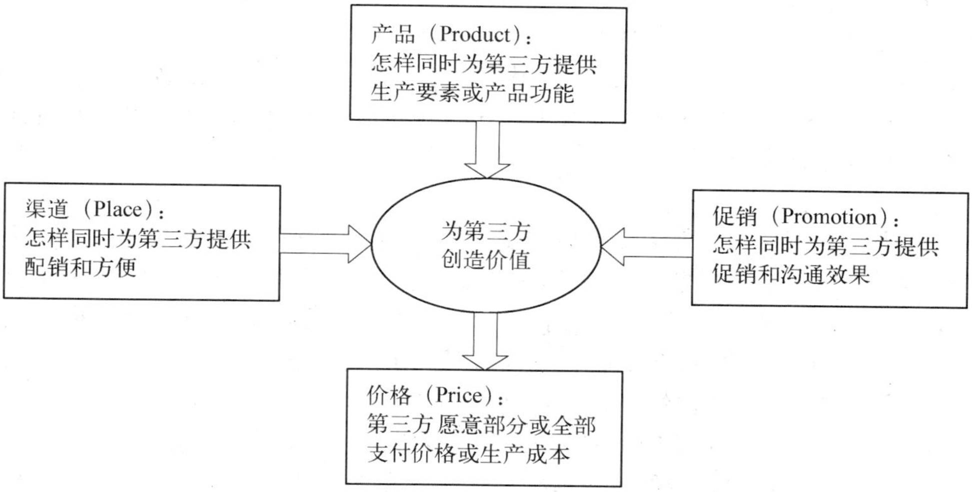

图 2－5　为第三方创造价值

（二）1P 理论的核心问题

1. 第三方引入

1P 理论认为传统营销把企业和顾客看成是一个价值交换的封闭系统，一个系统中一方价值量的增加必然导致另一方价值量的减少，即如果企业的长期平均成本保持不变，企业的降价必然导致利润的损失，否则产品或服务的质量必然下降而导致顾客的损失。所以企业和顾客之间的关系是一个零和博弈的关系，市场地位决定了谁将取得博弈的主动权。如果打破这个封闭系统，把第三方纳入企业的营销框架，使第三方输入价值或借助它的力量创造价值，就可以实现总价值量的增加，也就可以实现企业以低于竞争者的价格销售质量不低于竞争者的产品或服务，但同时又能保持或增加企业的利润。因此，1P 理论的关键是第三方的引入，让第三方为自己的直接目标顾客买单，让第三方分担参与生产产品或提供服务，用第三方输入的价值来弥补直接对顾客降价造成的损失。这里的第三方范围更广，跨越了行业界限，并延伸到两个可能完全不相干的企业，同时顾客也可以作为第三方参与到企业的价值创造系统中；以合作共赢关系替代零和博弈关系。

2. 第三方支付

如何做到让第三方愿意为企业的顾客买单或帮助企业降低成本呢？只要做到企业在为顾客创造价值的同时也给第三方带来价值，或者为第三方节约了成本，第三方自然愿意加入这个营销系统而为企业支付。

首先，信息经济、网络经济、知识经济、文化经济的发展，使企业边界变得模糊，企业特定产品的目标顾客市场不再是单一的，而是一种网状关系，许多不相干的企业都有着共同的目标顾客，所有经济活动的参与者变成了不同程度的利益攸关者，如一个企业的产品可能成为另一个企业产品的信息载体，从而使它们之间产生了合作空间；科技的发展可以使同一产品的不同功能出售给不同的目标顾客；知识经济使企业以零可变成本复制知识产品（如软件的复制不会增加可变成本），当生产量足够大，产品以趋零价格销售仍能赢利；一群有类似消费个性的顾客会成为来自不同行业但具有类似产品个性的企业的目标顾客，从而为这些企业创造共享文化个性的多赢空间等。网状经济使企业的顾客和竞争对手之间呈现多元化，产生了合作的基础。

其次，企业之间的竞争不再限于行业内部，企业经营的每一个价值链环节都与其他企业乃至整个经济网状相连，消费者亦成为网状经济中的节点，企业与消费者可能同时成为另一企业的目标顾客，企业对消费者的营销与企业对企业的营销成为相互转化的营销活动。

再次，同一产品不同功能市场价值因受信息、网络、知识和文化的影响而发生巨大变化，使原来产品某些隐形功能成为显性功能，因而对目标顾客之外的第三方具有市场价值，使其以低于平均成本或高于顾客可接受价格出售产品成为可能；或是因信息、网络、知识及文化的影响使原有产品的渠道、促销同时对目标顾客之外的第三方具有市场价值，使第三方愿意支付部分渠道成本和促销成本成为可能。

可见，当企业打破原有营销封闭系统，把它转变成一个相对开放的系统，企业与企业之间、企业与顾客之间存在的各种多元复杂的关系，就给企业带来了为企业第三方创造价值的机会。每个企业都具有多种资源，每种资源又具有多种价值，同样的资源对一个企业可能毫无价值却可能成为另一个企业利益攸关的关键资源。所以，企业不仅要使拥有的资源对自己有价值，还要看到它对第三方的价值；同样，还应该有意识地挖掘第三方资源的利用价值，整合多种资源，借多方优势达成自己的目标。

所以，1P 理论打破了传统营销的行业界限，拓展了企业的营销范围，转变了企业的营销价值观，以合作替代竞争，以价值创造替代价值瓜分，从红海的营销变为真正蓝海的营销。1P 理论是对传统 4P 营销理论的突破！

3. 第三方与买单的界定

1P 理论的核心是要找到第三方参与企业的成本支付和收益买单。1P 理论认为，对第三方的界定要从交易的单位来看，企业和顾客交易的基本单位是产品，而交易的核心是产品为顾客提供的某种价值或核心功能。如前面的例子，顾客购买打火机是看中其点火功能，只要找到方法降低顾客的购买成本，就是运用 1P 理论，如餐馆则是看中打火机的信息运载功能，餐馆的参与就可以降低顾客购买成本甚至免费使用打火机。通过开发产品新功能，使隐形功能变成显性功能，就可以实现一种产品为另一种产品买单，如火电厂利用废弃的煤渣制砖，通过销售砖的收入补贴一部分电的价格。或者把煤渣卖给砖厂，所获收入补贴电价。有时候第三方也可能是顾客，用一部分顾客支付的价格补贴对另一部分顾客的降价。

企业最根本的目标是要降低直接顾客购买产品的价格。所以，任何能帮助企业实现该目标的人、物或企业，都属于 1P 理论第三方的范畴。

另外，通过第三方支付或买单而降低产品或服务的价格也存在多层面的含义。它既指同一种产品销售价格的真正降低，也指顾客心目中感知的该产品价格的降低。只要顾客认为该产品或服务的性价比高于同类的竞争产品，使顾客感觉到购买该产品或服务更划算，就被认为已经达到了 1P 理论的目的，所以既指绝对价格的降低，也指相对价格的降低。同时，买单既指第三方企业真正支付的部分价格，也指通过和第三方的合作，在不损害自己利益的前提下降低顾客的直接购买价格，这是由于第三方的参与，帮助企业降低了成本或创造了更多价值。所以，买单的真正含义是在顾客购买价格降低的情况下，企业利润不减少，甚至增加。

由于 1P 理论引入第三方的概念，所以也被称为第三方营销。

（三）1P 理论类型

企业具体营销活动一般是由 4P 组成的，当把企业的 1P 和 3P 组合在一起的时候，可以得到完整的 1P 理论的 11 种类型，如图 2－6 所示。

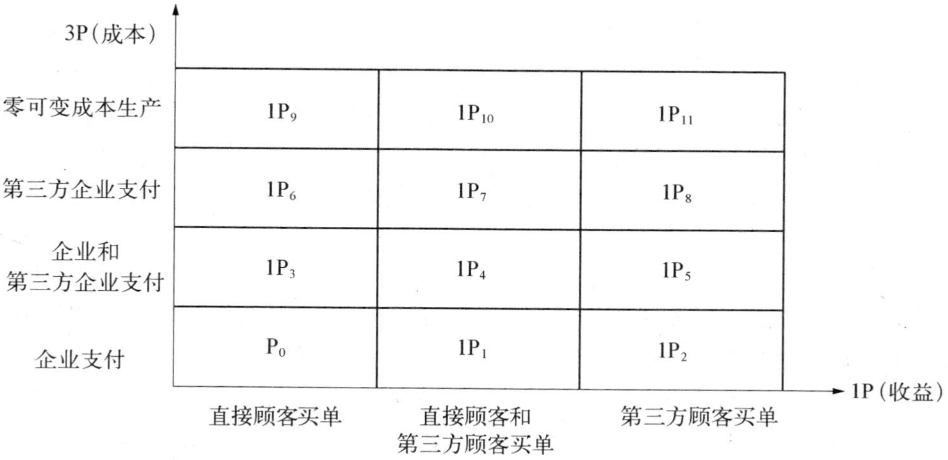

图 2－6　1P 理论类型

P_0：为传统营销战略，企业自己支付所有 3P 成本获得目标顾客认可并实现收益，更多企业通过多付 3P 降低 1P 来争取吸引目标顾客，严重影响企业获利空间。

$1P_1$：企业自己支付 3P(产品、渠道、促销)，收益来自直接顾客和第三方顾客，甚至第三方支付的价格可能大于或等于对直接顾客的价格优惠，这样给直接顾客的价格就可能低于市场平均价格从而获得竞争优势，企业既可能保持原来的利润水平，也可能获得更高的利润水平，还具有长期的降价竞争的能力。

$1P_2$：企业自己支付 3P 费用，收益却不来自直接顾客，而是第三方顾客支付的价格。直接不用花钱却能享受免费的产品和服务，企业的吸引力和竞争大大加强。第三方顾客提供的收益可以等于也可以大于原本直接目标顾客的收益。

$1P_3$：企业向直接目标顾客销售产品，却借助第三方企业参与或投资而使 3P 成本降低，企业的长期平均成本则大大降低，企业可以通过低价格获得竞争优势，只要价格降低损失的收益小于第三方顾客参与带来的成本节约，就能保持原有利润水平。

$1P_4$：企业既可以借助第三方企业投入而降低成本，又可以由第三方顾客支付而降低直接顾客支付的价格，是 $1P_1$ 和 $1P_3$ 类型的结合。这种少花多收战略可以获得更多顾客，维持原有利润水平或带来企业利润的增加。

$1P_5$：企业既借助第三方企业的投入降低成本，又依赖第三方顾客支付而免收直接顾客的价格。对企业而言，自己支付的成本低于原来的成本；对直接顾客而言，能免费得到产品和服务。来自第三方顾客的收入加上第三方企业的参与所提供的成本节约，使企业利润水平等于或高于原来的利润水平。

$1P_6$：企业向直接目标顾客销售产品提供服务，但把生产3P的成本完全转嫁给了第三方企业，使自己生产或服务的投入成本为零。此时，从直接顾客那里获得的收益就是企业的净收益，甚至可以以远低于竞争者的价格而仍能获得利润。

$1P_7$：是第一类和第六类的结合。企业把3P完全转嫁给第三方企业，同时找到第三方顾客为直接顾客支付部分价格。如果企业把对直接顾客的价格降低到$1P_6$的水平，同时从第三方顾客那里获得部分收益，相对$1P_6$企业能获得更高利润，或者可以把对直接顾客的价格进一步降低而获得更多顾客。

$1P_8$：企业把3P成本完全转嫁给第三方企业，同时找第三方顾客为直接顾客支付全部价格，此时企业是零成本生产、零价格销售，企业利润来源于第三方顾客的支付。直接目标顾客免费享受企业产品和服务。

$1P_9$：企业向直接目标顾客销售产品或服务，但在成本投入上，企业既不需要自己支付3P的成本，也不需要寻找第三方企业为它支付该成本。该战略是企业生产产品或提供服务采用的边际非稀缺产品。这种产品在被重复使用的情况下不会降低效用，不会产生损耗，也不需要追加成本。什么是边际非稀缺产品？王建国教授认为，一种产品一旦用一个起始固定成本生产出来以后，就可以无穷复制而不需要任何追加成本，即边际成本永远为零，这类产品就是边际非稀缺产品，例如软件就是典型的此类产品，从第一个追加产品开始即零成本生产，对它的需求增加不受资源限制，产量由需求决定，需求即生产！一切无形资产，如知识、信息、品牌等，及部分特殊有形资产，构成了企业边界非稀缺资源。如麦当劳、肯德基向加盟店出售特许经营权和特定的经营模式就属于边际非稀缺资源。

$1P_{10}$：企业利用边际非稀缺资源进行生产，从而享受到零可变成本生产的优势，同时向直接顾客和第三方顾客销售产品而获取收益。因此，企业不仅因顾客支付价格降低而能吸引到更多目标顾客，还能保持甚至提升自己的利润（从第三方顾客获得收入）。这是$1P_1$和$1P_9$类型的结合。

$1P_{11}$：企业不仅零成本生产，而且直接向顾客零成本销售，利润完全来自第三方顾客支付的价格。如Google，提供了免费资源，吸引了庞大的顾客群，这又形成对广告商的巨大吸引力，增加了作为广告媒体的价值。另一方面为更多顾客服务并不会显著增加它的成本。所以Google能获得飞速增长的利润。

（四）第三方寻找规律

第三方愿意参与到企业的营销系统中并成为合作者，前提是企业在为顾客创造价值的同时也为第三方创造价值，或者第三方在为企业的3P支付成本的同时也为自己节省成本或创造价值。1P理论认为，可以通过以下五个方面来寻找第三方，见表2-4。

表2-4 第三方寻找规律

序号	规 律	具 体 方 式	举 例
1	发掘产品潜在功能	产品隐形功能显性化	阿司匹林治头痛功能——降压功能
		增加产品新功能	打火机点火功能——信息载体功能
		卖点创新	椰岛鹿龟酒补酒——儿女孝敬父母

（续表）

序号	规律	具体方式	举例
2	战略利益	顾客对第三方企业的战略利益	114 咨询台、网络
		顾客对企业自身的战略利益	品牌的认可与延伸
		一部分顾客对另一部分顾客的战略利益	利用某些人的特殊影响力来影响其他人
		企业提供平台，顾客相互提供战略利益	商学院创办 EMBA 班，建立学员的人脉关系网
		顾客对产品或服务的消费而产生另外利益	航空公司免费为顾客运送货物，只收取拆箱费
		产品战略利益	冠名权使用，或者会议礼品提供者
3	范围经济	串联的范围经济（生产互补性）	主产品的附属产品开发
		并行的范围经济（流程并行）	服装企业开办裁缝学校，采乐公司与药店合作
4	整合资源	纵向整合（上下游企业）	花店与花农——花店、花农与快递公司合作
		横向整合（价值链中某一环节）	学校免费安装校园一卡通，银行为校园安装买单，银行通过学生存款获得回扣，公司销售了产品，组成一个环
		平台式整合	阿里巴巴搭建供应商与需求商的网络平台通过收取服务费获利
5	边际非稀缺产品	利用企业自身边际非稀缺产品	Google、微软、麦当劳

（五）1P 理论运用实例分析

1. 114 查号台

以前打电话到 114 查号台只能查寻到电话号码，而现在增加了很多项目，如家庭生活小知识、小窍门、各种交通路线信息、酒店订房、订机票等。使我们的生活变得更加方便了。图 2－7 是 114 查号台运用 1P 理论思维导图。

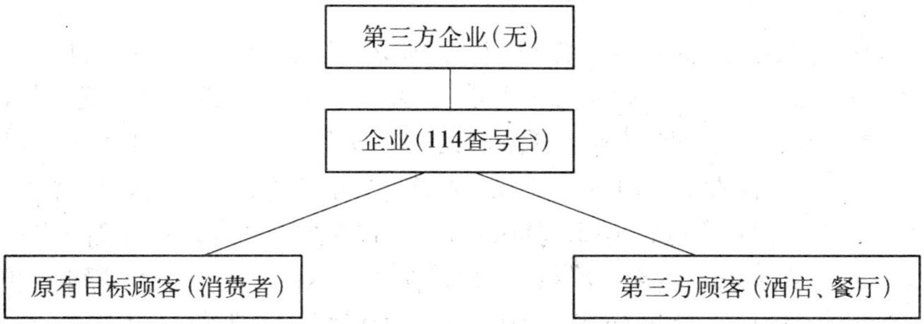

图 2－7　114 查号台 1P 思维导图

如果114查号台不和电信局分电话费，属于$1P_2$战略类型；如果和电信局分电话费，则属于$1P_1$战略类型。

站在企业(114查号台)角度，如果企业自己花费3P(产品、渠道、促销)，只收消费者(原有目标顾客)的1P，就是传统的4P营销；如果花费自己的3P却只收酒店、餐厅(第三方顾客)费用，消费者免费使用114查号台，则属于$1P_2$营销战略；如果花费自己的3P然后既收原有消费者也收酒店和餐厅的，则属于$1P_1$营销战略。

目前许多中介公司都运用了$1P_1$或$1P_2$战略类型。如猎头公司(企业)只收招聘企业的(第三方顾客)的钱，不收应聘者(原有目标顾客)的钱；婚介所(企业)既收男方的钱也收女方的钱，而这里男女互为第三方顾客，等等。

这个案例也是典型的战略利益这一规律寻找第三方的运用。

2.《新京报》成长学院

由《新京报》成长学院举办的"瑞风企业高管训练营"，聘请知名学者、教授来讲授实战MBA课程以及企业经营的其他内容。招生对象面向社会、企业高层管理人员，没有其他条件的限制。2天食宿免费，"瑞风"车接送，收费500多元。另外，还有诸多优惠条件：《新京报》的订户、读者俱乐部会员以及广告客户等，都有不同级别的大幅度优惠折扣措施，拿到证书者还可以免试跟读中科院MBA班，并可以获得1万元的奖学金。在培训教育费用日益高涨的今天，这样的价格就等于白送，学习地点选择在北京郊外五星级度假温泉山庄，即使个人去度假旅游住一宿，花费也不止500多元。

这是一个典型的$1P_4$战略类型：同时花费企业和第三方企业，同时收原有目标顾客和第三方顾客。其运用1P思维导图如图2-8所示。

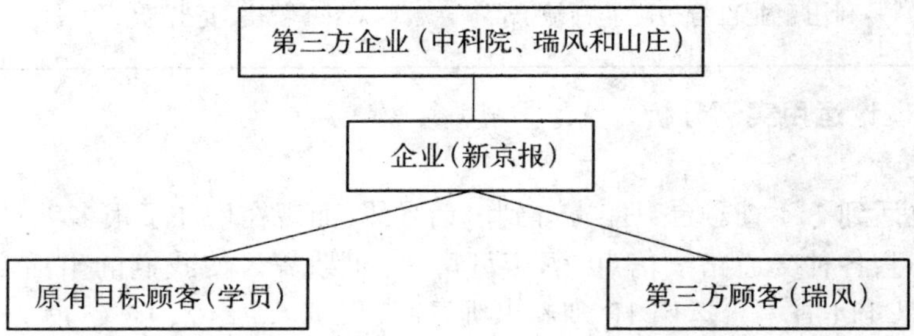

图2-8 《新京报》成长学院运用1P理论思维导图

从主办方《新京报》(企业)角度看，请老师的费用、车费、温泉山庄的费用都有节省：通过中科院去请老师费用比企业自己去请要低，车的费用是瑞风支付的，通过报纸广告也可使山庄的费用有更低的折扣。即企业3P的费用是《新京报》通过引入第三方企业，由企业、中科院、瑞风、山庄共同支付。从收钱1P角度看，不仅收学员(原有目标顾客)的钱，还收瑞风(第三方顾客)的钱，因为瑞风公司每期还另外支付给《新京报》一笔现金(瑞风有了潜在客户群)。学员也得到实惠，不仅可以免费学习(因为去五星级度假温泉山庄的费用都超过学费)，还可以跟读MBA，包括获得奖学金。

如果把中科院看成企业，那么对它来说这是 $1P_3$ 战略类型：用很少的代价换来《新京报》几十万发行量的广告效应，在花的促销费用方面由于和《新京报》合作节省不少费用。此时，《新京报》就是中科院的第三方企业。

同样，温泉山庄不用花钱却利用现成或闲置的客房资源做了宣传，还增加了销售；瑞风汽车也节省了广告费用，开拓了潜在客户。对于这两者来说，《新京报》是第三方企业，是《新京报》为它们节省了促销成本。

这个案例说明，各个参与企业彼此通过战略联盟将各自资源进行整合，如利用企业闲置资源进行相互置换；或采用联合促销，联合的目的同样是整合各自的资源，各自为对方创造价值，节省成本，也一起为顾客创造了新价值。

本章小结

市场营销理论的发展大致经历萌芽阶段、功能研究与应用阶段、形成阶段、营销管理阶段、发展成熟阶段、再发展阶段。不同阶段市场营销均有其研究的重点并产生了相关的营销理论和营销观念。传统的营销观念表现为生产观念、产品观念、推销观念，随着社会经济的发展，传统观念被现代营销观念——市场营销观念、社会市场营销观念所取代。

在现代营销观念指导下，营销理论也发生了深刻的变化。从最初提出的营销 4P 组合一直发展到 6P 组合、11P 组合、7P 组合、4C 组合、4R 组合、4V 组合等。从最初以企业为主导发展到以顾客为导向的营销活动，这些组合理论对营销的实践发挥着非常重要的作用。4P 组合是指“产品、价格、分销与促销”；6P 组合是指“4P＋权力＋公共关系”；11P 组合是指“6P＋研究＋划分＋优先＋定位＋人员”；7P 组合是指“4P＋人员＋有形展示＋过程管理”；4C 组合是指“顾客、成本、便利、沟通”；4R 组合是指“关联、反应、关系、回报”；4V 组合是指“差异化、功能化、附加价值、共鸣”。

营销的 1P 理论把现代营销战略归结为产品价格，即消费者成本问题。该理论认为，在传统 4P 中，产品、渠道、促销 3 个 P 都是企业的成本，只有价格这个 P 是企业的收益。而成本问题归根到底是为价格提供定价空间的，因而是定价策略的一个部分。所以营销的多 P 战略可以归结为 1P 战略。

【问题与探讨】

1. 传统营销观念与现代营销观念的主要区别有哪些？
2. 请分析营销发展的不同阶段会有怎样的营销观念产生。
3. 请简述 4P、4C、4R、4V 理论的主要内容以及它们产生的背景。
4. 请分析不同的营销组合理论分别存在的不足。
5. 为什么说 1P 理论是营销理论的创新？
6. 1P 理论的思维模式是怎样的？
7. 请简述 1P 理论的 11 种战略类型的内容。

【案例分析】

神奇的ZARA公司

西班牙知名服装品牌ZARA属于在西班牙排名第一、全球排名第三的服装零售商Inditex公司旗下的品牌，该公司在全球拥有近2 700家分店，其中ZARA是Inditex公司9个品牌中最著名的旗舰品牌，被认为是欧洲最具影响的品牌。ZARA已在全球57个国家和地区拥有分店，并且每年都以70家左右的速度增长。尽管ZARA连锁店只占Inditex公司所有分店数的1/2，但其销售额却占到了公司总销售额的75%左右。2007年ZARA在全球营业额已达70亿欧元，市值则高达311欧元。

ZARA有近400名设计师，而且平均岁数只有25岁，ZARA在西班牙方圆200英里的生产基地，集中了20家布料剪裁和印染中心，500家代加工的终端厂。最不可思议的是，ZARA把这200英里的地下挖空，架设地下传送带网络，以实现快速传播，它的成品服装在欧洲两天内保证到达，而对于美国和日本市场，ZARA更不惜成本采用空运以提高速度。ZARA所有的与众不同使它一马当先，俨然成为时尚服饰业界的标杆。

ZARA的成功还在于其独特的市场定位和营销策略。ZARA把奢华多变的时尚、品质与大众平价结合在一起，重新定义了时装的概念，实现了像卖汉堡一样贩卖“时装”。ZARA在高档时装与流行服饰之间独辟蹊径：既摒弃了工业化生产服装的传统思路，也没有选择涉足奢侈品牌，而是让T型台上展示的华服，成为人们“买得起的时尚”。因此ZARA也被称为“全球最具创意也最具破坏力的零售店家”。

ZARA目标市场

ZARA的目标消费群是收入较高并且有着较高学历的年轻人，主要为25～35岁的顾客群，这一类的购买群体具备对时尚的高度敏感度并具备一定消费能力，但并不具备经常消费高档奢侈品牌的能力。为了满足目标消费群体的需求，ZARA制定了一系列的营销策略，这些策略的实施成功正是4R营销理论的应用体现。

与顾客全面建立稳定关联

国际服装界对ZARA公司的精辟评价是，一流的形象，二流的产品，三流的价格，这恰恰正是ZARA与顾客建立稳定需求关系的前提和基础。当前竞争性市场下，顾客忠诚度是变化的，他们会被吸引转移到其他企业。要提高顾客的忠诚度，赢得长期而稳定的市场，必须通过某些有效的方式在业务、需求等方面与顾客建立关联，形成一种互助、互求、互需的关系，把顾客与企业联系在一起，减少顾客流失的可能性。

一流的形象。ZARA的卖场形象高档、装修豪华，陈列则是由米兰及巴黎的顶级设计师根据最新流行时尚进行设计和搭配的，给顾客营造出美好的购物感受。ZARA卖场位置选择都是在每个城市的核心商业繁华地段，单店平均面积1 000平方米以上，面积大者可达上万平方米，提供上万种服装，满足了顾客一站式购齐的愿望。一流形象营造的购物感觉使得顾客把逛ZARA店当作逛街必做的一项活动，与顾客建立起了稳定持续联系。

二流的产品。二流产品是相对于国际顶级奢侈品牌而言的，ZARA公司通过遍布世界各地的买手和公司一流的设计团队，从世界各地顶级品牌服装发布会及时尚场所中寻找设计灵感和流行元素，然后在极短的时间内设计生产并上市。为了提高上市速度，ZARA在生产中尽量避免使用制作周期较长或档次较高的面料；在产品设计方面，不苛求细节，以生产优势追求当前时段最流行的产品，不求“形似”只求“神似”。这样生产出的服装虽然总体上不如顶级品牌，但却会比它们提前几个月上市销售，大大吸引了追求时尚的消费群体。每每当时尚杂志还在预告流行潮流时，ZARA橱窗已在展示和销售包含这些内容的服装。

三流价格。ZARA的低价策略与众不同，ZARA认为再好的产品，如果不卖出去也只是占用库房、资金的一堆废品而已，与其待价而沽，不如赶紧产生现金，促成二次生产。例如，ZARA新加坡专营店的女式上衣有的只卖19～26元，而同类型产品在其他品牌店要售到40～60元。这种低价策略的实施，使ZARA与顾客的时尚服装需求紧密地关联在一起，ZARA的平民化时尚深入人心，大大提高了顾客对ZARA品牌的忠诚度。

建立极速供应链体系提高市场反应速度

缩短前导时间是服装业的制胜法宝之一。ZARA公司的前导时间只有12天，远低于同行业3～6个月的平均时间，这种极速反应体系是ZARA成功的最关键因素。在今天的相互影响的市场中，对经营者来说最现实的问题不在于如何控制、制订和实施计划，而在于如何站在顾客的角度及时地倾听顾客的希望、渴望和需求，并及时答复和迅速做出反应，满足顾客的需求。时装最大的特点就是多变，一部电影、一张专辑都可能改变人们对时尚的看法，而时装最动人处正是紧随时尚。当影视媒体、平面杂志中出现新的流行元素时，ZARA只需几天的时间就可以完成对明星的装束或顶级服装大师创意作品的模仿。从流行趋势的识别到将迎合流行趋势的新款时装摆到店内，ZARA平均只需两周时间。而其他国际品牌则需要3～4个月，国内服装企业更是在6～9个月之间。在当时尚媒体正大力宣传明年趋势时，ZARA已经将融合这些流行元素的时尚摆上橱窗。极速的供应链体系使得ZARA与顾客追求时尚的心态保持同步，能够更快地抓住每一个跃动的时尚讯号，吸引并打动顾客。

ZARA独特的“缺货”关系营销

ZARA不只是卖服装，它卖给顾客的是对流行时尚的承诺，是对顾客追求时尚的责任承担。“消费者需要什么样的服装？”是ZARA公司经营最重要的参考目标。在企业与客户的关系发生了本质性变化的市场竞争环境中，抢占市场的关键已转变为与顾客建立长期而稳固的关系，从交易变成责任，从顾客变成拥趸，从管理营销组合变成管理和顾客的互动关系。ZARA依靠独特的“高速、少量、多款”销售策略与顾客建立起了稳定而良好的关系。

ZARA全球卖场的一线工作人员每天都仔细收集消费者对产品的建议，从颜色、款式到价格，经过IT系统汇总回西班牙总公司。设计部门会立即进行检索与讨论，并安排采购与生产，两星期后，依顾客建议而设计生产的新产品就可以在店内与顾客见面。除此之外，ZARA还经常举办时装秀，第一时间向顾客传递时尚流行信号，并不断与顾客双向沟通，满足其个性化、差异化需求。

ZARA不追求每种款式生产更多的数量，而是注重款式的多样性。ZARA每年生产的服装款式超过12 000种，比起它的许多竞争对手，ZARA能在流行时装上提供更多的选择。ZARA 商店每周供货两次，因为很少有对已售完款式的再定购，商店每隔 3～4 天全部更新陈列，保持顾客的新鲜感。紧跟时尚趋势、频繁的更新和更多的选择，造就了 ZARA 对顾客的独特吸引力，从而大大增加了顾客对 ZARA 的偏好与忠诚度。与其他服装零售商相比，ZARA 每一款服装的生产数量都非常小，这就人为地创造了一种稀缺。越是不容易得到的，就越能激发人的购买欲望。ZARA 执行永远"缺货"的策略，对于同一种款式的服装，零售店的库存一般只有几件，只要你一时犹豫，就会错失最终拥有它的机会，因为你明天看到的是摆放一新的货架，这种策略换来的是顾客每次光顾时果断地购买。

追求合理企业回报

回报是指企业以满足顾客需求为前提，在顾客满意、社会满意和员工满意的基础上来实现企业满意，企业满意在很大程度上取决于企业的回报。对企业来说，市场营销的真正价值在于其为企业带来短期或长期的收入和利润的能力。追求回报是营销发展的动力，同时回报是维持市场关系的必要条件。企业要满足客户需求，为客户提供价值，但不能做"仆人"。这要求营销必须考虑营销的成本与收入，以实现收入最大化，边际成本最小化，以实现企业回报目的。ZARA 公司则在促销、广告、库存等方面完全体现了合理追求企业回报的要求。目前 ZARA 公司 16.2%的利润率远远高于美国第一大服装零售商 GAP 公司的 10.9%。

在广告宣传方面，ZARA 几乎不做广告宣传，它的广告成本仅占其销售额的 0～0.3%，而行业平均水平则是 3.5%，广告费用的节省是 ZARA 追求回报的一种体现。在价格折扣方面，ZARA 公司采用少折扣策略。因为公司的产品都是"少量、多款"，消费者如不在第一时间购买，就存在着再也买不到的风险，所以往往无法等到季末或岁末打折就会迅速购买。ZARA 的打折商品数量平均约占它所有产品总数量的 18%，只有竞争者的一半水平。在库存方面，ZARA 公司的极速供应链体系下，公司库存量降至非常低的水平。目前库存量在 15%～20%，远低于其他服饰业者 40%的平均水平。

资料来源：http://info.china.alibaba.com。

问题讨论：

1. ZARA 公司从哪些方面体现了 4R 的营销思想？
2. ZARA 如何发现顾客的需求从而创造了时装界的神话？
3. ZARA 公司怎样做到低价格与快速反应？

【实践训练】

市场营销理论学习与认知

目的：建立市场营销基本理论框架，认识理论发展与演变；建立职业营销意识，培养营销实践价值认识能力。

组织：以小组为单位阅读相关资料并分析。小组人数 4～5 人为宜。

内容：

(一) 营销职业认识

1. 人们如何认识营销这种职业，社会进步是否需要这种职业。

2. 从事这种职业有无特殊的知识和个性品质要求。

(二) 市场营销理论认识

观察学校周围小店铺，分析这些小店铺采用的是哪一种营销的理论或营销观念。

(三) 市场营销组合认识

观察学校附近超市和小店铺中所售卖的某种产品，熟悉该种产品的各种品牌，并选择一种品牌从 4P 角度对该产品进行描述。

产品：该产品品牌、商标、成分、特点、包装、所属企业等；

价格：该产品的定价(是否有不同定价)；

渠道：该产品出售渠道有哪些(在哪里卖)；

促销：该产品做过的或正在做的促销活动。

第3章　战略、营销组织与管理

通过本章学习，你应该理解：

1. 企业营销战略的制定直接关系到企业的长远发展；
2. 营销战略的三个根本问题是：定位、聚焦与技术；
3. 竞争中表现为五种竞争力量的抗争；
4. 战略的实施必须依靠营销组织的推动。

为什么有些企业长盛不衰，另一些企业则昙花一现？为什么有些企业虽有战略却难逃厄运，而另一些企业没有战略却能获得巨大成功？战略决定了公司的使命和目标，营销战略是公司为了在竞争市场中获得更多顾客认同所确定的目标，即：定位、聚焦与技术。公司则以营销战略为基础设计营销组合，为更好实施营销组合，公司必须建立营销组织来计划、实施与控制营销活动。

【引导案例】

纽康茶战略

光明食品(集团)旗下的纽康天然植物科技有限公司(以下简称纽康公司)在其开设在世博园区内的茶主题餐厅推出了一系列的健康"食茶"产品，将复杂繁冗的传统茶叶的饮用方式简化为随时随地、即冲即饮，但却丝毫不破坏传统茶叶的风味，更弥补了传统饮茶方式的不足之处，包括茶叶的营养成分析出不完全，茶叶农药残留等危害人体健康的种种弊端。

纽康公司的首席科学家，国际权威茶叶、中草药活性成分专家，上海白玉兰荣誉奖获得者——蔡亚博士表示："超微/速溶茶粉既富集了浓缩茶叶和各类天然植物中的有益活性成分，又将茶叶及天然植物中可能存在的农药残留基本去除，使人体能够更有效、安全地加以吸收利用。"

茶叶中富含的脂溶性维生素，膳食纤维，功能性的多糖、多肽和蛋白质等有益成分无法用传统的茶饮方式冲泡出来。比如，硒是人体所需非常重要的微量元素之一，但在茶叶中人体可吸收的有机硒大多以硒蛋白存在，传统饮茶方法根本无法加以吸收利用。即使是水溶性的茶多酚、氨基酸和水溶性维生素也不能在简单的一泡和二泡等过程中充分析出。尤其是袋泡茶，几十秒钟的提拉，水溶物不超过20%，也就是说即使是水溶性的有益成分80%也是被丢弃的。现在深受青睐的菊花、枸杞、玫瑰、洛神花、杜仲等保健植物的冲泡饮用方式均存在着同样的弊病。而且传统茶叶还有最令人担心的农药残留问题，多次冲泡，可使其残留的有害农药成分析出量直线上升。但是由于中国的茶叶生产相对分散、粗放，该问题一直没有出台妥善的解决方案。

为解决传统饮茶方式与现代生活的快节奏和更为科学养生的需求之间的矛盾，纽康公司采用高科技精深加工技术，生产出饮用简单又不失营养成分的超微茶(天然植物)粉、速溶茶(天然植物)粉及浓缩液等不同形态、口味的纯天然茶(植物)饮品，让繁忙工作的都市人享受更便捷、更轻松、更科学的饮茶体验。公司总经理孙笑天先生说："我们的宗旨是找到真正天然、健康的茶饮品，不添加香精、不添加色素、不添加防腐剂，并且要让它保持原有的天然美味，让美味与健康同行。"

超微茶粉：用达到国家绿色标准的绿茶、红茶、花茶以及其他天然植物为原料，经过筛选、护绿提香、干燥、超细粉碎，使粒度中值在3微米以下，并进行表面活化为茶(天然植物)粉。为防止农药残留超标，每批茶粉原料在入厂前均经过严格的测试，保证产品的农药残留远低于国家规定的标准。超微茶粉不加任何添加剂，完全保留了茶叶的原汁原味，色、香、味齐全。用适量的超微茶粉泡水，即泡即饮，方便快捷，能充分消化、吸收茶叶的营养，是一种理想的饮料。超微茶粉还可以作为食品的风味添加剂，不仅增加了天然茶香风味，更重要的是茶叶中天然含有的茶多酚可以抗氧化，防止酸败，延长产品保质期，减少或不再使用化学合成防腐剂。

速溶茶(天然植物)粉：采用德国进口低温膜超滤浓缩设备，只选用纯水或食用酒精为载体，并利用工业连续流动床色谱技术分离纯化。既充分和有针对性地富集浓缩茶叶和各类天然植物中的有益活性成分，又将茶叶中原有的农药残留基本去除。使人体更有效、安全地加以吸收利用。

纽康公司抓住2010年上海世博会机遇，以"食茶新概念"和"健康饮食"为经营理念，在世博园区内开设了一家极具特色的茶主题餐厅。

所谓"食茶新概念"，是指将"健康食茶"的概念大量地注入茶饮和茶食品、餐点的制作当中。茶制食品在东亚、东南亚等地受到广泛的认可，但在中国的餐饮市场中还处于起步阶段。食茶新概念使得传统意义上的喝茶不再是"一统天下"的冲泡喝茶模式，重点突出了纽康产品的本质——从传统喝茶到真正健康食茶的转变。

茶主题餐厅在菜肴中广泛应用茶类元素；研发了一系列包括茶叶在内的天然植物超微粉末及提取物调和的饮料；先期推出了铁观音、玫瑰红茶、薄荷绿茶、草本凉茶、抹茶拿铁和低咖啡因红茶等数款健康茶饮。这几款产品全部采用纯天然原料浓缩精制而成，不添加任何色素、香精和防腐剂。既保持了原茶及天然植物的风味，又使原茶及植物中的有益成分得到充分的吸收和利用。并且，将茶叶及天然植物中可能存在的农药残留基本去除，使人体能够更有效、安全地加以吸收利用，真正达到现代健康食茶的要求。

该公司背靠大集团，在安徽有茶林场，我国秋茶的开发利用率比较低，传统饮茶方式与现代生活的快节奏和更科学养生的需求之间的矛盾，能否通过类似"茶巴克"的方式加以改进？超微茶粉与速溶茶粉的市场前景也有待观察。开发一种新产品，有两个方面最重要，一方面是打开消费者"思维空间"，另一方面是打开"渠道空间"。这两者的结合才能实现市场化的目标。

思考： 1. 茶与餐厅结合有前途吗？
2. 把中国茶做成类似“星巴克”的店铺有可能吗？
3. 超微茶粉与速溶茶粉如何开拓市场？

一、企业战略

1994年，由吉姆·柯林斯(Jim Collins)和杰里·波拉斯(Jerry I. Porras)合著的《基业长青——企业永续经营的准则》(Built to Last: Successful Habits of Visionary Companies)一书首次出版，这本书被誉为20世纪90年代最重要的管理书籍之一，同时也使战略更受到企业界的重视。

什么才是真正的战略？战略的作用是什么？如何建立企业的战略结构？如何进行战略分析、战略规划与战略实施？

(一) 企业战略的特征

“战略”一词源于军事理论，其基本含义是战斗的运用，而有关战斗中的技巧问题，一般称为战术。战略运用到企业被称为企业战略，即有关企业大政方针方面的决策，它包含着企业的目标以及实现目标的基本措施。具体地说，就是指企业为在较长的时期内的生存和发展，充分估计影响企业发展的各种因素，从而制定总的规划和一系列措施的动态过程。企业战略一般具有以下属性：

(1) 全局性。从空间上来看，它的研究对象是企业的整体活动，所以具有全局性。

(2) 长远性。从时间上来看，它所研究的是企业的未来环境，所追求的是企业的未来利润，所以，经营战略又具有长远性。

(3) 方向性。从内容上来看，它所要解决的是带有方向性的大政方针问题。它好像是音乐中的主旋律和基调，是企业生产经营活动的纲领。

(4) 竞争性。从本质上来看，企业的经营战略是以竞争为基础的，企业为了在竞争中稳操胜券，就必须制定能树立自身优势的战略。所以，战略又具有竞争性。这也是企业经营成败的关键所在。

(二) 企业战略的层次结构

企业战略可以分为公司战略、竞争战略和职能战略。

1. 公司战略

公司战略也称为总体战略，研究企业整体，指明企业发展的方向、位置和步骤，作为企业各个业务单位和全体员工的行动指南。以《基业长青》为代表的现代管理理念风靡之后，没有战略的公司，在这个世界上就像街头的流浪汉那样不受重视。实际上，在很多情况下，战略已经异化成为一种“编造故事”的手段，甚至成了一种“幌子”，或者是像皇帝的新装一样的广告词，这不是真实的战略。很多成功的企业过去曾经声称“我们没有战略”，其实，“没有战略”仅仅是表象，他们心中是有战略的。没有一个成功的企业没有战略，只是他们可能没有有关企业使命、战略的广告词或者战略文件而已。有明确的发展目标、主攻方向、能积极地参与市场竞争、有具体的行动路径的公司是不可能没有主心骨的，这个主心骨就是公司战略。

战略需要解决以下问题：明确企业的发展方向，寻找企业的既定位置，规划企业的行动路径，寻求企业的竞争对策。公司战略特别需要强调的核心问题是：应该占领哪个位置？这是有关做什么业务，进入哪个领域的问题。位置明确以后，就要解决"如何参与竞争"以及"怎么管理业务"等问题，这就是"竞争战略"与"职能战略"问题。

2. 竞争战略

竞争战略也称经营单位战略、事业部战略，或分公司战略，是指在公司战略指导下各个战略经营单位(Strategic Business Unit，SBU)制定的战略，是从属于公司战略的子战略。竞争战略主要强调特定的经营范围和资源配置两个因素，主要研究的是产品和服务在市场上的竞争问题。其目的从企业外部来看主要是建立一定的竞争优势，即在某一特定的产品与市场领域占有市场地位；从企业内部来看主要是获得一定的协同效应，即统筹安排和协调企业内部的各种业务活动。

战略经营单位是指具有独立业务、自身特征、面对特定市场环境与竞争对手的经营单位，其存在形式可以是企业的一个部门或一个部门的某类产品，甚至可以是某种产品，也有可能包括几个部门、几类产品。企业内部的各个战略经营单位也并不是完全独立的，如一个大型连锁公司，经营多种零售业态，大型综合超市、生鲜超市、便利店、折扣店等，虽然各种业态都具有自己的独特定位与目标顾客，但相互之间仍然会有交叉与关联，有些顾客可以共享。

划分与选择战略经营单位要把握两个原则：一是要以市场为导向，具有市场发展潜力的业务单位才能定义为SBU；二是业务范围的界定要适当，既不能太宽泛，也不能太狭窄。

3. 职能战略

职能战略属于支撑性战略，其作用是支持公司战略与竞争战略的有效实施，主要表现在企业特定的职能管理领域。通常将职能战略分为营销战略、人事战略、财务战略、生产战略、研究与开发战略、公关战略等。这种划分实际上是把营销战略作为一个部门化的、局部的战略，这与"市场营销"的整体观念是相互矛盾的。之所以会出现这一矛盾，主要原因是混淆了营销理论与营销实践的差异。从营销理论来分析，营销应该渗透企业经营活动的全过程。因此，企业的所有战略都可以称为"营销战略"。但从企业实践来分析，营销工作由特定的部门来完成，如市场部、销售部、策划部、广告部、公关部等，营销活动的部门化一方面使营销工作更专业，另一方面也使营销成了"职能化的工作"。

(三) 企业战略的作用

企业战略的根本作用有两点：一是要寻找一个企业发展的原动力，并以此为核心区协调各方面的资源与力量。二是统一消费者的认知。邱择源《原动力——破解企业成长压力》一书对企业成长的原动力有如下表述："每家企业初创时，都有最初的想法、目标以及为实现目标所采取的措施，这就是企业发展的原动力。"

1. 企业的本性

"公司"作为企业的一种发展形式，从其英语词根中也可以发现企业发展的原动力，即创业者的原始战略思想。在“公司”一词的英语“Company”中，“com”是前缀，是“共同”的意思，其词根是“pan”，其意思是“平底锅”，联想到用平底锅煎蛋，会做得很大。其实，这个词根有两层含义，一是扩展，二是面包。公司也是这样：① 从现实观点来看，公司发展初期几个人在一起啃面包过日子，很艰苦；② 从理想观点来看，那几个啃着面包过着苦日子的创始人，为了一个共同的理想，扩展自己的事业，把公司做大，如果不想做大的话，就没有必要开公司。所以，公司不是一个人的公司，而应该是大家的公司。否则遇到困难的话，就会很孤立。而要把大家的意志统一起来，就需要有一个共同的战略目标、发展路径与行动方案。

企业的扩张是企业的“本性”，而无论企业如何扩张，都需要有战略思想作指导。企业战略的作用主要体现在协同与认同两个方面。

2. 企业战略的协同作用

从战略的内部作用来说，主要体现在发挥协同作用上。企业可以通过战略实现“上下同心”的目标，这将大幅度降低企业的营运成本。企业缺乏竞争力，除市场原因外，主要是因为内部不协调。于是，企业管理者会花费大量精力去协调各方面关系，企业员工之间、上下级之间、部门之间矛盾不断，摩擦不停，浪费严重，导致成本上升，传递到产品与市场，就会因此而缺乏竞争力。另一方面，如果高层一个人或几个人可以决定一个企业的命运，就无须依靠步调一致的员工而获胜，这样的企业与战略也就没有什么直接的关系。随着市场竞争的加剧，企业当家人发现单凭个体智慧已经难以获胜时，就需要依靠大家的集体智慧，这时候战略才显现作用。

“上下同心”不是简单的“下与上同心”，而应该是“同心、同利、同向、同德”。同心是指具有团结合作的意愿，能相互补台，而不能相互拆台，以彰显团结的力量。同利是指要实现利益共享，领导要通过散财而聚人而不能独享利益。同向是指有共同的愿景，大家都期盼着通过努力把事业做大。同德是指全员具有可以相互包容的道德水准和价值观念，能自觉接受约束。

要发挥战略的协同作用，一是要有清晰的战略思路，二是要有能够把企业战略说明白的人，三是要有战略实施路径与行动方案。

3. 企业战略的认同作用

从战略的市场作用来说，主要体现在认同作用上。通过企业战略的制定、实施与市场传播，使消费者对企业及其产品形成感知、共识与认同，从而在消费者的心智中对不同企业、不同产品形成差异。

通过企业战略的运用，可以让消费者广泛认知，但高认知度的企业并不一定是成功的企业。这就取决于企业及其产品的“差异性”（独特之处）、“相关性”（适合消费者的程度）与“忠诚度”（对品牌的依赖程度）。

值得注意的是：有些企业由于缺乏对目标消费群的深入了解，盲目地让品牌迎合大众的口味，最终因追求短期规模扩张而丧失了品牌差异，并被市场同化；有些企业让顾客始终停留在“认知”阶段，而没有由认知而产生“好感”；有些企业虽然认知度很高，消费者也有好感，但由于规模扩张以后放松了企业的基础工作，如质量、服务等，最终导致消费者的“集体叛逃”。

启示故事3-1：谁是我们的竞争对手

几年前，派克制笔公司来了一位新董事总经理，在他到任的第一天就召集所有董事开会。他手中握着派克系列笔中最高端的一支钢笔，问道："谁是我们最大的竞争对手？"

董事中最先给出答案的是Shaeffer。因为Shaeffer钢笔在质量、包装等方面和派克非常相似，在高端市场上的售价也和派克接近。然而，新来的董事总经理对这个回答并不满意，说："Shaeffer当然是我们的竞争对手，但绝不是我们最大的竞争对手。"

随后又有人提出应该是生产和销售各式圆珠笔的Biro-Swan公司。因为圆珠笔和钢笔有同样的书写功能，但圆珠笔的价格却大大低于钢笔，所以派克笔会受到圆珠笔的直接挑战和竞争。"这种思维方式比刚才好了很多，"这位新董事总经理说，即竞争的定义扩展到了书写工具。"但是还不完全正确。"

紧接着另一位董事提议，竞争对手可能是如今使用越来越频繁的电话。他把钢笔视为一种沟通工具，在这样市场观点引领下，派克笔的竞争对手延伸至文字沟通方式（如打印机和文字处理机）和其他语言工具。"这种思维更有创新性"，董事总经理说，"但是，你还没有找到真正的主要的竞争对手"。

最后，这位新来的董事总经理给出了答案："我们主要竞争对手是Ronson打火机"，这个回答让所有在场的董事大吃一惊。他解释说，公司目前所在的市场可界定为高端礼品市场。对派克钢笔市场销售情况进行分析可以发现，大部分派克钢笔是个人购买用来赠送他人的，当消费者考虑购买何种礼品时，他们往往会在派克钢笔和优质打火机之间做出选择。

对诸如"谁是我们的主要竞争对手"、"我们目前服务的市场是什么"等基本问题的思考，足以影响公司整体的战略方向。

（四）企业战略的基本形式

1. 稳定型战略

稳定型战略是指企业在不改变经营性质、主要经营的产品和为社会提供的服务范围条件下，企业不准备扩大经营规模的基础上提高效益的战略。其战略核心，主要是围绕提高企业现有经营条件下的经济效益。稳定型战略的优点是风险小，失败的可能性也小，企业所面临的外部环境也比较稳定。

2. 扩张型战略

扩张型战略是指企业扩大经营规模，并在保持原有主要产品经营的同时，增加新的经营范围和经营项目。其战略核心是发展和壮大企业规模。如商业企业投资办厂或开设分店，以及翻建改造，扩大经营范围，使企业更富有竞争实力。采用扩张型战略，必须大大增加资源的投入。但是，扩张型战略面临的风险较大，管理者在短期内很难操纵扩张后的经营规模，甚至会出现近期效益下降的情况。

3. 紧缩型战略

紧缩型战略是指企业缩小经营规模，减少资源的投入，封存或出卖部分设备，裁减冗员，渡过难关的战略。其战略核心是通过紧缩型战略来摆脱企业生存所面临的困境，使财务状况好转，否则企业可能会面临破产。

4. 混合型战略

混合型战略是指企业在一个战略时期中同时采取稳定、扩张、紧缩等几种战略。其战略核心是根据外部环境和内部条件的变化，在不同的阶段分别采用不同的战略。如企业扩张速度过快而环境又出现某些不利于企业继续扩张的因素，就应当采用稳定型战略或者紧缩型战略。

二、营销战略管理

（一）营销战略的核心要素

从实践角度来分析，一个企业的成功，主要取决于两个方面：一是战略（Strategy），二是营运效益（Operational Effectiveness）。前者可以说是效果，后者则是效率。没有一个企业可以单纯依靠效率而获胜。企业通过战略，与竞争对手有差异。如果企业之间没有差异，那只能实施价格战，最终结果必然是零和竞争（Zero Sum Competition）、一成不变或不断下跌的价格，以及不断上升的成本压力。所以，任何企业战略实际上都是竞争战略，就是创造差异性。

定位、聚焦与技术，是战略成功的三个核心要素。

1. 定位

20 世纪 70 年代初，“定位”（Positioning）一词开始进入人们的视野，美国营销专家阿尔·里斯（Al Ries）与杰克·特罗（Jack Trout）是“定位论”的创始人。1972 年以“定位时代”一文开创了定位理论，1981 年出版学术专著《定位》。1996 年，推出了《新定位》。定位理论，实际上是一种针对同质化时代所实施的“攻心术”。他们认为，定位是对产品在未来的潜在顾客的脑海里确定一个合理的位置。定位的基本原则不是去创造某种新奇的或与众不同的东西，而是去操纵人们心中原本的想法，去打开联想之结。因此，消费者的心灵才是营销的终极战场。

消费者有五大思考模式：消费者只能接收有限的信息；消费者喜欢简单，讨厌复杂；消费者缺乏安全感；消费者对品牌的印象不会轻易改变；消费者的想法容易失去焦点。

实际上，他们将定位界定为一种信息沟通策略，定位并不改变产品本身，改变的是名称和沟通等要素。这实际上是一种“传播定位”的思想。在《新定位》一书中，他们再次强调：“定位是对大脑的定位，而不是对产品的定位。市场营销的最终战场是大脑。”可见，他们仍然坚持“传播定位”的观点。

小链接

实际上，很多企业的“定位”并没有打动顾客的心智。例如，有一个白酒叫做“金叶神”，由五粮液集团生产，咨询公司给它做的“定位”叫做“成功人士的选择”。从市场上来看，这个品牌的价格与成功人士的消费能力是相一致的，但关键的是从心智来看行不通，因为成功人士的心智中已经有所选择——“茅台和五粮液”，所以根本不会考虑“金叶神”。

顾客有自己的心智常理，定位不能违背常理，要符合顾客已有的认知，但很多企业的

“定位”违背了顾客已有的认知。例如，人们对茅台这个品牌的认知是高档白酒，企业却推出了茅台红酒和茅台啤酒。茅台啤酒的“定位”是“啤酒中的茅台”，但在消费者那里产生了认知上的冲突，消费者会问“茅台也产啤酒?”“茅台产白酒专业，啤酒肯定不专业”，这种认知决定了茅台啤酒难以赢得顾客。有一个叫做“快活林”姜茶的品牌，从宣传来看，企业想“定位”为养胃饮料，宣传口号是“养胃不上火”，这里存在两个明显的定位问题：第一，在顾客的认知中，姜养胃的功能并不突出，或者认知并不广泛；第二，虽然从“事实”来看，也许姜茶并不上火，但姜的辛辣给人造成了上火的认知，这种认知很难改变。

从自身出发的定位、不符合已有认知的定位、没有具体内容的抽象定位，以及从市场竞争出发的定位，往往都会背离顾客的心智，从而使定位变成“伪定位”。如 NEC 的定位是“只要你想”、青岛啤酒的定位是“激情成就梦想”、TCL 的定位是“创意感动生活”，这些概念都是抽象的理念和形象广告语，顾客心智中不存在这样的位置，因此也就难以进入消费者心智，更无法创造顾客。

2. 聚焦

定位的最高境界是“聚焦”，就是把经营业务集中到最能发挥自身专长、最能被顾客认可的领域，做专做强做大，走专业化发展的道路。很多企业在发展初期很专业，规模扩张以后反而偏离了“专业化”轨道。阿尔·里斯来中国时指出：成功企业的秘诀是聚焦。他举例说，麦当劳原来的菜单只有 4 样东西，都是汉堡。后来搞了 80 种，还加了鸡肉卷，意大利浓咖啡。实际上西海岸有一个 IN-N-OUT 汉堡店，只卖 4 样东西，有炸薯条，还有不同口味的饮料。去年麦当劳单店销售是 220 万美金，但是 IN-N-OUT 汉堡是 230 万美金。他们是专才，他们聚焦了，麦当劳没有聚焦。他建议：麦当劳不应该扩展菜单，应该持续不断地改善当前菜单上的东西。比如说把咖啡原料升级到 100%的阿拉伯咖啡豆，或者将牛肉原料升级成为安格斯牛肉等。

但是，缺乏聚焦的麦当劳为什么遍布全球，而 IN-N-OUT 汉堡却很少有人知晓？聚焦的结果并不是单一的，有可能在专业领域越做越大，也有可能被竞争对手击败而退出市场。聚焦可以是大公司，也可以是小公司。大公司聚焦以后可以扩展市场范围，小公司聚焦以后更有利于体现自己的特色。如西南航空公司定位于“单一经济舱飞行”；戴尔专注于个人电脑，只聚焦在一个商务市场，只采用网络直销方式，舍弃造就了全球最大个人电脑公司；诺基亚专注于生产手机，成为市场领导者。在我国很少有公司这样做，关键是很多老板都有“皇帝情节”，一旦有了一定的规模，就想当皇帝做老大，搞面子工程，于是就什么都做，尽可能把规模吹大，结果是把底子摊薄了，做大了反而不专业了。

聚焦的基本原理就是：鱼与熊掌不能兼得。舍得，舍得，有舍才有得。

小链接

西南航空公司定位于“单一经济舱飞行”，创造同业最高市值

西南航空作为后来者，无法以运营效益和美国航空等领先公司展开全面竞争，它也无需这样做。更好的方式是定位制胜，选择恰当的“决战地点”形成竞争优势，从而主导这一领域而成为顾客的首选。针对美国航空等多舱级运营的公司，西南航空在外部市场竞争中确立了"单一经济舱飞行"的定位,再以之引领内部经营,形成了一整套独具特色的运营活动。由于这种经济舱飞行服务(乘客称之为"会飞的牛车")适合于短途航线,西南航空在此方面形成决战优势,最终成为短途飞行之王。

西南航空公司以"经济舱飞行"为战略核心,对所有运营活动进行了设计。它不提供餐饮,不指定座位,不提供跨航线行李转运或高级舱位服务;它集中于短程航线,紧缩泊机时间,以更少的飞机提供频繁的航班;它还在登机口设立自动售票机,鼓励乘客跳过旅行社直接购买机票,节省付给旅行社的佣金。此外,它的机队全部选用波音737客机,从而在定位的基础上实现了多方面的优化运营:统一维护备件和养护方式,统一机师培训和交接岗,统一运营方式和形象,以及最低的批量订购价格。

由于企业运营活动都围绕"单一经济舱飞行"定位整合在了一起,形成战略配置,这使得西南航空的绩效超出了单项运营效益的简单集合。以战略定位为核心,西南航空的企业运营很容易实现:第一,"简单一致性",使每一项活动都指向明确的同一方向,发挥应有作用;第二,"活动之间互相加强",西南航空的每一项运营活动通过定位联结,超出其本身应有作用;第三,"投入最优化",企业所有活动没有多余动作,整体上创造出最大价值。由于在"单一经济舱飞行"定位使西南航空表现在运营效益上也是无可匹敌的,它的低成本运营无人能及。

3. 技术

定位与聚焦,最终都要落实到实际行动,与行动过程相关的问题常常被认为是战术问题,但如果从顾客心智与技术对现代社会的影响来分析,技术已经不是单纯的战略实施与执行方法的问题,而应该成为重要的战略问题。如网络技术、物流技术、信息技术等,不仅会直接影响企业的发展方向,而且会影响顾客的心智感受。技术已经成为推动零售业业态变革、组织变革与管理变革的强劲动力。为此,企业有必要把"技术"上升为一项战略,其内含包括经营管理技术与设备信息技术两个方面。

启示故事3-2:方太厨具不做老大

在方太厨具有限公司创立之初,茅理翔就提出过"专业化、中高档、精品化"的战略方针。他对记者解释说,"专业化"是方太的行业定位,在国际经济大分工的背景下,企业不能太贪,什么都想生产,就可能什么都做不好,做不精。而按照方太当前的能力与实力,选择专业化、只生产厨具产品和集成厨房是明智的,"方太"就是厨房专家,把厨房产品做精、做专、做强。中高档则是方太产品的市场定位。方太选择中高档市场作为自己的目标市场,选择"中高档"客户作为自己的目标客户,使自己的服务方向明确。而"精品化"则是方太的质量定位,因为精品厨具才是中高档用户身份的体现。

方太秉持三个定位,在1998年顶住了吸油烟机价格战,销量位居国内同行第二。同时,由于坚持不做低质量产品、不打价格战,并坚持完善售后服务,方太油烟机在市场上刮起了一股旋风,很多中高档用户认准了方太,因为他们看到了"方太只出精品"。

经历前一次放弃"价格战"、不在量上争第一的品牌经营之后,集作家、教授和企业家于一身的茅理翔在1998年概括出"不争第一,永保第二"的韬略。方太没有争销量第一,但保住了第二，在方太8年的历史中，已经连续7年保持了国内市场占有率的第二位，同时却一直争做第一品牌：根据国内权威的品牌资产评估中介——北京名牌资产评估有限公司的报告，一个按3.5亿元的总资产排不上队的民营企业——“方太”，2003年的品牌价值达到了10.01亿元，成为中国最有价值品牌之一。而此前在2003年中国商标大赛中，方太被评为2002年中国十大最有潜力商标。

在各方面实力都与市场领先者存在差距的情况下，想做第一不可能。同时，“永保第二”并不是“懦夫”哲学，当老二，也不是一件简单的事：能永当老二，更是极不容易，这是一种积极的经营哲学：只是老二，就应该做得更精、服务得更好。

此外，一味争第一往往会产生错觉，比如会千方百计地在销量上要超过同行，会最大限度地争取市场占有率，在这个目标驱使下，会导致企业的定位模糊，在激烈的市场竞争中失去自我、失去企业的品牌特色。

资料来源：刘洋等.市场营销习题、案例与实训[M].北京：科学出版社，2008.

（二）影响营销战略的因素

影响营销战略的因素很多，也不很稳定，这些因素概括起来主要有五类：精神要素、物质要素、经营领域、环境影响和后勤支援。

1. 精神要素

战略是一种程序，其本质是一种运用脑力的理性活动，因而，精神要素对它来说特别重要。如果将企业的整个经营行为比作一把大刀的话，物质要素可以说是铸刀的金属，后勤支援好比刀柄，精神要素才是真正锋利的刀刃。

精神要素包括领导者的才能、洞察力、坚强的性格、异常清醒和坚定的头脑，企业组织成员的协作愿望和对事业的热情、企业的团队精神。把这些内容概括分类，大致可以分为能力、意志力和团队的协作愿望三类。能力是基础，意志力是关键，团队的协作愿望是精神要素发挥作用的原动力。

2. 物质要素

物质要素也可以称为经营资源，是指企业实力的数量级别。它包括企业现有人力、物力、财力和组织机构、组织成员的文化结构等。

如果撇开经营的目的和经营过程中所引起的一切变化不谈，再撇开企业物质力量的质量不谈，那么，经营企业之间唯一能作比较的便只有投入经营的物质数量了。在此情况下，企业在相互竞争中各方的数量级别就决定着胜负。但是，在经营竞争中数量上的优势只是制胜的因素之一，有了数量上的优势还远远算不上赢得了一切，也远远算不上获得了主要的东西，而且由于其他同时起作用的条件的变化，获得的东西还可能是十分少的。

3. 经营领域

每一个企业的经营能力总是有限的，因此，它只能选择特定的经营领域，如企业生产（或出售）何种产品（或劳务），为哪一类消费者服务等。这个因素对经营战略的决定也有十分重大的影响。如果某一企业选择的是与自己能力不相适应的经营领域，就会由此带来许多难以处理的战略问题。

启示故事3-3：经营领域转移合适吗？

美国西尔斯(Sears)公司在发展初期，就发现在偏远地区有广阔的市场。于是通过展示样品推行邮购的方式，为小镇和乡村居民服务，从而树立了质高、价廉和服务周到的声誉。后来这家公司在城市郊区开辟了新市场，却忘记了自己在顾客中素来享有的质高价廉的形象，如服装，一向销售款式较旧，但质地很好又便宜的衣服，结果没有成功，反而损害了自己的声誉。那个时候，另一家零售商店凯玛特(Kmart)公司抓住机会，抢走了西尔斯公司原有的大部分顾客和市场。

凯玛特与西尔斯公司最终因竞争环境和企业内部管理问题所迫，于2004年合并组成美国第三大零售商。

经营领域的转移和选择必须结合企业的内部状况和外部环境；经营领域的恰当与否决定着企业经营战略目标的实现程度。

4. 环境影响

所谓环境影响是指对营销战略产生影响的环境机能。环境影响可分为市场影响(包括顾客、竞争者状况、市场商品供求状况、原材料、零部件、其他服务以及资金的供求状况等)、社会政治、经济影响(包括国家的宏观经济政策、国民经济总体规划、地区发展规划等)、自然文化影响(包括自然资源、生产力布局、交通网络、地理环境、民族及文化等)。企业只能能动地去适应环境。但是，由于经营过程中精神要素的作用，物质要素有可能发挥“2＋2＞4”的功能，企业可以通过经营领域的恰当选择，主动地把握各种环境要素，消除环境影响中的不利因素，利用其对企业存续和发展的有利因素。

5. 后勤支援

营销也如同举兵兴师，本非易事，得有充足的后勤支援才行。在日常经营过程中，人们往往比较重视购销调存等经营基本环节，而不注意保安、教育、生活、文书等后勤部门工作的作用，尤其是在一般的、正常的情况下，后勤配合的作用就更容易被人所忽视。制定经营战略要强调各方面力量的有机配合。后勤支助在物质上要求充裕，在时间上要求迅速，在空间上要求方便，在活动中要求主动、领先和灵活，否则就很容易在激烈竞争中败北。

精神、物质、经营环境、环境影响、后勤支援只是影响营销战略的五项主要因素，并且它们对企业战略的影响并不是独立发生作用的。

(三) 营销战略管理的一般过程

营销战略管理可以分为三个阶段，即战略分析、战略规划与战略实施。实施过程以及实施以后，还需要进行持续的评估、修正与调整。

1. 战略分析阶段

战略管理的重点在于战略分析，战略分析主要解决两个基本问题：① 通过分析行业竞争环境，回答：我们可以做什么？② 分析企业内部竞争力与外部环境关系，回答：我们能够做什么？

2. 战略规划阶段

战略规划的目的是要建立基于价值链的业务模型，回答：做什么才能实现未来的目标？谋求：比较优势与核心优势。

3. 战略实施阶段

战略实施的目的是要建立基于管理流程的实施模型，回答：我们如何才能保证目标的实现？谋求：企业文化、业务管理系统、人力资源管理系统的优化。

（四）制定营销战略的具体步骤

企业营销战略的形成是一个动态过程，可以分为三个层次：第一层次是对公司的能力（相对于竞争者的优势和劣势），以及环境中的机会和威胁进行详细的创新性的评估。然后，在此基础上选择公司的经营领域，确定营销目标；第二层次是选择和确定比竞争对手更好地服务与目标市场的差异化优势或竞争性优势，构成组织自身的产品和服务的竞争性定位；第三个层次是执行层，即营销的组织设计，营销的实施与控制。图 3－1 反映了营销战略的三个层次。

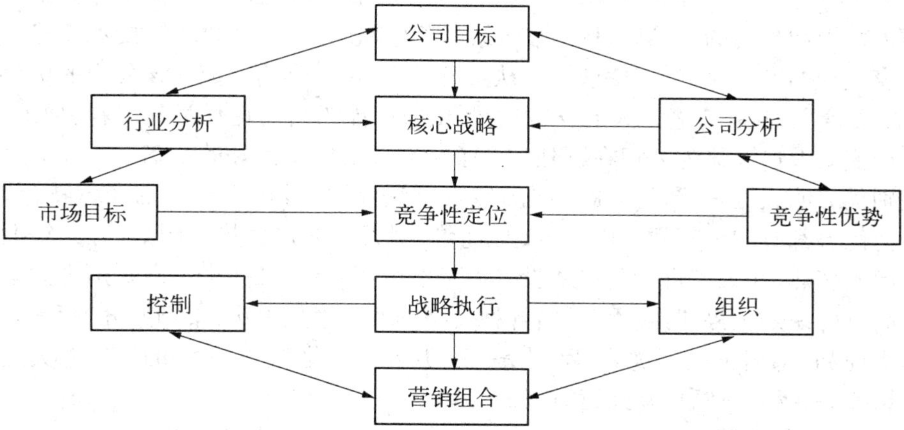

图 3－1　营销战略层次

制定营销战略具体可分为四个步骤：

1. 选择经营领域

美国有一家古老的公司——斯坦利公司，多年来一直生产木匠工具，由五金店出售，另外也生产园艺工具和一般的动力工具，如电锯、电钻等。后来，这家公司遇到了困难，它所生产的木匠工具销售停滞，营业额和利润都没有增长，也难以维持雇员当时的工资水平。该公司通过调查市场情况，发现家庭用的木工工具很有销售前途。在美国，雇请木匠十分费钱，因此很多人自己动手干木工活成为一股热潮。根据人口统计，25～30 岁的人占人口大多数，这些人将成为自己动手的主力军。但是当时还没有一家工厂考虑到这些人的需求，市场上还没有人供应家庭用的木工工具。至于竞争的前景，斯坦利公司的产品质量在美国是有名气的，不过另外有四家工具制造厂商的竞争力也很强。在国际上，还可能会有外国厂商以低价与斯坦利公司开展竞争。在此情况下，斯坦利公司确立了明确的公司目标：一是增加销售额和盈利；二是发展“自己动手”需要的家庭木工工具。

斯坦利公司所做的上述工作就是选择经营领域，即从环境分析中寻找出企业的“用武”之地。企业的首要任务就是确定自己向用户提供什么样的产品和服务，以便明确有利于企业存续和发展的"经营角"(即经营领域)。这个经营角可以是本行业所提供的全部产品或劳务的一部分,也可以按规模、收入、地址或其他标准进行分类然后进行选择。确立经营领域,一方面可以使企业集中考虑为该领域提供优良服务的经营活动,预测需求与供给的变化以及该领域可能受到的多方面制约,并依此做出对策。另一方面是能够明确不应该做什么,那些与经营领域服务不相关的活动,企业可以撇开不管。美国管理学家哈旦·琼斯提出过"确立目标"这一方针,他分析了一些企业破产的原因后指出,一个企业的成败,往往取决于他最初为本企业确立的主要目标的可行程度。这是制定营销战略的第一个步骤。

2. 分析差别优势

选择了经营领域,明确了经营目标之后,还必须比较分析本企业与其他企业比较的优势,即差别优势。利用差别优势,能为企业开辟取胜的最佳途径。斯坦利公司认为:如果生产动力工具,其声誉只能排在第五、第六位,如果生产"自己动手"工具却会是一流的产品。因为斯坦利公司的产品质量在全美是一流的,把生产一流产品的技术转移到市场上尚无厂家生产的产品上,就能使该产品从第五、第六位上升为一流。该公司的优势还表现在:产品质量声誉高;有老工人的支持;材料供应商能为公司提供最新材料、加工技术,并且价格低廉。上述优势为公司在剧烈的竞争中获胜奠定了良好的基础。

差别优势的关键是选择与众不同的经营方法和途径,树立自己的经营特色,以奇取胜。任何优势都有一个时间界限,今天是优势,明天可能是劣势。例如,有一年上海服装市场兴起西裤热,在大型百货公司还没有大量上市西裤时,某些个体商贩购进大量西裤布料及成品可以说是优势,时隔不久,当各种类型的西裤大量上市,市场充分饱和时,如果再拥有该类商品,不但不成为优势,反倒是一种劣势。因此,差别优势的第二个关键是及时实现营销战略转移,不断更新经营方式。

3. 战略行为方式的选择

通过选择经营领域和分析差别优势两项工作,便能确定切实可行的营销战略方案,并能据此发展成为详细的行动计划。把计划变成行动,是战略行为方式选择的工作。斯坦利公司首先是大量进行投资,并重新设计产品;其次是改进生产方法,以便降低成本;第三是搞好产品推销,大量登广告以占领市场,同时做好零售商的工作,使他们愿意推销公司的产品。战略行为方式应包括完成战略计划任务应采取的主要步骤和推进步骤的时间安排。当然,主要步骤和推进时间需要在执行过程中作不断调整,以适应客观环境的变化。但在一般情况下主要步骤的次序和时间不宜经常变动,以免引起战略行动的不协调。对此应持特别谨慎的态度。

4. 设计评价标准

对每一步骤的战略行为都必须进行全面、细致的考核,首先要有评价战略行为的标准,一般有以下几项评价标准:① 投资收益;② 紧缺资源投资可能遭受损失的风险;③ 公司利润的增长和市场占有率的提高;④ 对社会福利的贡献;⑤ 员工就业与收入的稳定性;⑥ 公司及其代表的声誉;⑦ 对公司决策的未来限制。其次要制定一系列对策,以避免或减少风险带来的损失。

必须指出,大量成功的实例,并不是严格地按照上述步骤来制定和实施战略任务的,这也许是管理艺术的一面，或者是由于问题的不规则性，机会、难题与见解也不规则地组合在一起的缘故。但是，一旦问题被发现就得立即去处理，这是管理者的任务，尽管解决问题的办法要视问题的性质而定。

（五）总体战略的规划

总体战略的规划首先要明确企业的使命，其次要区分战略经营单位，再次要规划资源配置，此外还要规划新业务的发展，即成长战略。

1. 明确企业使命

企业的战略目标由使命决定，这是对企业根本属性与发展方向的描述，包括利用资源、环境变化、顾客服务等方面。例如，家乐福的使命是：家乐福所有努力的最大目标是顾客的满意。选择、提供最佳品质及最低价格的商品，来满足顾客多变的需求。但有些企业并没有制定“使命声明”(Mission Statement)，这并不影响它们同样能建立具体的目标。

以零售业为例，主要的业绩目标包括两个方面：一是市场绩效目标，主要指标是销售额与市场份额，从竞争角度评估企业的盈利能力与市场地位；二是财务绩效目标，可分为盈利性目标与生产率目标。

(1) 盈利性目标。盈利性目标包括净利润、销售利润率、净资产回报率等。零售业的五大盈利性指标如下：

净利润率＝税后净利润÷净销售额

资产周转率＝净销售额÷总资产

资产回报率＝净利润÷总资产

财务杠杆＝总资产÷净资产

净资产回报率＝净利润÷净资产

上述指标的相互关系如下：

净利润率×资产周转率＝资产回报率

资产回报率×财务杠杆＝净资产回报率

(2) 生产率目标。生产率是衡量营运绩效的指标，体现每单位的资源投入所获得的产出，如空间生产率(地效＝销售额÷面积)、劳动生产率(劳效＝销售额÷全职员工数量)、商品生产率(销售存货比率＝销售额÷平均存货)，这些都是决定利润的关键因素，所以应该纳入关键绩效指标体系。

生产率是反映产出(产品或服务)与投入(劳动力、原材料、机器设备、厂房、能源以及其他资源)之间比例关系的一个指标，即生产率＝产出/投入。这个指标无论对国家还是对各类组织，都具有十分重要的意义。较高的生产率意味着较低的成本，而较低的成本则意味着更具有竞争力。所以，提高生产率是提升竞争力的基础。

衡量一个企业的生产率水平的方法有两种：一是横向比较，即与行业中同类企业进行比较，从而找出本企业的优势或差距。二是纵向比较，即从时间上来比较本企业的生产率发展水平，用本期的生产率与上期的生产率比较。

生产率的计算有三种方法，即单要素度量法、多要素度量法与总度量法。① 单要素度量法。这是指按照单一投入来度量的方法。产出与劳动工时比构成劳动生产率，如每小时的产值；产出与机器工时比构成机器生产率，如每机时的产值；产出与资本比构成资本生产率，如每元投入的产出；产出与能源比构成能源生产率，如每千瓦小时的产值。计算单要素生产率时，不一定要用总产出作为分子。② 多要素度量法。这是指按照两种以上的投入来度量的方法。如产出/(劳动力＋资本＋能源)或产出/(劳动力＋资本＋原料)。计算多要素生产率时，也不一定要用总产出作为分子。③ 总度量法。这是指按照全部投入来度量的方法，产出则是指总产出，即总产出/总投入。

此外还包括社会目标与个人目标等。

2. 划分战略经营单位

一个企业往往由若干项经营业务组成，如果某些经营业务具有相对独立的市场客户群、拥有相对独立的资源以及相对独立的经济利益，就构成一个战略经营单位。

战略经营单位具有以下要求：① 一项或几项相关业务的集合；② 明确的任务；③ 自己的竞争对手；④ 项目经理；⑤ 由一个或更多的计划单位和职能单位组成；⑥ 能够从战略计划中获得利益；⑦ 自主制定计划。

战略经营单位的形成是一个渐进的过程。例如某连锁公司，创业初期只经营超市业务，后来发展了综合超市，再后来发展了生鲜超市与便利店，于是，就根据上述要求将公司业务分为不同的战略经营单位，通过分析，划分为：大型超市、标准超市、生鲜超市、便利店、折扣店等多种业务，并分别注册公司，相对独立地运作。同时，从供应链管理来划分，又衍生出物流配送、食品加工、品牌代理、地产开发、酒店餐饮等业务，也构成新的战略经营单位。

在战略经营单位的划分与发展过程中，要特别关注两个问题：① 企业的市场定义比企业的产品定义更重要，从产品来说有生命周期，但从市场来说，没有生命周期。一个产品的生命结束了，还可以生产另一个产品来满足市场的需求。例如，马车被市场淘汰了，可以生产汽车，汽车被淘汰了可以生产新能源车等等。战略经营单位的正确定位，有利于延续企业的生命。② 战略经营单位的建立有利于发挥激励作用，新的组织模式与激励机制，更有利于营销创新。但相对独立的战略经营单位之间也有可能发生内部竞争，这就需要公司高层制定相应的规则来加以平衡与协调。

3. 规划资源配置

企业在制定总体战略时必须有效地配置各项资源，这就需要对各个战略经营单位进行评估与分类，以明确他们的发展潜力，从而决定投资结构。

(1) BCG 矩阵。BCG 矩阵是将组织的每一个战略经营单位标在按照销售增长率与相对市场占有率为标志的二维矩阵图上，从而划分出 4 种业务组合：问题类业务(高增长率，低市场份额)，明星类业务(高增长率，高市场份额)，奶牛类业务(低增长率，高市场份额)，劣狗类业务(低增长率，低市场份额)。如图 3－2 所示。

相对市场份额是指各经营单位与最大竞争对手在市场占有率方面的比值。例如某经营单位的市场份额为 30%，最大竞争对手的市场份额为 15%，则该经营单位的相对市场份额为 2，也就是说，该经营单位的市场份额是最大竞争对手的 2 倍，应该是行业的“主导者”。

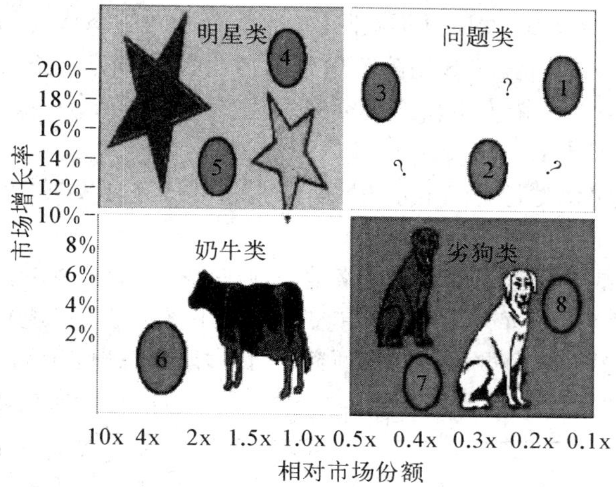

图3-2 BCG矩阵图

(2) GE矩阵。GE矩阵法又称通用电器公司法、麦肯锡矩阵、九盒矩阵法、行业吸引力矩阵，是美国通用电气公司(GE)于20世纪70年代开发的一种投资组合分析方法。GE矩阵可以根据经营单位在市场上的实力和所在市场的吸引力对经营单位进行评估。按市场吸引力和业务自身实力两个维度评估现有业务(或事业单位)，每个维度分三级，分成九格以表示两个维度上不同级别的组合。两个维度上可以根据不同情况确定评价指标。

总的来说，这是一种用从市场吸引力和竞争能力来评估经营单位的一种有效方法。市场吸引力取决于市场大小、年市场增长率、历史的利润率等；竞争能力由该单位的市场占有率、产品质量、分销能力等因素决定。如图3-3所示。

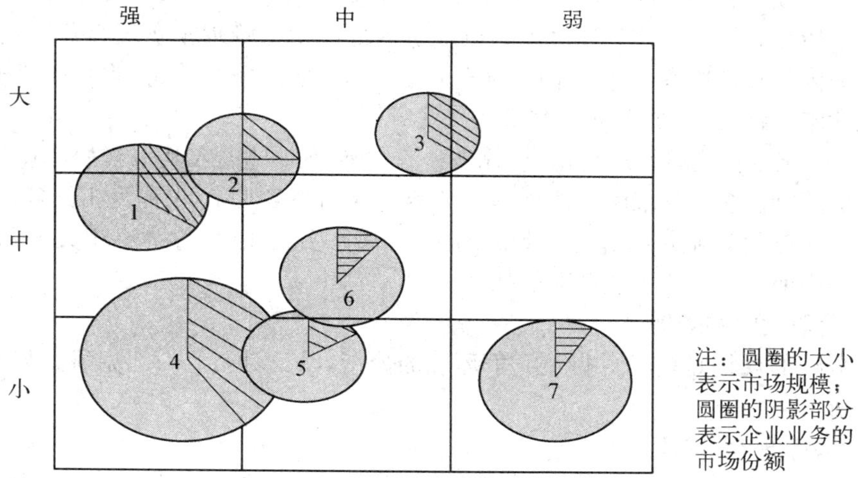

图3-3 GE矩阵图

波士顿成长—份额矩阵(简称BCG矩阵)和通用电气公司的吸引力—竞争力矩阵(简称GE矩阵)是两种常用的业务组合分析方法。主张根据业务所处象限选择业务战略。

因实际经营情况很复杂，行业发展分不同阶段，竞争有不同的态势，行业内企业情况各异，BCG矩阵情形常常并不成立。GE矩阵简单依据行业吸引力与业务竞争地位就决定业务单元的取舍，实际决策常会错失机会或投资失误。

4. 规划成长战略

通过规划资源配置，决定现有业务的取舍。另一方面还要发展新的业务，这就要规划成长战略。

(1) 密集型成长战略。密集型成长战略是一种在现有的业务领域内寻找未来发展机会的成长战略。首先是考虑现有产品还能不能扩大市场份额(市场渗透)，如促使现有顾客增加购买，争取竞争者的顾客，争取潜在的新顾客等；其次是考虑现有产品能否开发新市场(市场开发)，如在当地寻找潜在顾客，寻找新的细分市场，建立新的销售渠道或采取新的营销组合，发展新的销售区域；最后是考虑在现有市场中开发新产品(产品开发)，如利用现有技术增加新产品，在现有产品的基础上增加产品的花色品种，改变产品的外观、造型，或赋予产品新的特色，推出不同档次、不同规格、不同式样的产品等。如图3-4所示。

	现有市场	新市场
现有产品	市场渗透	市场开发
新产品	产品开发	

图3-4　密集型成长战略

(2) 一体化成长战略。一体化成长战略是一种供应链管理模式，是指企业对具有优势和增长潜力的产品或业务，沿其经营链条的纵向或横向延伸，以扩大经营规模，实现企业增长。一体化成长战略按照业务拓展的方向可以分为：① 纵向一体化成长战略，是指企业沿着产品或业务链向前或向后，延伸和扩展企业现有业务的战略，又可分为前向一体化和后向一体化。纵向一体化通过加强供应链内部的组织管理来实现经营增长，所以会增加企业的内部管理成本。② 横向一体化成长战略，是指企业收购、兼并或联合竞争企业的成长战略，目的是减少竞争压力。

(3) 多元化成长战略。多元化成长战略，是指企业通过进入其他新的产业领域实现业务成长的战略。多元化战略有两种基本类型：① 同心多元化，也称为相关多元化，是指企业以现有业务为基础进入相关产业的战略；② 离心多元化，也称为不相关多元化，是指企业进入与当前产业不相关的产业的战略。

(六) 竞争战略的规划

竞争战略的规划是基于对行业竞争环境的分析，以及对企业内部竞争力与外部环境关系的分析。

1. 行业竞争环境分析

行业竞争环境分析的主流方法是波特五力分析模型(Michael Porter's Five Forces Model)，又称波特竞争力模型。

20世纪80年代初，哈佛大学教授迈克尔·波特(Michael Porter)在其经典著作《竞争战略》中提出了行业结构分析模型，即所谓的“五力分析模型”，他认为：一个行业的竞争状态是各种竞争力量共同作用的结果，这些竞争力量主要包括五个方面：供应商的讨价还价能力、购买者的讨价还价能力、替代品的威胁、行业中现有公司之间的竞争状况及新进入者的威胁等。五大竞争力量共同决定了公司的盈利能力，公司战略的核心在于选择正确的行业，并在行业中占有最具有吸引力的竞争位置。

(1) 供应商的讨价还价能力。满足如下条件的供方具有较强大的讨价还价能力：① 供方行业为一些具有比较稳固市场地位而不受市场激烈竞争困扰的企业所控制，其产品的买主很多，以至于每一单个买主都不可能成为供方的重要客户。② 供方各企业的产品各具特色，以至于买主难以转换或转换成本太高，或者很难找到可与供方企业产品相竞争的替代品。③ 供方能够方便地实行前向联合或一体化，而买主难以进行后向联合或一体化。

(2) 购买者的讨价还价能力。满足如下条件的购买者具有较强的讨价还价能力：① 购买者的总数较少，而每个购买者的购买量较大，占了卖方销售量的很大比例。② 卖方行业由大量相对来说规模较小的企业所组成。③ 购买者所购买的是标准化产品，同时向多个卖主购买产品在经济上也完全可行。购买者有能力实现后向一体化，而卖主不可能前向一体化。

(3) 新进入者的威胁。新进入者的加入，不仅会与现有企业发生原材料与市场份额的竞争，最终还会影响现有企业的盈利水平。新进入者威胁的严重程度取决于两方面的因素：进入新领域的障碍大小与现有企业对于进入者的反应情况。

(4) 替代品的威胁。源自替代品的竞争会以各种形式影响行业中现有企业的竞争战略。① 现有企业产品售价以及获利潜力的提高，将由于存在着能被用户方便接受的替代品而受到限制；② 由于替代品生产者的侵入，使得现有企业必须提高产品质量、或者通过降低成本来降低售价、或者使其产品具有特色，否则其销量与利润增长的目标就有可能受挫；③ 源自替代品生产者的竞争强度，受产品买主转换成本高低的影响。替代品价格越低、质量越好、用户转换成本越低，其所能产生的竞争压力就越强；来自替代品的竞争压力，一般可以用替代品销售增长率、替代品厂家生产能力与盈利扩张情况来加以描述。

(5) 行业内现有竞争者的竞争。现有企业之间的竞争常常表现在价格、广告、产品介绍、售后服务等方面，其竞争强度与许多因素有关。一般来说，出现下述情况将意味着行业中现有企业之间竞争的加剧，这就是：① 行业进入障碍较低，势均力敌竞争对手较多，竞争参与者范围广泛；② 市场趋于成熟，产品需求增长缓慢；③ 竞争者企图采用降价等手段促销；④ 竞争者提供几乎相同的产品或服务，用户转换成本很低；⑤ 一个战略行动如果取得成功，其收入相当可观；⑥ 行业外部实力强大的公司在接收了行业中实力薄弱企业后，发起进攻性行动，结果使得刚被接收的企业成为市场的主要竞争者；⑦ 退出障碍较高，即退出竞争要比继续参与竞争代价更高。

五种竞争力量的抗争中蕴含着三类成功的战略思想，那就是：总成本领先战略、差异化战略、专一化战略。

2. 三种竞争战略

(1) 总成本领先战略。这一战略的核心是成本低于竞争对手，其结果是以低成本为前提建立市场优势。这一战略的一般表现形式是采取较低价格可以获得更大的市场份额。另外，如果面临激烈的市场竞争，当其他公司无利可图时，实施低成本战略的公司仍然有利润，这就使这些公司比成本较高的公司具有更强的生命力。

实现低成本的途径主要包括：利用广阔的市场空间与融资渠道，通过规模化实现低成本；采用新技术，实现技术革新，使生产成本大幅度下降；控制传播与分销费用；通过有效的营运管理，提高生产率。低成本的实现途径，可以通过技术改进、设备改良、管理改善与组织调整、人员调整、方法调整而实现，但同时也或多或少地需要资金投入。为了实现低成本，就需要有一定的高投入，而高投入之后如果没有转化为生产力，即使将投资转化为生产力，如果生产力没有转化为市场竞争力，就会进入恶性循环。另一种情况是：低成本战略实施过程可能会忽视质量与服务。在市场发展初期，较低的成本、低廉的价格，吸引了广大消费者，在消费水平较低的情况下，消费者能够容忍产品质量、服务与环境等方面的较低水平，但随着消费需求的提升，其他竞争者虽然运作成本较高，但能提供较好的商品与服务，虽然期初投入成本较高，但仍然能够通过吸引更多的消费者而扩大经营规模，实现在较长时间内的平均成本较低。这就需要考虑短期成本战略与长期成本战略的差异。有些企业追求的是短期成本战略，但缺乏长期的成本优势，如采购廉价的设备，但使用成本很高，使用年限较短。有些企业在投资上不仅考虑期初投入，还考虑使用成本，以综合成本优化为目标，这样就能更好地树立长期成本优势。

以零售业为例，零售业是一个典型的采取低成本战略的行业。本土零售业发展初期，基本上是采取低成本战略，无论选址、设备、人员、管理、技术等，都追求低成本。但后来面对外资零售，这种低成本战略面临很大挑战，店铺环境、购物设施、管理技术等都需要相应的改进，这就要求本土零售加大投入，而投资的增加势必要求通过产出提高与管理水平的提高来化解。如果化解不了这个矛盾：一是继续走低端的战略路线，只能在价格竞争的战线上进行恶性竞争；二是被淘汰出局。

值得注意的是：由于技术创新，往往能实现“低成本—高质量”的平衡。

（2）差异化战略。这一战略的核心是通过建立具有独特性的产品或服务来树立竞争优势。价格区别虽然也可以说是差异化的一个方面，但价格差异化只能吸引顾客，不能留住顾客。实现差异化战略的主要途径包括：名牌形象、独特技术、产品功能、顾客服务、销售渠道、信息沟通等方面。最理想的状态是各个方面都具有独特性，但这样做的困难不仅会使成本无限扩大，而且实际上也很难树立全面的特色。可见，全方位的差异化对大多数企业来说是难以实现的，而应该选择局部的差异化。如在零售行业，消费者关注商品、价格、服务、环境、便利、沟通等六项基本诉求，零售商实施差异化战略时可以选择其中的1～2项加以强化。

如便利店行业，为了与其他业态有差异，首先要走出“迷你超市”的阴影。但这也不是绝对的，有些地方的便利店就是迷你超市，而且也只有迷你超市才有利可图。但如果在业态高度细分化的城市仍然把便利店做成是“迷你超市”，那终会有被淘汰的那一天。便利公司要树立自己的品牌特色，实施经营上的个性化与竞争中的差异化。吃是最能够体现差异化的，台湾五大便利店系统几乎都设有“试吃队”，主要以试吃新开发的鲜食为主。本土便利店过去的鲜食产品基本上是由供应商提供的，现在有些公司已经开始实施自行开发计划。这一点应该向“统一超商”学习，为了让“锅贴里要有汤汁”，员工试吃队成员除了吃遍全台湾锅贴，回到公司厨房里还要再试验、再练习。这样做出来的东西就会有特色，一旦形成了特色，关键是要维持与改进，因为最难对付的是那张喜新厌旧的“中国人的口”，而便利店的发展商机也就在其中。

差异化战略与市场份额并不总是统一的，两者甚至会有矛盾。而且这一战略的实施过程往往伴随着很高的成本代价，如何有效地控制成本，让更多的消费者能够以相对较低的价格享受独特的产品与服务，这是对差异化战略的挑战。

(3) 专一化战略。专一化战略把战略重点聚焦于某个特定的、较小的范围谋求战略优势，主攻某个特殊的顾客群、某产品线的一个细分区段或某一地区市场。这与成本主导战略和差异化战略着眼于整个市场谋求战略优势有所不同。中小企业受各方面资源条件的限制，往往采取专一化战略。资源约束下中小企业通过实施专一化战略，专注于特定领域，也能够提高效率，提升服务，从而超越全面出击的竞争对手。

波特认为，每一个企业都必须明确上述这三种战略，徘徊其间的企业处于极其糟糕的战略地位。全产业范围的差异化的必要条件是放弃对低成本的努力。而采用专一化战略，在更加有限的范围内建立起差异化或低成本优势。徘徊其间的企业几乎注定是低利润的，所以它必须做出一种根本性战略决策，向三种通用战略靠拢。一旦企业处于徘徊状况，摆脱这种令人不快的状态往往要花费时间并经过一段持续的努力；而相继采用三个战略，波特认为注定会失败，因为它们要求的条件是不一致的。

三、营销组织与管理

市场营销组织是随着营销观念、营销战略、营销环境变化与企业经营规模的扩大而演变的。

（一）营销组织的演变

在营销组织的演变过程中，先后出现了5种典型的营销组织形态，即单纯推销部门、具有辅助性职能的推销部门、独立的市场营销部门、现代市场营销部门、现代市场营销企业，见表3-1。

表3-1 营销组织的演变

时期	营销组织	形式	特点
1	单纯推销部门	设销售部门推销产品	销售部门处于从属地位
2	具有辅助性职能的推销部门	销售部门附属营销职能	重视调研、广告、促销等
3	独立的市场营销部门	销售与营销部门独立	重视市场营销研究、新产品开发、广告促销和为顾客服务等市场营销职能
4	现代市场营销部门	营销与销售部门融合	营销副总经理全面负责，下辖所有市场营销职能部门和销售部门
5	现代市场营销企业	营销上升为全员意识	为顾客服务成为全员营销哲学

（二）市场营销部门的组织形式

营销组织专业化的一个重要标志是营销活动的职能化，不同的营销活动分别设立不同的职能部门，但从面向市场的销售服务体系来说，最基本的划分是产品、地区、客户三个维度，并分别设立产品经理、地区经理（大区、中区、小区）、客户经理（大客户、中小客户等）。

由此可以将市场营销部门的组织形式分为：职能型组织、地区型组织、产品（品牌）管理型组织、市场管理型组织、产品/市场管理型组织等。

1. 职能型组织

职能型组织结构如图 3－5 所示。

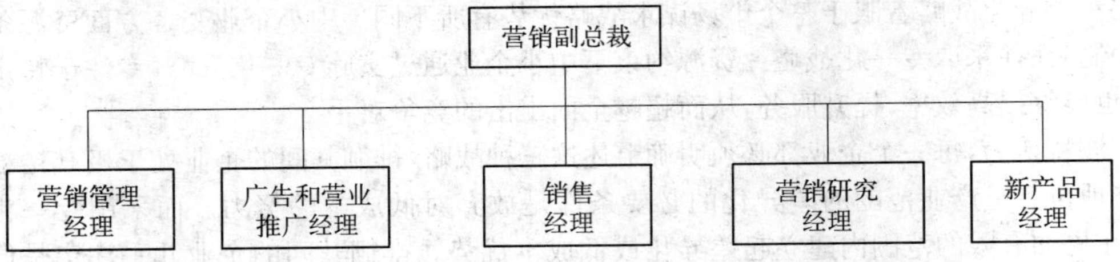

图 3－5　职能型营销组织结构图

职能型组织是最古老、最常见的市场营销组织形式，其优点是管理简单易行，但职能型组织很容易过分从部门职责角度看问题、做决策，在产品及其市场成熟后就可能显示出其缺陷，当企业只有一种或很少几种产品，或者企业产品的市场营销方式大体相同时，按照市场营销职能设置组织结构比较有效。但是，随着产品品种的增多和市场的扩大，这种组织形式就暴露出发展不平衡和难以协调的问题。

2. 地区型组织

地区型组织如图 3－6 所示。

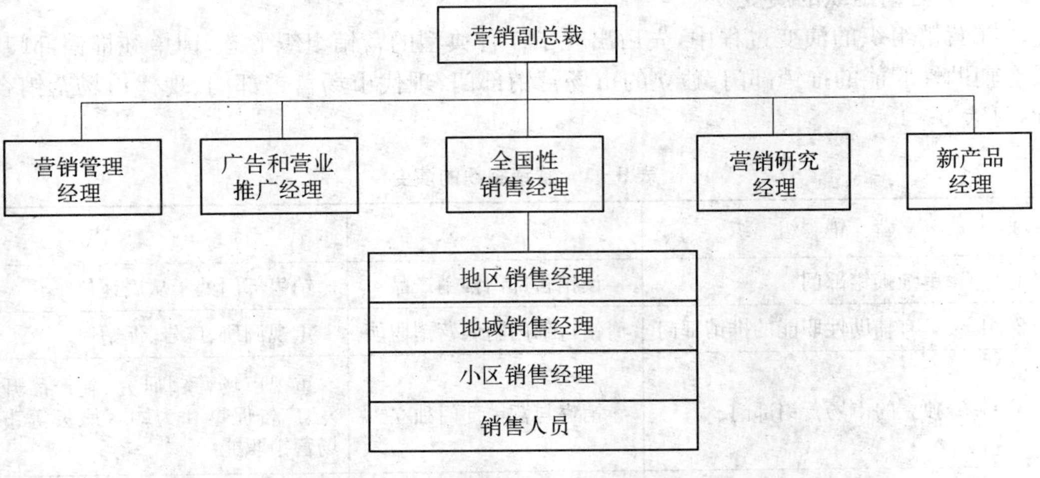

图 3－6　地区型营销组织结构图

销售业务涉及全国性市场的公司常常将其销售人员按销售地区划分。例如，公司销售副总经理可以负责 6 个地区销售经理，每个地区经理又分别负责 8 个地域经理，每个地域销售经理又分别负责 5 个小区经理，后者每人又分别负责 10 个销售人员。有些公司现已增设地方市场专家来支持市场中的销售工作，这有助于帮助公司总部营销经理调整他们的营销组合，以求得最大限度地利用市场机会，同时地方市场专家还将制定年度和长期发展计划，并在总公司营销人员和地区性销售人员之间起到联系沟通的作用。

3. 产品（品牌）管理型组织

产品（品牌）管理组织如图3－7所示。

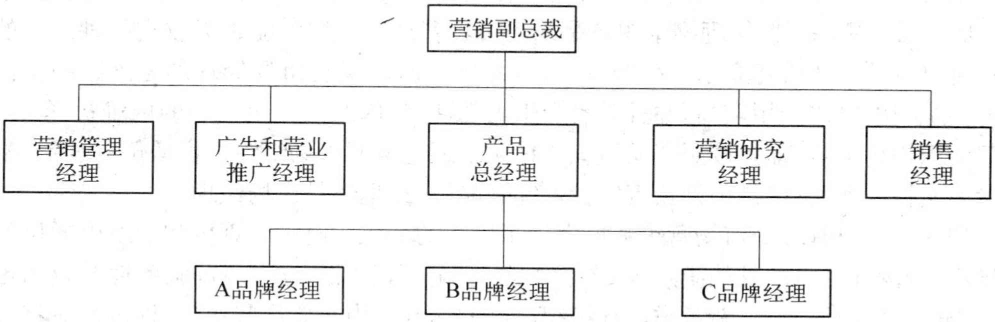

图3－7　产品（品牌）营销管理组织结构图

生产不同产品或品牌的公司往往要设立产品（品牌）营销管理组织，产品（品牌）营销管理组织并不能代替职能管理组织，而只是作为一个管理层次而存在。如产品管理由产品经理领导，下设若干个产品线经理，产品线经理下设若干产品经理，每个产品经理负责某个具体产品。该组织有以下几个优点：① 产品经理可以为某一产品设计具有成本效益的营销组合；② 产品经理对于市场上出现的情况反应比专家委员会更快；③ 由于每种产品都有相对应的产品经理负责，所以即使是名气再小的品牌也不会被忽略；④ 产品管理组织是培训年轻主管人员的最佳场所，因为产品管理组织可以使他们接触公司运作的全部领域。该组织形式也存在不少缺陷：① 缺乏整体观念；② 部门冲突；③ 多头领导。

4. 市场管理型组织

市场管理型组织结构如图3－8所示。

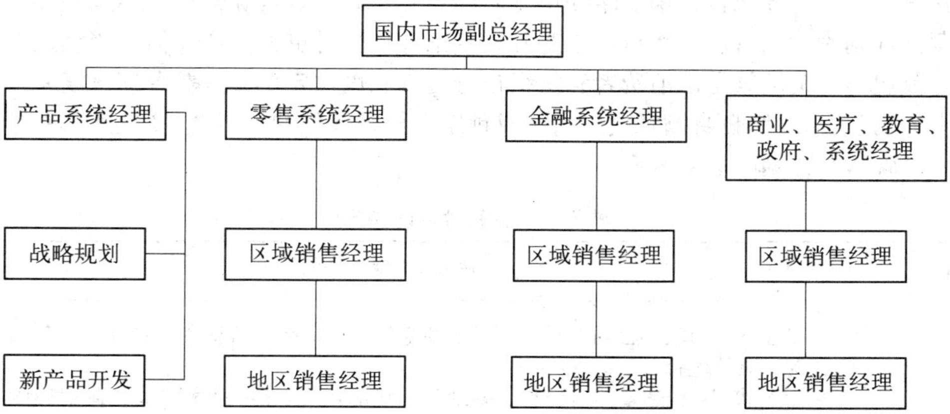

图3－8　市场型营销管理组织结构图

当企业面临以下情况时，建立市场型组织是可行的：拥有单一的产品线；市场各种各样（不同偏好和消费群体）；不同的分销渠道。许多企业都在按照市场系统安排其市场营销机构，使市场成为企业各部门为之服务的中心。市场型组织的优点在于：企业的市场营销活动是按照满足各类不同顾客的需求来组织和安排的，这有利于企业加强销售和市场开拓。其缺点是：存在权责不清和多头领导的矛盾，这和产品型组织类似。

5. 产品/市场管理型组织

面对不同市场、生产多种产品的企业，在确定市场营销组织结构时经常面临两难抉择：是采用产品（品牌）管理型组织还是采用市场管理型组织？能否吸收这两种形式的优点？所以有的企业就建立了一种既有产品（品牌）经理、又有市场经理的矩阵组织。但是矩阵型组织的管理费用较高，并且容易产生内部冲突，因此又产生了新的两难抉择：一是如何组织销售力量，即是按照产品组织销售队伍还是按照市场组织销售队伍，或者是推销力量不实行专业化；二是由谁负责定价，产品（品牌）经理还是市场经理。

进入90年代以来，市场营销环境发生了巨大的变化。电子计算机和无线电通讯的不断进步，全球性竞争的日趋激烈，消费者和企业购买经验的日益丰富，服务性企业的迅速发展等等，都要求企业重新考虑怎样组织自己的业务。为适应这些变化，许多企业将自己的业务重心放在主要业务或有竞争力的业务上，也有不少企业将其业务拓展到其他不熟悉的领域以求新的发展。不管怎样，营销组织的建立必须适应市场的需求与变化，唯此，方能有效实施营销战略，达到预定目标。

（三）营销管理

一个好的营销战略仅仅是成功营销的开始，如果公司不能很好地执行营销战略，再好的战略也都是空话。营销的管理活动就是把营销计划变成营销行动，需要每天、每月把计划付诸行动，最终实现营销目标的过程。战略是做正确的事，管理是正确地做事。只有这样，公司才能获取竞争优势来赢得市场。

1. 营销计划

通过营销战略规划，公司每个业务单位、产品和品牌都需要制定具体的营销计划。营销计划提出营销活动要做什么，为什么要这样做，谁去做，在哪里做，什么时候做和如何做。营销计划为有效执行营销战略提供方向和支持，如组织、资源配置、领导、控制等。完善的营销计划为营销管理工作奠定了基础。营销计划同时也为公司评估营销绩效提供了方法。公司的营销绩效是由消费者和组织自身的满意度决定的：消费者满意度基于对重要需求的满意度，组织自身满意度是由完成预定目标来评估的。表3-2概述了一个典型产品或品牌营销计划的主要内容。

表3-2 营销计划的内容

部　分	目　　的
当前的营销状况	描述目标市场和公司在目标市场上的定位。包括市场信息、产品性能、竞争和分销情况。具体包括： ● 市场状况：描述整体市场和主要细分市场的情况，评价顾客需求和营销环境中可能影响顾客购买行为的因素。 ● 产品状况：列出产品线中的主要产品的销售额、价格和毛利润。 ● 竞争状况：识别主要竞争者，评价他们的市场定位及其在产品质量、定价、分销和促销方面的策略。 ● 分销状况：评价主要分销渠道中最近的销售趋势和其他进展。

（续表）

部　分	目　　　的
威胁和机会分析	评估产品可能面对的主要威胁和机会，帮助管理层预期可能对公司战略产生影响的正面或负面状况。
目标和问题	阐述公司在计划的期限内想要实现的营销目标；讨论影响目标实现的主要问题。如：如果目标是达到 15％的市场份额，需要讨论如何去实现这一目标。
营销战略	概述业务单位希望实现营销目标的大体营销逻辑，以及目标市场、定位、营销费用的具体方案；概述营销组合的每个要素具体策略，解释每个要素如何去应对计划中提到的威胁、机会和关键问题。
行动方案	明确说明营销战略如何转化为具体行动方案，回答以下问题：应该做什么？什么时候去做？谁负责去做？需要花费多少钱？
预　　算	具体列出计划所预期的损益表的营销预算。它显示出预期的收益（预期的销售数量和平均的净价格）和预期的成本（生产、分销和营销成本）。收益和成本之差就是预期利润，一旦得到上级管理层的审批，预算就成为材料购买、生产计划、人事安排和营销营运的基础。
控　　制	概述监控进程的控制活动，上级管理层可以通过控制来评估计划执行结果和不符合目标的缺陷产品。

2. 营销控制

营销计划执行过程中可能会发生很多意外导致计划无法预期完成，因此，营销部门必须实施持续的营销控制。营销控制是通过度量和评价市场营销战略、营销计划的结果，采取调整措施来保证目标的达成。图 3－9 显示了营销控制包含的四个步骤：管理层进行营销目标的设计，衡量市场业绩，评价实际业绩和预期业绩不同的原因，最后管理层采取纠正措施来消除实际业绩与目标的差异，这有可能要改变行动方案甚至是修改目标。

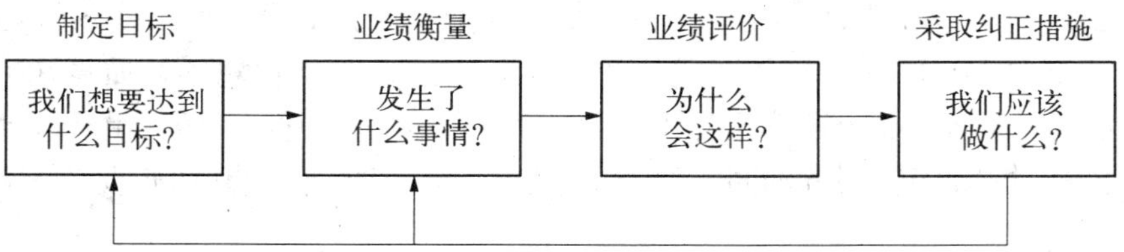

图 3－9　营销控制过程

营销营运控制是根据营销计划来检查进行中的业绩表现，必要时采取纠正措施，保证公司实现计划中设定的销售额、利润和其他目标；同时还包括确定不同产品、地域、市场和渠道的盈利性。

战略控制可以检查公司的基本战略是否与市场上的机会相匹配，营销战略和方案可能很快过时，每个公司应定期重新评估市场整体战略。战略控制的一个主要工具是营销审计（Marketing Audit），即通过第三方客观地对公司环境、目标、战略和活动进行综合、系统、独立和定期检查，发现问题和机会，营销审计为制定行动方案，提高公司市场营销绩效提供了有用信息。营销审计覆盖了公司业务中营销的所有主要领域，包括营销环境、营销战略、营销组织、营销体系、营销组合以及营销生产率和盈利率。

3. 营销绩效

衡量营销绩效从两个方面进行：消费者满意和组织满意，这是基于有效营销促成令人满意交易这一前提而言的。因此，要确定营销是否有效，管理者必须能够确定上述两者的满意度如何。

(1) 衡量消费者满意度。当消费者选择公司的产品或服务用以满足自己的需求时，他们会评价这种产品或服务是否让他们满意。如果他们是满意的，但他们有同样需求时，就会再次选择使用该产品或服务。因此，销售水平的增加往往预示着较高的消费者满意度。

如何收集消费者满意度信息呢？许多公司投入大笔资金进行消费者满意度调查和分析，或者直接电话联系消费者进行询问，或让中间商对消费者就他们的购物经历的满意度提供信息。公司一般都设有客户服务部门，以方便快速解决消费者问题。顾客投诉记录也是非常重要的信息，投诉问题解决即形成规范，以避免下一次犯同样的错误。公司还需要考虑其他商家的满意度。零售商和批发商作为生产商的顾客，如果他们对生产商的产品、服务或合作不满意，就可能与公司的竞争对手合作。

(2) 衡量组织满意。公司满意是通过多方面因素反映的，包括公司目标达成、财务分析以及员工的满意度等。公司满意最直接体现在公司实现的既定目标上，而营销目标通常反映在市场份额和销售额上。如果公司将目标设定为销售量增加4%或投入资金11%的回笼，实现目标意味着成功，市场份额或销售量的降低，意味着不成功。营销目标的实现离不开资金的投入，因此，营销管理者必须利用财务信息来确保营销活动的成功，管理者要认识到不同市场实现的营销目标不同，其营销费用也会不同，就是同一个市场，不同时期营销费用与目标也会发生变化。管理者还需要关注员工的满意度，这是因为工作满意的员工生产积极性会更高。一种较为有效的方法是让员工参与决策，并组成工作团队，一起共同商讨目标，并决定工作的方式以及如何解决消费者疑问，确定奖金分配，并通过团队成员去评估他们自己的工作成果，这些方式都有助于提高员工的工作热情，提高工作积极性。安布勒(Ambler)列举了最重要的营销绩效指标：① 相对感知质量；② 忠诚度/保持度；③ 顾客总数；④ 顾客满意度；⑤ 相对价格(市场占有率/市场容量)；⑥ 市场占有率(销售量或销售额)；⑦ 感知质量/声誉；⑧ 抱怨(不满意水平)；⑨ 认知度；⑩ 销售渠道/可获得性。

本章小结

战略虽然具有全局性、长远性、方向性、竞争性等特点，但有些细小的问题也能通过转换或渐进式的影响而成为重大的战略问题。制定经营战略的难处在于预见这些可能转变为“大问题”的“小问题”。

战略的三个根本问题是：定位、聚焦与技术。技术成为一个战略要素具有十分重要的现实意义，这是因为技术正在改变着顾客体验、零售业态、管理方式。定位的核心问题是如何在顾客心智中占有一席之地，与顾客心智不吻合的定位是“伪定位”，不会产生实际效益。聚焦是要求企业走专业化的道路,但从我国目前零售业的发展情况来看,几乎没有一家本土零售商是单纯通过聚焦而获得成功的,比较成功的零售商有一个共同特点——集中区域开展多业态发展。这种策略能否持久还有待实践的验证。

从零售角度来分析营销战略问题,有三项核心业务:一是聚集人气,二是扩大销售,三是节省耗费。零售战略考虑三个层面的问题,一是方向性问题;二是业务性问题;三是操作性问题。通常用五个指标来衡量零售企业的业绩,即净利润率、资产周转率、资产回报率、财务杠杆、净资产回报率。无论是净利润率还是净资产回报率,零售业一般都要比制造业低得多,零售业的广告投资也远远低于制造业。

企业战略分为公司战略、竞争战略和职能战略。公司战略即总体战略,要界定企业使命,并以区分战略经营单位为基础,从而规划投资组合与成长战略。BCG 矩阵、GE 矩阵是主流的分析方法。五种竞争力量的抗争中蕴含着三类成功的战略思想,那就是:总成本领先战略、差异化战略、专一化战略。目标市场营销即 STP 战略包括:市场细分、目标市场选择与定位。

营销战略需要通过建立营销组织来执行。营销组织先后出现了 5 种典型的形态,即单纯推销部门、具有辅助性职能的推销部门、独立的市场营销部门、现代市场营销部门、现代市场营销企业。营销管理活动包括营销计划的制订及营销活动的控制过程,最终反映为营销的绩效。营销绩效反映在消费者满意与组织满意两个方面。

【问题与探讨】

1. 为什么说企业战略的作用是协调与认知?
2. 公司战略、竞争战略和职能战略有什么关系?
3. 什么叫定位?定位的核心是什么?举例说明哪些定位属于"伪定位"?
4. 为什么要聚焦?如何才能有效地实现聚焦?
5. 比较三种竞争战略的特点和使用范围。
6. 怎样理解市场营销战略的特点?
7. 怎样区分不同的战略经营单位?
8. 如何确保营销战略的实施?
9. 营销组织有哪些形式?
10. 营销绩效的衡量标准是什么?为什么?

【案例分析】

红牛:奔向未来

Chaleo Yoovidhya,75 岁,一位退休的泰国药剂师,负责开发一种富含咖啡因的饮料——红牛。20 年来,红牛在泰国的卡车司机和谷场农民中很受欢迎,因为红牛可以让他们在长时间的工作后还保持清醒。现在每年全世界的时尚年轻人消费 16 亿罐这种不含酒精的饮料,这是成功营销的故事。红牛要保持竞争优势,将是一个很大的挑战。

背景

Dietrich Mateschitz，一位来自奥地利的牙刷销售人员，在去曼谷的时候发现了红牛，他工作的公司与 Yoovidhya 的家族商业——TC 药物工业公司签订了一个特许经营协议。他在泰国的商业伙伴向他推荐了一个含糖浆的滋补饮料，名字并不特别，叫 Krating Daeng，在泰语中是红牛的意思。Mateschitz 不仅喜欢这种饮料（“只有喝一杯就能消除飞机时差症。”他回忆道）而且他还看到了这种时尚饮料在欧洲年青一代人身上的市场潜力。他说服 Yoovidhya 和他的儿子 Chalerm，于 1984 年在奥地利成立了一个独立的合资公司——红牛股份有限公司。这个公司花了三年时间改造出一种蓝色的饮料，来迎合一个完全不同的市场——滑冰者和高山滑雪者。Mateschitz 加入了二氧化碳，使得饮料更加提神，同时又保留了原来的泰国成分——维生素 B、咖啡因、糖和氨基酸中的牛磺酸。

红牛的分销遍及全欧洲，到 1993 年，公司每年销售红牛 3 500 万罐，这个数字比最初翻了两倍，甚至四倍。红牛采取的是微妙的促销活动，花费的现金很少，但是收效很大。“我们向人们提供产品，那些喜欢我们风格的顾客会向我们购买。”这些消费者包括在欧洲和美国彻夜跳迪斯科的人、大都市准备考试的大学生和消耗体能的运动热爱者。它的包装非常有个性，8.3 盎司的银色和蓝色相间的罐头上有两只公牛，牛角相碰，喝了红牛能让你精神焕发，“特别是在压力上升的时候”。在网上你可以找到红牛受欢迎的例证，在网上你还会发现诸如过时的红牛夹克衫、标志粘贴物、泰国拳击短裤、冷却器在 eBay 网上拍卖。

作为促销努力的一部分，红牛资助过全世界两百多位运动员，主要在各种各样的极限运动中，其中包括风筝滑浪、风浪板、越野摩托车、自由滑雪、铁人三项、越野自行车、滑翔、断崖潜水、沙滩排球、单线滚轴溜冰和滑翔伞。红牛也赞助过一些传统运动的运动员，如游泳、高尔夫和划船。它还参与事件营销，如红牛 Flugtag（在德语中是“飞行日”的意思）在奥地利、爱尔兰、新西兰、美国和其他国家中举行的竞赛，在这种创新性的竞赛中，设计出飞行距离最远的手工机器的业余人员将会获胜。虽然没有打破世界纪录，但是这个事件营销吸引了大量的围观者。

然而，红牛所选择的事件有时让人觉得很难营销，例如，它到古巴的远征，风筝滑浪包含很多风浪板和水上滑板的因素。红牛投资于一个遭到美国贸易禁运的国家的风筝滑浪和滑板，此事件没有进一步得到媒体的宣传，没有引起当地媒体的关注，或者引起当地好奇的围观者。

这些努力与英国营销者最近的调研一致，在 20 世纪 90 年代他们授予红牛“非营销品牌”称号。“秘密行动”经常被用于形容红牛的营销战略。当它进入美国市场时，没有发动一场引人注目的广告战，或者进行贯穿全美的分销。红牛使用“街道团队”把理念传递给重要的、引导潮流趋势的一代消费者，赢得这些有影响力的年轻人，红牛同时雇佣了“流动能量团队”，在一些人们需要补充能量的场所，如健身房、办公楼和建筑工地上分发免费的样品。

红牛的神秘性已经被很多营销专家所引述，Mare Gobe 是《情感品牌》的作者和他自己拥有的品牌咨询公司的领导者，他评论道：“在某种程度上，极限运动实现的是身心被震撼的需求，而红牛是最早出现的实现能量补充的产品之一。”Gobe 认为红牛的罐很“性感”,更小的包装意味着饮料的劲很足,他认为红牛是“反品牌”的。

现在红牛占有全世界能量饮料市场的70%,在美国它属于前十名的碳酸软饮料之一。在2001年12月7号,《饮料文摘》的编辑注释:“红牛已经在美国的商店引起了喜爱的狂潮。最引人注目的是这个品牌溢价,它的平均价格是每288盎司69.45美元,相比之下,可口可乐是9.41美元,而百事可乐是9.30美元。”红牛是亚洲的十个成功品牌之一,在2003年,Mateschitz和Yoovidhya等都名列福布斯财富排行榜上亿万富豪的名单上,现在公司全球的雇员是一千二百多人。

尽管出现了几次健康问题,红牛仍然取得了成功,法国曾经在20世纪90年代的时候禁止了红牛,理由是它是一个危险的刺激品。瑞典和马来西亚签发了一个健康警告,据说在瑞典的一位妇女在把沃特加和红牛混合饮用后死去。这个品牌同时还克服了2000年在网上的流言,说它包含有一种导致脑震荡的人工刺激物,并且是由红牛的睾丸制造而成的。

下一步怎么办?

红牛令人羡慕的定位正在改变,Mateschitz承认他所追求的第一代饮用者正在衰老,“我们需要每年预备一批16岁的新饮用者。”他说。最后红牛投资了4亿美元在营销和运动赞助上,它的卡通电视广告片(当中,亚当和夏娃、上帝和吸血僵尸)以新鲜、讽刺和聪明的方式展示了红牛对身体和心灵上的刺激效果。每次都以同一句话结束:“红牛使你变得更年轻!”在红牛的主要赞助中,其他伙伴包括马来西亚的汽油公司和瑞典信贷集团。

红牛也意识到了来自其他公司的竞争威胁不断上升,如可口可乐、百事可乐和百威公司。看到了红牛的成功,他们都希望以自己的品牌进入市场,其中佳得乐(Gatorade)推出了他们一款能量饮料,可口可乐推出Powerade,百事可乐推出了All Sport饮料。美国市场特别重要、富有,是竞争的根据地,如果公司能诱导美国人消费爱尔兰人的饮用量——每年人均11罐的话,红牛将会每年在美国市场上销售超过10亿罐。根据《品牌周刊》报道,在2000年,红牛单在美国就花了1亿美元。

红牛也在提高它的分销覆盖率,大不列颠岛占有80%的市场份额,公司通过自动售货机来进行分销。红牛也会在网上直接销售,如coffeeforless.com、slimstore.com和easycoffee.com。在downwindsports.com网站上,红牛每箱的价格是43美元。

最后,红牛也推出额外的产品种类,它在美国推出红牛糖,作为第一个品牌延伸,采取的是同样的包装,不同的是更甜。同时还营销红牛能量补充饮料——泰国的最初版本,它用150毫升的玻璃瓶包装,标签上是维生素补充饮料。

资料来源:菲利普·科特勒,加里·阿姆斯特朗,洪瑞云,等.市场营销原理[M].亚洲版.何志毅,等.译.北京:机械工业出版社,2010.

问题讨论:

1. 红牛是如何为它的产品识别目标顾客的?你认为公司还应该为其他哪些细分市场服务?

2. 在所选择的市场中,红牛是如何定位的?它还能以其他方式定位吗?

3. 请分析红牛采取了怎样的营销战略?

4. 谁是红牛的竞争对手?

【实践训练】

企业营销战略分析

目的：通过对某企业营销战略制定与实施过程的分析，深入理解企业制定营销战略聚焦、定位与技术的关系，并了解企业如何实施营销战略。

组织：以小组为单位收集企业相关资料，小组人数4～5人为宜，小组成员要合理分工。

内容：

(1) 每个小组需要收集一个企业营销战略案例；

(2) 分析营销战略制定过程及涉及因素；

(3) 分析营销战略实施的过程，分析企业实施营销管理的过程；

(4) 每个小组在分析基础上完成一篇分析报告；

(5) 报告使用A4纸打印；

(6) 组织课堂讨论。

第4章　营销信息管理

通过本章学习，你应该理解：

1. 信息对市场营销的重要性；
2. 信息是营销决策的基础；
3. 了解营销信息系统的组成；
4. 掌握必要的信息收集方法，并学会分析。

有效的营销决策基于可靠的信息，信息可以减少决策中的不确定性，降低经营风险。市场千变万化，每天都会产生大量的市场信息、顾客信息、竞争对手信息等。必须学习利用现代信息技术去收集有用信息、处理信息，为制定正确营销决策提供依据。

【引导案例】

肯德基进入中国市场之前的市场调研

肯德基炸鸡在进入中国市场前，公司派一位执行董事先期来中国考察。他反馈的报告是：炸鸡在中国有消费者，但无大利可图，因为中国消费水平低，想吃的多，掏钱的少。这份报告由于缺乏具体能够说明问题的数据，许多看法是依这位董事个人经验形成的。公司为了能够详细了解中国市场，又派了另一位执行董事前来考察。

这位董事详细地展开了调查工作，如测试出行人流量、品尝样品、街头询问等。此时正好有几位在北海公园游玩的客人赶上了这次调查。

几位游客在北海公园树荫下正准备休息片刻再继续游玩。一位衣着典雅脱俗，看上去文静、清秀的小姐微笑着朝她们走来。“今天好热，女士们想喝点、吃点什么？”“谢谢！”那小姐紧接着说：“我是北京商学院的学生，暑假里被美国肯德基炸鸡公司聘为临时职员，公司为了征求中国顾客对肯德基炸鸡的意见，在这公园设置了免费品尝点，还准备了一些免费饮料。”那位小姐指着公园东南边的小餐厅，“各位能否帮助我的工作，谢谢。”

游客随着这位小姐走进了餐厅。餐厅内，大理石地面，奶白色的墙纸，粉红色的窗帘，两边墙上各有一排古铜色、方形的鸿运扇，正面墙上挂着巨大的迎客松图，二十多张大圆桌上铺着洁白的桌布，宽敞明亮的窗户外是翠绿婆娑的修竹……这儿的一切使人感到仿佛身处春天。待她们盥洗完毕，一位衣冠楚楚的男士彬彬有礼地请她们就座，并在每个人面前摆放好塑料袋盛装的白毛巾，随之送上苏打饼干和白开水，以消除口中异味，片刻又送上油亮嫩黄的鸡块。

稍事品尝后，一位女士开始发问；“您觉得这鸡块做得老了还是嫩了？”“鸡块外表是否酥软?""鸡块水分多了还是少了?""胡椒味重了还是轻了?""是否应加点辣椒?""味精用量如何?""还应加点什么佐料?""鸡块大小是否合适?""这块鸡卖 0.9 元是贵还是便宜?"…… 其项目十分详细,令人赞叹。"那么,您对餐厅设计有什么建议呢?"她边说边拿出一大本彩色画册,显示了各种风格、色调和座位布置的店堂设计。她一边翻着画册,一边比划着这个餐厅的设计、问游客一些问题,诸如:墙壁、窗户的色调和图案,座椅靠背的高低,座次排列的疏密,室内光线的明暗等等。为了使气氛更轻松愉快,她随便聊起北京的天气和名胜古迹,尔后,谈话很自然地又引入她的需要。"您认为快餐店设在北京哪儿最好?""像您这样经济状况的人每周可能光顾几次?""您是否愿意携带家人一齐来?"……最后,她询问了游客的地址、职业、收入、婚姻和家庭状况等。整个询问过程不到 20 分钟。那位女士几乎收集到了能够获取的全部信息。临行前,引游客入座的那位男士又给她们每人送上一袋热腾腾的炸鸡,纸袋上"肯德基 KFC"的字样分外醒目。"带给您的家人品尝,谢谢您的帮助。"他轻声说道。

1987 年,美国肯德基炸鸡公司在北京前门正式开业,他们靠着鲜嫩香酥的炸鸡,纤尘不染的餐具,纯朴洁雅的美国乡村风格的店容,加上悦耳动听的钢琴曲,赢得了来往客人的声声赞许。

资料来源:宋小敏. 市场营销案例实例与评析[M]. 武汉工业大学出版社,2002.

肯德基公司正是因为对中国市场进行了详细的、有计划、有目的的调查,使得企业进入中国市场后能够较好、较快地发展,并参照中国人习惯的生活方式开发了不同的产品。企业只有贴近顾客、了解市场,才能真正为消费者服务。

思考: 1. 肯德基的这种调查方式是一种怎样的调查?
2. 调查获取信息的方式可以有哪些途径?

一、营销信息与营销信息系统

(一) 营销信息

1. 营销信息内涵

营销信息(Marketing Information)是指与企业市场营销活动有关的各种事物在一定时间和条件下存在的方式与状态,以及对企业发生影响的综合反映,如宏观环境因素、消费者信息、竞争对手与产品信息等等。各种信息通过语言、文字、数据、符号等表现出来。企业所有的市场营销活动必须以营销信息为基础,信息提供了企业营销活动可能开展的方式与方法,通过信息分析可以降低进入市场的风险;信息是营销决策的重要基础,是企业重要的战略工具和营销工具。因此,企业必须重视信息的收集,并有效管理营销信息。

企业每天都面对大量的信息。一项研究发现,一位品牌经理每星期可以获得大约 100 万~10 亿条信息,超市 POS 机每天可以接受大量的各类信息,特别是互联网技术的发展,信息传递速度、传递范围、传递的内容都大大增加。换句话说,目前获取信息的途径虽然很多，但所获的信息中有多少是有用的，如何去发现和管理真正有价值的信息，成为营销人员必须掌握的一项技能。

2. 营销信息分类

特定的企业需要特定的信息，但所有的企业都会考虑所需信息的种类，包括消费者、市场结构和企业环境三方面。表4-1提供了每一方面的信息项目实例。

表4-1　有效营销决策所需信息分类实例

消费者	市场结构	企业环境
年龄	基础产品	竞争类别
性别	产品功能	竞争对手的实力
收入	服务	竞争对手策略
受教育程度	产品包装	经济环境
家庭规模	保证	政府调控
职业	售后服务	新技术
态度	产品价格	消费者保护
基本需求	信用卡选择	伦理问题
购物频率	折扣	税收政策
品牌爱好	出售地点和方式	法律公文
需要信息	促销手段	国际市场
媒体偏好	信息促销	
购物行为	宣传促销	

假如你是连锁店的经理，就需要知道来年的经济形势是否有变化，是否有新的竞争对手，当前的竞争对手有什么重要举措，税收或政府的政策是否有变化，或更加具体的信息，如是否计划在某处进行街道建设或改造等。这些信息对连锁店铺的经营都具有重要的参考价值。

需要注意的是，信息是变化、动态、多样、复杂的，因此，信息工作需要持续不断，需要运用多种手段进行收集。同时对收集来的信息必须加以整理与分析，找出其中信息数据之间所表现的某些规律，这样才能对营销决策起作用。对于如此庞大的数据，需借助现代信息技术手段进行处理，这样就出现了营销信息系统。

3. 营销信息来源

当你想了解某一型号手机最合适的价格时，你会从哪里寻找信息？当你想知道某一所高校招生情况或寻找某职业信息时，你将从哪里获取这些信息？当一个人做一项决定时，信息是必不可少的。掌握大量信息可以帮助我们更好地做出决策，很多决定也不可能只根据一个信息来源作出。影响信息来源选择的主要因素是信息的实用性、时效性及准确性。

一般获取信息的程序包括：① 明确所需信息的类型；② 明确收集每种类型信息可以

实现的来源;③ 评估每一种信息来源的准确、及时与有效性,以确保获得满意的信息;④ 选择所能满足需要的信息来源;⑤ 将该信息置入营销信息系统。

获取营销信息主要来自两个方面:内部信息与外部信息。

(1) 内部信息。内部信息主要是指在组织内部活动过程中产生的信息,如消费者记录及销售信息、产品及经营记录、业绩信息等。由于内部营销信息系统的建立,强大的数据库功能可以将消费者购买的全过程或服务的全过程记录下来。例如:当消费者实施购买行为时,其购买的商品种类、时间、数量等都能够被零售终端的 POS 机及时记录下来,并将信息及时传递到总部的中央数据库;如果消费者购买的是一个配件或相关产品,系统也会马上进行比对,与原始购买相匹配的信息也会被记录下来;关于付款或赊账的信息也会详细记录下来;一项投诉或抱怨也同样成为记录的一个部分;消费者不再购买商品或服务时,记录应保存,便于分析为什么消费者会离我们而去。如果实施营销活动,则需要比销售记录更详细的信息,包括人口统计信息,如年龄、家庭人口、收入、通讯方式等。企业更需要详细了解消费者需求、兴趣和态度信息,也必须知道消费购买行为的发生考虑了哪些因素。消费者相关信息可以通过营销调研来获得。

现在有很多企业建立了一种新型的信息收集工具:消费者俱乐部。通过这个俱乐部,消费者会得到特别奖励、企业提供的新产品信息、特定购买机会和较大折扣以及其他商家认为消费者需要的商品和服务信息。因此,消费者在加入俱乐部时所填写的表格成为企业获得消费者详细信息的主要途径。当然,对于消费者个人信息,企业必须做到信息安全和保密。

此外,消费者购买商品时必然涉及商品质量、价格及服务。不同厂商所提供商品相关信息以及竞争对手商品信息都作为内部信息被及时记录下来。每一经营过程的经营业绩不仅记录利润,还需要记录价格、成本、质量及消费者满意程度等,财务报表不仅是财务部门需要的,营销部门同样需要了解相关财务情况,这些信息对营销决策都有极大帮助。

(2) 外部信息。外部信息是组织以外的信息,包括消费者各种相关信息(收入、职业、性格等等)、竞争对手(产品、价格、竞争策略等)、经济环境(经济发展速度、规模、产业结构、GDP 等等)及其他可变因素。各种政府报告、行业协会、企业刊物等都是较好的信息来源。

(二) 营销信息系统

企业花费大量时间收集的信息以及对信息的分析处理,可以通过建立营销信息系统快速实现对信息的收集、存储、分析、整理,提高营销决策效率。营销信息系统中这些信息必须是完整、准确、易于应用、最新和经济的。

在设计营销系统时,必须考虑如下一些问题:① 制定并实施一个营销策略需要哪些信息?② 如何保存信息,使之可用并安全且易于得到?③ 为了做出有效的营销决策,应采用何种方法来组织和研究信息?④ 如何及时将信息最有效的价值展现出来?⑤ 为了促进营销,应当用何种方法使用信息?

这些问题就是关于信息的输入、存储、分析、输出、决策的全部过程。

营销信息系统(Marketing Information System,MIS),这是由人、设备和程序所组成的一种相互作用的有组织的系统,通过收集、整理、分析、评价与处理信息,能够为市场营

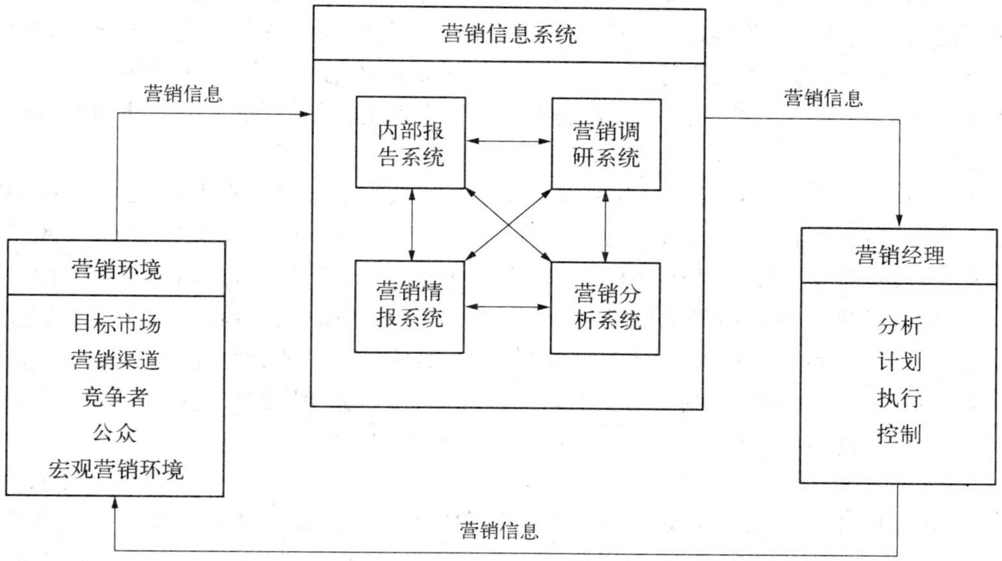

图4-1 营销信息系统

销策略制定者提供有效的正确信息。如图4-1所示。

营销信息系统主要包括以下几大系统：

1. 内部报告系统

内部报告系统主要提供的是企业内部信息及销售信息，即以内部会计系统为主，辅之以销售信息系统而组成。它的作用在于报告订货、库存、销售费用、现金流量、应收款、应付款等方面的数据资料，为企业内部有关部门掌握产品输出、资金收支等服务。

许多公司都建立了大范围的内部数据库(Internal Databases)，可以较为方便地从公司数据库中获取相应数据，并以此来发现问题，计划营销项目，评估营销绩效。在所有信息中，内部信息是比较容易得到的，也能够较好地帮助公司决策。只要公司基础管理工作做好，每个经营周期的信息数据都能够保留下来。数据是大量的，同时数据还需要适时更新，并与各部门密切配合，保证信息系统各个接口要有利于信息的输入、传输与输出。利用内部数据库进行营销的案例很多，数据库营销也成为现在营销的一种方式。如西安杨森，通过运用强大的患者数据库和互联网络开展市场调研，使产品的销售增长速度加快。公司销售人员通过运用数据库分析手段，能够判断出谁是最有可能使用其新产品的病人。然后直接向这些最有希望的客户提供信息。一旦病人使用了这些新产品，就可以与病人建立长期的互动联系，并使他们能更持久地正确使用这些药物。同样，强大的医生数据库也可以使销售和市场人员更深入地看透目标医生的心理及处方习惯，更有利于开展营销活动。

2. 营销情报系统

营销情报系统的主要作用是向营销部门及时提供外部环境发展变化的有关公开信息，如政府机构、竞争者、顾客、大众传播媒介及科研机构等发布的相关信息。这一系统的目标是改善营销决策的过程，跟踪评估竞争者的反应，并提供可能的发展机会以及市场威胁的前期信号。面对如此之多的情报信息，必须采取如下程序来进行：第一要确定企业营销所需的有关情报的优先次序；第二对有关情报加以整理和分析，通过整理分析和处理才能把收集到的信息转变成有用的情报，并将经过处理的情报在最短的时间内传送到相关人士手中；第三就是情报的使用必须建立一种索引系统，指引营销人员方便地获得存储的情报。

随着越来越多公司关注竞争对手，获取竞争对手情报手段也不断出新，如收买竞争对手雇员或通过竞争对手的垃圾箱发现有用信息，如甲骨文公司的人员在清理微软的垃圾时被发现；宝洁公司也曾经对其竞争对手联合利华的垃圾进行清理，包括一些头发护理用品，随后也被发现。很多情报都可以在竞争对手有关人员那里免费收集到，如公司主管、工程师、购买机构和销售队伍等；也可以从供应商、经销商和主要顾客那里得到，甚至通过观察竞争对手的停车场也能判断对手的营运状况。另外，在年度报告、商业文献、展示会、出版物、广告和网页中，都可以得到一些有关竞争对手的情报。

3. 营销调研系统

营销调研系统就是系统地设计、收集、分析和提交一个组织具体的营销活动情况的数据报告，如客户满意程度调研，消费者购买行为调研，一则广告使用效果调研，一款新产品顾客的反应情况调研等等。该系统的作用就是依据企业营销面临的具体问题，来收集有关的信息，作出系统的分析和评价，提出并报告研究的结果，以便用来解决这些特定的具体问题。可以说，营销调研系统是营销信息系统中最重要的子系统。这是因为，调研所需要的信息正确与否，关系到企业经营决策的正确与否，关系到企业的兴衰成败。

许多公司有专门的营销调研部门，也有一些小公司是通过雇佣专业的市场调研公司进行调研，还有的公司直接购买专业公司收集的数据包来帮助营销决策。随着互联网的发展，越来越多的人生活中已经离不开互联网，特别是“80后”、“90后”的消费者，其消费结构、生活方式都随着互联网而发生改变。因此，企业营销人员更需要关注网络，许多调研工作也搬到网络上。一些资深营销专家称在未来5年，网络调研费用将占整个调研费用的50%。

关于营销调研工作的开展，下一单元会做专门的研讨。

小链接

中国互联网络信息中心(CNNIC)2010年7月15日发布第26次中国互联网络发展状况统计报告。报告称，截至6月，中国网民规模较2009年底增加3 600万人，达到4.2亿人。其中手机网民用户达2.77亿人，较2009年底增加了4 334万人。

根据报告，大约有4 914万的网民只使用手机上网。

报告还提到，作为互联网上的“门牌号码”，全球IPv4地址资源最快将在2011年8月耗尽，向IPv6地址过渡是大势所趋。截至6月，中国IPv4地址数量为2.5亿个，落后于4.2亿网民的需求。

报告同时显示，中国域名总数下降为1 121万个，“.CN”在域名总数中的占比从80%降至64.7%。与此同时，“.COM”域名增加53.5万个，比重从16.6%提升至29.6%。

实际上，2001年上半年，全球互联网站点数都在下降，中国网站数也在同步下滑。根据 Netcraft 的统计，上半年全球互联网站点数减少 2 700 万个，降幅达到 11.5%。

值得注意的是，"宽带不宽"的问题在中国仍然存在。根据 Akamai 公司的报告数据计算，截至 2009 年底，中国的平均上网速度只有 857 kbps，接入速度远远落后于美国、日本、韩国等互联网发达国家。

报告特别提到，全国网络购物用户达到 1.4 亿户，网上支付、网络购物和网上银行半年用户增长率均在 30%左右，远远超过其他类网络应用。

尽管如此，网络商务应用仍然受到各种安全因素的困扰。CNNIC 的调查发现，仅上半年，就有 59.2%的网民在使用互联网过程中遇到过病毒或木马攻击；30.9%的网民账号或密码被盗过；电子商务网站访问者中 89.2%的人担心假冒网站，其中 86.9%的人表示如果无法获得该网站进一步的确认信息，将会选择退出交易。

资料来源：2010 - 7 - 16 东方早报.

4. 营销分析系统

通过内部数据库、营销情报机构和营销调研所获得的信息，需要进一步分析。这里的分析不是简单的计算平均值和标准差，而是需要运用营销分析系统中的各种统计模型进行计算。营销分析系统是由统计步骤和统计模型构成的，采用一些先进的技术或技巧来分析市场营销信息，以更好地帮助经营决策。它包括两组工具，即统计工具库和模型库。统计工具由相关分析、因果分析、趋势分析等分析方法组成。这些方法是分析和预测未来经营状况和销售趋势的有效工具。

营销信息只有较好地运用在营销决策中才能够体现其价值，因此，营销信息系统必须使信息及时传递到营销决策者手中。营销信息系统四个子系统需要相互协调配合，共同发挥着集中、处理、储存检索、评价、传递的功能：集中就是搜寻和汇集各种信息资料，并作为一种常规工作进行；处理是对所汇集的资料整理、分类、编辑与总结；储存与检索就是对原始数据的存储以及对已处理数据资料编制索引并加以储存，以方便查找；评价就是用科学方法并结合经验和悟性判断输入信息的准确性；传递是将各种经过处理的信息迅速准确地传递给有关人员，以便及时调整企业营销决策。

(三) 营销工程

1971 年科特勒就在探索使用营销模型来帮助营销人员进行决策。随后，许多学者也对营销模型作了广泛研究，并开发了营销决策软件，使之与营销信息系统结合在一起，实现更有效的营销决策。有人提出营销工程(Marketing Engineering, ME)这一概念。加里·利连(Gary Lilien)认为营销工程是通过计划、设计、决策辅助和营销管理支持系统将营销数据和营销理论知识运用到营销实践中的一个系统过程。也就是说，营销工程整合了营销理论知识、营销数据、营销决策模型、营销信息系统(MIS)、营销管理系统(MMS)等以及营销案例库，以帮助营销人员实现决策的量化、科学化和规范化，提高决策的准确性，从而提高营销绩效。例如，企业有一个非常好的新产品开发流程，则需要确保市场信息能及时与产品开发流程相连接，这样才能开发出更符合顾客需求的新产品，并且能够比竞争对手更早进入市场。营销工程还可以利用信息和决策技术帮助不同企业实现定制营销，这种信息的利用方式是竞争对手所无法看到的和复制的，使企业具有了竞争优势。营销工程的实质仍然是营销，是一种利用数据、信息、计算机模型加上营销人员经验实现营销决策的更好的方法。

营销工程方法可以简单用图 4-2 表示，营销工程的核心就是采用计算机决策模型把来源于外部营销环境的各种主客观信息数据转化为对市场的判断、决策及实施。

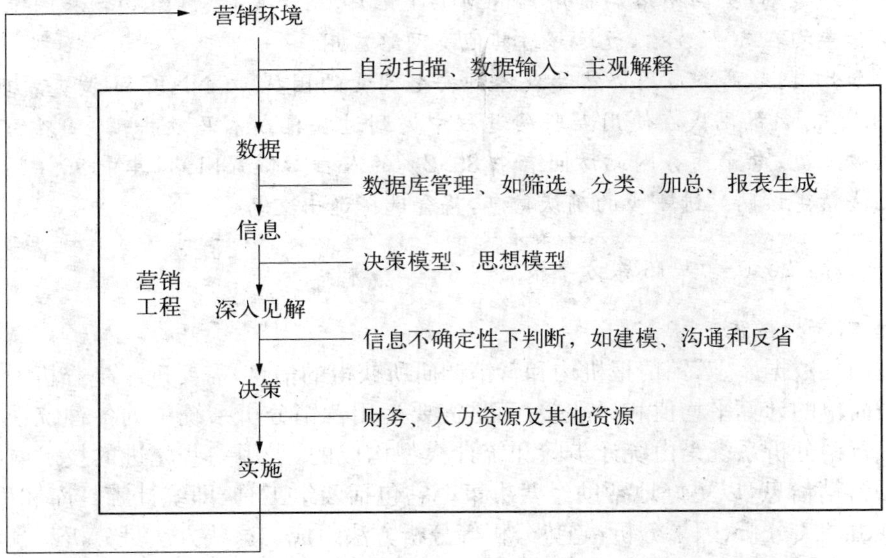

图 4-2　营销工程方法

(1) 数据。数据是营销决策中输入的营销活动发生的事实与主观观察。这里的数据既可指客观数据，如地区销售额，也可以是主观判断，如人们对市场的走势判断。

(2) 信息。信息是经过筛选和加工以后的数据，如各地区平均销售额或标准差，或者按销售额高低分类后的结果等都属于信息。

(3) 深入见解。深入见解是对这些数据和信息的内涵的理解，可以帮助营销决策者更好地理解市场供求变化及竞争情况。如解释各地区销售额为什么会有如此大的差距，有些地区销售额为什么会持续走低或者高涨。营销决策者需要将数据和信息及时与自己的知识和经验结合起来，这样才能形成对市场的更为深刻的理解和判断。

(4) 决策。决策是对某一个深入见解的合理性判断，通过决策模型帮助决策者判定倾向于采取的行动。决策是信息的目的。

(5) 实施。实施是组织采取的一系列行动，目的是将资源投入到实际行动中。如在销售额较低的地区招聘和培训更多的营销人员，就是决策实施的具体体现。

从以上步骤看到，营销工程的核心是营销决策模型，通过对输入信息的筛选、整理形成信息，再通过营销决策者对信息的解读与理解，结合不确定环境下的判断、建模与沟通，形成营销决策，最后再调动企业的各种资源实施营销决策。

实际上，从 20 世纪 50 年代就有学者直接用运筹学和管理科学工具，通过数学模型、计算机模拟等来解决营销问题，典型的就是预测模型，还有描述型与标准化模型。到 20 世纪末出现了营销工程，有了营销决策支持系统(MDSS)。进入 21 世纪以来，许多专家学者都尝试用新的营销模型、方法与工具以更好地进行营销决策。很多企业都开始采用营销决策模型来帮助企业进行营销决策，这种方式带来的好处是：提高了决策的一致性；能够探索出更多的决策方案；较好地评价各变量的相对影响；便于群体决策；能够帮助修正决策者主观思想。同样使用营销决策模型也存在一些问题，如模型的不完整性；看不到决策的机会成本，只能看到决策的结果；模型需要详细的数据来源，有可能收集不够齐全导致模型不够精确等。

小链接

万豪公司(Marriott)在市中心已经找不到适合于建造高档饭店的好位置了。为了继续发展，公司管理层计划在市中心以外的地区建造饭店。这样不仅可以吸引商务旅行者，而且还可以吸引周末休闲的游客，万豪公司使用了名为联合分析(Conjoint Analysis)的营销工程工具极为成功地开发了万怡饭店(Courtyard)。

美洲航空公司一直面临的问题是如何为各个航线上各种舱位定价以及如何决定每个航班上不同舱位的座位数，座位过多就得折价出售，售出座位数超过航班实际座位数或空位太多都会降低公司的收入。在竞争环境中实现收入最大化对公司的经营至关重要。美洲航空公司用了名为收益管理(Yield Management)的营销工程工具确定出购买不同舱位的乘客人数组合。

庄臣公司(Johnson's Wax)和包装食品行业的很多公司都试图以最佳成本/效益方法来预测新产品成功的可能性，并希望以此决定如何有效地进行新产品的开发。这些公司以前主要靠试销方法来取得新产品能否成功的粗略数据，但试销的费用太高而且会让竞争者得到新产品的情报。庄臣公司采用名为“ASSESSOR”的营销工程工具进行试销效果衡量和建模，不仅大大降低了新产品测试活动的成本，而且没有影响决策的效果。

资料来源：加里·利连，阿温德·朗格斯瓦米. 营销工程与应用[M]. 北京：中国人民大学出版社，2005.

企业仅仅凭借了解市场信息就能在竞争中获胜的时代即将过去。大量的市场信息和顾客信息也会掩盖人们的视线。为了能够真正发挥信息的作用，许多公司建立了营销信息系统，使公司各部门都能及时获取信息，同时也有了利用专门工具(如营销决策模型)将信息转化为更有效的决策和行动。市场信息千变万化，营销工程各种工具可以帮助营销决策者在模拟环境下对各种可能的决策结果进行比较从而更好更快地决策。传统的对营销的认识更多的是定性分析而非定量分析，现代信息技术与互联网技术可以帮助我们实现定量分析，事实也证明采用营销工程工具的很多企业都取得了成功。因此，我国企业的营销者要转变观念，要勇于学习新技术，这样才能在越来越激烈的市场竞争中获得竞争的优势。

二、营 销 调 研

营销调研已成为许多企业必备的一项营销手段与技能。营销调研在企业制定营销规划、确定企业发展方向、制定企业市场营销组合策略等方面有着极其重要的作用。营销决策者可以通过营销调研来辨别和选择营销机会，设计营销方案，评估营销方案，监控营销组织活动，能够进一步改进对市场营销活动的认识，也是企业营销信息系统、营销工程工具输入数据的重要来源。

（一）营销调研概述

1. 营销调研内涵

营销调研(Marketing Research)是指系统地设计、收集、分析与一个组织营销活动有关的各种数据资料，并形成报告以帮助营销人员制定有效市场营销决策的营销活动。如企业要进入一个新市场，就需要在产品进入市场前进行营销调研，需要了解这个市场消费者的需要、偏好及购买习惯、频率等；当企业营销人员发现某一市场销售额下降，就需要开展营销调研，去了解是消费者发生了变化，还是产品质量问题或是其他什么问题；当营销决策者实施一项决策后，如广告、促销活动等，其效果怎样，需要进行营销调研；营销调研收集的数据是进行预测的基础，预测的准确性直接受到营销调研质量的影响。

营销调研是一项技术，是一个复杂过程，这项技术包含了经济学、统计学、社会学、社会心理学、计算机科学等多学科的研究成果，既有定性的分析又有定量的研究，要求营销调研人员要善于学习、善于运用各相关学科的知识，使营销调研更好地为营销决策服务。

2. 营销调研类型

选择和确定哪一种营销调研类型，代表着企业要实现什么样的调研目的。

(1) 探测性调研(Exploratory Research)。当营销调研的问题和范围比较模糊时，为进一步明确调研内容和重点，如企业扩展方向和规模，或为弄清某一个问题的范围、情况及原因，所进行的初步调研。探测性调研的目的是收集原始数据，这些数据有利于发现问题和提出假设。

(2) 描述性调研(Descriptive Research)。描述性调研是指针对某一类专门问题进行的调研，如一个产品的市场潜力或者消费者的人口统计学特征或态度，是对营销活动的某个方面进行客观性描述，是对已经找出的问题做出如实反应和具体的回答，即回答“是什么”、“怎么样”的问题。

(3) 因果性调研(Causal Research)。因果性调研其目的是用来检验因果关系的假定，是在前两个类型的基础上，进一步分析问题发生的因果关系，说明某项因素对另一项因素的影响程度，以便更好地帮助营销决策者估计潜在需求，发现销售机会，制定切实可行的营销方案，它对实现合理经营具有特别重要的意义。

3. 营销调研内容

营销调研的内容极其丰富，涉及多个方面，一个企业不同时期营销调研的内容要根据实际需要进行选择。一般营销调研内容主要有以下几个方面：

(1) 市场需求调研。市场需求调研主要包括：市场最大和最小需求容量；现有和潜在的需求容量；不同商品的需求特点和需求规模；市场需求结构；市场供求状况及变化趋势；不同市场空间的营销机会以及企业和竞争对手的现有市场占有率等情况的调研。

(2) 消费者调研。消费者调研主要包括：对消费者消费心理、消费行为的特征进行的调研；购买行为发生影响因素调研；潜在消费者需求调研；消费者偏好调研；消费者满意度调研等。

(3) 竞争者调研。企业要在竞争中持续保持竞争优势，就必须随时掌握竞争对手的各种动向，展开对竞争对手的调研，主要包括：竞争对手数量、竞争对手经营实力、市场占有率及变动趋势调研；竞争对手产品状况调研；竞争对手采用营销策略调研；竞争对手优劣势调研；潜在竞争对手调研等。

(4) 可控因素调研。所谓可控因素是指企业在营销活动中是自己能够掌控的因素，如产品、价格、渠道、促销等，主要针对企业推出相应产品及销售方案后市场反应情况的调研。主要有：① 产品调研，包括有关产品性能、特征和顾客对产品的意见和要求的调研；产品市场生命周期调研，以了解产品所处市场生命周期的哪个阶段；产品的包装、品牌、外观等给消费者的印象调研，以了解这些形式是否与消费者或用户的习俗相适应等。② 价格调研，包括产品价格的需求弹性调研；新产品价格制定或老产品价格调整所产生的效果调研；竞争对手价格变化情况调研；选择实施价格优惠策略的时机和实施这一策略的效果调研。③ 销售渠道调研，包括企业现有产品分销渠道状况，中间商在分销渠道中的作用及各自的实力，用户对中间商尤其是代理商、零售商的印象等项内容的调研。④ 促销方式调研，主要是对企业在产品推广和提供服务所采取的促销方式实施效果的有效性调研，广告目标、媒体影响力、广告设计效果、公共关系主要行动与效果，企业形象的设计和塑造等。

(5) 不可控因素调研。企业面临的不可控因素主要是指企业外部环境因素，了解这些因素对企业产生的影响，从中分析出可能的市场机会及企业面临的各种威胁。主要包括：① 政治环境调研，主要是对企业产品的主要用户所在国家或地区的政府现行政策、法令及政治形势的稳定程度等方面的调研。② 经济发展状况调研，主要是对企业所面对的市场在宏观经济发展中将会产生何种变化，如经济结构调整、经济发展速度等，调研的内容含有各种综合经济指标所达水平和变动程度。③ 社会文化因素调研，主要是对市场需求变动产生影响的社会文化因素，诸如文化程度、职业、民族构成，宗教信仰及民风，社会道德与审美意识等方面的调研。④ 技术发展状况与趋势调研，主要是为了解与本行业有关的国内外技术水平状况及发展趋势，以及竞争对手技术水平状况等。

(二) 营销调研过程

营销调研是一项复杂的工作，需要有计划、有步骤地进行。一般营销调研过程分三大阶段，如图 4-3 所示。

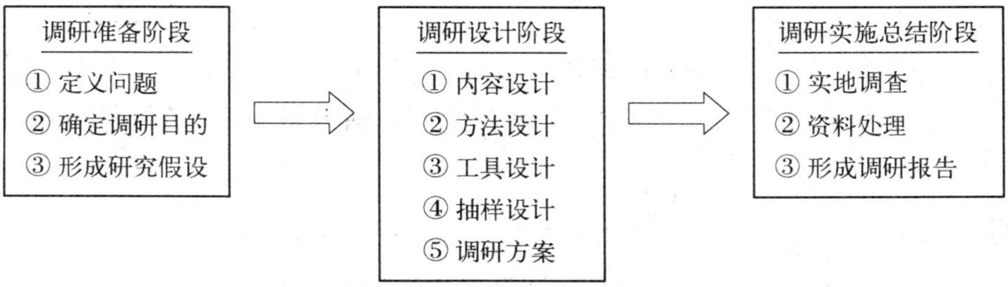

图 4-3　营销调研过程

1. 营销调研准备阶段

营销调研通常是由营销活动中一些特定问题引起的，但这些问题本身并不一定构成营销调研的主题，而是需要通过这些问题进行分析来确定。例如，某企业近来销售状况不好，销售额大幅度下降，可能的调查问题是“发现引起企业销售下降的原因”，但如果已经知道企业销售下降是因为竞争对手产品大幅度降价导致的，此时调研就不是寻找原因而是“寻求解决这一问题的策略”了。当问题确定以后，就需要确定调研目标。调研目标通常以问题形式出现，为寻求策略，可能的调研目标有：为获得消费者对本企业产品的态度和改进意见，或是找出本企业产品与竞争对手产品的不同特点，或是测定顾客愿意接受的价格范围等。调研目标也表明了营销人员所需要获取的信息内容。当调研人员确定调研目标后，就需要针对实际可能发生的情况形成适当的调研假设，如假设“顾客的购买行为受价格的影响很大”，或假设“产品的目标市场应该转移到农村”等。

调研问题、研究目标、研究假设指导着整个调研过程，营销调研的每个人员都必须清楚地知道调研问题与目标，才能保证调研结果与目标达成一致。

2. 营销调研设计阶段

调研设计是保证调研工作顺利进行的指导纲领，通过设计形成营销调研计划。当营销调研问题和目标确定以后，需要确定收集什么样的信息，通过什么样的方法和工具收集信息，即确定信息来源及调研内容、方法和工具设计，然后形成调研计划。

内容设计要根据调研目标及信息资料来源来确定。如调查企业宏观经济环境还是调查企业的市场营销手段；是一般性调查还是深度调查等。信息来源可从两个方面得到，一是企业内部信息，利用营销信息系统的数据库得到，另一个是外部信息，外部信息还需要确定信息范围，如是全国范围还是某一区域范围，涉及范围不同信息来源渠道也不同。

方法设计主要是明确采用什么样的调研方法。一般调研方法主要有三大类：询问法、观察法和实验法。每类方法适用面不同。选择方法也需要根据研究目标、性质及研究经费确定。

工具设计是指采用不同调研方法，需要准备不同的调研工具。如采用询问法进行调研，需要使用调查问卷，这就涉及问卷如何设计，问卷中关键问题提什么、提问方式等。如果采用观察法中的行为记录法进行调研，就需要考虑使用何种观察工具(照相机还是监视器等)。

抽样设计是根据调研目的确定抽样单位(向什么人调查)、样本数量(对多少人调查)以及抽样方法。在其他条件相同的情况，样本数量越大越具有代表性，样本数量的多少直接影响到调研结果的精确度。

调研方案是保证营销调研工作顺利开展的指导性文件，是对调研活动各个阶段主要工作的概述。调研计划主要内容包括：调研课题背景、研究目的、研究方法、经费预算、时间进度安排等。

小链接

某企业药品消费市场调研方案

文案名称：××药品消费市场调研方案

一、调研时间：2009 年 5 月 4～20 日。

二、调研目的：① 测试本公司竞争药品的消费情况。

② 测试消费者对新药品的接受程度。

③ 为本公司新药品的市场定位、营销方式提供参考信息。

④ 了解被调研区域的经济发展情况，把握消费者的就医方式和用药习惯。

三、调研对象和范围：

（一）调研对象：为18～65岁的药品消费者。

（二）调研范围：① 一级市场调研：北京市、上海市

② 二级市场调研：石家庄市、南京市

③ 三级市场调研：保定市、徐州市

四、抽样方法：在一级市场各取500个样本，二级市场取400个样本，三级市场取300个样本。共抽取2 400个样本。

五、调研方法：调研采取街头随机抽访填写问卷方式进行。

六、调研人员：① 一级市场调研北京市和上海市各____人；

② 二级市场调研石家庄市和南京市各____人；

③ 三级市场调研保定市和徐州市各____人。

七、调研内容：① 了解各市场消费者的消费水平；

② 分析××类疾病的群体特征，把握患者用药习惯及就医方式；

③ 测试本公司竞争药品的使用情况渗透率；

④ 测试消费者对新推出的××类药品的信息获取渠道、接受程度等。

八、调研要求：① 每一位开展调研人员均需要接受调研培训；

② 调研样本内容确保全面、准确，尤其是关键调研内容不允许存在缺项；

③ 公司市场调研主管在5月底前将调研结果进行整理，编写市场调研报告，报营销经理审批和营销总监审批。

九、市场调研样表(略)

十、调研预算：人工费、调研费、培训费、资料费、礼品费、杂费等。

资料来源：程淑丽，王宏. 市场营销精细化管理全案[M]. 北京：人民邮电出版社，2010.

3. 营销调研实施总结阶段

营销调研的实施是营销人员根据营销调研方案开展具体实施活动。首先要选择参与调查的人员并对其进行调查培训，掌握必备的调查知识，同时还要对参与调查人员进行有效管理，以保证调查人员收集的资料的真实性。对收集的资料和调查问卷等，要进行处理，未经处理的原始数据是杂乱无章的。为更好发挥信息作用，必须根据调查目的和要求将取得的资料进行系统整理和分析：筛选剔除无效问卷；依据调研目的按一定标准进行归类，统一编码；依据所得的资料编制各种图表；对资料进行统计、计算、分析等，可借助相关统计软件进行分析。最后是根据分析撰写调研报告，调研报告是对调研成果的总结和调研结论的说明，应简明扼要、重点突出、讲求实用，同时在报告中要说明调研结果的局限

性和误差范围。

(三) 营销调研方法

信息来源一是从被调查者那里直接获取,称为原始数据或第一手资料,二是从其他研究者那里取得,称为二手资料或次级资料。收集原始数据的过程采用实地调查,收集二手数据的过程采用桌面调查。

1. 二手资料收集

营销调研一般都是先从桌面调查(Desk Research)收集二手资料开始。这些资料是别人已经加工过的非原始的数据,一般在行业分析报告、统计年鉴等文献中可以获取,或者通过购买商业数据公司提供的数据包取得需要的信息。这些数据既有静态数据也有动态数据,是能够反映总体变化的历史数据。

互联网提供了大量的在线数据库,除了一些商业机构收取一定费用外,政府网站、商业出版社、新闻媒体等都提供了大量的免费信息,营销调研人员要学会从大量信息中找到对自己有用的信息。表 4-2 列举了一些数据来源网站。

表 4-2 常见数据来源网站

网站名称	网址	数据内容
中华人民共和国国家统计局	http://www.stats.gov.cn	统计年鉴、统计月报等
国务院发展研究中心信息网	http://www.drcnet.com.cn	宏观经济、货币金融等
中国经济信息网	http://www.cei.gov.cn	宏观经济信息等
经济日报	http://www.ce.cn/	宏观经济信息
经济参考	http://jjckb.xinhuanet.com/	宏观经济信息
企业信息网	http://www.xinxiqy.com/	各地企业信息
华通数据中心	http://data.acmr.com.cn/	宏观经济数据等
三农数据网	http://www.sannong.gov.cn	三农信息
美国人口普查局	http://www.census.gov	人口、家庭等
美联储经济数据库	http://www.stls.frb.org/fred	宏观经济信息、数据、金融、货币
世界银行	http://www.worldbank.org	宏观经济信息、数据、金融、货币
A. C. 尼尔森公司	http://www.acnielsen.com	超市销售额、市场份额、零售价格、家庭购买、电视观众数据

常用的二手资料收集渠道,除了在线数据收集外,还可以从以下渠道收集:① 企业内部营销信息系统,如销售业务、财务资料;② 有关生产和经营机构提供的产品目录、广告说明书、专利资料、商品价目表等;③ 国内外各种展览会、展销会、交易会、订货会等;④ 行业发展论坛、行业年会等;⑤ 各种国际组织、外国使馆、商会提供国际市场信息;⑥ 电台、电视台等提供有关市场资料;⑦ 国内外有关书籍、行业报刊、行业杂志等提供的文献资料等。

二手数据的取得通常比原始数据来得快,而且成本低。由于二手资料范围广,信息多，实际应用中，首先需要弄清楚收集哪些方面的资料，然后针对这些资料的特点运用最合理的手段收集所需信息。营销调研者必须仔细评估二手资料，保证收集的数据与调研目标是一致的、精确的、最新的、客观的。

启示故事4-1：总人口分析发现新市场

日本尼西公司原是一个仅有三十多人的生产雨衣的小公司，因产品滞销，公司准备转产。

有一次，公司董事长多川博偶尔看到一份人口普查资料，得知日本每年出生婴儿250万人。他想，每个婴儿一年用两条尿布，一年就需要500万条，如果再销往国外，市场就更加广阔。于是他果断决策：转产尿布。

结果，几年工夫，该公司生产的尿布就占领了日本市场，并占世界销售总量的30%。多川博由此成为世界著名的“尿布大王”。

一份人口报告成就了一个企业！敏锐的营销者可以通过二手资料的分析发现新的市场机会，也会发现企业可能遇到发展问题，并关系到企业的发展战略。

2. 原始资料搜集

原始资料收集的方法主要有观察法、询问法和实验法。

1）观察法（Observational Research）。观察法是通过营销调查人员在不与消费者直接接触的情况下观察消费者的行为、状况并做记录，然后对记录进行分析，从中发现消费者心理活动规律的一种方法。这种方法即使在调研经费预算十分有限的情况下也可以采用，而且能够获得大量有用的数据。许多公司还借助机器或计算机帮助收集信息。例如，A. C. 尼尔森公司在可选择的房间里给电视机附加了人员测量设备，从而记录哪些人观看哪些节目；还有的公司使用检测扫描仪器记录消费者的购买行为，使制造商和零售商能够方便地评估产品销售和商场绩效；有的网络公司在消费者的硬件驱动上放置一个小装置就能够监控他们的上网行为。

观察法能够获得人们不愿意或者不能提供的信息。如观察消费者选购商品、检查包装、实施购买的行动过程；观察消费者与现场销售人员的谈话；观察消费者逛商场的时间；观察某时间段车流量、人流量等。实施观察法时，要求观察人员必须集中精力，全面、多角度进行观察。在观察开始之前需要制定好观察提纲，观察过程做好详细记录，再做好整理分析工作。但有一些如消费者情感、态度、偏好等就不易观察出来，因此这一方法也需要和其他方法配合使用。

零售业经常采用一种称为“神秘购物法”（Mystery Shopping Studies）的观察法，即聘请对行业有一定了解的调查人员，以“神秘”顾客身份亲自到被调查企业现场感受其服务（暗访），在真实消费环境中感觉企业与顾客接触的每一个细节，不定期形成报告反馈给企业。当然，零售企业为了解竞争对手经营情况时，也会派遣调查人员以顾客身份到竞争对手的商店进行观察，可以获取竞争对手的商品、价格、陈设布局、促销活动、服务状况等信息。

表4-3是一家服装专卖连锁店，为督促专卖店的服务质量，公司派出调查人员对各专卖店进行暗访调查，并以此暗访调查为评比依据。

表4-3 神秘人暗访调查表

调查项目	等级	评分标准
1. 营业员的礼貌		
(1) 顾客进店时有营业员立即面对顾客打招呼	优	营业员立即面对顾客热情自然地打招呼
	良	营业员立即面对顾客打招呼,但不够热情
	中	营业员对顾客打招呼,但不面对,且不热情
	差	不打招呼
(2) 营业员衣着统一、佩戴胸卡、发饰整洁、化妆自然	优	衣着统一、佩戴胸卡、发饰整洁、化妆自然
	良	四项中欠缺一项
	中	四项中欠缺两项
	差	四项中三项以上欠缺或有一项严重欠缺
(3) 营业员各就各位,无倚靠、聊天、干私活现象	优	各就各位,无倚靠、聊天、干私活现象
	良	四项中欠缺一项
	中	四项中欠缺两项
	差	四项中三项以上欠缺或有一项严重欠缺
(4) 能用普通话接待顾客,礼貌用语,面带笑容	优	讲普通话,礼貌用语,面带笑容
	良	三项中欠缺一项
	中	三项中欠缺两项
	差	全部没有
(5) 当顾客只想看看时,营业员没有板起面孔的现象	优	营业员态度热情,并适当推荐一些特色商品
	良	营业员态度热情,但未推荐商品
	中	营业员态度欠热情,也未推荐商品
	差	营业员板起面孔
(6) 营业员的态度和蔼,唱收唱找,收款后道"谢谢"	优	态度亲切、和蔼,唱收唱找,收款后道"谢谢"
	良	态度一般,能唱收唱找,并说"谢谢"
	中	态度一般,不说"谢谢"
	差	态度差
2. 营业员的推销技巧		
(7) 同停留在货架前挑选货品的顾客主动打招呼并询问其需求	优	营业员主动过来打招呼并询问需求
	良	营业员主动过来打招呼但不询问需求
	中	营业员未主动打招呼,但顾客招呼时能迅速过来
	差	营业员未主动打招呼,顾客招呼一遍以上才过来

（续表）

调查项目	等级	评分标准
(8) 主动热情地介绍商品的特性、面料及洗涤方式	优	全面介绍商品的特性、面料及洗涤方式
	良	顾客询问后，一问二答或以上
	中	顾客询问后，被动解答，一问一答
	差	顾客询问后，因反感而不答
(9) 鼓励顾客试穿，乐意陪顾客到试衣间，并将待试服装为顾客准备好	优	鼓励顾客试穿，陪顾客到试衣间，并将待试服装准备好
	良	鼓励顾客试穿，陪顾客到试衣间，但未将待试服装准备好
	中	不鼓励顾客试穿，顾客提出试穿后同意试穿，但不陪同顾客到试衣间
	差	不鼓励顾客试穿，也不同意顾客试穿
(10) 告诉顾客售后服务的内容，包括免费修改裤长、更换颜色、尺码等	优	主动告诉顾客全部售后服务内容
	良	告诉顾客两项售后服务内容
	中	告诉顾客一项售后服务内容
	差	未告诉顾客售后服务内容
(11) 如果服装不合适，则主动热情给顾客更换或介绍其他商品给顾客试穿	优	若顾客提出不合适，主动征询不合适原因，并能提供相应的合适货品给顾客
	良	若顾客提出不合适，未征询不合适原因，直接为顾客提供其他货品
	中	若顾客提出不合适，让顾客自己挑选其他货品
	差	若顾客提出不合适，收回货品，不予理睬，或强行推销该货品
(12) 若试穿满意，顺便向顾客介绍、搭配其他货品或饰品	优	主动介绍并主动引导顾客搭配其他货品
	良	未主动为顾客搭配，当顾客提出要求后，能主动热情帮助搭配
	中	顾客提出搭配要求后，较被动地寻找相应货品
	差	顾客提出搭配要求后，没有反应
(13) 服饰搭配恰到好处，令顾客满意	优	服饰搭配恰到好处，顾客非常满意
	良	服饰搭配水平较高，顾客比较满意
	中	服饰搭配水平一般，顾客可以接受
	差	服饰搭配水平太差，顾客不能接受
(14) 在不需同时接待其他顾客时，陪同顾客到收银处付款，并说致谢语	优	陪同顾客付款，并说致谢语
	良	陪同顾客付款，不说致谢语
	中	让顾客自己去付款，并说致谢语
	差	让顾客自己去付款，不说致谢语

（续表）

调 查 项 目	等级	评 分 标 准
(15) 顾客离店时，有营业员能立即主动地对每位离店顾客说送别语	优	顾客离店时，营业员自然热情招呼
	良	顾客离店时，营业员打招呼，但不热情
	中	营业员偶尔对个别离店顾客打招呼
	差	不打招呼
3. 购物环境		
(16) 在收银台附近，整洁摆放或张贴着“顾客服务热线的标牌”	优	店内收银台附近有标牌，且很整洁
	良	店内收银台附近有标牌，但不够整洁
	中	店内收银台附近有标牌，但很脏
	差	无标牌
(17) 店内货架、橱窗、门面招牌、地面整洁	优	店内货架、橱窗、门面招牌、地面整洁
	良	一项欠缺
	中	两项欠缺
	差	三项或四项欠缺，或一项严重欠缺损害商店形象
(18) 货品摆放整齐，货架不空置，货品和模特无污渍、无损坏	优	货品摆放分门别类，摆放整齐，货架不空置，货品和模特无污渍、无损坏
	良	有一个货架(或货品、模特)未达到要求
	中	有两个货架(或货品、模特)未达到要求
	差	货品乱放，或三个以上货架(或货品、模特)有污渍、有损坏
(19) 试衣间整洁、门镜安全、设施齐全(配备衣钩、拖鞋)	优	试衣间整洁、门镜安全、设施齐全
	良	三项中有一项欠缺
	中	三项中有两项欠缺
	差	三项均有欠缺或其中一项以上严重欠缺
(20) 灯光明亮，音响适中，温度适宜，走道通畅(无杂物堆放)	优	灯光明亮，音响适中，温度适宜，走道通畅
	良	四项中有一项欠缺
	中	四项中有两项欠缺
	差	四项中有三项或以上欠缺，或有一项严重欠缺

观察法具有的最大优势是不需要中间环节而直接获取信息，具有真实性、及时性、客观性等优点。但也存在一些不足，如受到时间限制，受到观察者本身的限制，观察只能看到表象，还有就是不能够进行大范围调查。

2) 询问法(Questioning Survey)。询问法又称直接调查法，是调查者与被调查者直接或间接地接触，以询问方式取得数据的一种方法，是市场调查中最常用的一种方法。具体包括：面谈访问、座谈会、邮寄调查、电话访问、留置问卷调查等。

（1）面谈访问是指派出访问人员直接向被调查对象当面询问拟调查事项，从中了解情况和收集所需材料。无论从事工业品市场调研还是消费品市场调研，面谈访问通常被认为是获取调研资料最为可靠的方法，因为在双方接洽中可以直接观察到对方对问题的反应，而且调研人员可以适当控制对话的场面和气氛，方便灵活，还能在适当的时候展示样品、图样或其他文字资料，使双方面谈的内容更具体明确，是实地调研赖以获取详细准确调研资料的重要方法。这种方法使用时要求调研人员必须做好两方面工作：既要适当地提出问题，又要细心观察对话人的反应。

面谈访问有两种方式：结构式与非结构式访问。结构式访问是被调查者按照事先设计好的调查表来回答问题，可采用被调查者自填方式也可采取访问式；非结构式访问只是列出一个访问提纲，由调查人员和受访者自然交谈，通过调查人员适当引导，可获取大量有用信息。前者便于调查结果的归类、整理、分析，后者则难以归类汇总，不便统计。

这种方法相比其他方法成本太高，若调研人员自身经验不足还会影响调查效果。

（2）座谈会又称焦点访谈法，是指挑选一组有代表性的被调查者集中于调查现场，在主持人的组织下，就某一个调研主题展开讨论，发表意见，从而获得所需资料的一种方法。

一般来说座谈会人数在6～10人，地点往往就选择在公司的会议室，采取圆桌会议形式，座谈会大致进行的时间为30分钟至两个小时，为感谢前来参加座谈会的人，调研方还需要额外准备精美小礼品。焦点小组调研的目的在于了解和理解人们对于某一调研主题的看法以及影响这种看法背后的原因。座谈会不同于一问一答式的面访，因为是多人讨论，在有经验的主持人主持下，受访者互相之间有一个互动作用，一个人的反应会成为对其他人的刺激，这种互动作用会产生比同样数量的人做单独陈述时能提供更多的信息。为更好召开座谈会，在会议之前，调研方首先要明确座谈会主题、目的，拟定调研大纲，确定参加者，选择时间与地点，此外还需要准备好录音、录像等设备，有时还需要配备翻译人员或准备演示文稿等。

座谈会的优势是资料收集快、效率高，能够取得较广泛深入的资料。由于受时间和成本控制影响，座谈会一般样本量较小，对结论的总结还有一定困难。另外，如果主持人的素质和现状引导与掌控能力差一些，收集的信息可能达不到调研目标的要求。

现在，应用现代化的沟通技术，如：视频会议、电视监控、远程摄像控制、数字化传递技术等，正在促进远距离焦点小组访谈的广泛实现。利用视频会议可以将另一端的营销调研人员与真实座谈小组联系起来，也可以使用摄像机和音像设备，使远方营销决策人员直接收听和收看座谈会情况。

小链接

Peng Ho是一家网络公司营销经理，想要对一个新的网站进行评估。他联系了可从10 000人组成的数据库中选择焦点小组成员的亚洲电子研究所。焦点小组访谈在一个网络在线聊天室进行，而Ho可以通过他办公室计算机里看到。他可以随时以邮件形式与主持人联系，而被访人却不知道。尽管在线的焦点小组访谈缺少声音和肢体语言，但Ho

说他将不会采用传统的焦点小组访谈，不仅因为这种形式下被访者更加真实，而且在线焦点小组访谈的成本只有传统方式的1/3，另外，完整的报告结果可以在1天内就呈报上来，传统的需要4天。

(3) 邮寄调查是为了减少实地调查的人员、降低调研成本所采取的一种方法。它是将事先设计好的调查表或表格，以邮件方式寄给被调查者，要求被调查人员自行填写并寄回，以此来收集所需资料。采用这种方式，一个地区可以广泛邮寄，方式灵活，被调查者有充分考虑的时间，不受他人干扰，可以有更准确的答案。然而，这种调查方式时间较长，很多人甚至不看邮件，拒答率较高，返回完整问卷的人不多，导致营销人员很难控制样本量。这一方法往往配合其他调研方法一起使用。

(4) 电话访问是快速收集信息的最有效方式之一，比邮寄调查方式更加灵活。最大好处是简便快捷。只要具备良好的通讯条件和一间安静的、不受外界干扰的电话室或办公室，就可以在任何时候进行电话访问。采用电话访问，访问人员可以向人们解释较难的问题，也可以机动灵活地跳过一些问题，其回答率比邮寄调查高。访问人员可以选择被访者来回答问题，甚至通过名字筛选被调查者。

电话访问也会遇到不愿意参与调查的人，或者访问者说话的口气、提问题的方式或其他方面都可能影响被访者的回答，可能导致调查误差。另外，不同的访问者可能会对答案作出不同的解释和记录，甚至在时间压力下，一些访问者可能只顾自己记录答案而没有很好地询问被访者。受到上述原因限制，电话访问通常在以下情况下使用：预审实地调研方案；了解对方业务经营范围，以便确定采访内容；查询某些简单数据；核对人员走访时所提供的情况，或确认对方根据邮件查询所寄赠的资料；直接了解有关现场情况，如产品展销会的参观人数，当地顾客对电视和广播广告的反应等；与对方进行初步的联系和接洽。

现代计算机技术也促进了电话访问的开展。计算机辅助电话调查(Computer-Assisted Telephone Interviewing，简称CATI)是目前西方发达国家十分流行的调查方法。它有一系列的设备：一台起总控制作用的主机、若干台与主机相连的终端(又称CATI站)、耳机式电话、鼠标、若干台起监视作用的计算机和配套的音像设备等。CATI调查还需要安装相应的软件——自动随机拨号系统、问卷设计系统、自动访问管理系统、自动数据录入和简单统计系统等。每个访问员各自坐在一台终端前，当自动拨号系统将被访者的电话拨通后，访问员通过设备开始提问，并将被访者的答案键入计算机，计算机会自动显示下一道问题。CATI具有如下功能：系统自动拨号或人工辅助调查，调查表自动设计与生成，多种实时监控，实时通话录音，多种数据库连接，调查数据自动统计分析，详尽的用户电话录音管理，数据的导入与导出等功能，还有留言公告栏、新闻栏、警告通知栏等辅助功能。

(5) 留置调查是一种自填问卷式调查方法，即调查人员将问卷留给被调查者，并告知填写要求，约定收回调查表时间由调查人员上门收回。具体可分为产品留置调查和问卷留置调查。即访问员先将测试产品及问卷留置给受访者，由受访者试用产品后填写问卷，访问员在一段时期后取回填好的问卷。其好处是被调查者时间上较自由，成本相对较低；不足之处是时间太长，过程难以控制，存在较大误差等。这一方法对新产品使用情况测试很有效。

事实上，互联网对营销调研产生较大影响。营销人员可以通过在线开展营销调研，如网络调研、在线焦点访谈、计算机辅助电话调查等，收集原始数据的成本更低，速度更快，更方便。目前网络调研的费用只占所有调研方法中的不到5%，有许多资深人士预测，未来5年，网络调研将上升到整个调研费用50%，网络调研有巨大成长空间。表4-4列举了不同调研方法的优势与劣势比较。

表4-4 调研方法优势与劣势

	邮件调查	电话访问	面谈访问	在线营销调研
灵活性	不好	好	很好	好
收集资料的数量	好	一般	很好	好
采访者影响的控制	很好	一般	不好	一般
抽样控制	一般	很好	一般	不好
资料收集速度	不好	很好	好	很好
反馈率	一般	好	好	好
成本	好	一般	不好	很好

调研方法多种多样，实际运用中，应充分考虑每一种方法的优缺点，结合被访者的特点和调研的目标，选择合适的调研方式。

小链接

注意：样本量选择

电视台针对重大事件(如神舟六号发射)在街头选择10人进行采访，这样的调查是不专业的市场调查。首先，记者所选择的采访对象是有偏差的，接受采访的人往往都是比较健谈的人，所以调查对象的类型不全面；其次，采访地点的选择不尽合理，街头路人一般休闲者居多，不具有代表性；第三，记者采访往往从极少数人中得出预期的结论，容易以偏概全。

新浪网对男性网友调查是喜欢林黛玉还是喜欢薛宝钗，得出的结果是：70%的人喜欢薛宝钗，30%的人喜欢林黛玉。这种调查方式与电视台街头调查有相同之处，得出的结果也是不客观的。第一，参与调查的人都是喜欢上网并对该问题有兴趣的人，是主动性的调查；第二，参与调查的人都必然有时间。可见上网不主动和没有时间的人就被排斥在调查人群的范围之外了，而且往往具有反对意见的人不会主动表达。

中国经营报发了一个问卷，有一万人做出回应，可谓样本量巨大，但是这并不意味着调查结果的准确。如果问卷没有经过科学的设计，不具有代表性，还不如做一千份问卷。很多人尤其是不懂调查的人，都会觉得做了这么多不可能不准。但事实上它肯定不准。一般来说，邮寄调查可行性不大。首先，邮寄调查问卷耗时冗长，通常是老人、学生等闲人填写，不具有代表性；其次，邮寄的程序烦琐，容易削减被调查者兴趣。但是销售的邮寄问卷除了具有调查问卷的功能还能起到推销产品的作用，所以销售方面的邮寄问卷是可行的。

3）实验法（Experimental Research）。实验法是获取最准确、最客观信息的有效方法，最适合收集因果调研的信息，通过实验找出影响营销活动因素之间的相关关系，特别是某因素的变化对消费者行为的改变所起的作用。实验法是经过精心设计，并且在可控制的情境中完成的。也有营销者使用机械化工具来监视顾客行为，如电流可以记录人们有感情波动时每分钟出汗的量；瞳孔照相机可以用来记录眼睛的活动以确定人们在多大程度上注视一个东西，以及人们的目光聚焦在什么地方。

小链接

利用颜色对比错觉提高效益

一位日本咖啡店的老板发现不同颜色能使人产生不同的感觉，于是，他就做了一个实验。他请来30位实验者，请他们每人喝四杯相同的咖啡，但这四个装咖啡的杯子颜色不同，有红色、黄色、青色和咖啡色。然后询问每个实验者："哪种杯子的咖啡浓度正好？"大家异口同声地回答："青色杯子咖啡太淡"，"黄色杯子的咖啡正好"、"红色杯子的咖啡太浓"，还有一部分人认为："咖啡色杯子的咖啡太浓"。于是，咖啡店改用了红色的杯子，减少了原料，降低了成本。

情感鼠标

IBM公司现在正在完善一个"情感鼠标"，即通过测量使用者的脉搏、体温、行动和皮肤电流来测量顾客的情感状态。公司已经设立了能够测量生气、害怕、悲伤、讨厌、幸福和惊奇的数据。公司的想法是设立一个能够适应使用者个性的方式。如果一个互联网营销者感觉到使用者情绪低落，网络就可以使用另一种表现方式。

实验法在营销中的应用远没有询问法问卷调查或观察来得频繁，因为做一个实验需要运行足够长时间，才能看到效果，而且要做到认真控制营销实验的相关因素并使之对消费者可行是一件很困难的事。另外，在现有市场中，竞争对手的行为也会影响到实验的实施。由于实验法实施的一定难度，有些企业就建立了测试市场，是一个实行营销实验的特定区域或地理区域，其具有的特征是该地区消费者能够反映出对企业目标市场的特点。为准备一个测试市场，企业需要收集有关该地区的消费者、竞争对手以及以往市场活动的详细信息。这些企业在测试市场中尝试新产品的推广或进行营销组合调整，他们收集新产品在为期几个星期或几个月中的销售业绩，并与以往收集的信息相比较，这样就可以根据测试市场销售情况推测该产品在整个市场的表现。

有时候一项实验也可以在企业创造的环境下进行。如某企业想知道孩子们玩新玩具的表现，企业可能会建立一个娱乐中心，将多组儿童带到这个中心来，在精心设计的环境下观察孩子们玩玩具的情况。某汽车制造者尝试提高汽车的驾驶性能，可以在车内建一个小的区域，使其有两个驾驶座，两个仪表盘。通过改变座位、方向盘及刹车闸的设计，该企业可以了解哪一种方案是最令人满意的。

企业也可以利用计算机仿真技术，通过建立被仿真的系统模型，在某些实验条件下对模型进行动态仿真实验。仿真技术具有高效、安全、受环境条件的约束较少、可改变时间比例尺等优点，目前已成为分析、设计、运行、评价、培训系统（尤其是复杂系统）的重要工具。

(四) 调查问卷设计

调查问卷是营销调研中最常用的工具,用以记载和反映调查内容和调查项目的表式,人员访问、座谈、电话调查、置留调查等都需要使用这个工具。使用调查问卷进行调查,一方面能够正确反映调查目的和调查的具体问题,重点突出,通过沟通让被调查者乐意合作,并协助达到调查目的。另一方面调查问卷能正确记录和反映被调查者回答的事实,提供正确的情报,也便于统计和整理数据。

1. 调查问卷构成

一份正式的调查问卷一般由以下三个组成部分:

第一部分:前言。主要是有关应答者姓名、单位、住址和电话号码的数据,以及调查时间或编号等的身份数据,还要说明调查的主题、调查的目的、调查的意义,以及向被调查者表示感谢。这部分一般出现在调查问卷开头。如《首山学区留学市场调查》表的开头部分:

亲爱的同学:

您好!AA出国留学服务中心为了了解大学生的出国留学意向,特进行这次问卷调查,请您提供宝贵意见,它将帮助我们今后为您和您的亲朋好友更好地提供服务,请您在您认为合适的答案上打"√"。您提供的情况,我们将严格保密,谢谢您的合作!

第二部分:正文。这是调查问卷的主体部分,一般设计若干问题要求被调查者回答。

第三部分:附录。这一部分可以将被调查者的有关情况加以登记,为进一步的统计分析收集资料。如果邮寄调查,这些将由被调查者直接提供,如果进行面访或电话调查,则可以通过观察或询问得出,这类数据一般放在问卷的末尾收集。

2. 调查问卷设计原则

调查问卷设计时应该遵循以下原则:

第一,调查问题简明扼要。一是问题要提得清楚、明确、具体;二是要明确问题的界限与范围,问句的字义要清楚,不会产生误解、歧义;三是与调查问题无关的一切事项不应在调查表中出现。

第二,所问问题是被调查者了解的,以确保获得答复。如果所问问题是调查者不了解的或难以回答的问题,只能得到"我不知道"的答案。

第三,方便被调查者毫无拘束地提供他所知道的一切信息。在提问题时,不要转弯抹角,如果想知道顾客为什么选择你的店铺买东西,就不要问:"你为什么不去张三的店铺购买?"你这时得到的答案是他们为什么不喜欢张三的店铺,但你想了解的是他们为什么喜欢你的店铺。根据顾客对张三店铺的看法来了解顾客为什么喜欢你的店铺可能会导致错误的推测。

第四,便于归类、分析、整理。

问卷调查提问时要注意:① 避免用引导性问题或带有暗示性的问题,这样容易诱导人们按某种方式回答问题,结果是你得到的是你自己提供的答案。② 避免提出使人尴尬的问题。③ 对调查的目的要有真实的说明,不要说假话。④ 利用问卷做面对面访问时,要注意给应答者足够的时间,让人们讲完他们要讲的话。为了保证答案的准确性,将答案向调查对象重念一遍。⑤ 不要对任何答案作出负面反应。如果答案使你不高兴，不要显露出来。如果别人回答，从未听说过你的产品，那说明他们一定没听说过。这正是你为什么要做调查的原因。

3. 调查问卷提问的方式

调查问卷提问的方式可以分为以下两种形式：

(1) 封闭式提问。也就是在每个问题后面给出若干个选择答案，被调查者只能在这些被选答案中选择自己的答案。具体可以分为五种格式：

顺序式：要求被调查者从备选答案中选出部分或全部答案，并按一定顺序排列。例如：

以下是几个选择出国留学国家的标准，它们在您心目中的重要程度如何？

第一重要________，次重要________，第三重要________

① 生活环境好　② 留学费用合理　③ 就业率高

④ 社会治安良好　⑤ 教学质量高　⑥ 社会福利好

等级式：对两个以上分成等级的答案进行选择，只能选择出一项(有三、五、七项式，常用五项式)，常用于满意度调查。如：

您对我院露天电影放映时间满意吗？

① 很满意　② 满意　③ 一般　④ 不满意　⑤ 很不满意

矩阵式/表格式：当询问若干个有相同答案形式的问题时，可将这些问题集中在一起，构成一个问题的表达方式。如表 4－5 所示。

以下列出了关于我院露天电影播放质量的四方面指标，请您对这四方面的情况分别作出评价。

表 4－5　满意度调查表

	很满意	满意	一般	不满意	很不满意
1. 播放时间	5	4	3	2	1
2. 播放地点	5	4	3	2	1
3. 播放质量	5	4	3	2	1
4. 播放片种	5	4	3	2	1

两项式：答案只有两种，回答者只选择其中一项即可。常用于民意测验。例如：

您是否知道我院每周五晚上播放露天电影？

① 知道　② 不知道

多项式：给出的答案至少在两个以上，回答者根据要求可选择其一也可选择多项，是调查表中常用方式。例如：

您在周末的时候通常都做些什么？(可多选)

① 看电影　② 上网　③ 逛街　④ 看电视　⑤ 外出打工　⑥ 待在宿舍　⑦ 不一定

(2) 开放式提问。就是允许被调查者用自己的话来回答问题。由于采取这种方式提问会得到各种不同的答案，不利于资料统计分析，因此在调查问卷中不宜过多。

(3) 问题数目和顺序安排技巧。调查问卷数目不宜过多，若回答花费时间过长，回答者会产生厌烦心理，答题质量将无法保证。一般，调查问卷问题的数目多少要依据调研内容、样本性质、分析方法以及拥有的人力、物力、财力等因素来决定，以回答者 20 分钟内完成为最佳，至多不超过 30 分钟。如果调研经费充足，可付给回答者一定报酬或礼物，若问题本身质量高，在回答者对问题比较有兴趣的情况下，时间可适当延长一些。

调查问卷中的题目安排要有一定技巧，应将熟悉、简单的问题放在前面，陌生、复杂的问题放在后面；应将引发回答者兴趣的问题放在前面，引起回答者紧张顾虑的问题放在后面；封闭式问题应放在前面，开放式问题应放在后面；要体现按时间顺序排列问题，或将询问同一类事物的问题放在一起，以体现逻辑关系；有关个人背景资料应放在前面，有关行为和态度的问题放在后面。

小链接

蓝盾有限公司顾客满意度问卷调查表

亲爱的客户，感谢您长期对蓝盾钢丝有限公司的爱护和支持，为了更好地了解您的需求和不断提高本公司的产品质量水准，烦请填写本问卷调查表，谢谢！（请您依照满意度回答下列问题：100 分代表最满意，80 分代表较满意，70 分代表不满意，60 分及以下代表极不满意）

	满意度				
	很好	好	尚可	不好	很差
一、我们的服务	10	8	6	4	2
1. 业务员能提供迅速的报价，且价格合理吗？	□	□	□	□	□
2. 钢丝产品质量能符合您的要求吗？	□	□	□	□	□
3. 产品交付时能确实符合约定的承诺吗？	□	□	□	□	□
4. 产品包装质量如何？	□	□	□	□	□
5. 现场服务人员态度如何？	□	□	□	□	□
6. 产品交付的跟踪服务能有效解决问题吗？	□	□	□	□	□
7. 产品能否准时交货？	□	□	□	□	□
8. 产品数量是否充足？	□	□	□	□	□
9. 质量检验报告交付是否及时？	□	□	□	□	□
10. 出厂材质书明细表是否随产品交付？	□	□	□	□	□
二、整体评价					
1. 您对本公司钢丝产品或钢丝加工产品质量的整体满意度？	□	□	□	□	□
2. 您对本公司服务态度的整体满意度？	□	□	□	□	□
3. 您对本公司价格的整体满意度？	□	□	□	□	□

请您提供您对公司的宝贵意见或建议：

____

____

(公章)

单位名称：__________ 填表人：__________ 职务：__________

填表日期： 年 月 日 填妥后请传真至：(021)55555555

编号：A111-1

三、市场需求与市场预测

(一) 市场需求

市场需求是指一定的顾客，在一定的区域、一定的时间、一定的市场营销环境和一定的市场营销方案下，对某种商品或服务愿意而且能够购买的数量。市场需求也就是消费者需求的总和，包括现实需求和潜在需求。对某产品市场需求的认知和判断是企业获得市场营销机会的重要步骤。

对市场需求的理解，需要从以下 8 个方面考虑：① 产品，要确定产品类别及范围；② 总量，可用数量和金额的绝对数值表述，也可用相对数值表述；③ 购买，指订购量、装运量、收货量、付款数量或消费数量；④ 顾客群，明确是总市场的顾客群还是目标顾客群或是某一细分市场的顾客群；⑤ 地理区域，具有明确界限的区域；⑥ 时期，要明确市场需求预测的时期，是一年的、三年的或是五年的，时间越长，准确性往往越差；⑦ 营销环境，衡量市场需求必须确切了解宏观环境因素对需求的影响；⑧ 营销努力，市场需求会受到价格、产品改进、促销和分销渠道的影响。其中营销努力对市场需求会产生很大影响，企业投入的营销费用、所采取的营销组合、市场营销力量配置，以及市场营销效率等方面，都将影响到市场需求以及企业所能获得的市场份额。

认识市场需求概念的关键还必须明确这不是一个固定数值，而是一个函数，受市场多种因素影响的函数。因此，市场需求也被称为市场需求函数或市场反应函数，如图 4-4 所示。

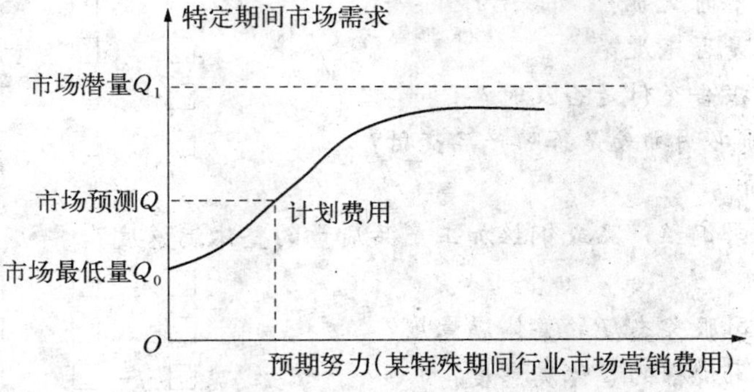

图 4-4 市场需求函数

图 4-4 中曲线表示了所估计的行业市场营销费用与市场需求之间的对应关系。换言之，即使市场没有任何的营销刺激，不开展任何营销活动，市场对某产品的需求仍然存

在(市场最低量,也称市场最小量);而随着行业营销费用的增加,通过行业努力,市场需求会随之增加,并表现为前期递增后期递减现象;当行业营销费用达到一定数量后,即使再增加营销费用,市场需求也不会再增长,此时达到市场最大量,也称**市场潜量**。不同产品,其市场最低量与市场潜量之间的距离不同,有的产品市场受到营销努力水平的影响,距离会变得很大,市场需求变得很大,如家电市场;有的则不受营销努力的影响,距离很窄,如食盐市场。与行业计划投入的营销费用相对应的市场需求即为市场预测,反映出在一定市场营销环境条件和市场营销费用情况下估计的市场需求。这里要特别提示,一定的市场营销环境条件,因为不同的营销环境对市场会产生不同的影响,如某项政策颁布、经济运行指标变化、社会环境变化等,都将深刻影响着市场需求的规模、结构以及时间等。

(二)市场预测

与计划的市场营销费用相对应的市场需求即为**市场预测**。市场预测是估计的市场需求,是在一定环境条件下和所发生一定营销费用前提下估算出的市场需求,不是最大的市场需求。因此,市场预测需要运用科学的方法,对影响市场供求变化的各种因素(如经济繁荣时期或是经济萧条时期其营销努力所带来的效果是不一样的)进行调查研究,分析其变化及发展趋势,由此估算出来的市场需求,可为企业营销决策提供较可靠的依据。图4-5反映了不同经济情况下市场需求的变化。只有详细调查了解影响市场需求变化因素,才能帮助企业做出正确判断。

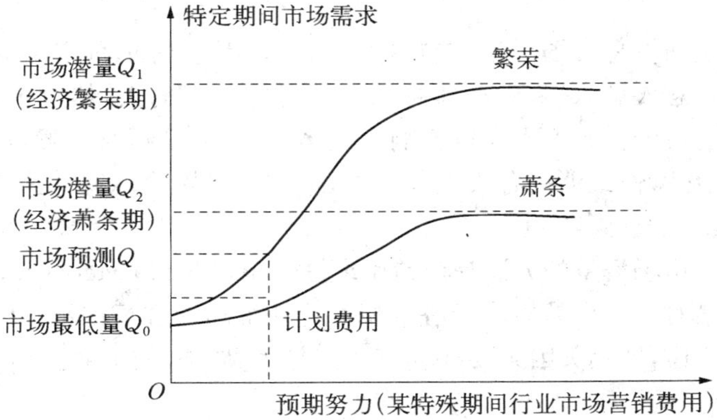

图4-5 市场营销环境对市场需求影响

(三)企业需求

在市场需求总量中,企业所能占有的市场份额构成了**企业需求**,即"企业需求=企业市场占有率×市场总需求"。**市场占有率**是指企业在特定时期、特定市场上某产品销售额占总销售额的百分比。这个关系式标明,企业需求不仅受市场总需求的影响,还受到企业市场占有率的影响。企业的营销努力越大,其市场占有率可能越大。由于不同企业所投入的营销努力不同,其市场需求效果也不尽相同。市场营销理论认为,各个竞争者的市场占有率同其市场营销努力通常成正比。

企业需求同时也表明了企业在一定营销努力下预计的企业产品销售额,企业的营销努力是企业营销计划确定的,换言之,企业营销努力的大小决定了企业预计的销售额大小。因此，企业营销计划的核心内容就是投入的营销努力及企业要得到的预计销售额。如果企业的营销努力相对于竞争者不断增加，直至达到最大，使市场占有率达到100%，企业独占市场，企业需求也就是市场潜量。这是一种极端情况。在绝大多数情况下，企业都只会占有一定的市场份额。

市场潜量和企业潜量的预测是市场需求预测的重要内容。市场潜量是从行业的角度考虑某一产品的市场需求的极限值；企业潜量则是从企业角度考虑某一产品在市场上所占的最大的市场份额。市场潜量和企业潜量的预测是企业制定营销决策的前提，也是进行市场预测和企业销售预测的基础。

(四) 估计当期市场需求

企业估计当期市场需求，就是要确定总市场潜量、地区市场潜量、行业销售额及市场占有率几个方面内容。

1. 总市场潜量

市场潜量(Market Potential)是指市场需求的最高极限，既指在一定区域、一定时间内以及一定营销环境和一定的营销费用水平条件下，该行业中所有企业可能达到的最大销售量，也是消费者可能购买的商品总量。其估算公式为：

$$Q = nqp$$

式中：Q 为总市场潜量；n 为既定条件下特定产品的购买者总的数量；q 为每一位购买者的平均购买量；p 为单位产品价格。

采用这一方法估算总市场潜量，较难把握的一个因素是 n，即购买者数量。因此，实际操作中一般先从总人口入手，首先排除那些不可能购买的人，然后再进一步对余下的“可能的购买者”进行分析。由于人口影响因素多且复杂，分析时一般以某一两个因素为主，如消费者的文化特性或消费者收入水平等，再进一步剔除不符合这些特性因素的人，最后就剩下“最可能的购买者”了。

另一个估算总市场潜量的方法是**连锁比率法**(Chain Ratio Method)，是由上式推导出来的。该方法就是对与某产品的市场潜量相关的几个因素进行连锁相乘，即通过对几个相关因素的综合考虑，即相关因素要移向有关产品大类，再移向特定产品，层层推算进行预测。

假定某啤酒厂开发了一种新干啤，估计其市场潜量时就可借助如下算式：

$$\text{新干啤市场需求量} = \text{人口} \times \text{人均可任意支配收入} \times \text{人均可任意支配收入中用于食品的平均百分比} \times \text{食品支出中用于饮料的平均百分比} \times \text{饮料支出中用于含酒精饮料的平均百分比} \times \text{含酒精饮料的支出中用于啤酒的平均百分比} \times \text{啤酒支出中用于干啤的百分比}$$

企业在计算出总市场潜量后，还需要同现有市场规模进行比较。现有市场规模是目前实际购买的数量，显然，总市场潜量大于现有市场规模。了解现有市场规模占总市场潜量的百分比，对制定正确的营销方案十分重要。图4-6表明不同企业现有市场规模占总市场潜量的百分比以及企业与竞争者的市场占有率关系。

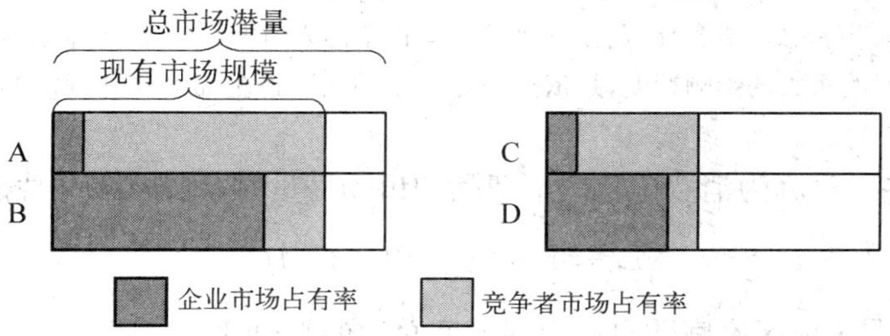

图 4-6 总市场潜量、现有市场规模和企业市场占有率

图中,A、B 表明现有市场规模占总市场潜量很大比例,即可购买该产品的顾客大部分都已经购买了;C、D 表明还有很大的市场空间,因为现有市场规模很小,这也是新产品刚刚进入市场的表现。A、C 表明市场占有率很低,需要争取更多的顾客,即争取竞争者的顾客;B、D 表明市场占有率已经较高,特别是 D 的情况,需要争取尚未开发的市场潜量。

2. 地区市场潜量

企业在测量总市场潜量后,还需要选择拟进入的最佳区域,确定合理营销资源配置,还需要进行区域的市场潜量估算。目前较为普遍使用的方法是:市场累加法和购买力指数法。前者一般是工业品生产企业使用,后者多是消费品生产企业使用。

(1) 市场累加法。市场累加法,是指先确认某产品在某一地区市场的所有潜在顾客并估计每个潜在顾客的购买量,然后加总计算得出该地区市场需求。当企业能够掌握潜在买主的名单以及每个人可能购买产品的估计量时,则可直接应用市场累加法。

例如,一家机床公司想判断马来西亚木工车床的地区市场潜量。首先,要确定马来西亚市场上所有的木工车床的潜在购买者,他们主要是在其生产过程中需要加工木料的制造商、以家具和室内设施业为主的制造商。公司利用马来西亚按行业分类的普查数据收集全马来西亚的制造商名单,然后根据各行业中每百万美元销售额所需车床的数量,判断各行业可能购买的车床数量。另外,在对马来西亚市场的分析中,车床制造商还需要掌握市场饱和度、竞争者数量、市场增长率及现在设备的平均寿命等资料,以便对市场需求潜量做出正确的判断。

(2) 购买力指数法。购买力指数法,是指借助与区域购买力有关的各种指数(如区域购买力占全国总购买力的百分比,该区域个人可支配收入占全国的百分比,该区域零售额占全国的百分比,以及居住在该区域的人口占全国的百分比等)来估计其市场潜量的方法。例如,药品制造商假定药品市场与人口直接相关,某地区人口占全国人口的 2%,则该地区的药品市场潜量也占全国的 2%。

在某地区,可利用下式相对购买力指数公式计算该地区的市场潜量:

$$B_i = 0.5Y_i + 0.3R_i + 0.2P_i \tag{4-1}$$

式中：B_i 为 i 地区购买力占全国总购买力的百分比；Y_i 为 i 地区个人可支配收入占全国的百分比；R_i 为 i 地区零售额占全国零售额的百分比；P_i 为 i 地区人口占全国人口的百分比；三个系数(0.5、0.3、0.2)为权数，表明该因素对购买力的影响程度，是依据一定时期的实际情况而测算并确定的，在实际操作中需要进行适当的调整。

当估量某些以家庭为消费单位的消费品的市场潜量时，则需将 P_i 替换为 H_i，即：

$$B_i = 0.5Y_i + 0.3R_i + 0.2H_i \tag{4-2}$$

这里的 H_i 是 i 地区家庭数目占全国家庭总数的百分比。

在实践中，情况可能会复杂些，有时需要相应地加入其他一些因素，如竞争因素、季节差异因素、地区特征因素等。需要说明的是，区域市场潜量的估计反映的是相对的行业机会，而非相对的企业机会。

3. 行业销售额及市场占有率

企业不仅要估计总市场潜量、地区市场潜量，还需要了解企业所在行业的总的销售额及企业市场占有率。通过识别竞争对手销售情况，判断企业所处市场地位。一般可以通过国家统计部门、行业主管部门、行业协会等公布的统计数字，了解行业总体销售情况，并将企业销售情况与整个行业发展相比较，与主要竞争对手相比较，评价企业的发展。如全行业平均销售增长率为8%，而自己企业只有6%，反映出企业市场占有率在下降，其市场地位在削弱，而竞争者却发展迅速。分析市场占有率变化的原因，可从产品自身因素(如品质、服务、外形等)、价格因素、营销组合策略因素、营销努力及效果因素等几方面进行。

(五) 市场需求预测的主要方法

为更好地把握市场需求动态，以便作出科学的营销决策，需要在营销调研的基础上，运用科学的理论和方法，对未来一定时期的市场需求量及影响需求诸多因素进行分析研究，寻找市场需求发展变化的规律，通过科学的市场需求预测，为营销管理人员提供未来市场需求的预测性信息。市场需求预测的主要方法如下。

1. 购买者意向调查法

购买者意向调查法，也称"买主意向调查法"，即直接向购买者了解未来某一时期(即预测期)购买商品意向的一种方法。当购买者购买意向明确清晰，并且有可能转化为购买行为，也愿意将信息告知调查者时，这种方法非常有效。如果一个企业经常关注新顾客、老顾客和潜在顾客未来的购买意向情况，特别是关注关键顾客(关键少数顾客其销售额可能占到企业的大部分销售额)的购买意向，在收集资料的基础上分析市场变化，企业就能够对商品需求作出预测。

购买者意向调查法比较适用于耐用消费品和工业品的调查。对于耐用消费品调查，可采用概率调查表进行，即把消费者的购买意向分为不同等级，用相应的概率来描述其购买可能性大小。进行调查时要向被调查者说明所要调查的商品的性能、特点、价格，市场上同类商品的情况，便于消费者作出判断，并汇总调查资料，如表4-6所示，确定不同购买比例下的期望值(公式4-3)，然后计算预测值(公式4-4)。另外，还需要了解消费者目前和未来个人财力情况及他对未来经济发展趋势的判断。

表4-6 购买意向概率调查表

购买意向	肯定购买	可能购买	未定	可能不买	肯定不买
概率描述 P_i	100%	80%	50%	20%	0
人数(户数)X_i	X_1	X_2	X_3	X_4	X_5

不同购买比例下的期望值公式如下：

$$E=\left(\sum P_i X_i\right)/\left(\sum X_i\right) \tag{4-3}$$

式中：P_i 为不同购买意向的概率值；X_i 为不同购买意向的人数(户数)。

购买量预测公式如下：

$$Y=E\cdot N \tag{4-4}$$

式中：E 为购买比例的期望值；N 为预测范围内总人数(总户数)。

对于工业品调查，通过选取一定数量的潜在购买者，访问其有关部门负责人。通过访问获取的资料以及其他补充资料，企业便可以对其产品的市场需求作出估计。

采用这种预测法，对工业用品和耐用消费品准确率较高。但不太适合长期预测。因为时间长，市场变化因素大。消费者不一定都按长期购买商品计划安排，所以，预测结果可用其他方法预测对比进行修正，使预测结果更为准确。

2. 综合销售人员意见法

如果不能直接与顾客面对面进行调查，也可以通过销售人员的意见进行估计。因为销售人员最接近消费者和用户，他们比较熟悉和了解消费者以及竞争对手的情况，尤其是对自己"辖区"内的市场，往往比其他人员了解得更为清楚，对商品是否畅销，对商品的花色、品种、规格、式样的需求等都比较了解。所以，许多企业都通过听取销售人员的意见来预测市场需求。

这种方法简单明了，利用销售员对市场熟悉的特点以及具有的专业知识，所得到的预测数据比较准确，实际销售值与预测值偏差不至太大，其预测精度较高，同时让销售员参加市场预测，其本身会增加他们完成任务的信心。由于销售人员可能对宏观经济形势及企业的总体规划缺乏了解，另外也受到销售人员知识、能力或兴趣的影响，其判断总会有某种偏差，有时受情绪的影响，也可能估计的市场需求过于乐观或过于悲观。另外，有些销售人员为了能超额完成下年度的销售配额指标，获得奖励或升迁机会，还可能会故意压低预测数字。表4-7是三位销售人员对市场预测的估计值，然后通过计算平均值来获得预测值。

表4-7 销售人员销售预测综合意见表

推销员	预测项目	销售量	出现概率	销售量×概率
甲	最高销售量	1 000	0.3	300
	最可能销售量	800	0.5	400
	最低销售量	500	0.2	100
	期望值			800

（续表）

推销员	预测项目	销售量	出现概率	销售量×概率
乙	最高销售量	1 000	0.2	200
	最可能销售量	700	0.5	350
	最低销售量	400	0.3	120
	期望值			670
丙	最高销售量	900	0.2	180
	最可能销售量	600	0.6	360
	最低销售量	400	0.2	80
	期望值			620

如果企业对三位销售人员意见的信赖程度是一样的，那么平均预测值为：

$$\frac{(800+670+620)}{3}=696.7$$

3. 专家意见法

企业也可以利用行业专家、供应商、分销商等的意见进行预测。由于是通过对专家意见的索取进行分析判断市场情况，因此其准确性取决于专家的专业知识、对市场变化的敏锐观察能力及判断力等。因此，对专家的选择要求较高。

利用专家意见法有多种形式。① 专家会议调查法，即组织有关专家，进行调查研究，然后通过座谈讨论得出预测的结论。② 头脑风暴法，即组织各类专家相互交流意见，无拘无束地畅谈自己的想法，敞开思想发表自己的意见，在头脑中进行智力碰撞，产生新的思想火花，使预测观点不断集中和深化，从而提炼出符合实际的预测方案。③ 德尔菲法，运用这种方法时，由协调者以函件形式，向互相不见面的有关专家发出问题表，要求专家对问题表所列示的问题作明确回答，收回的答卷经协调者归纳整理和分析后，再将结果以函件形式发送给有关专家。如此反复几次。在此期间，专家可以根据上轮归纳的结果，修改或坚持自己的意见，并提出坚持或修改的理由。采用这种方法须运用特制的调查表格和综合、归纳、整理的科学方法。

专家意见法的一个突出特点就在于参加预测的人员必须是与预测问题有关的专家，这一点至关重要。专家，必须具有专业知识、精通业务、在某些方面积累了丰富经验、富有创造性思维和分析判断能力的人。专家意见法的主要优点是预测成本较低；预测过程中不同观点之间容易协调；预测较为迅速；在基本数据缺乏的情况下也可以使用这种方法。不足之处在于专家也是个人观点，有时未必能反映客观现实；由于预测者来自不同方面，责任较为分散，权数不易确定；只适合总额的预测，对区域、顾客群、产品大类的预测可靠性较差。

4. 市场试验法

企业各种预测方法的准确程度取决于调查收集到的资料的成本、意见可得性和可靠性。如果购买者意向变化不定，专家意见也不十分可靠，此时市场试验法预测将会起到较好效果。但由于这一方法时间长、费用大，一般只在新产品投放市场或老产品开拓新市场、启用新的分销渠道时采用，通过选择较小的市场推出产品，来观察消费者的反映，预测销售量。

5. 时间序列分析法

这种方法是利用预测对象的时间序列数据，通过建立和拟合数学模型，找出事物发展变化的规律，并据此外推，作出定量估计的一种方法。这种方法的前提是过去的统计数据要齐全，并且存在一定的关系，是可以用统计方法揭示出来的；另外，过去的销售对未来销售趋势有决定性的影响，销售额只是时间的函数。

对产品销售的时间序列，一般受到四个方面的影响：

第一，趋势。是人口、资本积累、技术发展等方面共同作用的结果。利用过去的销售资料描绘出销售曲线，即可看到未来的销售趋势。

第二，周期。是企业的销售额因受到宏观经济的影响往往呈现一种波浪形运动状况，表现为周期波动。这种变化对中期预测非常重要。

第三，季节。表现为一年内销售变化的周期性规律，与气候、假日、交易习惯等因素有关。可以是按小时、周、月份或季度发生的销售量变化形式。季节因素为短期销售预测提供了基础。

第四，不确定事件。包括自然灾害、突发疫情、战争恐慌、流行时尚、恐怖袭击等等偶发事件，是无法预测的因素，需要从历史数据中剔除，考察较为正常销售活动。

如果用 Y 表示时间序列，T 表示趋势，C 表示周期，S 表示季节，E 表示不定因素，通过对未来几个因素的综合考虑，进行预测，可建立不同的预测模型。

构成加法模型：$Y=T+C+S+E$

构成乘数模型：$Y=T\cdot C\cdot S\cdot E$

构成混合模型：$Y=T\cdot(C+S+E)$

时间序列分析法，根据分析方法的不同，又可以具体分为：简单平均法、移动平均法、指数平滑法、趋势预测法、季节性趋势预测法等。

下面介绍两种方法。

(1) 季节性趋势预测法。季节性趋势预测法又称季节周期法、季节指数法。季节变动是指价格由于自然条件、生产条件和生活习惯等因素的影响，随着季节的转变而呈现的周期性变动。商业零售企业的许多商品均表现为季节性变化。这种周期通常为 1 年。季节变动的特点是有规律性的，每年重复出现，其表现为逐年同月(或季)有相同的变化方向和大致相同的变化幅度。这一方法的基本点是：第一，利用统计方法计算出预测目标的季节指数，以测定季节变动的规律性；第二，在已知季节的平均值的条件下，预测未来某个月(季)的预测值。

对呈季节性变动的预测对象进行预测时，要求收集的时间序列数据应以月(或季)为单位，并且至少要收集三年以上的观察数据。

例如，表 4－8 是某连锁零售企业某商品四年的销售量分季资料。如果第五年第一季节的销售为 10 万包，预测第五年其他三个季度的销售量。

表 4-8 某连锁零售企业某商品四年分季销售资料与季节指数计算(单位：万包)

	季度				全年合计
	一季度	二季度	三季度	四季度	
第一年	5	8	13	18	44
第二年	6	10	14	18	48
第三年	8	12	16	22	58
第四年	15	17	19	25	76
合　计	34	47	62	83	226
平均数	8.5	11.75	15.5	20.75	14.125
季节指数	60.18%	83.19%	109.73%	146.90%	400%

第一步，根据已知的季节销售量计算季节指数。季节指数(SI)的计算公式如下：

$$SI = \frac{各季(月)平均数}{各季(月)总平均数} \times 100\% \tag{4-5}$$

这里要注意：在计算季节指数时，若以季节为周期，则一年的季节指数之和应为400%；若以月为周期，则12个月的季节指数之和应为1 200%。如果计算时由于四舍五入产生误差，使季节指数之和不等于相应标准时，需用比例法将其调整为标准形态。

第二步，根据计算出来的季节指数和预测年度已知的销售量，求出第五年的季平均数。因第五年第一季度销售为10万包，则第五年季节平均数为：

$$第五年季节平均数 = 10 \div 60.18\% = 16.62(万包)$$

第三步，根据第五年季平均数和其他各季度的季节指数，求出各季的预测值。

$$第五年第二季度的销售量预测值 = 16.62 \times 83.19\% = 13.82(万包)$$

$$第五年第三季度的销售量预测值 = 16.62 \times 109.73\% = 18.24(万包)$$

$$第五年第四季度的销售量预测值 = 16.62 \times 146.90\% = 24.41(万包)$$

(2) 直线趋势法。直线趋势法又称直线趋势预测法、线性趋势预测法，是对观察期的时间序列资料表现为接近于一条直线，表现为近似直线的上升和下降时采用的一种预测方法。这一方法的关键是求得趋势直线，以利用趋势直线的延伸求得预测值。

直线趋势法是假设所要预测的变量与时间之间成线性函数关系，并以此为基础预测未来。因此，用这种方法时，应先计算相关系数，以判别变量与时间之间是否基本上存在线性联系。只有存在线性联系时，才能采用这种方法进行预测。

直线趋势法运用最小平方法进行预测，用直线斜率表示增长趋势，其预测模型是：

$$y_t = a + bx \tag{4-6}$$

式中：x 为自变量，可以是任何值(包括时间)；y_t 为因变量，对于选定的 x 值，相应变数 Y 的平均估计值，即第 t 预测周期的预测值；a 为直线在 y 轴上的截距；b 为直线斜率，代表年平均增长率。

第一步，根据一致的原始数据，计算相关系数 r。

$$r=\frac{\sum x_iy_i-n\bar{x}\,\bar{y}}{\sqrt{[\sum x_i^2-n(\bar{x})^2][\sum y_i^2-n(\bar{y})^2]}}$$

$$=\frac{n\sum(xy)-(\sum x)(\sum y)}{\sqrt{n\sum x^2-(\sum x)^2}\cdot\sqrt{n\sum y^2-(\sum y)^2}}$$

相关系数 r 是一个在 0 和 ±1 之间的数。$r=0$，表示变量间不存在直线相关关系；若 r 为 ±0.2 或 ±0.3 左右，表示低度相关；若为 ±0.6 左右，为中度相关；若为 ±0.8 以上，为高度相关；相关系数等于 ±1，为完全相关。相关系数为正数，为正相关；相关系数为负数，为负相关。

如果 r 接近 1，且调查预测的是以年份 x 为自变量，则预测变量 y 随时间 x 的变动趋势为：$y=a+bx$，关键就需要求出 a、b 值。

第二步，求出 a、b 值。利用最小平方法计算的步骤如下：

① $\sum y=na+b\sum x$

② $\sum xy=a\sum x+b\sum x^2$

为简化计算，取 $\sum x=0$。若 n 为奇数，则取 x 的间隔为 1，将 $x=0$ 置于资料期中间一期；若 n 为偶数，则取 x 的间隔期为 2，将 $x=-1$ 与 $x=1$ 置于资料中央的上下两期。

当 $\sum x=0$ 时，上述两式分别变为：

$$\sum y=na$$

$$\sum xy=b\sum x^2$$

式中 n 为年份数目。

③ 计算 a、b 值。

$$a=\sum y/a$$

$$b=\sum xy/\sum x^2$$

第三步，计算预测值。

$$y_t=\frac{\sum y}{a}+\frac{\sum xy}{\sum x^2}\cdot x$$

6. 统计需求分析法

时间序列分析法把过去和未来的销售都看做是时间的函数，不受其他因素的影响。事实上，任何产品的市场变化会受到多种因素的影响，如价格变动导致需求变化，收入因素导致需求变动等。统计需求分析法就是在找出影响销售的最重要实际因素的基础上，研究这些实际因素与产品销售之间的关系。它是将产品销售看作一系列独立的需求变量的函数,运用多元回归分析的方法可以建立反映这些需求变量与销售量之间的相关关系的销售预测模型。也就是将销售量 Q 视为一系列独立需求变量 $X_1, X_2, X_3, \cdots, X_n$ 的函数,即:

$$Q = f(X_1, X_2, X_3, \cdots, X_n) \tag{4-7}$$

这些变量同销售量之间不能简单用数学公式表示出来,而是需要通过统计分析来揭示和说明,是一种统计相关。统计需求分析法经常分析的因素是:价格、收入、人口、促销等。在运用统计需求分析方法时,如果观察值过少、各变量之间高度相关、变量与销售量之间的因果关系不清、未考虑到新变量的出现等,都可能影响到预测的准确性。

(六) 市场需求预测程序

进行市场需求预测,必须掌握市场需求预测的程序,才能保证市场需求预测工作顺利开展。其基本步骤是:

第一步,选择预测目标。目标是预测的具体对象。需要根据目标明确为什么要进行预测,达到什么样的目的,以及预测的时间性、准确性要求,并划分预测的商品和调查区域范围。

第二步,广泛收集资料。收集资料是市场预测工作的重要环节。按照市场预测的要求,凡是影响市场供求发展的资料都应尽可能地收集。资料收集得越广泛、越全面,预测的准确性就越高。收集的市场资料可分为历史资料和现实资料两大类。历史资料包括历年的社会经济统计资料、业务活动资料和市场研究信息资料。现实资料主要包括目前的社会经济和市场发展动态,生产、流通形势,消费者需求变化等。收集到的资料,要进行归纳、分类、整理,最好分门别类地编号保存。

第三步,选择预测方法。市场预测有很多方法,选用哪种方法要根据预测的目的和掌握的资料来决定。各种预测方法有不同的特点,适用于不同的市场情况。一般而言,掌握的资料少、时间紧,预测的准确程度要求低,可选用定性预测方法。掌握的资料丰富、时间充裕,可选用定量预测方法。在预测过程中,应尽可能地选用几种不同的预测方法,以便互相比较,验证其结果。

第四步,建立模型,进行计算。一些定性预测方法,经过简单的运算,可以直接得到预测结果。定量预测方法要应用数学模型进行演算、预测。

第五步,评价结果,编写报告。通过计算产生的预测结果,是初步的结果,这一结果还要加以多方面的评价和检验,才能最终使用。检验初步结果,通常有理论检验、资料检验和专家检验。理论检验是运用经济学、市场学的理论和知识,采用逻辑分析的方法,检验预测结果的可靠性程度。资料检验是重新验证、核对预测所依赖的数据,将新补充的数据和预测初步结果与历史数据进行对比分析,检查初步结果是否合乎事物发展逻辑,是否符合市场发展情况。专家检验是邀请有关方面的专家,对预测初步结果作出检验、评价,综合专家意见,对预测结果进行论证。经过充分论证后编写预测报告。

需求预测是一项十分复杂的工作。实际上,只有特殊情况下的少数几种产品的预测较为简单,如未来需求趋势相当稳定,或没有竞争者存在(如公用事业),或竞争条件比较稳定(如纯粹垄断的产品生产)等。在大多数情况下,企业经营的市场环境是不断变化的,由于这种变化,总市场需求和企业需求都是变化的、不稳定的。需求越不稳定,越需要精确的预测。这时准确的预测市场需求和企业需求都成为企业成功的关键,因为任何错误的预测都可能导致诸如库存积压或存量不足,从而使销售额下降或出现销售中断等不良后果。

本章小结

营销人员需要掌握营销信息的收集、整理、分析的技能。营销信息管理工作是企业营销的一项基础工作,这项工作的成效直接关系到企业的营销决策。

为帮助企业营销人员更好地作出决策,企业需要建立营销信息系统。该系统是一个人机复合系统,由四部分构成:内部报告系统、营销情报系统、营销调研系统和营销分析系统,能够为营销决策收集、筛选、分析、评估和分配及时、准确的信息。而营销工程的提出为营销决策系统提供了更为有效的决策分析工具。

在整个营销信息管理中,营销调研是一个非常重要的技术,是运用科学的方法,有目的、有计划地收集、整理和分析有关营销信息,并提出建议,以此作为市场预测和营销决策的依据。营销调研既包括二手资料的收集,也包括一手资料的调查,调查表的设计是整个营销调研中的关键环节。

必须清楚市场需求不是一个固定数值,而是一个函数。市场需求的测量与预测不仅包括市场需求、企业需求和市场潜量的测定,还包括在营销调研基础上,对未来市场需求的测定及影响因素分析和研究。市场预测的方法很多,如购买者意向调查法、销售人员综合意见法、专家意见法、市场实验法、时间序列分析法、直线趋势法和统计需求分析法。

【问题与探讨】

1. 获取营销信息的方法有哪些?这些方法如何使用才能更好地帮助企业完成信息的收集工作?

2. 营销信息系统包含哪些内容?如何运行?

3. 营销工程的提出与运用为企业营销决策提供了哪些帮助?

4. 营销调研是营销信息工作最重要的一个环节,有哪些营销信息调研方法?

5. 你如何理解目前商业企业使用的"神秘人购物"这种观察法,对改进商业服务质量起到怎样的作用?

6. 在了解顾客选择贺卡的决策时,如何应用观察法?什么样的信息是采用观察法收集不到的?这类信息该怎么办?

7. 营销调研一个常用方法是问卷调查。问卷设计应该注意些什么?

8. 企业可以采用哪些方法收集原始资料?

9. 什么是市场需求?市场潜量与企业预测是什么关系?

10. 需求预测中容易出现哪些方面的失误?

【案例分析】

零点公司的网上调查

零点公司的网上调查系统，由项目界定、设计问卷、抽取样本、启动调查、发送邀请、实时监控、生成数据库和统计分析等环节构成，如图4－7所示。

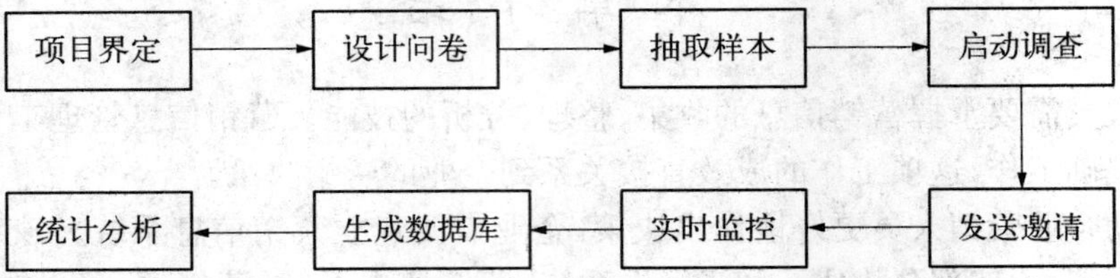

图4－7　零点网上调查系统构成

受访者参与网上调查的流程，则包括被调查者网上注册、接受E-mail邀请、登录网站、填写问卷、提交结果和收到酬金等环节，如图4－8所示。

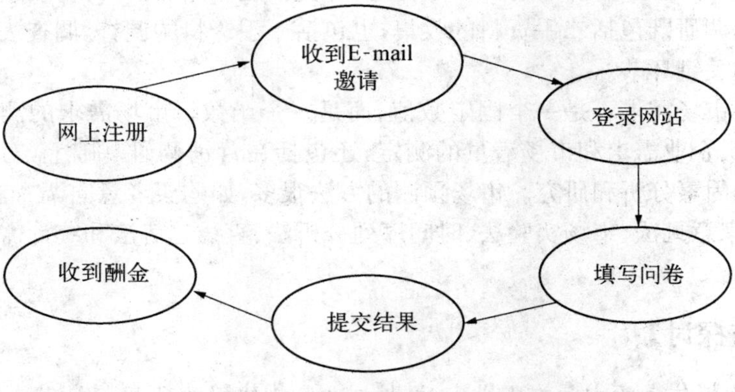

图4－8　受访者参与网上调查的流程

为解决网上调查经常会遇到的抽样框架失真、抽样不准确、主题无兴趣、回答失真和实施可控性差等问题，零点公司使用了如下方法：

第一，用各种方法核实抽样框架中注册的用户背景资料，剔除所有提供虚假信息的受访者。在运作中，注重注册用户规模的增大、群体结构均匀和抽样框架的时效性。

第二，采用随机样本调查，只有被抽中的注册会员才能收到E-mail邀请函，参与调查。这避免了大多数网上调查通过抽奖的方式吸引受访者而造成的结果偏差。

第三，在调查过程中，受邀者会不断收到催促信函，请他们务必填写。这可以避免调查结果因只访问高兴趣度人群所产生的偏差。

第四，通过E-mail邀请受访者，有效地控制每位受访者只填写一次问卷。尽量避免网上调查中可能出现的恶意填写及为报酬或因无聊多次填写的现象。

第五，系统预设多种查错、不合格回答提示等功能，保证调查数据的真实性和有效性。

问题讨论：

1. 网上调查与实地调查相比，可能遇到哪些问题影响调查结果？
2. 网上调查与实地调查相比，具有哪些优势？
3. 企业调查如何更好地将网上调查与实地调查结合起来进行？

【实践训练】

市场营销调研

目的：掌握市场营销调研的基本程序和核心内容；学会调查问卷设计；掌握调查技巧。

组织：以小组为单位组织调研，小组人数 4～5 人为宜，小组成员要合理分工。

要求：

（一）自由主题调研

确定调研主题、编制调研计划、实施调研、撰写调研报告。

由学生自己确定调研主题、调研对象。要考虑操作的可能性和便利性，尽量避开低发生率的产品和服务，不要调查被调查者不太了解的事物。如可选择以学生、老师、社区居民等为调查对象，以学校校园或周围商店、书店、学生食堂、学校图书馆等为客户的项目。

项目的基本内容：所选择的调研项目至少应涉及以下内容：二手资料收集；调查问卷设计；抽样过程（有一个样本最低数量）；数据基本统计分析；调研报告撰写。

根据调研过程，分阶段完成。每个阶段需要学生提交阶段成果，由教师指导完成。

（二）命题调研

选择某具体品牌产品（如饮料），针对大学生购买使用的情况开展调研。通过调研不仅能够帮助生产企业更加了解大学生群体消费的心理和行为，而且能够了解产品品牌自身在大学生心目中的地位和影响，并且为进一步策略的制定提出建议。

要求：编写调研计划、设计调查问卷、实施抽样调查、撰写调研报告。

第5章 市场营销环境

通过本章学习，你应该理解：

1. 市场营销环境对企业的营销活动起重要作用；
2. 微观营销环境和宏观营销环境是由多种因素所构成；
3. 市场上可能的机会与可能的威胁需要进行详细的环境分析才能发现；
4. 企业面对市场营销环境变化必须采取相应的对策。

任何企业的营销活动都是在一定的动态环境下进行的，营销环境已成为影响企业营销活动的重要因素，为越来越多的企业所关注。因此，对营销环境分析研究是企业营销活动最基本的课题。环境的变化，既可以给企业营销活动带来机会，也可给营销活动带来威胁，因此，把握环境诸因素的变化，善于发现并抓住有利于企业发展的市场机会，避开或减轻不利于企业发展的威胁，是企业营销管理的首要任务，对于企业审时度势、趋利避害地开展营销活动具有重要的意义。

【引导案例】

在险境驰骋的"千里马"

同是医药公司，SARS 时期面临的市场境遇却大不相同。许多关联产品供不应求，而非关联产品却门庭冷落。千里马药业公司这家武汉民营企业所经营的主打产品"胃痛安"——正是典型的非关联产品，于是也面临着市场推广的难题。但他们面对 SARS 没有消极观望，而是主动出击，打了一场漂亮的阻击战。

事件一："您家消毒了吗？"——胃痛安免费居家专业消毒。

活动目的：帮您专业消毒，抵御病毒入侵。

活动时间：2003 年 3 月 1 日至 5 月 30 日。

活动内容：凡购买胃痛安(不限量)，免费送货上门，免费帮您家庭专业消毒一次。

媒体配合：作为产品的硬性广告，抓住了 SARS 时期最受关注的问题。每一期的硬性广告在版面安排上，都放在防治 SARS 的专栏上，"软硬兼顾"，收到了"功夫在诗外"的效果。

事件二：百名儿童"五一"长跑，强健体质，爱心无限。

活动目的：确立榜样的力量，消除市民恐慌心理。

活动时间：2003 年 5 月 10 日上午 9 时。

活动内容：在武汉市最大的绿化广场——洪山广场，来自五所小学的 500 名学生列成方阵，统一着“千里马，爱心无限”服装，在鲜艳的红旗下，庄严宣誓，然后在车队的引领下，沿武昌城市观光路向东湖一路进发。随行十多家媒体记者采访拍摄，车身、沿途路上，布满了千里马药业公司为这次活动设计的广告语，亲切而感人，极具视觉冲击力。

媒体配合：第二天，报纸、电视以新闻的形式进行了详细报道，对千里马药业公司领导做了专访。画面处理上一眼就可以看到千里马药业公司为这次活动设计的标语。报纸还开辟专栏，报道“五一”健康长跑的社会意义，扩大了企业事件对行销的影响力。

事件三：我们众志成城保平安。

活动目的：与媒体合作，向社会弱势群体捐赠。

活动时间：2003年4月15日至6月5日。

活动内容：千里马药业公司力邀湖北省有实力、重责任、怀爱心的企业，一道参与抗击SARS，为社会弱势群体献爱心的活动。在这次活动中，千里马药业公司带头向抗击SARS一线的医务人员捐赠印有公司宣传语的防护服1 000套，专项经费数十万元，并与媒体协商，将一部分广告发布费用捐赠给社会弱势群体。

媒体配合：与武汉主流报社合作，连续以每周三次的频率，每次半版的篇幅报道SARS疫情，呼唤爱心奉献。与各大电视台推出“能吃了，抗体好，胃痛安，保平安”标版公益广告，这一设计一时间成了“三报两台”最热门的栏目，每天编导都要接上百个咨询电话，企业、个人都踊跃捐款捐物，更有高校学生要求义务与隔离区的病人电话谈心。

千里马药业公司在SARS时期，运用社会效应策划一系列战术营销手段，完成了与SARS非相关产品的销售任务，并强化了品牌认知度，提升了企业形象。

一场突如其来的灾难使我们中华民族爆发出了空前的凝聚力与战斗力，从白衣天使到学者教授、富贾儒商，都在舍生忘死、前仆后继地与之抗击。千里马药业公司，在这一非常时期集十年商场之经验与实力，在这场与疫魔较量的人民战争中，主动承担起自己应承担的社会责任，演绎了现代企业高超的市场运作艺术和终极的人文精神。

企业环境总是不断变化的，环境的变化既可以给企业带来发展的机遇，又可以给企业造成威胁，甚至灾难。当市场环境的变化给企业发展造成不利影响时，企业就要设法将这种环境威胁转化为发展机遇，而实现这种转化的关键，在于深入细致的市场调查和环境分析，制定出科学的应对之策。

思考： 1. 企业的市场营销活动受到了哪些因素的影响？
2. 企业应该如何应对环境的挑战？

一、市场营销环境概述

（一）市场营销环境的含义

美国著名市场营销专家菲利普·科特勒博士认为：“营销环境是由企业营销管理职能外部的因素和力量所组成，这些因素和力量影响营销管理者成功地保持和发展同其目标市场顾客交换的能力”。可见,市场营销环境是企业营销职能外部的不可控制的因素和力量,这些因素和力量是与企业营销活动有关的影响企业生存和发展的外部条件。

企业营销管理职能外部因素和力量的内容广泛,它是一个多因素、多层次且不断变化的综合体。不同的因素对营销活动各个方面的影响和制约不尽相同,相同的因素对不同的企业所产生的影响和形成的制约也会大小不一。根据企业的营销活动受制于营销环境的紧密程度来分,市场营销环境可以分为微观营销环境和宏观营销环境。微观营销环境是指与企业紧密相连,直接影响企业营销能力的各种参与者,包括企业本身、市场营销渠道企业、顾客、竞争者以及社会公众。宏观营销环境是指影响微观环境的一系列巨大的社会力量,主要包括:人口、经济、政治法律、科学技术、社会文化及自然生态等因素。微观营销环境直接影响与制约企业的营销活动,多半与企业具有或多或少的经济联系,故称之为直接营销环境。宏观营销环境一般以微观环境为媒介去影响和制约企业的营销活动,在特定场合,也可直接影响企业的营销活动,因而宏观营销环境也被称作间接营销环境。可见,微观营销环境与宏观营销环境之间不是并列关系,而是主从关系,微观营销环境受制于宏观营销环境,微观环境中所有的因素都要受宏观环境中各种力量的影响,如图 5-1 所示。

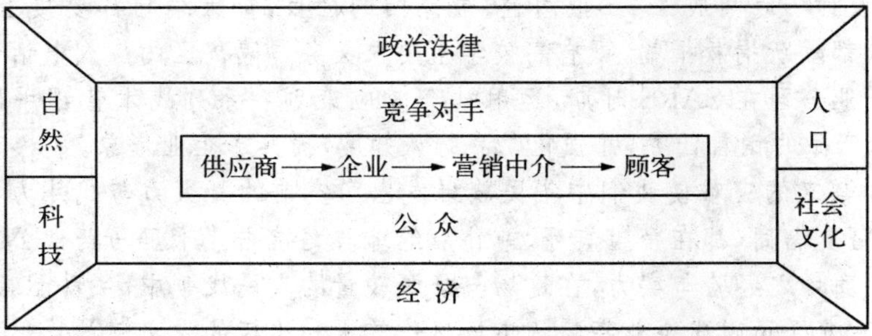

图 5-1 市场营销环境构成

(二) 市场营销环境的特点

市场营销环境是企业生存和发展的条件。市场营销环境的发展变化,既可以给企业带来市场机会,同时也可能对企业造成程度不同的威胁。由于生产力水平的不断提高和科学技术的进步,当代企业外部环境的变化远远超过企业内部因素变化的速度,企业的生存和发展越来越取决于其适应外部环境变化的能力。如何适应、创造与之相适应的外部环境,对企业开展营销活动至关重要。企业要想在复杂多变的环境下驾驭市场,就必须认真研究市场营销环境的特点。

一般来讲,营销环境主要有以下几个特点。

1. 客观性

环境作为企业营销外在的不以营销者意志为转移的因素,对企业营销活动的影响具有强制性和不可控制的特点。一般来说,营销部门无法摆脱和控制营销环境,企业难以按自身的要求和意愿随意改变它,但企业可以认识并主动适应乃至驾驭环境的变化和要求,制定并不断调整市场营销策略。事物发展与环境变化的关系为:适者生存,不适者淘汰。有的企业善于适应环境就能生存和发展,有的企业不能适应环境的变化,就难免被淘汰。

2. 差异性

不同的国家或地区之间，宏观环境存在着广泛的差异，不同的企业，微观环境也千差万别；环境的差异性也表现为同一环境的变化对不同企业的影响是不同的。这就客观上要求不同的企业，要根据企业所处的环境，制定符合实际、具有自己特色的营销策略。例如，美国次贷危机引发的全球经济危机对我国产生了重大的影响，而这一经济环境的变化，对不同行业所造成的冲击并不相同，有的直接受到很大影响，有的受影响程度并不是很明显。

3. 多变性

市场营销环境是一个动态系统，构成营销环境的诸因素都受众多因素的影响，每一环境因素都随着社会经济的发展而不断变化，只是这些变化有快慢强弱之分。一般来讲，科技、经济、政治与法律因素的变化对企业市场营销的影响相对较大，特别是科技因素的变化最快、最强，它是促使企业技术改造和产品创新的主要动力之一。而自然、社会和人口因素的变化则相对较弱、较慢一些，但它们对企业市场营销的影响相对较长和稳定。市场营销环境相对稳定性的特点，使企业对调查其现状和预测其变化并采取相对应的对策提供了可能。

4. 相关性

市场营销环境不是由某一个单一的因素决定的，它要受到一系列相关因素的影响。任何一个因素的变化，都会引起其他因素的变化，特别是宏观环境因素的变化更明显。从较长历史时期对整个市场营销环境进行考察，我们不难发现，各种环境因素总是程度不同地相互关联的。比如，市场价格不但受到市场供求关系的影响，而且还受到科技进步及财政金融政策和税收政策的影响。再如，一个国家的体制、政策与法令总是影响着该国科技、经济的发展速度和方向，继而会改变社会的某些风俗与习惯。同样，科技和经济的发展又会引起政治体制和经济体制的相应变革，促使某些政策法令相应变更。然而，在某一特定时期，且从某些特定市场营销环境因素的特殊变化去考察，我们又会发现市场营销环境中的某些因素，又彼此相对分离，而且这些彼此相对分离的市场营销环境因素对企业市场营销活动的影响程度也不同，正是这种相对分离性为企业分清主次环境威胁或机遇提供了可能性。比如，战争或社会动乱时期，军事和政治因素的影响十分明显，而在和平时期，科技、经济和自然因素的作用则更突出；科技主要影响企业产品的质量及其更新换代的速度，而产业政策则主要影响企业的投资方向和投资结构。

（三）市场营销环境分析的必要性

1. 是企业市场营销活动的立足点和根本前提

开展市场营销活动的目的，一方面是为了更好地满足人们不断增长的物质和文化生活需要，同时也是为了使企业获得最好的经济效益和社会效益。要实现上述目标，其立足点和根本前提就是要进行市场营销环境分析。只有深入细致地对企业市场营销环境进行调查研究和分析，才能准确而及时地把握消费者需求，才能认清本企业所处环境中的优势和劣势，扬长补短。许多企业的实践都充分证明，市场营销环境分析是企业市场营销活动的立足点和根本前提，成功的企业无一不是十分重视市场营销环境分析的。

2. 是企业经营决策的基础，为科学正确地作出经营决策提供了保证

企业经营决策的前提是市场调查，市场调查的主要内容是要对企业的市场营销环境

进行调查、整理分类、研究和分析，并提出初步结论和建议，以供决策者进行经营决策时作为依据。市场营销环境分析的正确与否，直接关系到企业决策层对企业投资方向、投资规模、技术改造、产品组合、广告策略、公共关系等一系列生产经营活动的成败。

3. 有利于企业发现新的经营机会，及时采取措施，有效地把握未来

新的经营机会可以使企业取得竞争优势和差别利益，或扭转所处的不利地位。当然，现实生活中，往往是机会与威胁并存，且可能相互转化。好的机会如果没有把握住，优势就可能变成包袱，变成劣势；对威胁即不利因素应对有道，也可能转化为有利因素，从而使企业获得新生。因此，企业关键是要善于细致地分析市场营销环境，并善于抓住机会，化解威胁，在竞争中求生存，在变化中谋稳定，在经营中创效益，充分把握未来。

二、市场营销宏观环境

宏观环境包括人口环境、经济环境、自然环境、科学技术环境、政治法律环境和社会文化环境等六大组成要素，一切营销组织都处于这些宏观环境因素之中，不可避免地受其影响和制约。鉴于其对企业营销活动产生直接或间接的作用，企业及其所处的微观环境，都在这些宏观力量的控制之下，因而这些宏观力量是企业不可控的因素。这些宏观力量及其发展趋势给企业提供机会或者产生威胁，企业只有不断加强对其认识、研究和分析，确立适应环境的对策，才能使企业不断发展成长。

(一) 人口环境

人口是构成市场的基本要素之一，因为市场是由那些想购买商品同时又具有购买力的人构成的。因此，人口的多少直接决定市场的潜在容量，人口越多，市场规模就越大。而人口的年龄结构、地理分布、婚姻状况、出生率、死亡率、人口密度、人口流动性及其文化教育等人口特性，均会对市场格局产生深刻影响，并直接影响企业的市场营销活动和企业的经营管理。企业必须重视对人口环境的研究，密切注视人口特性及其发展动向，不失时机地抓住市场机会，当出现威胁时，应及时、果断调整营销策略以适应人口环境的变化。

1. 世界范围内的人口爆炸性增长

当今世界面临最主要的人口问题是人口“爆炸性”的增长。2005 年世界人口为 64 亿人，并且以每年 1.2%的速度增长。照这一速度增长，到 2050 年时世界人口将超过 90 亿人。我国自 1987 年以来，计划生育工作取得很大成就，人口增长率已有所下降。据统计，2000～2005 年我国每年平均增加 809 万人，目前全国已超过 13 亿人口。

人口爆炸是世界各国政府及各种团体极为关切的问题之一。在《增长的极限》一书所列举的许多发人深省的事实证明，人口无节制地增长和消耗必将导致食品供应的短缺、重要矿产的枯竭、珍稀物种的灭绝、人口过度拥挤、环境污染及生活质量的全面恶化。

对于市场营销人员来说，人口增长意味着人类需要的增长，但只有在购买力有保证的前提下，人口增长才意味着市场的扩大。倘若人口的增长对粮食和各种资源的供应形成很大的压力，就会造成成本的提高和利润的降低。

2. 许多国家人口趋于老龄化

由于人们空前地渴望提高自己的生活水平，妇女离家外出工作的人数增多及节育知

识的普及和节育技术的改善使人口出生率下降。同时科学技术的发展和生活环境的改善使人口平均寿命延长，死亡率大大下降，以上两方面的因素共同导致了人口趋于老龄化。由于不同年龄的人口的需求结构不同，老年人口比例的增加势必会带来整个市场需求结构的变化，如老年人口比例的增加可能会带来对养老院、小包装的食品和医疗设备的大量需要。同时，由于年轻的夫妻们有了更多的闲暇和收入，增加了旅游和娱乐时间，因而给旅馆、餐馆、航空公司等行业增加了市场机会。当然，人口年龄结构的变化在为一些行业提供市场机会的同时，也必然对某些行业造成威胁。

3. 家庭结构发生变化

第二次世界大战后，西方国家的家庭结构模式为“两个孩子、两辆汽车、郊区家庭”，而随着晚婚晚育、少育、甚至不要孩子以及离婚率的上升，家庭结构发生很大变化，市场需求也相应在变。我国目前“三口之家”的家庭模式已很普遍，并逐渐由城市向乡镇辐射，“四世同堂”的现象日渐稀少。家庭小型化使得家庭数量激增，这必然刺激家具、住房、家用电器、炊具等需求的快速增长，为这些行业提供了巨大的商机。

4. 地理上的人口迁徙

人口流动的历史几乎就是人类文明的发展史。在发达国家除了国家之间、地区之间、城市之间的人口流动外，还有一个突出的现象就是城市人口向农村流动。在我国，人口的流动主要表现在农村人口向城市或工矿地区流动；内地人口向沿海经济开放地区流动。另外，经商、观光旅游、学习等使人口流动加速。由于人们所处的地理位置影响着他们对产品与服务的需求与喜好，营销人员应密切关注人口迁徙所带来的市场机会。

对于人口流入较多的地方而言，一方面，由于劳动力增多，就业问题突出，从而加剧行业竞争；另一方面，人口增多也使当地基本需求量增加，消费结构也发生一定的变化，继而给当地企业带来较多的市场份额和营销机会。因此，研究人口的地域差别和变化，对企业的营销活动有着更为重要的意义，是企业确定目标市场和渠道分布的依据。

5. 家庭观念在发生变化

晚婚、少子女或不要子女、独身、高离婚率和更多的已婚妇女就业，对原家庭观念产生了巨大的冲击，非家庭住户（包括单身成年人住户、两人同居者住户、集体住户）迅速增加。家庭观念的巨变和非家庭住户的迅速增长，直接影响到人们的生活和消费习惯，从而使相关企业在市场营销活动中减少或增加了市场机会。

小链接

人口老龄化形成的市场机会

一、老年人消费市场现状

人口老龄化形成了潜力巨大的新市场。老年人的购买力是相当可观的，一般来讲，社会保障、养老金和储蓄是退休收入的三大来源，据调查显示，城市老年人中有42.8%的人拥有存款。随着经济发展，老年人的收入将呈不断增长之势。有预测称，仅退休金一项，到2010年就将增加到8 300多亿元，而到2030年将达到73 000多亿元。随着社会进步和经济收入的增加，老年人正在逐步抛弃“重积蓄、轻消费”、“重子女、轻自己”的传统观念，花钱买健康，花钱买潇洒，正日益成为现代老人的时尚追求，这表明老龄化已经创造了一个规模庞大的市场。

二、老年人的消费特点

由于生理、心理等方面的差异性，老年人在衣、食、住、行、用等方面表现出了明显的消费特征。

1. 衣：老年人追求与自己年龄相符的服饰，希望轻便、保暖、透气和适用，许多老人喜欢棉布、丝绸等布料，花色要朴素大方，同时穿戴脱方便，多使用拉链、按扣等构件。此外，老年人对一些保健性的服饰也有很强的需求。

2. 食：在饮食方面，老年人比较注重保健，讲究食物的营养搭配和饮食禁忌，少而精，多选择易咀嚼、易消化、清淡的食品，一般不选择"三高"食品和膨化食品，对于洋快餐避而远之。

3. 住：由于老年人的身体和生理特征，他们对住的环境要求较高。宜人的自然环境，安静的居家氛围，与子孙之间若即若离的户型深受老年人喜欢。他们希望离医院、菜市场、超市近一些，交通便利，并且要有较大的户外休闲场所供老年人活动。

4. 行：老年人一般不驾驶速度较快的摩托，而驾驶助力车，也有一些人骑自行车健身，拐杖是一些老年朋友的帮手。轮椅也是一部分年老体弱的老人必备的交通工具。老年人出行需要有人陪伴，以防途中摔倒或突发疾病，某些公共场所也需要设老年专座或老年通道，高层建筑最好有电梯，以方便老年人行动。

5. 用：老年人在生活用品方面，对一些特殊用品的需求量大，且对产品功能有一定的特殊要求，首先是便利生活类用品，例如放大镜、老花镜、穿针器、假牙清洁器、定时提醒药盒、假发等。其次是休闲锻炼类，例如剑、扇、跳舞、健身球、双节棍、快板、钓鱼用品、门球等。此外，还有医疗保健按摩、高龄护理、坐便器、尿床用品、助听器等商品。

（二）经济环境

经济环境一般指影响企业市场营销方式与规模的经济因素。购买力是构成市场和影响市场规模大小的一个重要因素，而整个购买力即社会购买力又直接或间接地受消费者收入、价格水平、储蓄、信贷等经济因素的影响。因此，企业的市场营销不仅受其人口环境影响，而且受其经济环境影响。进行经济环境分析时，要着重分析以下主要经济因素。

1. 消费者收入的变化

消费者收入包括消费者个人工资、红利、租金、退休金、馈赠等收入。消费者的购买力来自消费者收入，所以消费者收入是影响社会购买力、市场规模大小以及消费者支出多少和支出模式的一个重要的因素。消费者的购买力只是其收入的一部分。因此，要区别可支配的个人收入和可随意支配的个人收入。"可支配的个人收入"是指个人收入中扣除税款和非税性负担后所剩下的余额，即个人能够用于消费支出或储蓄的部分；"个人可任意支配收入"是指从个人可支配的收入中再减去维持生活所必需的费用（如衣服、食物、住房等）后的部分。这部分收入所引起的需求弹性大，是需求变化中最活跃的因素，也是影响商品销售的主要因素，故企业在市场营销活动中应予特别关注。与此同时，还应注意社会各阶层收入的差异性，以及不同地区、不同年龄、不同职业的收入水平等。

另外，在分析消费者收入水平时，还要注意区分"货币收入"和"实际收入"，因为实际收入会影响实际购买力。“货币收入”是指消费者在某一时期以货币表示的收入量；“实际收入”是指扣除物价变动因素后实际购买力的水平。

2. 消费者支出模式的变化

消费者支出模式主要受消费者收入的影响。随着消费者收入的变化，其支出模式也会发生相应变化，继而使一个国家或地区的消费结构也发生变化。德国统计学家恩斯特·恩格尔(Ernst Engel)于1857年发现了家庭收入变化与各方面支出变化之间的规律性，即通常所说的恩格尔系数。其公式为：

$$\text{恩格尔系数} = \frac{\text{食物支出金额}}{\text{家庭消费支出总金额}}$$

恩格尔系数通常又称为食物支出的收入弹性。它反映了人们收入增加时支出变化趋势的一般规律，即在一定条件下，当家庭个人收入增加时，收入中用于食物开支部分的增长速度要小于用于教育、医疗、享受等方面的开支增长速度。食物开支占总消费数量的比重越大，恩格尔系数越高，生活水平就越低；反之，食物开支所占比重越小，恩格尔系数越小，生活水平越高。所以，它通常被用作衡量家庭、社会阶层乃至国家富裕程度的重要参数。

恩格尔所揭示的消费者收入与消费结构的规律性，在我国经济生活中也是显而易见的。2006年12月，国家统计局国际中心的一份研究报告称，2005年我国城镇居民家庭恩格尔系数为36.7%，农村居民家庭恩格尔系数为45.5%，按照联合国教科文组织划定的标准，我国城镇居民生活已经达到富裕程度，农村居民生活也已达到小康水平。但国家统计局的研究也显示，我国居民医疗保健消费支出比重偏高，2005年为7%左右，相比日本的3.97%和韩国的4.73%而言，基本比发达国家高出一倍。因而，许多学者认为，吃的比重已经难以体现中国人民是否富裕的真实状态，还需要具体研究中国人的消费结构。

小链接

恩格尔系数

根据联合国粮农组织的标准划分：恩格尔系数在60%以上为贫困，在50%～59%为温饱，在40%～49%为小康，在30%～39%为富裕，30%以下为最富裕。中国城镇居民生活的恩格尔系数在1995年末期下降到50%以下，1999年继续下降到41.9%，2000年下降到40%，2001年城镇居民人均购买食品支出2 014元，支出比1993年增长1.9倍的同时，恩格尔系数从1993年的50.13%降到37.9%，达到富裕水平。

2002～2009年的7年间，恩格尔系数下降幅度开始减小，2008年以后，基本维持在37%左右。美国自1980年以来恩格尔系数平均为16.45%，日本1990年以来平均为24.12%。相比发达国家，中国的差距还相当大。进入2010年，有专家预计中国恩格尔系数将达到39.76%，接近40%，幸福指数大幅度降低。

3. 消费者储蓄和信贷情况的变化

进行经济环境分析时还应看到，社会购买力、消费者支出不仅直接受消费者收入的影响，而且直接受消费者储蓄和信贷情况的影响。大多数家庭都有一些“流动资产”，即货币及其他能迅速变成现款的资产，包括银行储蓄存款、债券、股票等。储蓄来源于消费者的货币收入，其最终目的还是为了消费。但是在一定时期储蓄多少不能不影响消费者的购买力和消费支出。在一定时期货币收入不变的情况下，如果储蓄增加，购买力消费支出便减少；反之，如果储蓄减少，购买力和消费支出便增加。

西方国家广泛存在的**消费者信贷**（Consumer Credit），对购买力的影响也很大。消费者信贷，是指消费者凭信用先取得商品的使用权，然后按期归还贷款的买卖商品的结算方式。这种方式的主要特点是，消费者不仅以其货币收入购买他们需要的商品，而且可以通过借款即赊销来购买商品。从某一时点来看，这无异于变相增加了消费者收入，使购买力加大。也因此创造了更多的就业机会，更多的收入，以及更多的需求，从而为营销人员创造了机会。我国为了促进商品经济的发展，也开始使用“信用卡”，消费者赊销、分期付款购车、购房等商业信贷日益普及。

（三）自然环境

自然环境是指能够影响社会生产过程的自然因素，包括自然资源、企业所处地理位置、生态环境等。日益恶化的自然环境是20世纪90年代企业及公众面临的主要问题之一，这种问题的存在既可能成为企业发展的机遇，也可能对企业产生潜在的威胁。所以，企业的最高管理层需分析研究其自然环境方面的动向。

启示故事5－1：流水声音卖高价

费涅克是一名美国商人。在一次休假旅游中，小瀑布的水声激发了他的灵感。他带上立体声录音机，专门到一些人烟稀少的地方逛游。他录下了小溪、小瀑布、小河流水、鸟鸣等声音，然后回到城里复制出录音带高价出售。想不到他的生意十分兴隆，尤其买“水声”的顾客川流不息。费涅克了解许多城市居民饱受各种噪音干扰之苦，却又无法摆脱。这种奇妙的商品，能把人带入大自然的美妙境界，使那些久居闹市的人暂时忘却尘世的烦恼，还可以使许多失眠者在水声的陪伴下安然进入梦乡。

留心处处皆商机。在我们抱怨生意难做之时，却有无数的商机在我们身边溜走或等待我们去发掘。发掘新的商机，比跟在别人后面亦步亦趋更具发展前景，因为谁是新商机的发现者，谁就是市场的独占者，没有竞争，任君驰骋。不过，要强调的一点就是，只有在需求存在时，营销创新才能构成新的商机，否则一文不值。

目前，自然环境的状况及对企业市场营销的主要影响如下。

1\. 原材料短缺，能源成本提高

地球上的自然资源可分为三大类：一是“无限”资源，如空气、水等；二是有限但可再生资源，如森林和农产品等；三是有限且不可再生资源，如石油、煤、锌、银等。空气与水，总体上是取之不尽，用之不竭的，但污染问题严重，部分地区水的供应出现了短缺的现象。有限可再生的资源如森林和农产品等，短期内还不会有太大问题，但必须防止过量采伐和侵占耕地。有限不可再生的资源如石油、煤和各种矿产品，问题最为严重。据估计，不久的将来银、锡和铀等矿产品将会短缺，价格大涨，如果按目前的消耗量持续不减，到2050年更多的矿产资源将告枯竭。正因为这一点，能源成本趋于提高。比如石油价格从1970年的每桶2.23美元狂涨到1982年的每桶34美元，尤其是2009年石油价格曾一度突破一百美元，使得人们不得不疯狂地寻找替代品。

资源短缺已经成为制约国民经济发展的瓶颈因素。节水、节电、节能等已成为经济社会生活的重要内容。建设资源节约型、环境友好型社会是我国社会的发展方向。自然资源短缺对企业的发展当然是一种威胁，但同时也是一种市场机会，为企业开发、利用替代品提供了大好的机会。

2. 地理位置的选择与利用

企业所处地理位置的状况，对掌握信息、储运商品、扩大销售有很大影响。地处中心地区的企业，交通便捷，获取信息快，运输方便，有利于促销；地处偏僻地区的企业，则获得信息慢，运输不便，行销难度大。另外，地理位置条件不同，企业往往会有不同的级差收益，如新修公路、铁路，将促使沿线经济带地区发展，导致地价升值。企业所处地理位置在企业经营中的重要作用，要求营销人员密切关注交通建设信息，在新建、扩建、改建选址上多下工夫，以同样的支出获取最大的收益。

3. 环境污染日益严重

现代工业的发展，对自然环境造成了不可避免的破坏。如化学废料、核废料、土壤及食品的化学污染，废弃包装材料的处理等，已经成为当代社会的一个严重问题。西方发达国家自20世纪60年代以来在环境保护方面陆续采取了大量措施，已经收到一定的成效，但仍有大量问题亟待解决。在我国，环境污染问题也已成为影响社会经济发展的重要因素。随着私家车的增多，其排放的尾气对环境造成的污染越来越被人们所认识，小造纸厂对河流造成的污染程度已相当严重，等等。随着人们环保意识的增强，也会纷纷指责环境污染的制造者，要求企业减少对环境的污染。这种状况对那些造成污染的企业就是一种环境威胁，企业不得不采取措施控制污染，主动承担治理污染的责任。当然，这种状况也给控制污染、研究和开发不致污染环境的产品的企业提供了一种新的市场机会。企业在设计产品和包装以及组织分销系统时，需要特别关注自然环境因素。

4. 政府对环境保护的干预加强

由于公众对自然环境的日益关心，促使许多国家的政府加强了环境保护工作，加强了对自然资源的管理。然而，政府干预是为了追求社会利益和社会经济发展的长远利益，与企业追求自身的短期经济利益相矛盾。例如，为了控制污染，政府要求企业具有控制污染的设备，这笔昂贵的购置设备费用增加了企业的成本；再如，政府还会对一些污染严重的企业实行关、停、并、转的措施，这对企业的发展构成了威胁。但从维护社会的长远利益和整体利益出发，环境保护工作绝不可放松。企业不仅是生产经营单位，而且又是环境的制造者与受益者，因此企业营销人员必须注意有关法令的限制，严格守法，同时注意环境保护所提供的营销机会。例如，食品工业采取“天然”、“绿色”食品为主要食品，汽车工业开发耗能少、噪声低的新型汽车，包装工业应注意环境卫生等。这些行业的发展趋向，为生产这些行业设备的企业带来开发市场的机会。

启示故事5-2：盲目出击，“防暑降温坐垫”交学费

重庆有一对夫妻，发现一家企业刚刚开发生产的充水防暑降温坐垫在重庆这个“火城”中特别畅销。于是他们联想到海口市地处亚热带，夏日长，温度高，就想当然地认为防暑降温坐垫在海口肯定也有销路。他们立即筹款20万元，在重庆托关系买了一万只垫子运到海口市，计划以30元一只的价格出售。然而，事与愿违，这批垫子三年都没有卖动。生意失败后，这对夫妻才想起了市场调查。他们通过对海口市民的调查后才知道：因为海口市面临大海，尽管白天气温高达37度，但到了晚上却很凉爽。海口市的市民主要由两类人构成，一类是本地人，另一类是全国各地到特区经商的人，他们要么整天到处跑生意，要么整天坐在装有空调的办公室里，都不需要这种降温用品。这对夫妻花了20万元的学费学到的是做任何生意首先要做市场调查。

不同地区的营销环境存在着较大差异，企业营销活动成败的关键，就在于企业能否适应不同的市场营销环境。如果对各地环境的预测不及时，或不能适应环境的变化，必然会造成极大的被动，甚至破产倒闭。因此，营销者必须时刻注意对营销环境进行调查、预测和分析，然后据以确定营销战略和战术。

资料来源：吴伯天. 全维营销[M]. 广州：广东经济出版社，2003.

（四）科学技术环境

科学技术是人类在长期实践活动中所积累的经验、知识和技能的总和。新技术革命，给企业市场营销创造了机会，同时也可能形成威胁。机会在于寻找或利用新的技术，满足新的需求。面临的威胁则可能出于两个方面：一方面，新技术的突然出现，使企业现有产品变得陈旧；另一方面，新技术改变了企业人员原有的价值观。因此，科学技术的发展对某些企业可能是有利的，而对另一些企业则可能是不利的，对企业营销的影响是一把“双刃剑”，是一种“创造性的破坏”力量。

科学技术的发展和新技术的应用，特别是知识经济时代的到来，对企业的市场营销可能将产生如下的影响：

1. 产品(Product)

新的科学技术使产品的开发周期大大缩短，产品更新换代加快。在全球经济一体化和竞争日趋剧烈的今天，开发新产品成了企业开拓新市场和赖以生存发展的根本条件。因此，要求企业营销人员不断寻找新科技来源，时刻关注新技术在产品开发中的应用，从而开发出能给消费者带来更多便利的新产品。

2. 价格(Price)

科学技术的发展及应用，一方面降低了产品成本使价格下降成为可能，另一方面使企业能够通过信息技术，加强信息反馈，正确应用价值规律、供求规律、竞争规律来制订和修改价格策略。

3. 渠道(Place)

科学技术的发展也带来了分销方式的重大变化，人们的交易再也不局限于特定场合，非场合交易或自我服务的方式逐渐成为现代乃至未来商业的主体。例如，现在信息技术

迅猛发展的今天，网上销售更成为未来企业产品分销的重要途径，同时也引起分销实体流动方式的变化。

4. 促销(Promotion)

科学技术的日新月异也带来促销方式的变化，从以前的口碑传递过渡到印刷广告，而今是多种媒体、多种促销方式的电子传媒时代。

(五) 政治法律环境

政治与法律环境是由那些强制和影响社会上各种组织和个人行为的法律、政治机构，公众团体所组成的。

1. 政治环境分析

政治环境是指企业市场营销活动的外部政治形势和状况。其主要内容包括一个国家的政治局势、经济体制与宏观政策以及地方政府的方针政策等等。政治局势是指企业市场营销所处的国内政体稳定与否的状况以及国际政治气候等。经济体制包括三个方面的内容：① 所有制的形式；② 管理机构的形式；③ 组织经济运行的方式。地方政府的各项政策是各地政府根据本地具体情况和其经济发展的要求，并在国家宏观政策的指导下制订的。

企业还应了解“政治权力”与“政治冲突”对企业市场营销活动的影响。“政治权力”是指一国政府通过正式手段对外来企业权利予以约束限制，以保护本国利益，它包括劳工限制、进口限制、外汇管制以及国有化等方面的内容。“政治冲突”是指国际上重大事件和突发性事件对企业市场营销活动的影响，如战争、动乱、罢工等直接冲突及不同政治观点在国际事务中产生的摩擦等，带来经济制裁或经济政策的改变等间接冲突。

启示故事5-3:“丽莎”的命运

1977年，洛杉矶的斯坦福·布卢姆以25万美元买下西半球公司一项专利，生产一种名叫“丽莎”的小玩具熊，用作1980年莫斯科奥运会的吉祥物。此后的两年里，布卢姆先生和他的伊美治体育用品公司致力于“丽莎”的推销工作，并把“丽莎”商标的使用权出让给58家公司。成千上万的“丽莎”被制造出来，分销到全国的玩具商店和百货商店，十几家杂志上出现了这种带4种色彩的小熊形象。开始，“丽莎”的销路很好，布卢姆预计这项业务的营业收入可达5 000万到1亿美元。不料，在奥运会开幕前，由于前苏联拒绝从阿富汗撤军，美国总统宣布不参加在莫斯科举行的奥运会。骤然间，“丽莎”变成了被人深恶痛绝的象征，布卢姆的盈利计划也成了泡影。

消费者心理是一种复杂的社会心理现象，会受到多种外界既广泛又复杂的各种因素的影响。其中政治环境是影响消费者心理的基础性因素。它一方面通过作用于经济环境来间接影响消费者心理，另一方面其许多因素会对消费者心理产生直接的影响。

2. 公众团体分析

公众团体是为了维护某一部分社会成员的利益而组织起来的，旨在影响立法、政策和舆论的各种社会团体。这些公众团体通过疏通政府官员，依靠法律手段或新闻媒体，给企业施加压力，使消费者利益和社会利益得到保护。当前消费者运动已成为一种强大的社会力量,如国外的绿色和平组织等已形成不可忽视的影响力。我国于1985年成立的中国消费者协会及相继成立的地方协会,在受理消费者投诉,监督企业行为等方面正日益发挥重要作用。

3. 法律环境分析

法律环境指国家或地方政府颁布的各项法律、法规、法令和条例等。为了维护本国的经济秩序,各国政府都颁布了相应的经济法规来规范企业的行为。与企业市场营销最为密切的经济立法,内容十分广泛,既包含保护企业间的公平竞争,保护消费者权益方面的,也包括防止环境污染、保护社会利益等方面的内容,如《反不正当竞争法》、《合同法》、《商标法》、《专利法》、《产品质量法》、《广告法》、《食品卫生法》、《进出口商品检验法》、《消费者权益保护法》、《环境保护法》等等。每一项新的法规的颁布,或者原有法令法规的修改,都会影响企业的营销活动。因此,企业必须懂得国家的法律和法规,在法律允许的范围内做好企业的营销工作。

启示故事5-4:入乡随俗

一天,一对丹麦夫妇沃德洛和索伦森在纽约一家餐馆用餐时,把14个月大的女儿放在婴儿车里,让她在餐馆门外睡觉。他们一边用餐,一边透过玻璃窗照看熟睡着的婴儿。过路行人看到这个孩子"无人照管",便打电话报了警。沃德洛夫妇与闻讯而来的警察发生了争执,随后被以虐待儿童及妨碍公务拘留4天,他们的女儿也被纽约儿童收容所工作人员领走。索伦森对记者说:"这简直是一场噩梦,是我一生中最可怕的噩梦。"他们将走上刑事法庭面对指控,之后将去家庭法院出席有关女儿监护问题的听证会,听候对孩子监护权的决定。

此事一经曝光,丹麦舆论大哗。许多丹麦人认为,美国人简直疯了。把孩子放在餐馆外的推车里而自己进去用餐,在丹麦是司空见惯的事,因为餐馆里往往空气混浊,噪音很大,父母们宁可让孩子待在户外呼吸新鲜空气,这没有什么不妥。然而,纽约儿童收容所所长认为,让孩子单独留在外面长达一个小时,太危险了。按照美国法律,这样是违法的,父母将失去对孩子的监护权。索伦森辩解说;"我们隔着玻璃窗,离孩子不过几米。"但纽约警察局官员告诉她:"这是纽约,不是丹麦。"

针对虐待儿童的指控,索伦森认为,儿童收容所口口声声说他们是为了保护孩子,但事实上正是他们在虐待小孩。丹麦一家报纸引述精神病专家的话说,小女孩由于被带到陌生的儿童福利院而大哭不止,因此可能已遭受精神创伤,丹麦民众要求克林顿总统为此事道歉。

究竟如何定义虐待儿童,丹麦人和美国人各执一词。

丹麦人大骂美国人"疯狂",美国人认为丹麦人"罪有应得"。

每个国家都会根据本国的传统习惯和风土人情制定相关法律,世界范围皆如此。当我们不能改变环境时,就要学会适应环境,随机应变才会令你少摔跟头少吃苦。

资料来源:南宁晚报. 2008年4月18日。

(六) 社会文化环境

社会文化主要是指一国家或地区的民族特征、价值观念、生活方式、风俗习惯、宗教信仰、伦理道德、教育水平、语言文字等的总和。人们在不同的社会文化背景下成长和生活，各有其不同的基本信念和信仰，这是在潜移默化中形成的，成为一种行为规范。一个社会的核心文化和价值观念具有高度的持续性，它是人们世代沿袭下来的，并且不断得到丰富和发展，影响和制约着人们的行为。作为影响企业市场营销活动的社会文化环境因素，通常是指在一定社会形态下的教育水平和道德规范、价值观念、宗教信仰以及世代相传的风俗习惯等被社会所公认的各种行为规范。

小链接

出售贫穷

日本冰库县有一个村子叫丹波村，是一个比较贫穷落后的地方。当日本全国普遍都逐渐富裕起来的时候，这里依然很贫穷。交通十分不方便，既不通公路，也不通铁路。这里的人看见其他地方都富裕起来了，也不甘心，也决心要富起来。但这里什么出产都谈不上，怎么富呢？想来想去，谁也想不出办法。后来他们去东京请了一位叫井坂弘毅的专家。井坂弘毅了解了这个村子的情况后也感到棘手，要想富起来，总得出卖一些什么东西同别人交换才行，只有卖得多，才可以赚得多。怎么可能什么都不出售而富起来呢？井坂弘毅顺着这条思路怎么也想不出来办法。后来他倒过来想，既然只有"贫穷落后"，那就出售"贫穷落后"，既然这个村子"一无所有"，那就出售它的"一无所有"。

井坂向村民建议说，你们唯一的一条致富之路就是出售贫穷落后，出售一无所有。大家听了莫名其妙。接着井坂又进一步解释：要出售贫穷落后，你们就还得再贫穷落后一些。从现在起，你们就不要再住在房子里了，要住到树上去；不要再穿布做的衣服了，要披树叶、兽皮。就像几千年前我们的老祖宗那样生活，这样城里的人就会来参观、旅游，你们不就可以富起来了吗？

村民们最初听了觉得太荒唐，甚至觉得是对他们的侮辱。可是后来一想，既然一无所有，又想富起来，也就只好采取这个办法试一试。村民们照办以后，消息传到各个城市，很快就吸引了大批旅游者。这些旅游者住在大树上，披树叶、穿兽皮、吃野菜、喝泉水，在小溪边洗脸洗脚，晚上不但能听到风声、雨声，还能听到各种野兽的怪叫声。旅游者们感到太新奇了！太有趣了！来这里旅游的人也就越来越多。这样，没多久这个村子便富起来了。

1. 教育水平

教育是遵照一定目的要求，对受教育者施以影响的一种有计划的活动，是传授生产经验和生活经验的必要手段和途径，反映并影响着一定的社会生产力、生产关系和经济状况。教育水平的高低对企业营销调研、目标市场选择和采用何种经销方式等均有很大影响。教育水平的不同决定企业营销调研时须针对不同情况采取不同的方法，在教育水平高的国家或地区，企业可以雇佣调研人员或委托当地的调研机构完成所需调研的项目；反之，则要企业自己派员直接调研并采用适当的方法。处于不同教育水平的国家或地区的消费者，对商品的需求也会不同，因而决定企业选择的目标市场也就不同。教育水平的不同，使得企业在进行产品目录和产品说明书的设计等方面采取不同的经销方式，如针对教育水平较低的目标市场，就不仅需要文字说明，更重要的是配以简明图形，并派专人对产品作使用、保养等方面的现场演示。

2. 价值观念

价值观念是指人们对社会生活中各种事物的态度和看法。生活在不同社会环境下，人们的价值观念会相差很大。消费者对商品的需求和购买行为深受价值观念的影响，对于不同价值观念的消费者，企业市场营销人员必须采取不同的策略。对乐于变革、喜欢新奇、富有冒险精神的消费者，企业应重点强调产品的新颖和奇特；对于那些注重传统、喜欢沿袭传统消费方式的消费者，企业在制定有关策略时应把产品与目标市场的文化传统结合起来。比如，我国出口的黄杨木刻一向用料考究，精雕细刻，以传统的福禄寿星或古装仕女行销亚洲一些国家和地区；后来出口至欧美一些国家时，结果销路不佳，其内在原因就在于东西方居民的价值观念和审美观不一样。因此，我国出口公司一改过去传统做法，采取适当的艺术雕刻，涂上欧美人喜爱的色彩，并加上适合于复活节、圣诞节、狂欢节等的装饰品，便很快打开了市场。

3. 消费习俗

习俗是指风俗习惯。一般来说，风俗是指世代相袭固化而成的一种风尚。习惯则是指由于重复或练习而巩固下来的并变成需要的行动方式。消费习俗是人类各种习俗中的重要习俗之一，是人们在长期经济与社会活动中所形成的一种消费习惯。它在饮食、服饰、居住、婚丧、信仰、节日、人际关系等方面，都表现出独特的心理特征、道德伦理、行为方式和生活习惯。不同的消费习俗，具有不同的商品需要。研究消费习俗，不但有利于组织好消费用品的生产与销售，而且有利于正确、主动地引导健康的消费。了解目标市场消费者的禁忌、习俗、忌讳、信仰、伦理等，是企业进行市场营销的重要前提。

启示故事5-5：两个消费者的经历

在天堂门口，两个异国老太太相遇了。上帝让她们各自说出自己一生中最高兴的事情。

“我攒了一辈子的钱，终于住了一天新房子，我这一辈子活得也不怨啊。”中国老太太高兴地说。

“我住了一辈子的房子，在我去世之前终于把买房的贷款还清了。”美国老太太也高兴地说。

上帝叹了口气，说：“选择不同，效果也是不同的。”

我国的许多消费者固守传统的消费意识，在其消费能力有限的情况下不愿选择消费信贷，造成中国老太太的悲哀。但是，潜在的需求是一种存量资源，可以通过宣传加以引导。营销者通过创造新的营销方式以获得消费者的认可，达到挖掘潜在需求的目的。

4. 宗教信仰

从历史来看，世界各民族消费习俗的产生和发展变化，与宗教信仰是息息相关的。宗教信仰也是影响人们消费行为的重要因素，有时甚至有巨大的影响力。一种新产品的出现，宗教组织有时会提出限制或禁止使用的强制规定，原因可能就是因为该产品与宗教信仰相冲突；相反，有的产品如符合宗教信仰所倡导的观念，则会得到宗教组织的赞同与支持，甚至主动号召教徒购买、使用，从而起了一种特殊的推广作用。

5. 亚文化群

亚文化群是指在共同的文化传统中存在的具有相对特色的较小团体。每一种社会文化的内部都包含若干亚文化群。亚文化群不仅可以划分为种族的、民族的、宗教和伦理的团体，而且还可以按年龄群（如老年人、中年人、青年人）、活动爱好（如足球迷、篮球迷、桥牌迷、围棋迷、拳击迷等）或者其他特殊的团体来组成。亚文化群实质上是一种非正式组织，但它对企业市场营销却有着重要的影响。企业可以把每一个亚文化群作为一个细分市场，采取不同策略进行市场营销活动，以更好地满足消费者需求。有时企业采用亚文化群这种非正式组织进行市场营销活动，也许会产生意料不到的好效果。

总之，市场营销的宏观环境主要包括以上六个方面。这些对企业来说，都是不可控制的变数，企业只有设法适应这些环境，而不能改变环境，这是营销学的传统观点。但是近年来美国有些著名学者提出了不同的见解，修正和发展了传统的营销理论。他们认为，企业的营销活动不仅受外部环境的制约，同时通过向外提供产品和劳务，传播信息及开展公共关系活动，如通过游说影响立法，利用宣传报道形成公众舆论等，也可以影响外部环境，使之变得有利于企业达到自己的目标。看来似乎不可控制的环境障碍，经过营销者的不懈努力，也是可以克服的。

小链接

新世纪我国营销环境的发展趋势

正如一位评论家说道："一千年来，人类就是这样繁衍生息。如今我们已步入21世纪，便出现了'千年热'，它以各种各样有趣的方法影响顾客的行为和生活方式。"市场营销环境中众多的力量——包括科技、经济、人口、文化、社会及政治等，它们交织在一起共同形成了我国具体而特定的营销环境。从社会、经济、技术、竞争和政法等五个方面因素入手，概括和预测21世纪我国营销环境的发展趋势如下：

(1) 社会环境因素变化。① 消费者对产品消费和生活方式更追求"天然"和健康；② 我国人口老龄化规模将进一步扩大并越来越突出；③ 人口将越来越倾向于向二三流自然环境更适于人们生活的城市转移；④ 人们更渴望获得简单、诚信的产品广告；⑤ 人们将更加看重教育、旅游和休闲的价值；⑥ 人们对炫耀性商品的消费兴趣将逐渐下降。

(2) 经济环境因素变化。① 电子商务的发展势头强劲，交易额将以更高的速度增长；② 中国企业开始大幅进入国际市场；③ 宏观经济中高债务负担、高失业率和重税务负担现象依然存在。

(3) 技术环境因素变化。① 信息和通讯技术应用的广度和深度将进一步增加；② 无线技术应用将快速上升；③ 电脑和时尚产品的需求扩张将大幅度提高；④ 电子现金或电子货币的使用率将大幅上升。

(4) 竞争环境因素变化。① 将出现具有快速反应能力的"网络组织"；② 通过合并扩大企业经济规模、降低成本，将成为一种发展模式；③ 国际竞争加剧。

(5) 政法环境因素变化。① 强调自由贸易的呼声将越来越高；② 环境污染与全球变暖的内在联系性将大幅增加；③ 新的立法涉及大量信息收集和隐私的问题；④ 对于安全问题将越来越关注。

总之，环境是不断发展变化的，组织需要持续适应新环境的要求，才能不断地发展。

三、市场营销微观环境

企业要顺利地搞好市场营销活动，实现既定的目标，不仅要顺应市场营销环境中宏观环境因素的变化，而且还要适应其微观环境因素的变化，从某种意义上说，微观环境因素的变动对企业市场营销活动将产生更为直接的影响。微观环境因素主要包括企业本身、供应者、营销中介、顾客、竞争者和公众。

(一) 企业内部

企业为开展营销活动，必须设立某种形式的营销部门，而且营销部门不是孤立存在的，它还面对着其他职能部门以及高层管理部门。企业营销部门与财务、采购、制造、研究与开发等部门之间有多方面的合作，如财务部门关心的是能否取得执行营销计划所需资金，并且如何将资金有效分配到不同的产品和营销活动上；研发部门负责新产品研发，以及处理产品安全和外观等技术问题；采购部门负责供应所需的原材料和零部件；制造部门的责任是根据所要求的质量和数量生产产品；会计部门负责收集成本和收益的资料，这些资料可以帮助营销人员了解目标的完成进度。在密切合作的同时，也存在着争取资源方面的矛盾。所以，这些部门的业务状况如何，它们与营销部门的合作以及它们之间是否协调发展，对营销决策的制定与实施影响极大。

(二) 供应商

供应商是向企业及其竞争者提供生产经营所需资源的企业或个人。供应者与企业的关系是一种生产协作关系。供应者供应的资源主要包括原材料、零配件、设备、能源、劳务及其他用品等。供应者对企业营销活动有重要影响，因为其所供应的原材料数量和质量将直接影响企业产品的数量和质量，所供应原材料的价格会直接影响产品的成本、利润和价格。所以，营销经理既要密切注意主要原材料的价格趋势；又要慎重选择好供应商，不断拓宽供应渠道，与供应商保持良好的生产协作关系。

(三) 营销中介

营销中介主要指协助企业促销、销售和经销其产品给最终购买者的各种企业或个人。营销中介与企业的关系是一种销售协作关系。营销中介通常包括中间商、实体分配机构、营销服务机构（如调研公司、咨询公司、广告公司等）、金融机构（如银行、保险公司、信托投资公司等）。这些都是市场营销不可或缺的环节，大多数企业的营销活动都必须通过他们的协调才能顺利进行。例如，企业生产集中与需求分散的矛盾，就必须通过中间商的分销来解决；资金周转不灵，则需要求助于银行和信托机构。随着市场经济的不断发展和完善，社会分工越来越细，这些中介机构的影响也会随之增大。因此，企业在市场营销过程中，必须重视营销中介对营销活动的影响，并能处理好与它们的合作关系。

（四）顾客

顾客是企业服务的对象，也是营销活动的出发点和归宿。企业的一切营销活动都应以满足顾客的需要为中心，因此，顾客是企业最重要的环境因素。企业与顾客的关系实质上是一种生产与消费的关系。为便于深入研究各类市场的特点，国内顾客市场按购买动机可分为四种类型，连同国际市场，企业面对的市场类型有以下几种：① 消费者市场。购买商品和服务供自己消费的个人和家庭。② 生产者市场。购买商品或劳务并投入生产经营活动过程中以赚取利润的组织。③ 中间商市场。为转售牟利而购买商品和劳务的组织。④ 非营利组织市场。为提供公共服务或转赠需要者而购买商品和服务的政府机构和非营利组织。⑤ 国际市场。国外购买者包括消费者、生产者、中间商和非营利组织所构成的市场。

启示故事5-6：先有鸡还是先有蛋？

有一个餐厅生意好，门庭若市，老板年纪大了，想要退休，就找了3位经理过来。

老板问第一位经理："先有鸡还是先有蛋？"第一位经理想了想，答道："先有鸡。"

老板接着问第二位经理："先有鸡还是先有蛋？"

第二位经理胸有成竹地答道："先有蛋。"

老板又叫来第三位经理，问："先有鸡还是先有蛋？"

第三位经理镇定地说："客人先点鸡，就先有鸡；客人先点蛋，就先有蛋。"

老板笑了，于是擢升第三位经理为总经理。

先有鸡还是先有蛋？如果你一味地想这个问题的答案，永远也不会有结果。以前在争论先有物质还是先有意识这一哲学的基本问题时，就有哲学家提出过"先有鸡还是先有蛋"的命题，如今，这第三位经理给出了这一命题的营销学答案，这就是——客人的需求永远是第一位的。

（五）竞争者

企业要成功，必须在满足消费者需要和欲望方面比竞争对手更胜一筹。企业的营销系统总是被一群竞争者包围和影响着，必须识别和战胜竞争对手，才能在顾客心目中强有力地确定其所提供产品的地位，以获取战略优势。企业与竞争者的关系是一种竞争关系，竞争的结果通常表现为此消彼长（当然，也存在竞争中共同发展的情况）。从顾客做出购买决策的过程分析，企业在市场上所面对的竞争者，大体上可分为以下四种类型：① 愿望竞争者，指提供不同产品以满足不同需求的竞争者。② 一般竞争者，指提供不同产品以满足同一种需求的竞争者。③ 产品形式竞争者，指满足同一需要的产品的各种形式间的竞争。④ 品牌竞争者，指满足同一需要的同种形式产品不同品牌之间的竞争。

企业通过对竞争对手竞争能力的分析及与本企业竞争能力的比较，可以发现自己的优势和劣势，创造战胜竞争者的机会。与此同时，还要及时了解市场竞争态势的变化，以便掌握竞争的主动权，取得企业自身应有的竞争地位。

启示故事5-7：敌人与朋友

林肯作为美国总统，他对政敌的态度引起了一位官员的不满。他批评林肯不应该试图跟那些人做朋友，而应该消灭他们。“当他们变成我的朋友时，”林肯十分温和地说，“难道我不是在消灭我的敌人吗?”

朋友和敌人是相对的，如果一个敌人变成了朋友，不正是少了一个敌人吗？在销售市场上，竞争对手是相对的，如果相互之间通过联盟共同开拓市场，对于企业来说不但节省了大量的销售成本，而且市场空间会更广阔。

(六) 公众

公众指对企业实现营销目标的能力有实际或潜在的利害关系和影响力的团体或个人。企业所面临的公众主要有以下几种：① 金融公众，指影响企业融资能力的金融机构。② 媒体公众，主要是报纸、杂志、广播电台和电视台等大众传播媒介。③ 政府公众，指负责管理企业营销业务的有关政府机构。④ 民间公众，包括保护消费者权益的组织、环保组织及其他群众团体等。⑤ 地方公众，指企业所在地邻近的居民和社区组织。⑥ 一般公众，指上述各种关系公众之外的其他社会公众。⑦ 内部公众，企业的员工，包括高层管理人员和一般职工。

企业的经营活动会影响周围的各类公众的利益，公众也能协助或妨碍企业实现其经营目标。所以，企业的市场营销活动不仅要针对目标市场的顾客，而且还要考虑到有关的公众，采取适当的措施，与周围公众保持良好的关系。

四、市场营销环境分析与对策

市场营销环境是企业生存和发展的条件，市场营销环境的发展变化可能会给企业带来市场机会，同时也可能会给企业造成威胁。随着生产力水平的提高和科学技术的发展，企业的生存和发展越来越取决于企业适应环境变化的能力。因此，企业必须运用科学的分析方法，加强对营销环境的监测与分析，随时掌握其发展趋势，有针对性地制定和调整自己的战略与策略，不失时机地利用营销机会，尽可能减少威胁带来的损失。

(一) “SWOT”分析法

SWOT 分析法是当前最实用也最流行的一种制定战略的方法。所谓 SWOT 分析法，就是通过综合分析企业内部的优势和劣势，以及外部环境的机会和威胁，并以此为基础制定企业的战略。这一方法的基本点就是：企业战略的制定必须使其内部能力（优势和劣势）与外部环境（机会和威胁）相适应，以获得投资的成功。

1. 优势(Strengths)

优势指能使企业进行有效竞争和成功投资的某些因素或特征。它通常表现为企业的一种相对优势。这些优势主要包括：① 充足的资金来源和良好的投资技巧；② 在顾客中具有良好形象；③ 市场领导地位；④ 完善的服务系统；⑤ 专利和成本优势；⑥ 较好的广告宣传；⑦ 产品的创新能力；⑧ 完善的经营管理；⑨ 有效的经营曲线；⑩ 较好的生产能力和先进的工艺设备等。

2. 劣势(Weaknesses)

所谓劣势又称弱项，指给企业投资带来不利的因素或特征。这些因素或特征的存在和发展，将会使企业在市场竞争中处于劣势地位。一个企业的弱项主要表现在下述各个方面：① 缺乏明确的战略导向；② 设备陈旧，盈利较少甚至亏损；③ 缺乏现代管理经验和知识；④ 缺少某些主要技能或能力；⑤ 过去在执行战略过程中存在不足之处；⑥ 内部管理混乱；⑦ 研究与开发工作落后；⑧ 产品线过窄；⑨ 在顾客中的形象较差，销售渠道不力；⑩ 投资技巧较差、缺少足够的资金，以及成本过高。

3. 机会(Opportunities)

机会是影响企业战略的一个重要因素。机会的形式有两种：市场机会和企业机会。市场机会是指市场上未被满足或未被充分满足的需求；企业机会也称市场营销机会，是指对企业营销活动富有吸引力和利益空间的领域，在这些领域，企业拥有竞争优势。通常情况下市场机会不等于企业机会，市场机会是向所有企业提供的，但针对某一特定企业来说，市场机会只有与企业的资源和目标相吻合才有可能转化为企业的营销机会。

一个企业所面临的市场机会可归纳为下述几个方面：① 能为新增的顾客提供产品或服务；② 能进入新的细分市场；③ 能扩展产品线以满足顾客更大范围的要求；④ 能实现相关产品的多样化经营；⑤ 能实现纵向一体化；⑥ 能获得较快的市场增长；⑦ 竞争对手出现自满情绪；⑧ 有能力绕过有吸引力的外国市场的关税壁垒。

4. 威胁(Threats)

威胁指环境中对企业不利的因素，是影响企业当前地位或其所希望的未来地位的主要障碍。企业面临的威胁来自各个方面，其中主要有：① 低成本的外国竞争者的进入；② 替代产品的销售额上升；③ 市场增长速度的放慢；④ 国外有关国家贸易政策和汇率出现了不利于企业的变化；⑤ 企业经营易受经济波动变化的影响；⑥ 顾客和供应商议价实力的增强；⑦ 顾客需求和爱好的变化；⑧ 政府制定的有关法规的限制。

小链接

内蒙古电信于2002年7月成立，作为一个新进入的电信运营商，要与长期处于领导地位的内蒙古网通进行竞争，在内蒙古固定电话通信市场上，是内蒙古网通和内蒙古铁通垄断市场的局面。而在移动通信市场上，形成了内蒙古移动和内蒙古联通争夺市场，内蒙古网通凭借“小灵通”参与竞争的格局。内蒙古电信作为新进入的运营商，主要参与固定电话市场的竞争。我们对内蒙古电信作SWOT分析如下：

优势(Strengths)：

(1) 品牌知名度高；

(2) 网络成本低，网络技术先进；

(3) 快速的市场反应能力；

(4) 服务质量高，诚信方面表现好；

(5) 人员管理机制和运营机制灵活；

(6) 流程合理，体制上采用集中管理方式；

(7) 价格策略灵活。

劣势(Weaknesses)：

(1) 企业形象有待提高；

(2) 异网电话接通频率低；

(3) 情报系统效率不高；

(4) 覆盖不完善，接入网薄弱；

(5) 县乡市场尚未进入，营销网络尚未形成；

(6) 渠道不完善，渠道管理有待提高；

(7) 人员少，保证不了客户及时需求；

(8) 客户经理经验不足。

机会(Opportunities)：

(1) 进入细分市场的势力强；

(2) 竞争对手过于臃肿、庞大、迟钝；

(3) 管制机构加强管制力度；

(4) 竞争对手客户满意度不高；

(5) 与内蒙古广电部门进行合作；

(6) 移动业务经营许可。

威胁(Threats)：

(1) 异网经营面临巨大威胁；

(2) 竞争对手的巨大实力和规模；

(3) 竞争对手市场反应速度的加速，经营一体化改革。

资料来源：金圣才. 科特勒《营销管理》(第 11 版)笔记和课后习题详解[M]. 北京：中国石化出版社，2007.

(二) 市场机会和环境威胁分析

环境发展趋势基本上分为两大类：一类是环境威胁；一类是市场营销机会。所谓环境威胁，是指环境中一种不利的发展趋势所形成的挑战，如果不采取果断的市场营销行动，这种不利趋势将损害到企业的市场地位。企业市场营销经理应善于识别所面临的威胁，并按其严重性和出现的可能性进行分类，之后，为那些严重性大且可能性也大的威胁制定应变计划。

启示故事 5-8：善于发现，才能成功

有位年轻人乘火车去某地。火车行驶在一片荒无人烟的山野之间，人们一个个百无聊赖地望着窗外。

前面有一个拐弯处，火车减速，一座简陋的平房缓缓地进入他的视野。也就在这时，几乎所有乘客都睁大眼睛“欣赏”起寂寞旅途中这道特别的风景。有的乘客开始窃窃议论起这房子来。

年轻人的心为之一动。返回时，他中途下了车，不辞辛苦地找到了那座房子。主人告诉他，每天火车都要从门前驶过，噪音实在使他们受不了啦，很想以低价卖掉房屋，但很多

年来一直无人问津。

不久，年轻人用3万元买下了那座平房，他觉得这座房子正好处在拐弯处，火车经过这里时都会减速，疲惫的乘客一看到这座房子都会精神一振，用来做广告是再好不过的了。

很快，他开始和一些大公司联系，推荐房屋正面这道极好的“广告墙”。后来，可口可乐公司看中了这个广告媒体，在3年租期内，支付给年轻人18万元租金。这是一个绝对真实的故事。

在这个世界上，发现就是成功之门。生活中，有许多细节中隐藏着机遇，只要我们用心去发现，成功就在拐角处等着我们。

资料来源：知音.2007年第6期。

所谓市场营销机会，是指对企业市场营销管理富有吸引力的领域，在该领域内，企业将拥有竞争优势。这些机会可以按其吸引力以及每一个机会可能获得成功的概率来加以分类。企业在每一特定机会中成功的概率，取决于其业务实力是否与该行业所需要的成功条件相符合。

任何企业都面临着若干环境威胁和市场机会。然而，并不是所有的环境威胁都一样大，也不是所有的市场机会都有同样的吸引力。企业的最高管理层可以用“环境威胁矩阵图”和“市场机会矩阵图”来加以分析、评价。

1. 环境威胁分析

启示故事5-9：老虎求生

有个猎人，在深山里挖了一个陷阱，安放了一个捕兽工具，野兽的脚只要碰到它，它就会牢牢地把兽蹄钳住。

有一次，一只倒霉的老虎出来觅食，一不小心踏到了这个捕兽工具，老虎怎么也挣不脱。老虎知道被猎人捉住就会身首异处，怎么办？难道为了这几寸小小的足掌让长达七尺的身躯难受？不行，还是逃命要紧。老虎发怒起来，拼命地蹦跳腾跃，挣断了钳住的足掌，终于逃跑了。

每个企业在市场中都可能落入市场陷阱，这些陷阱可能来自资金短缺、组织混乱、顾客背弃、经销商反叛等，但企业认识到这个陷阱时，是否像这只老虎一样在危急的情况下宁肯牺牲局部也要保全整体呢？

对于环境威胁，可按其威胁影响的程度和它出现的可能性大小列成威胁矩阵图加以分析和评价，如图5-2所示。

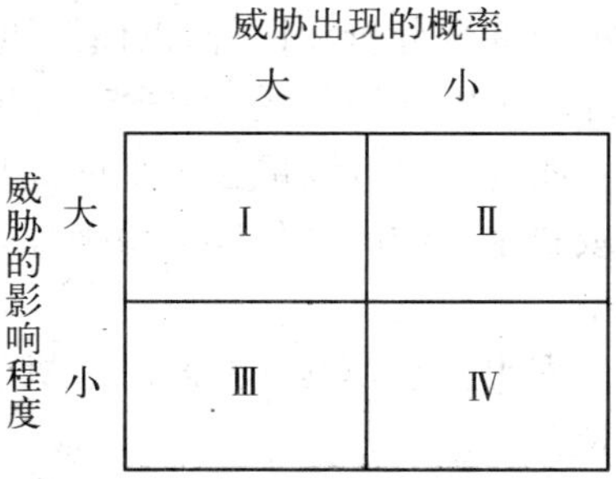

图5-2　环境威胁矩阵

图5-2中：横坐标表示威胁出现的概率；纵坐标表示威胁的影响程度，即威胁出现后给企业带来的利益损失的大小。

第Ⅰ象限区内，环境威胁影响程度很大，出现的概率也高，表明企业面临着严重的环境危机，企业应处于高度戒备状态，积极采取相应的对策，避免威胁造成的损失。

第Ⅱ象限区内，环境威胁影响程度大，但出现的概率低，企业不可忽视，必须密切注意其发展方向，也应制定相应的措施准备面对，力争避免威胁的危害。

第Ⅲ象限区内，环境威胁影响程度低，但出现的概率高，虽然企业面临的威胁不大，但由于出现的可能性大，企业也必须充分重视。

第Ⅳ象限区内，环境威胁影响程度低，出现的概率也低，在这种情况下，企业不必担心，但应该注意其发展动向。

2. 市场机会分析

研究营销环境机会应从潜在的吸引力和成功的概率两方面进行分析。市场机会分析矩阵如图 5－3 所示。

潜在的吸引力 ＼ 成功的概率	大	小
大	Ⅰ	Ⅱ
小	Ⅲ	Ⅳ

图 5－3　市场机会分析矩阵

图 5－3 中：其纵坐标为“潜在的吸引力”，表示潜在的赢利能力；横坐标为“成功的概率”，表示获得成功的可能性大小。

第Ⅰ象限区内，营销机会潜在吸引力和成功可能性都很大，表明对企业发展有利，企业也有能力利用营销机会，应采取积极的态度，把握机遇。

第Ⅱ象限区内，营销机会潜在吸引力很大，但可能性很小，说明企业暂时还不具备利用这些机会的条件。企业应一方面积极改善自身的条件，以准备随时利用其稍纵即逝的市场机会；一方面应观察其发展趋势。

第Ⅲ象限区内，营销机会潜在吸引力很小，而成功可能性大，意味着企业拥有利用机会的优势。对于大型企业遇到这样的机会往往是观察其变化趋势，而不是盲目地加以利用。但对于中小型企业来说，该机会往往是其能够加以利用的，因其生产的利润已足够中小企业的生存和发展。

第Ⅳ象限区内，营销机会潜在的吸引力小，成功可能性也小，故对企业来说无机会可言。

3. 威胁—机会综合分析

在现实生活中，机会和威胁往往是同时并存的，且在一定条件下，两者可相互转化，从而增加了环境分析的复杂性。企业可以运用威胁—机会矩阵加以综合分析和评价，以便能更清晰的认识企业在环境中的营销状况，如图 5－4 所示。

机会水平 ＼ 威胁水平	低	高
高	理想业务	冒险业务
低	成熟业务	困难业务

图 5－4　威胁—机会综合分析矩阵图

图 5－4 中，以机会水平的高低程度为纵坐标，以威胁水平的高低程度为横坐标，并各分高低两档。这样就把企业业务的处境分为四种类型：

理想业务，即威胁程度低，机会水平高，是最佳的状态，处于这种环境的企业是最理想的企业。

冒险业务，即威胁程度高，机会水平也高，两相比较，难分上下，因而处于这种环境的企业是冒险型的企业。

成熟业务，即威胁程度低，机会水平也低，虽然赢利水平不高，但也没有多大威胁，因而处于这种环境的企业是成熟的企业。

困难业务，即威胁程度高，机会水平低，是最坏的状态，处于这种环境中的企业是很困难的。

（三）企业对机会和威胁的反应

对企业所面临的主要威胁和最好的机会，企业最高管理层应当作出什么反应或采取何种对策呢？

1. 对市场机会的反应

面临客观的市场机会，企业应该给予足够的重视，制定适当的对策。企业常用的策略有三种。① 及时利用策略。当市场机会与企业的营销目标一致，企业又具备利用市场机会的资源条件，并享有竞争中的差别利益时，企业应不失时机，及时调整自己的营销策略，充分利用市场机会，求得更大的发展。② 待机利用策略。有些市场机会相对稳定，在短时间内不会发生变化，而企业暂时又不具备利用市场机会的必要条件，可以积极准备，创造条件，等待时机成熟时，再加以利用。③ 果断放弃策略。市场营销机会十分具有吸引力，但企业缺乏必要的条件，无法加以利用，此时企业应做出决策果断放弃。因为任何犹豫和拖延都可能导致错过利用其他有利机会的时机，从而一事无成。

启示故事5-10：对老虎发命令

有一个人在荆州做官时，山上的老虎常出来吃人和家畜。老百姓要求县官除去饿虎。

这个人只下了一道驱逐老虎的命令，叫人刻在很高的岩石上，凑巧那只老虎因故离开了荆州，他就得意地认为他的命令生效了。

不久，他被调另一个地方做官了。这个地方的老百姓非常刚强，很不容易治理。

他认为刻在荆州岩石上的命令既然能够制服凶恶的老虎，便认为也能够镇住会识文断字的老百姓，便托人去荆州描摹那个石刻。

结果，这个地方不但没有治理好，这个官反而因为治理不当而丢了官。

许多企业都有营销成功的历史，它们依靠这些方法取得丰厚的利润。但是当一个新的市场出现在面前的时候，环境变了，消费者的心理变了，企业原有的“成功”方法有可能会使企业一败涂地。

2. 对环境威胁的反应

企业对所面临的主要威胁有三种可能选择的对策。

(1) 反攻策略。反攻策略是指试图限制或扭转不利因素的发展。如通过各种方式促使政府通过某种法令或达成某种协议，或制定某项政策来改变环境的威胁。例如，长期以来，日本汽车、家用电器等产品源源不断流入美国市场，而美国的牛肉和柑橘不能自由地进入日本市场。美国政府为了打破这一严重的环境威胁，一方面在舆论上提出美国的消费者愿意购买日本的优质汽车、电视、电子产品，为何不让日本的消费者购买便宜的美国牛肉和柑橘；另一个方面美国向有关国际组织提出了起诉，要求仲裁。同时提出日本政府如果不改变农产品贸易保护政策，美国对日本工业产品的进口也要采取相应的措施。结果，日本被迫同意美国的牛肉和柑橘在3年以后，实行进入日本的自由化。

(2) 减轻策略。减轻策略是指通过企业改变营销策略，以"减轻环境威胁"的程度。例如，美国的列维斯特劳斯公司于20世纪70年代末花费了1 200万～1 400万美元，想通过1980年在莫斯科举行的夏季奥运会把列维服装推广为"美国的国服"，并做了大量的广告。后来因前苏联出兵阿富汗美国拒绝参加该届奥运会，这对该公司造成了一种严重的环境威胁。该公司立即改变其营销策略，把很多费用转移到全国电视广告上，并改变广告宣传的内容，鼓励人们购买其服装作为圣诞节的礼物。结果，该企业将环境威胁转化为有利的营销机会。

(3) 转移策略。转移策略是指将产品转移到其他市场或其他赢利更多的产品行业。例如，美国某公司多年来一直服务于儿童市场，但近年来，由于美国人口出生率下降，人口呈现老龄化趋势，市场对儿童服装、玩具及食品需求的增长率下降，给该公司的营销活动造成了环境威胁。在这样的环境下，该公司适时地采取了转移策略，一方面将婴儿食品大量外销，另一方面在国内发展老年人寿保险、旅馆、民航、饭店及旅游等多种经营，从而保证了公司的不断发展。

本章小结

市场营销环境是企业营销职能外部的不可控的因素和力量，这些因素和力量是与企业营销活动有关的影响企业生存和发展的外部条件，包括微观营销环境和宏观营销环境。市场营销环境是企业市场营销活动的立足点和根本前提，是企业经营决策的基础，为科学正确地作出经营决策提供了保证，所以，关注市场营销环境有利于企业发现新的经营机会，及时采取措施，有效地把握未来。

宏观营销环境是指影响企业市场营销活动的一系列巨大的社会力量，主要包括：人口、经济、政治法律、科学技术、社会文化及自然生态等因素。

微观营销环境是指与企业紧密相连，直接影响企业营销能力的各种参与者，包括企业本身、市场营销渠道企业、顾客、竞争者以及社会公众。

企业必须运用科学的分析方法，加强对营销环境的监测与分析，随时掌握其发展趋势，有针对性地制定和调整自己的战略与策略，不失时机地利用营销机会，尽可能减少威胁带来的损失。SWOT分析法是当前最实用也最流行的一种制定战略的方法。所谓SWOT分析法，就是通过综合分析企业内部的优势和劣势，以及外部环境的机会和威胁，并以此为基础制定企业的战略。

市场营销环境通过对企业构成威胁或提供机会而影响营销活动。企业最高管理层可采用"威胁分析矩阵图"和"机会分析矩阵图"来分析、评价营销环境。在环境分析与评价的基础上，企业对所面临的主要威胁和最好机会，要分别采取不同的对策。

【问题与探讨】

1. 分析营销环境有什么重要意义？

2. 何谓宏观营销环境？宏观营销环境的构成因素有哪些？

3. 我国人口环境的变化有哪些主要趋势？对市场营销有什么影响？

4. 消费者支出模式的变化有什么规律？

5. 科学技术的发展对市场营销组合会产生何种影响？

6. 目前自然环境的状况对企业市场营销有何影响？

7. 微观营销环境的构成因素有哪些？

8. 什么是SWOT分析法？并对你所熟悉的一个企业进行简单的SWOT分析。

9. 企业如何评价市场营销环境？其对策是什么？

【案例分析】

稀世宝进军水饮料市场

稀世宝矿泉水公司成立于1992年，生产地在湖北省恩施州，设计生产能力为年产两万吨。稀世宝的市场占有率、美誉度、销售总量还处在一个很低的水平。在北京匹夫营销策划有限公司的指导下，稀世宝矿泉水在市场竞争最激烈的饮料行业，一举打开了武汉和北京两个市场，使稀世宝成为家喻户晓的知名品牌，知名度达到90%，美誉度达到75%，销售比上年同期增长十多倍，取得了广告投入800万元，销售2 000万元的骄人业绩。

北京匹夫营销策划有限公司对稀世宝矿泉水的市场现状分析如下：

1. 市场背景。(1) 饮料市场竞争激烈。饮料市场不断被细分，众多果汁、功能饮料不断涌现，瓜分着消费者的钱袋，挤占着饮料水的市场。(2) 品牌繁多。饮料水分为纯净水(包括太空水、蒸馏水)和矿泉水两大类。全国共有这两大类生产企业各1 000多家。在武汉市场，有纯净水29种，矿泉水21种；在北京市场，矿泉水品牌多于纯净水，但品牌繁杂，良莠不齐。(3) 纯净水各方面较之矿泉水占上风。从广告宣传、营销水平、品牌号召力到消费者选择偏好，整体上矿泉水不敌纯净水。纯净水利用的客观优势是：成本低廉，消费者现阶段认为纯净水优于矿泉水。(4) 矿泉水前景良好，潜力巨大。在发达国家，饮用矿泉水才是讲健康、有品位的标志。世界知名水饮料品牌都是矿泉水，如法国“依云”。矿泉水在世界上已有近百年的历史。我国消费者对矿泉水的认识有较快的提高，饮水已不仅仅是解渴，同时还追求对身体有益。

2. 竞争者状况。第一集团军：乐百氏、娃哈哈、康师傅等，他们是领先品牌；第二集团军：怡宝、小黑子、获特满，他们是强势品牌；其他40余种水饮料相对来说是弱势品牌。这些品牌的知名度高，企业实力强大，广告投入大。其中乐百氏既生产纯净水又生产矿泉水，既靠纯净水低成本赚钱，又靠矿泉水树形象从长计议。乐百氏、娃哈哈、农夫山泉相继在武汉抢滩登陆建分厂，实施本地化战略，降低成本，强化竞争力。

3. 消费者状况。消费者已形成购买饮用水的习惯，经常购买者占48.89%，偶尔购买者占48.15%，只有2.96%的人从来不购买。年龄结构明显偏小。消费行为特征：重品牌，重口感，对矿泉水、纯净水概念模糊，但已有一部分消费者认识到，长饮纯净水无益，开始留意选择优质矿泉水了。

4. 稀世宝市场表现。知名度、美誉度不高。在武汉，稀世宝原市场占有率仅1.7%。

消费者对稀世宝“不了解”者占89.41%,“了解”者占12.60%;品牌知名度为10.20%。销量极低,1998年共生产1 700吨,各地总销售额不足400万元,武汉地区销售额仅80万元左右。稀世宝富硒特点区别于其他纯净水、矿泉水,但较少人知。售价高,在消费者不知是好水的情况下,价格缺乏竞争力。

越来越多的消费者认识到,选择对身体有益的矿泉水才是选择健康,才是有品位的生活。上海市明令禁止中小学生饮用纯净水就是这场转变的开端。稀世宝矿泉水应抓住机遇,加速这种转变。

案例来源:王培志. 市场营销学案例教程[M]. 北京:经济科学出版社,2002.

问题讨论:

1. 对稀世宝矿泉水市场环境的分析,有哪些市场机会和威胁?
2. 请你对稀世宝矿泉水的营销策略进行策划。

【实践训练】

营销环境分析

项目:模拟某一企业对营销环境进行调查分析。

目的:通过对营销环境的调查分析,锻炼同学们对企业经营的宏观环境与微观环境的分析把握能力,以及其对企业营销成败带来的影响。

组织:以小组为单位收集相关资料,小组人数4～5人为宜,小组成员要合理分工。

内容:开展市场调查,找到影响模拟企业的宏观环境因素和微观环境因素,各项因素对本模拟企业带来的机遇和威胁分别是什么?各模拟企业拿出自己的营销环境分析方案,并在全班师生面前进行展示。师生共同评估各自方案的长短优劣,并选出优胜者。

第6章 消费者行为

通过本章学习，你应该理解：

1. 消费者市场是一个复杂的、多变的市场；
2. 消费者的特征是影响消费者购买行为的重要因素；
3. 消费者购买决策过程是一个复杂的过程。

营销的目标是使目标顾客的需要和欲望得到满足和满意。所谓消费者行为研究是指研究个人、集团和组织究竟怎样选择、购买、使用和处置商品、服务、创意或经验，以满足他们的需要和愿望。然而，"认识顾客"绝不是一件轻而易举的事情。顾客往往对他们的需要和欲望言行不一。他们不会轻易暴露自己的内心世界。他们对环境的反应在最后一刻会发生变化。不管怎样，消费者行为仍有规律可循，故营销者必须潜心研究目标顾客的欲望和需求以及购买行为。

【引导案例】

从豆浆到维他奶

一碗豆浆、两根炸油条是三顿美餐中的第一餐，这是长期以来许多中国人形成的饮食习惯。豆浆，以大豆为原料，是豆腐作坊的副产品，在中国已有两千多年的历史。它的形象与可乐、牛奶相比，浑身上下冒着"土气"。以前，喝它的人也多是老百姓。

但是，现在豆浆在美国、加拿大、澳大利亚等国的超级市场上都能见到，与可乐、七喜、牛奶等国际饮品并列排放，且价高位重，有形有派。当然，它改了名，叫维他奶。

豆浆改名维他奶，是香港一家有50年历史的豆品公司为了将街坊饮品变成一种国际饮品，顺应不断变化的价值观和现代人的生活方式，不断改善其产品形象而特意选择的。"维他"来自拉丁文Vita，英文Vitamin，其意为生命、营养、活力等，而舍"浆"取"奶"，则来自英语soybean milk(豆奶，即豆浆)的概念。50年前，香港人的生活不富裕，营养不良，各种疾病很普遍。当时生产维他奶的用意，就是要为营养不良的人们提供一种既便宜又有营养价值的牛奶代用品——一种穷人的牛奶。在以后的20年中，一直到20世纪70年代初期，维他奶都是以普通大众的营养饮品这个面貌出现的，是一个"廉价饮品"的形象。

可是到了20世纪70年代，香港人的生活水平大大提高，营养对一般人来说并不缺乏，人们反而担心营养过剩的问题。如果此时还标榜"穷人的牛奶"，那么喝了不就掉身价了吗？难怪豆品公司的职员发现，在马路边的汽水摊前，喝汽水特别是外国汽水的人喝起来"大模大样"，显得十分"有派"，而喝维他奶的人，就大多站在一旁遮遮掩掩，唯恐人家看到似的，因而，豆品公司的业务陷入低潮。

20 世纪 70 年代中期，豆品公司试图把维他奶树立为年轻人消费品的形象，使它能像其他汽水一样，与年轻人多姿多彩的生活息息相关。这时期的广告便摒除了"解渴、营养、充饥"或"令你更高、更强、更健美"等字眼，而以"岂止像汽水那么简单"为代表。1983 年，又推出了一则电视广告，背景为现代化城市，一群年轻人拿着维他奶随着明快的音乐跳舞……可以说，这时期维他奶是一种"休闲饮品"的形象。

然而，到了 20 世纪 80 年代，香港的年轻人对维他奶怎么喝也喝不出"派"来了，于是，从 1988 年开始的广告便重点突出它亲切、温情的一面。对于很多香港人来说，维他奶是个人成长过程的一个组成部分，大多数人对维他奶有一种特殊的亲切感和认同感，它是香港本土文化的一个组成部分，是香港饮食文化的代表作，维他奶对香港人如同可口可乐对美国人一样。由此，维他奶又开始树立一个"经典饮品"的形象。

在同一时期，维他奶开始进入国际市场。这一时期，太多的脂肪成了美国等国公民的一大问题。在美国，维他奶标榜高档"天然饮品"。所谓天然饮品，就是没有加入人工的成分，如色素和添加剂等，可以使消费者避免吸收太多的脂肪，特别是动物脂肪。这当然受美国人的欢迎。于是便出现了这样历史性的趣事：维他奶创始之初，标榜穷人的牛奶，强调它与牛奶的相似之处，并且价格比牛奶要低；当今的维他奶强调的是与牛奶不同的地方（维他奶具有牛奶所有的养分，而没有牛奶那么多的动物脂肪），其价格也比牛奶高。

资料来源：朱华. 市场营销案例精选精析[M]. 北京：中国社会科学出版社，2006.

在不同的时期或不同的社会，人们的价值观和生活方式存在着巨大的差异，而且是不断发展变化的。企业应该以消费者的需要和欲望为出发点，了解和掌握消费者的真正需求，顺应消费者的愿望，才能长期占领市场。

思考： 1. 消费者需求有何特点？

2. 消费者的购买行为受哪些因素的影响？

一、消费者市场及其特点

（一）消费者市场的概念

按照顾客购买目的或用途的不同，市场可分为组织市场和消费者市场两大类。组织市场是指以某种组织为购买单位的购买者所构成的市场，其购买目的是为了生产、销售或履行组织职能。消费者市场是指个人或家庭为了生活消费而购买产品和服务的市场。生活消费是产品和服务流通的终点，因而消费者市场也称为最终产品市场。

市场营销的最终目标就是要满足消费者的欲望与需求。一切企业，无论是生产企业还是商业，服务企业，无论是否直接为消费者服务，都必须研究消费者市场，因为只有消费者市场才是商品的最终归宿，即最终市场。其他市场，如生产者市场，中间商市场等，虽然购买数量很大，常常超过消费者市场，但其最终服务对象还是消费者，仍然要以最终消费者的需要和偏好为转移。在这个意义上,可以说消费者市场是一切市场的基础,是最终起决定作用的市场。例如,纺织厂生产的产品,一般不直接卖给消费者,而以服装厂或中间商为主要市场,但必须认真研究最终消费者的需要,以消费者的需要为依据来制订营销方案,因为服装厂和中间商最终都要以消费者的需求为基础。所以,消费者市场是现代市场营销理论研究的主要对象。成功的市场营销者是那些能够有效地发展对消费者有价值的产品,并运用富有吸引力和说服力的方法将产品有效地呈现给消费者的企业和个人。

启示故事6-1:杜邦的失败

美国杜邦公司研究皮革代用品多年,终于在1961年把一种命名为"Corfam"的人造皮革正式投产,投资2 500万美元。在营销策略上它选择了若干家皮鞋厂商,制造高档男女皮鞋,并决定在开始时采取高价策略,以提高该产品的身价。但是,用该人造皮革制成的皮鞋于1963年进入市场后,仅仅经过了3年就开始急剧衰退。1971年杜邦公司发现该产品已无可挽救,被迫停产,总损失达1亿美元。造成这一失利的原因是:杜邦公司在广告中宣传该人造皮革比真皮更耐穿和易于维护,但购买高档鞋的消费者要求的主要是款式新颖,质地高贵,穿着舒适,而不是使用的耐久性。该人造皮革在许多性能上也远不如真皮,如透气性很差,根本达不到高档皮鞋的要求,因此再购率很低,如果开始时把该人造革用于制造低档鞋类,并采取薄利多销的低价策略,也许会获得成功。

市场是商品经济体系中的自主力量,有其自身的运行规律,这是不以人们的意志为转移的,营销者只有了解它,适应它,才能得到生存和发展。因此,一个企业要开发什么新产品,采取什么样的价格策略和促销手段,都要依据对消费者市场的分析。如果不清楚市场的情况,盲目发展,势必使营销失败,造成巨大损失。

(二) 消费者市场的特点

与组织市场相比,消费者市场具有的特征如表6-1所示。

表6-1 消费者市场与组织市场特点对比表

项目	消费者市场	组织市场
购买者	个人或家庭	制造商、中间商、非营利组织
需求弹性	伸缩性(富有弹性)、发展性	缺乏弹性
市场分布	分散性、周期性	集中性
购买行为	非专业性购买	专业性购买
购买决策	简单多变、可诱导性、差异性	复杂、理性
购买需求	源发性(直接需求)、层次性	派生需求
购买数量	零星	大宗
主要分销方式	间接分销	直接分销
主要促销方式	广告	人员推销

(1) 复杂性。从交易的商品看，由于消费者市场提供人们最终消费的产品，而购买者是个人或家庭，因而它更多地受到消费者个人人为因素诸如文化修养、欣赏习惯、收入水平等方面的影响；在消费者市场上，产品的花色多样、品种复杂，产品的市场生命周期短；商品的专业技术性不强，替代品较多，因而商品的价格需求弹性较大，即价格变动对需求量的影响较大。

(2) 零星、分散、频繁。从交易的规模和方式看，消费品市场购买者众多，市场分散，成交次数频繁，但交易数量零星。因此，绝大部分商品都是通过中间商销售的，以方便消费者购买。

(3) 可诱导性。从购买行为看，消费者的购买行为具有很大程度的可诱导性。这是因为：首先，消费者在决定采取购买行为时，不像组织市场的购买决策那样，常常受到生产特征的限制及国家政策和计划的影响，而是具有自发性、感情冲动型；其次，消费品市场的购买者大多缺乏相应的商品知识和市场知识，其购买行为属非专业性购买，他们对产品的选择受广告、宣传的影响较大。由于消费者购买行为的可诱导性，生产和经营部门应注意做好商品的宣传广告，引导消费，一方面当好消费者的参谋，另一方面也能有效地引导消费者的购买行为。

(4) 流动性。从市场动态看，由于消费者的需求复杂，供求矛盾频繁，加之随着城乡交往、地区间的往来的日益频繁，旅游事业的发展，国际交往的增多，人口的流动性越来越大，购买力的流动性也随之加强，因此，企业要密切注视市场动态，提供适销对路的产品，同时要注意增设购物网点和在交通枢纽地区创设规模较大的购物中心，以适应流动购买力的需求。

二、消费者行为模式

研究消费者购买行为的完整过程一般包括以下7个问题，从而形成了7Os框架，如表6-2所示。

表6-2　7Os框架或6W1H研究方法

Occupants	购买者	Who	谁构成了市场
Objects	购买对象	What	购买什么商品
Objectives	购买目的	Why	为何购买
Organizations	购买组织	Who	谁参与了购买行为
Operations	购买方式	How	以何种方式购买
Occasions	购买时间	When	何时购买
Outlets	购买地点	Where	何处购买

由于7个英文单词的开头都是O，所以称为“7Os”框架研究法。营销人员在制定针对消费者市场的营销策略之前，必须先研究消费者购买行为。例如，某照相机厂生产和销售照相机，营销人员必须仔细分析研究以下问题：① 目前消费者市场上购买这种照相机的

是哪些人？② 消费者需要什么样的照相机？③ 消费者为什么购买这种照相机？④ 哪些人会参与照相机的购买？⑤ 消费者怎样购买这种照相机？⑥ 消费者何时购买这种照相机？⑦ 消费者在何处购买这种照相机？

启示故事6-2：可口可乐改变配方风波

20世纪80年代，可口可乐公司决定开发新型可乐，公司对顾客口味作了随机测试，发现顾客喜欢百事可乐的甜味，而不是可口可乐的干爽味。其实，这个结论最早是由百事可乐做的，可口可乐后来的测试证实了这个结论。此后，可口可乐公司找到了一种含甜味的新配方，从1982～1985年，历时3年，对近20万消费者进行的测试表明，55%的消费者倾向于新可乐的口味，53%的消费者倾向于新可乐。1985年4月，新可口可乐正式面市，公司决定停止生产老可口可乐。消息传开，可口可乐总部每天都收到消费者上千个抗议电话及雪片般的抗议信，消费者甚至成立"美国老可口可乐饮用者"组织来威胁可口可乐公司，如果不按老配方生产，就要提出控告，并组织召开抑制新可乐的集会。在3个月的抗议风潮中，可口可乐公司又重新做了公众调查，6月份还有49%的人喜欢新可乐，到了7月初，只有30%的人喜欢。于是，7月11日，公司决定重新生产老可口可乐。

决定消费者购买行为的不仅仅是产品本身。美国人对可口可乐配方的更改反应如此强烈的原因在于：在美国人心目中，可口可乐已经不是单纯的饮料，而是一种美国文化的象征！公司带走的不仅是可口可乐，还有他们和他们的过去一部分。

资料来源：郭芳芳，陈顺霞. 市场营销学习题集[M]. 上海：上海财经大学出版社，2005.

消费者购买行为研究模式中比较有代表性的是刺激——反应模式。研究发现，人的行为是受心理活动支配的，消费者的行为受消费者心理活动支配。那么，心理活动又是如何起作用的呢？心理学家们有各种观点，按照"刺激—反应"（S-R）学派的观点，人们行为的动机是一种内在的心理活动过程，看不见摸不着，像一只"黑箱"（Black Box），是一个不可捉摸的神秘过程。外部的刺激，经过黑箱（心理活动过程）产生反应，引起行为（如图6-1所示），只有通过对行为的研究，才能了解心理活动过程。这里所要研究的就是消费者对营销刺激和其他刺激的反应。

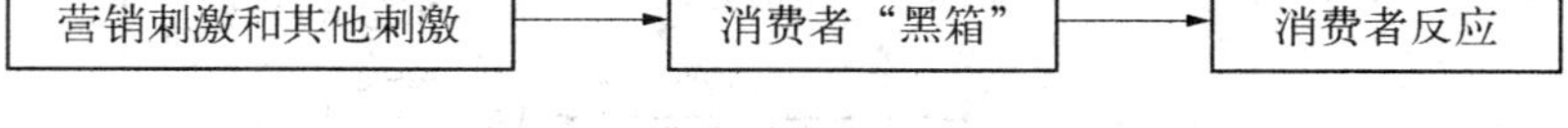

图6-1 消费者购买行为的基本模式

营销刺激（Marketing Stimuli）指企业营销活动的各种可控因素，即4P：产品、价格、渠道、促销；其他刺激指消费者所处的环境因素（如经济、技术、政治、文化等）的影响，如国内政治经济形势的变化、币值的波动、失业率的高低等。这些刺激通过购买者的黑箱产生反应，即购买行为。

刺激和反应之间的购买者黑箱如图6-2所示，包括两个部分：第一部分是购买者的特性。购买者特性受到许多因素的影响，并进而影响购买者对刺激的理解和反应，不同特性的消费者对同一种刺激会产生不同的理解和反应。第二部分是购买者的决策过程，它直接影响最后的结果。

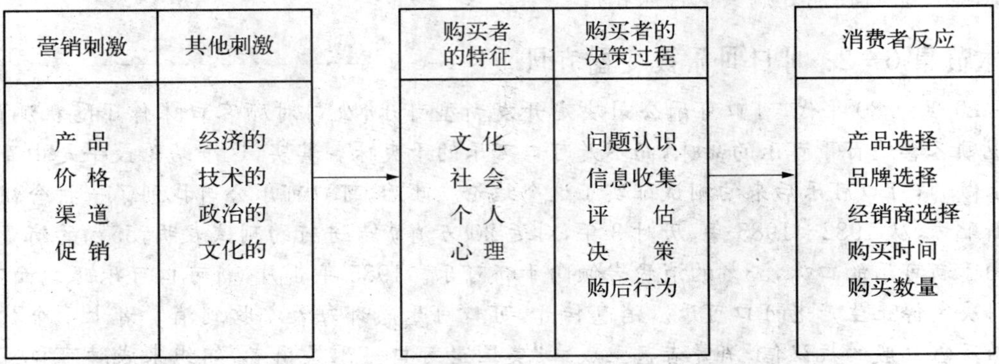

图 6-2　消费者购买行为的详细模式

三、影响消费者购买行为的因素

消费者的行为取决于他们的需要和欲望，而人们的需要和欲望乃至消费习惯和行为，是在许多因素的影响下形成的。这些因素主要有：文化的、社会的、个人的、心理的因素等四大类，如图 6-3 所示。这四类因素属于不同的层次，对消费者行为的影响程度不同，影响最深远的是一个民族的传统文化，它影响到社会的各个阶层和家庭，进而影响到每个人的心理及行为，而影响消费者行为最直接的、决定性的因素，则是个人及其心理特征。

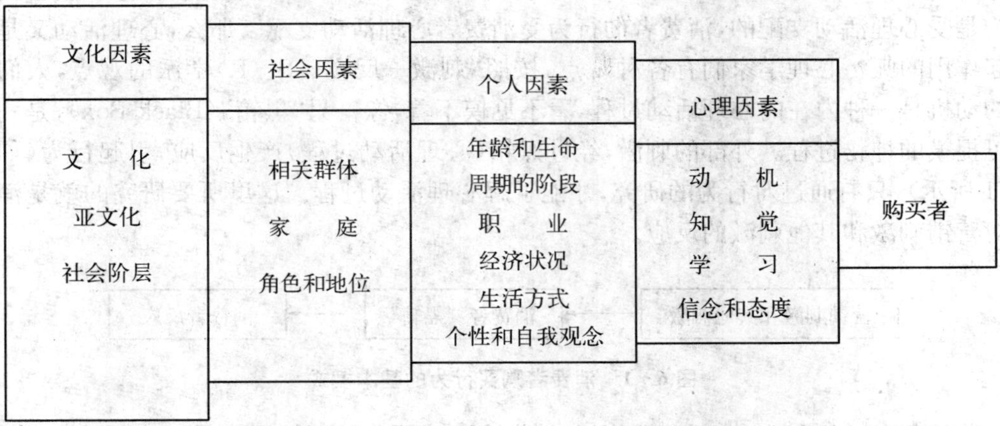

图 6-3　影响消费者行为的主要因素

(一) 文化因素

文化、亚文化和社会阶层等文化因素，对消费者购买行为具有极广泛而深远的影响。

1. 文化

文化是指人类在社会历史发展过程中所创造的物质财富和精神财富的总和，包括民族传统、宗教信仰、风俗习惯、教育层次和价值观念等。它是人类欲望和行为最基本的决定因素，对消费者的行为具有极广泛而深远的影响。人们的风俗习惯、伦理道德、价值观念和思维方式等等，都受传统文化的制约。文化不仅影响人们对特定商品的购买，还作用于消费者信息搜集和价值判断，即文化以多种方式作用于个人购买决策。虽然商家可以通过广告、促销等策略来影响这一阶段，但这种文化的力量是难以克服的，至少在短期内如此。但传统文化也不是一成不变的。近年来，传统文化有如下变化趋势：① 由于收入的增加和工作时间的缩短，人们的闲暇增多。于是，需要更多的旅游、野营、运动，并且人们为了得到更多的闲暇时间，需要节省时间的产品和服务。② 文化教育水平的提高，必然向传统观念提出挑战。越是教育层次高的，思想越开放，向某些传统观念的挑战越强烈，这种倾向必然对消费行为发生影响。③ 由于生活水平的提高，人们对健康和仪表更加关注。现在，人们主张少食多餐，吃“绿色”食物，增加运动，保持健美。老年人也讲究衣着，染发，整容，喜欢年轻人的服装和用具。④ 人们希望生活松弛些。现代人喜欢轻松的生活方式，挑选宽松式的家常便服，家庭布置也趋于简单化。⑤ 由于交通和通讯的发达，相对缩短了地理上的距离，促进了不同国家、不同地区、不同民族间的文化交流，从而也势必对传统文化结构发生深远的影响。

小链接

中国未来消费趋势分析

改革开放以来，我国经济获得了巨大发展，人民生活水平迅速提高，城乡居民的消费观念、消费结构等消费特征发生了一系列变化。随着改革开放的不断深入，我国社会文化、经济等各方面也将发生深刻的变革。受这些环境影响的消费者的消费行为也将呈现如下特征：

1. 消费行为日趋个性化。作为相对独立的消费者，都希望在消费产品中找到“自我”和“真我”，充分体现自己的个性，虽然他们总体上倾向于和大众保持同质化的产品或服务消费，但消费者期望在送货、付款、功能和售后服务方面，供货方能满足他们特别的要求。如占人口 20%的中国“小皇帝”一代，由于是独生子女，比前一代更有个性。他们不像祖父母和父母那样考虑集体、家庭和社会，而是趋势的倡导者。面对这一趋势，企业能否根据具体消费者而不是群体消费者设计个性化的产品或服务，将成为衡量企业竞争力的准则。为此，海尔集团提出了“您来设计我来实现”的新口号，由消费者向海尔提出自己对家电产品的需求模式，包括性能、款式、色彩、大小等，实施家电个性化生产的战略举措，为它在未来市场的竞争中奠定了坚实基础。

2. 精神消费日益上升。随着生产力水平的提高和产品的极大丰富，消费者对产品的需求逐渐由对产品量的满足向对产品质的追求，在生理需要获得满足的同时逐渐转向更高层次需要的满足。为此在消费支出中，非物质产品（精神产品）的支出比例越来越高。精神消费（旅游、运动、休闲、教育、娱乐等）已进入寻常百姓家。引发精神消费的两个重要条件是时间和空间。平均寿命的增加、5 天工作制的实行等增加了休闲的时间；火车提速、交通便捷，大大扩展了人们的活动范围，可以玩的地方也多起来了。精神消费作为一种生活质量提高的标志，不同于基本生存需要的“单一化、物质化”，而是越来越趋向多样性和精神层面。消费者购买这类产品,在乎的是质量,价格往往不是首要的评价因素。

3. 知识产品成为时尚。随着高新技术与信息产业高速发展,不同产品之间的质量差异越来越小,供人们使用的功能越来越相似。此时的消费者教育水平得到了广泛提高,人们对文化的渴望越来越强烈,产品的知识化优势会日渐显现出来。因特网使人类的眼界及视野又一次突破性的扩大,在不断发现世界上的许多新奇产品时,人们会自然而然地注意到那些具有很强个性又有着深厚文化底蕴的产品。因特网会增加产品的知识成本,使知识产品成为时尚,并随各种文化的传播,那些能让消费者获得知识文化的产品将备受青睐。据预测,由于因特网时代的到来,使英语变得更加需要,语言学习工具及语言培训产业都将成为世人消费热点。

4. 信贷消费将日益盛行。中国人历来是按"未雨绸缪"的消费观念来消费的。"先储蓄,再消费"已是几代人的消费模式。而年轻一代的消费者(特别是 20 世纪 80 年代后出生的消费群)随着社会保障制度的建立和完善及收入的不断增加,他们把收入很少用于储蓄,而大部分收入用于现实消费,甚至有的是提前消费价格昂贵的产品如住宅和小轿车等。

5. 生态消费深入人心。进入 21 世纪之后,全球的环保呼声越来越高。负责任的消费者将注意力越来越多的转向如何使地球和子孙后代生活得更美好,他们的需求将转向绿色和环保产品。崇尚自然、回归自然已成为新人类发自内心的呼唤。如何减少地球资源的浪费及保护大气臭氧层将是未来消费者评价产品的标准。具备强烈的环保意识、不污染环境的包装将成为消费者首选。

资料来源:杨慧. 市场营销学[M]. 北京:经济管理出版社,2001.

2. 亚文化

每一种文化群体内部又包含若干亚文化群。亚文化是指社会成员中某一群体共有的、与其他群体相区别的、对客观物质世界的主观认识。它以特定的认同感和社会影响力将各成员联系在一起,其中影响购买行为最显著的有四种:① 民族亚文化。世界上许多国家,除了具有相对统一的某种文化类型外,都存在着许多以民族传统为基础的亚文化,如我国共有 56 个民族,是个多民族的国家,他们各自有不同的民族习惯和生活方式。例如,有的民族对于某些动物、花鸟、图案奉若神明,视为高贵,而某些民族则可能正好相反,视其为丧气或禁忌。这种差异对市场分析、细分市场等企业营销活动都很有帮助。② 宗教亚文化。世界上存在着许多不同的宗教,如佛教、道教、伊斯兰教、基督教等,不同的宗教信仰有不同的文化倾向和戒律,从而形成对商品不同的偏好和禁忌,使分属不同宗教群体的消费者在购买行为和消费习惯上表现出各自的特征。企业应充分了解现实及潜在消费者的宗教信仰,制定适合其特点的营销策略,满足其消费需求。③ 种族亚文化,如黄种人、白种人、黑种人等,各个种族都有自己独特的生活习惯和文化传统,他们的购买行为各不相同。例如向亚裔美国人提供产品时,文化敏感度对营销效果很关键,需要注意不同数字、颜色所代表的不同含义。在开拓市场时,请有亚裔背景的名人代言对宣传会非常有帮助,如锐步厂商使用网球明星张德培做广告以后,其运动鞋在亚裔消费者中的销量大增。④ 地域亚文化。如我国有东北、华北、西南、西北、华南、华中等地区,不同的区域具有不同的地理特征、气候特点，赋予了人们不同的体质和性格。这种差异自然会在商品购买过程中表现出不同的消费决策模式。

小链接

对拉美人、黑人和老年人的营销

当前亚文化发展至足够大和丰富多彩，公司经常为满足它们的需要而设计特定的方案，下面是3个在美国重要的亚文化群体。

拉美人

许多年以来，营销者认为拉美人市场——美国的墨西哥人、古巴人、波多黎各人和美国中部与南部的土著人——是少数且生活贫困，但这种理解如今已完全过时了。到2020年，拉美人将占美国人口的11%，是第二大和发展最快的少数民族。他们每年的购买力达1 340亿美元。半数以上的拉美人生活在6个大城市——洛杉矶、纽约、迈阿密、圣安多尼奥、旧金山和芝加哥。拉美人长期以来的购买目标是食品、饮料和家庭护理产品。但拉美人的购买力在上升，他们的兴趣日益表现在高档产品上，如电脑、金融服务、照相设备、大型器具、人寿保险和汽车。许多公司为他们准备了较大的广告预算和特别诉求，以博得他们的青睐，聪明的公司也认识到拉美社会在当地、文化、社会阶层和家庭生命周期中的差异化。

由于拉美人市场的成长和发展，许多公司（包括高露洁、雀巢、百事可乐和宝洁公司）增加了对拉美人市场供应的产品数量。由于通过了北美自由贸易协定，这种趋势在加速。例如，雀巢在墨西哥推出了一种强有力的牛奶尼哥，进行销售；沃尔玛收购了马基路，一个墨西哥著名的谷物类品牌；高露洁也在洛杉矶和迈阿密营销它的福比洛斯牌房间清洁剂。在拉丁美洲年营业额最大的生产商戈拉食品公司，它位于新泽西州的塞克勒斯，是民族食品的分销商。为了适合拉美人的欲望，它生产诸如诺迈里达斯（条形仙人掌）和杜斯托斯（油煎的绿色大蕉），戈拉公司从20世纪90年代起，其销售额从3亿美元上升至4.8亿美元。

美国黑人

如果拥有年销售额2 180亿美元的3 100万美国黑人成立一个独立的国家，其购买力将在世界上排名第12位。黑人是感情丰富和复杂的。黑人比白人买更多的衣服、个人用品、家具和香水；相对白人消费少的是食品、旅游和娱乐。他们倾向于强烈的质量驱动和在邻近的商店选择东西。

为了适应美国黑人市场，肯德基公司在某些餐馆中迎合黑人的爱好，员工穿上传统的黑人衣服，播放有节奏的美国黑人蓝调乐曲，在菜单上添上当地口味，如红豆汤、米饭或蔬菜。许多大公司，如桂格麦片、麦当劳、宝洁、可口可乐和克勒洛克公司努力搞好与黑人社区和机构的关系。桂格麦片公司尊重和关心黑人家庭，通过抽奖活动使赢者与桂格公司一起，参加在芝加哥的哥斯普里达的“家庭重聚”活动，这是该城市最大的自由户外的传播福音的音乐晚会。克勒洛克开展“渴望太阳神开始清洁活动”，在这一活动中，信仰这种文化的少数民族社区的消费者能参与奖学金的抽奖活动。

斯派克·李是美国黑人电影制作商和吸引黑人购买的大师，他劝说营销者：“利用黑人新闻界，把你的促销费用大量花在黑人机构。促销不要以……产品为基础。你的目光要远一点。”对黑人或其他少数民族营销的另一个忠告是：雇用你努力以之作为目标的那些人。当百货公司巨人J. C. 彭尼开始向黑人和拉美人营销商品时，它受到了少数民族领袖的批评，他们说它应该增加少数民族员工的数量。

老年消费者

在美国的人口统计中，65岁及以上被作为老年消费者，他们成为非常有吸引力的市场。到2000年，老年市场有4 000万人。老年人财力更富裕，每年花费2 000亿美元，平均是35岁以下的人们的可处置收入的2倍。老年消费者的目标市场长期是轻度泻药、补药和假牙产品。许多营销者都了解他们大多数人健康和爱活动，他们与青年人一样有相同的需要与欲望。他们购买决策的基础并非年龄，而是生活方式——这个区别常常被人忽视。今天的老年人要减肥和保持健康以体现他们的生活方式。老年减肥与健康已成为社会中常见的活动，例如老年运动经典活动，这一活动给公司也造成了机会，如美国电话电报公司、强生公司和医药雪比公司（药品连锁店）都给予支持。令人吃惊的是，老年人在个人护理品上的花费超过任何一个年龄群体，比青少年吃更多的快餐。但很多营销者忽略了它并且没有把目光瞄准这个大市场。

与某些人的想法相反，老年人并非把所有的时间都花在购物上。今天的老年人豪华旅游的开支占了他们80%的花费，许多航空公司和连锁旅馆为这个市场提供折扣优惠。例如，国际选择旅馆引入“最佳比例”，它为超过50岁的人准备了30%有折扣的房间。有些旅游公司推出“跨代”营销，以吸引祖父母与孙儿女。在马里兰州的切飞·蔡斯大旅行社，为老年人带上孙儿孙女用大游艇通过荷兰到肯尼亚和其他国家度假。

资料来源：菲利普·科特勒著. 营销管理[M]. 9版. 梅汝和. 译. 上海：上海人民出版社，1999.

3. 社会阶层

社会阶层是社会学家根据职业，收入、教育水平、价值倾向和居住区域对社会人口进行的一种分类，是按照层次排列的、具有同质性和持久性的社会群体。每一社会中都存在着不同的社会阶层，每一阶层的成员都具有类似的行为、兴趣、价值观念和行为方式，这就会影响人们的消费观念与消费选择。

按照中国社会科学院“当代中国社会阶层研究”课题成果，现今中国社会可分为十大社会阶层，依次是：国家与社会管理者阶层（拥有组织资源）；经理人员阶层（拥有文化资源和组织资源）；私营企业主阶层（拥有经济资源）；专业技术人员阶层（拥有文化资源）；办事人员阶层（拥有少量文化资源或组织资源）；个体工商户阶层（拥有少量经济资源）；商业服务业员工阶层（拥有很少量的上述三种资源）；产业工人阶层（拥有很少量的上述三种资源）；农业劳动者阶层（拥有很少量的上述三种资源）；城乡无业、失业、半失业者阶层（基本没有上述三种资源）。

营销人员关注社会阶层是因为同一阶层的人具有类似的购买行为。消费者往往会把产品的品牌和服务与特定的社会阶层联系，许多产品也是针对特定社会阶层而设计的。工薪阶层的消费者通常从实用角度评价商品，而中上阶层则更看重产品的风格和时尚。

因此，社会阶层观点可以被应用于市场细分和产品定位。企业在制定产品定位策略时，需要全面了解目标市场的特征，以便在消费者心目中塑造对产品形象的看法，而社会阶层就是其中一个很重要的概念。有研究表明，社会中想成为高级社会阶层的人总比实际处于这一阶层的人多，许多中产阶层都购买对高阶层有吸引力的产品。

小链接

美国7种主要社会阶层的特征

1. 上上层(不到1%)：上上层是继承有大量遗产，出身显赫的达官贵人。他们捐巨款给慈善事业，举行初次参加社交活动的舞会，拥有一个以上的宅第，送孩子就读于最好的学校。这些人是珠宝、古玩、住宅和度假用品的主要市场。他们的采购和穿着常较保守，不喜欢炫耀自己，这一阶层人数很少，当其消费决策向下扩散时，往往作为其他阶层的参考群体，并作为他们模仿的榜样。

2. 上下层(2%左右)：上下层的人由于他们在职业和业务方面能力非凡，因而拥有高薪和大量财产，他们常来自中产阶级，对社会活动和公共事业颇为积极，喜欢为自己的孩子采购一些与其地位相称的产品，诸如昂贵的住宅、学校、游艇、游泳池和汽车等。他们中有些是暴发户，他们摆阔挥霍浪费的消费形式是为了给低于他们这个阶层的人留下印象，这一阶层的人的志向在于被接纳入上上层，但情况是，其子女达到的可能性比他们本人来得大。

3. 中上层(占12%)：这一阶层既无高贵的家庭出身，又无多少财产，他们关心的是“职业前途”，已获得了像自由职业者、独立的企业家以及公司经理等职位，他们注重教育，希望其子女成为自由职业者或是管理技术方面的人员，以免落入比自己低的阶层。这个阶层的人善于构思和接触“高级文化”，参加各种社会组织，有高度的公德心。他们是优良住宅、衣服、家具和家用器具的最适宜的市场，同时，他们也追求家庭布置，以招待朋友和同事。

4. 中间层(32%)：中间层是中等收入的白领和蓝领工人，他们居住在“城市中较好的一侧”，并且力图“干一些与身份相符的事”。他们通常购买“赶潮流”的产品。25%的人拥有进口汽车，其中大部分看重时尚，追求“一种良好品牌”，其理想居住条件是“在城市中较好一侧”，有个“好邻居”的“一所好住宅”，还要有“好的学校”。中间层认为有必要为他们的子女在“值得的见识”方面花较多的钱，要求他们的子女接受大学教育。

5. 劳动阶层(38%)：劳动阶层包括中等收入的蓝领工人和那些过着“劳动阶层生活方式”的人，而不论他们的收入多高、学校背景及职业怎样。劳动阶层主要依靠亲朋好友在经济上和道义上的援助，依靠他们介绍就业机会，购物听从他们的忠告，困难时期依靠他们的帮助。度假对于劳动阶层来说，指的是“待在城里”，“外出”指的是到湖边去，或常去不到两小时远的地方。劳动阶层仍然保持着明显的性别分工和陈旧习惯，他们偏好的汽车包括标准型号或较大型号的汽车，对国内外的小型汽车并不问津。

6. 下上层(9%)：下上层的工作与财富无缘，虽然他们的生活水平刚好在贫困线之上，他们无时不在追求较高的阶层，却干着那些无技能的劳动，工资低得可怜。下上层往往缺少教育，虽然他们几乎落到贫困线下，但他们千方百计“表现出一副严格自律的形象”，并“努力保持清洁”。

7. 下下层(7%)：下下层与财富不沾边，一看就知道贫穷不堪，常常失业或干“最肮脏的工作”，他们对寻找工作不感兴趣，长期依靠公众或慈善机构救济。他们的住宅、衣着、财物是“脏的”、“不协调的”和“破的”。

资料来源：菲利普·科特勒著. 营销管理[M]. 9 版. 梅汝和. 译. 上海：上海人民出版社，1999.

(二) 社会因素

消费者购买行为不但受到广泛的文化因素的影响，同时也受到社会因素的影响，如相关群体、家庭、社会角色与地位等。

1. 相关群体

所谓相关群体就是对个人的态度、意见和观点有直接影响的群体。人们的生活方式和偏好不是天生的，而是后天形成的。对消费者生活方式和偏好有影响的各种社会关系，就是相关群体。可分为三类：① 首要相关群体，是指与某人直接、经常接触的一群人，一般都是非正式群体，如家庭成员、亲戚朋友、同事、邻居等，是对个人影响最大的群体；② 次要相关群体，是对其成员并不经常发生影响，但一般都较为正式的群体，如个人所参加的各种社会团体；③ 崇拜性群体，是个人并不直接参加的、但影响也很显著的群体，如社会名流、影视明星、体育明星等。

相关群体为个体提供了行为标准，他们对消费行为的影响表现为以下三个方面：第一，相关群体向人们展示新行为模式和生活方式；第二，由于消费者有效仿其相关群体的意愿，因而消费者对某些事物的看法和对某些产品的态度也会受到相关群体的影响；第三，相关群体促使消费者的行为趋于某种“一致化”，从而影响消费者对某些产品和品牌的选择。

但是，并非购买所有商品时都受相关群体的影响，如肥皂、水果等消费品，一般不受相关群体的影响；而服装、鞋帽、装饰品及某些耐用品，则在消费者中间的相互影响很大。

启示故事 6-3：利用“相关群体”，市场巧妙打开

克莱斯勒公司在 LH 系列轿车全面上市之前，通过对 25 个城市数万名社会杰出人士的调查，从中选择出 6 000 名企业或社会的领导者，并将 LH 系列轿车免费提供给他们试用。在试用期间，通过遍布全国的营销网络与轿车试用者保持积极接触，及时倾听他们对新轿车的评价，迅速解决他们遇到的问题，与此同时，向这些试用者提供大量的产品信息，以增进他们对轿车各项性能的了解。在试用结束后的跟踪调查中发现，98%的试车者都向他们的朋友推荐了这一新车型，市场反应可想而知。克莱斯勒公司在新车上市的当年就出色地完成了销售任务。

在相关群体对购买行为影响较强烈的情况下，企业应设法影响相关群体中的意见领导者。意见领导者的建议和行为，往往被追随者接受和模仿，因此，他们一旦使用了某种产品，就会起到有效的宣传和推广作用。企业应首先针对他们做广告，或者干脆就请他们做广告，以对消费者起到示范或号召作用。

资料来源：杨晶. 市场分析[M]. 广州：暨南大学出版社，2004.

2. 家庭

家庭是社会的基本单位，对人的行为影响最大。人们的价值观、审美观、爱好和习惯多半都是在家庭的影响下形成的。在所有购买决策的参与者中，购买者家庭成员对其决策的影响是最大的，对购买决策影响的大小，在不同类型的家庭和不同商品的购买中，是不同的。

美国社会学家按家庭权威中心的不同，把家庭分为四类：丈夫决定型，妻子决定型，共同决定型，各自做主型。不同的商品，在家庭中购买决策的重心也不同，通常可分为三种情况：① 丈夫有较大影响力的商品，如汽车、摩托车、自行车、电视机、烟酒等；② 妻子有较大影响力的商品，如衣饰、洗衣机、餐具、床上用品等；③ 夫妻共同决定的商品，如住宅、家具、旅游和某些文娱活动等。

此外，家庭成员在不同层次的购买决策中，影响力也不同，美国有人研究发现，"何时购买汽车"的决策主要受丈夫影响的占68%，受妻子影响的占3%，共同决定的占29%；但关于"购买什么颜色汽车"的决策则受丈夫影响和受妻子影响的各占25%，共同决定的占50%。因此，汽车公司在设计产品和拟定促销方案时，必须考虑各决策点和参与者可能的影响。

3. 角色和地位

角色是指一个人在不同的场合扮演不同的角色，并具有不同的社会地位，因而有不同的需要，购买不同的商品。例如，一个人在家是女儿，结婚成家后是妻子和母亲，在单位可能是经理，工程师等等，而出国时则又可能是国家某一部门的代表。后者与前者的地位显然有别，在衣、食、住、行等方面也就有不同的要求，对购买行为有不同的影响。营销人员已经意识到产品和品牌成为地位标志的潜力。

(三) 个人因素

在社会文化诸因素都相同的情况下，各个消费者的行为仍然会有很大差异，这是由于年龄、职业、收入、个性和生活方式等个人情况的不同而造成的。

1. 年龄和生命周期的阶段

不同年龄的人们有不同的需求和偏好，这是毫无疑义的。人们在衣、食、住、行各方面的消费需要，都随自然年龄的变化而变化，年龄影响着人们的消费行为。

启示故事 6-4：快——就能获胜

美国的塞加是一家松散管理的公司，但在美国的音像游戏市场它已超过了日本的任天堂公司，原因是它花费更多的时间去了解其主要市场——青少年的需要和欲望。塞加公司的高级营销副总裁说："孩子们的首要愿望是第一时间的全新东西，并且他们的父母也不知道这是怎么一回事。"该公司通过每周2～3次的小组深度访问座谈会收集信息，塞加广告代理公司的研究员研究孩子们在卧室的150种挂件和在商店大堂购买的习惯。他们还发现典型的青少年对价格十分敏感，他们对购买电子游戏节目的注意力不亚于成年人对汽车购买的注意力。青少年阅读消费者指导手册，与朋友交流，甚至先租后买。总之，他们需要的原则是快。塞加坚持以不间断的步伐引入新游戏节目(每年65个新节目)并用每小时插播15秒令人疯狂的电视广告吸引孩子们。

对消费者的研究应为开发新产品、生产特色产品、价格、渠道、信息和其他营销组合因素提供依据。

年龄不仅影响人们的购买决策，而且关系到他们的婚姻家庭状况，如是否有子女以及子女的年龄等。西方学者把这些概括起来，提出了“家庭生命周期”的概念，把家庭划分成九个阶段，如表 6－3 所示。根据各阶段的财务收支情况，处在每一阶段上的家庭都有自己最感兴趣的产品。营销人员可以把其目标市场瞄准于生命周期中某一阶段上的顾客，作为他们的目标市场，有针对性地开展营销活动。

表 6－3　家庭生命周期和购买行为

家庭生命周期阶段	购买和行为模式
1. 单身阶段：年轻、不住在家里	几乎没有经济负担，新观念的带头人，娱乐导向。购买：一般厨房用品和家具、汽车、模型游戏设备、度假。
2. 新婚阶段：年轻、无子女	经济比下一阶段要好，购买力最强，耐用品购买力高。购买：汽车、冰箱、电炉、家用家具、耐用家具、度假。
3. 满巢阶段Ⅰ：最年幼的子女不到 6 岁	家庭用品采购的高峰期，流动资产少，不满足现有经济状态。储蓄部分钱，喜欢新产品，如广告宣扬的产品。购买：洗衣机、烘干机、电视机、婴儿食品、美容产品和咳嗽药、维生素、玩具娃娃、手推车、雪橇和冰鞋。
4. 满巢阶段Ⅱ：最年幼的子女 6 岁或超过 6 岁	经济状况较好，有的妻子有工作，对广告不敏感，购买大包装商品，配套购买。购买：各式食品、清洁用品、自行车、音乐课本、钢琴。
5. 满巢阶段Ⅲ：年长的夫妇和尚未独立的子女同住	经济状况仍然较好，许多妻子有工作，一些子女也有工作，对广告不敏感，耐用品购买力强。购买：新颖别致的家具、汽车、旅游用品、非必需品、船、牙齿保健服务、杂志。
6. 空巢阶段Ⅰ：年长的夫妇，无子女同住，户主仍在工作	大量拥有自己的住宅，经济富裕有储蓄，对旅游、娱乐、自我教育尤感兴趣，愿意施舍和捐献，对新产品无兴趣。购买：度假用品、奢侈品、家用装修用品。
7. 空巢阶段Ⅱ：年老的夫妇，无子女同住，已退休者	收入锐减，闲在家。购买：有助于健康、睡眠和消化的医用护理保健产品。
8. 鳏寡阶段：尚在工作	收入仍较可观，但也许会出售房子。
9. 鳏寡阶段：退休	需要与其他退休群体相仿的医疗用品，收入锐减，特别需要得到关注、情感和安全保障。

2. 职业

一个人的职业也影响其消费模式，不同的职业决定着人们的不同需要和兴趣，蓝领工作者和白领工作者的消费品和消费模式肯定有所差异。一般来说，营销者可以分析出哪种职业的人们对自己的产品或劳务有兴趣。有些企业甚至还可以专门生产经营适合于某种职业的产品或劳务。如日本有些服装公司专门设计生产“经理服”、“教授服”等等，然后通过广告宣传，造成舆论，促使人们非买不可。

3. 经济状况

经济状况决定着个人和家庭的购买能力，因此营销者必须研究个人可支配收入的变化情况，以及人们对消费开支和储蓄的态度等。如果对经济前景预测不佳，则有必要重新设计产品，制定价格，或减少产量和存货，或采取一些其他应变措施。

人们的个人收入和购买能力，同价值观念和审美情趣也有直接的关系。经济发达国家由于人均国民收入达到相当的高度，消费已经进入了价值观个性化和多样化的时代，很难有一种价值判断能占统治地位。过去的时代，示范效应非常明显，例如，超短裙一流行，几乎全国妇女都穿超短裙。而今，裙子的长短千差万别，消费者都按照个人爱好和习惯来决定购买，消费者的动向越来越难以把握。日本伊藤百货公司总裁伊藤雅俊曾指出，“从零售行业的角度观察，人均国民收入达到 2 500 美元左右时，消费者的行为开始出现明显的变化”。这些都是营销者不得不认真加以调查研究的。

4. 生活方式

生活方式是一个人在世界上所表现的有关活动、兴趣和看法的生活模式。生活方式对人们消费需求的影响，是显而易见的。有些人虽然出身于同一社会阶层，来自同一文化，具有相似个性，但由于有不同的生活方式，他们的活动、兴趣和见解就不同。因此，了解目标顾客的生活方式，对营销者是很有意义的。市场营销是向消费者提供所有可能的生活方式的一个过程，它使消费者有可能按自己的爱好，选择最适当的生活方式。营销者应尽量了解其产品与消费者生活方式的关系，并努力加强本企业产品对消费者生活方式的影响作用，使消费者的生活变得更加文明，健康和舒适。

5. 个性和自我观念

个性是指一个人所特有的心理特征，它导致一个人对其所处环境的相对一致和持续不断的反应。个性经常可以用性格属性来描述，例如，这个人是自信的、适应性强，等等。与个性相关联的另一个概念是人的自我观念，也称为人的自我形象，它反映了消费者的自我形象与其拥有物之间的关系。例如，人们对某一特定物品的消费，可能是为了印证自己的品味、教养和时尚。营销者必须了解其目标市场可能存在的个性特征和消费者的自我形象，营销者所设计的品牌形象，应当符合目标市场消费者的个性及自我形象。例如，美国有一家啤酒公司发现，经常饮用啤酒的人大多数是较外向的、积极进取的人，于是公司决定设计一个能够吸引此类型消费者的品牌形象，同时在广告中也选用具有此类个性的人，经常喝啤酒的消费者就会乐于接受这个品牌，感到这是属于他们的品牌。但是，个性这一因素的影响，并不会在一切产品的营销过程中都能明显表现出来。

启示故事6-5：消费者性格特征

王青是小丹的大学同学也是她同寝室好友。得知王青来上海出差，小丹真是喜出望外。毕业之后，她们有好几年没有见面了。在约定的地点碰面后，王青提议去酒吧。于是她们来到附近的一家小酒吧，因为是白天，酒吧里人不多，很安静。当服务员问她们要什么饮料时，王青和往常一样要了一罐嘉士伯啤酒。她性格外向活泼，朋友很多，平时常和朋友一起去酒吧或打网球。小丹要了一杯果汁，她很少喝酒，也很少来这样的地方。她一向很文静，生活圈子很小，最喜欢看书、看电影和听音乐。有空的时候，她会待在家里边看书边听音乐，或租影碟看。她觉得这样的生活简单而快乐。小丹和王青具有截然不同的性格和兴趣爱好，这对她们在选择饮料时有什么影响呢？消费者之间的个性差异，对每个人的心理过程和生活方式有什么影响呢？

消费者的性格特征会反映到消费者对待商品的态度和购买行为上，就构成了千差万别的消费性格。例如：在消费观念上，是俭朴节约还是追求奢华；在消费倾向上，是求新还是守旧；在认知商品上，是全面准确还是片面错误；在消费情绪上，是乐观冲动还是悲观克制；在购买决策上是独立还是依赖；在购买行动上，是坚定明确、积极主动，还是动摇盲目、消极被动。因此，营销人员必须研究目标顾客的性格特征，以便有针对性地开展营销活动。

此外，还有些学者认为，按个性的不同，可将消费者分为六种类型：① 习惯型。忠于某一种或某几种品牌，有固定的消费习惯和偏好，购买时心中有数，目标明确；② 理智型。做出购买决策之前经过仔细比较和考虑，胸有成竹，不易被打动，不轻率做出决定，决定后也不轻易反悔；③ 冲动型。易受产品外观、广告宣传或相关人员的影响，决定轻率，易于动摇和反悔。这是促销过程中可大力争取的对象；④ 经济型。特别重视价格，一心寻求最经济合算的商品，并由此取得心理上的满足。促销中要使之相信，他所选中的商品是物美价廉的，最合算的；要称赞他是最内行的、善于选购的顾客；⑤ 情感型。对产品的象征意义特别重视，联想力较强；⑥ 年青型。年青的、新近才开始独立购物的消费者，易于接受新的东西，消费习惯和消费心理正在形成之中，尚不稳定。营销者应了解自己目标市场的消费者属于哪种类型，然后有针对性地开展促销活动。

(四) 心理因素

消费者的购买行为还要受动机、知觉、学习、信念和态度等主要心理因素的影响。

1. 动机

动机是指推动人从事某种活动的内在动力。购买动机则是促使人们采取购买行为的内在动力。因此，研究购买动机对掌握消费者购买行为具有重要意义。

按社会心理学的一般规律，人的行为是受动机支配的，而动机是由需要引起的。当人的某种需要未得到满足，或受到外界某种事物的刺激时，就会产生某种紧张状态（生理的或心理的），引起某种动机，由动机而导致行为。所以，动机就是达到一定强度的需要，受到刺激的需要，它可以使人采取满足需要的行为。需要的强度不够时，不会形成动机；需要得到基本满足时，则紧张状态消除，恢复平衡。

消费者的购买动机可支配购买行为，因此激起消费者的购买动机，对营销者有重要意义。但在实践中，研究动机并不是一件很简单的事。这是因为：第一，一种购买行为可能同时有许多动机，如买一辆新汽车，可有许多理由——节省交通时间、显示身份地位、满足虚荣心等等；妇女买化妆品的动机——保健、爱美、取悦于人、职业上的需要等等。在同一购买行为的众多动机中，究竟哪一个是最重要的、起决定作用的？在什么时候、什么情况下占支配地位？第二，同一动机可能引起多种购买行为，如需要交通工具，可租车、借车、买车；买什么车？可选自行车、摩托车、汽车……决定买车，还要选牌子、型号，颜色等等。

因此，单靠调查几个动机来估计消费者的购买行为，是很不够的。对市场营销者来说，应当掌握系统的关于需要和形成动机的激励理论，以解释在特定条件下，哪一种动机是决定性的，是引起消费者购买行为的。心理学发展了关于人类动机形成的理论。在西方，当代最流行的激励理论有两种，一是西格蒙德·弗洛伊德(Sigmund Freud)的理论；一是阿伯拉罕·马斯洛(Abraham H. Maslow)的理论。

弗洛伊德是20世纪初期世界著名的心理学家,他的动机形成理论这里不准备详细介绍。该理论在营销上的主要意义是,它指出了消费者的购买行为同时受到心理和产品两方面因素所激励,如某些产品的外形,可引起消费者的某些情感和联想,从而促成购买行为。

马斯洛的动机形成理论,称为“需要层次论”。马斯洛是美国著名心理学家,他在50年代初创立了这个理论。他的理论出发点是:第一,人类是有需要和欲望的,随时有待于满足;需要的是什么,要看已经有的是什么,已满足的需要不会形成动机,只有未满足的需要才会引起行为动机。第二,人类的需要是从低级到高级具有不同层次的,只有当低一级的需要得到基本满足时,才会产生高一级的需要。一般而言,需要强度的大小和需要层次的高低成反比,即需要的层次越低,其强度越大。

马斯洛依需要强度的次序,把人类需要分为五个层次:生理需要、安全需要、社会需要、尊重需要和自我实现的需要,如图6-4所示。但这并不是钢性结构,有的人情况特殊,层次的顺序不同或无高层次的需要。马斯洛的需求层次论,对企业分析、把握消费者的购买行为动机有着非常重要的实用价值。

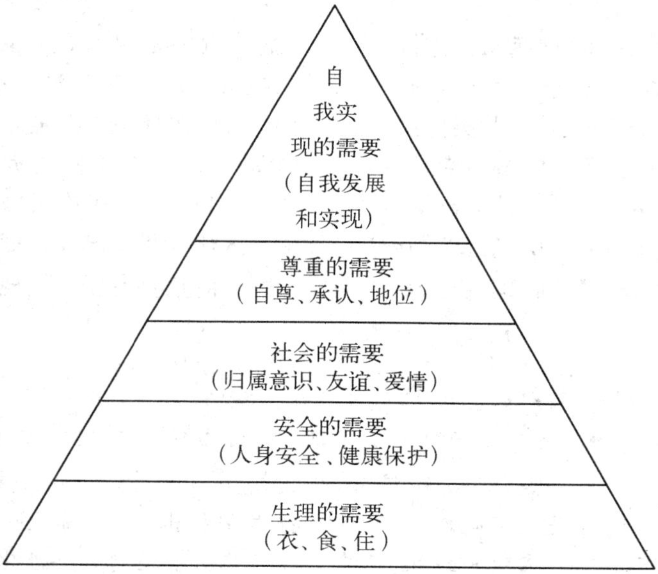

图6-4 马斯洛的需要层次

启示故事6-6:让顾客“自作自受”

自己在啤酒作坊里酿造啤酒,两个星期后从储藏室里搬出那一桶自己酿制的啤酒,或自饮或与众人分飨,这并非神话,也并非来自欧洲中世纪的一个传奇故事。位于中关村的北京猎奇门啤酒自酿场,可以让每个有兴趣的消费者体味到这一切。正由于此,北京猎奇门自酿场才生意兴隆。

无独有偶,美国有位商人开了家“组合式鞋店”。货架上陈设着6种鞋跟,8种鞋底,鞋面的颜色以黑、白为主，鞋带的颜色有80多种，款式有百余种。顾客可自由挑选出自己最喜欢的各种款式，然后交给店员进行组合，只需稍等十来分钟，一双称心如意的鞋便可到手。而其售价，与批量成品的价格差不多，有的还更便宜。此举引来了络绎不绝的顾客，使该店销售额比邻近的鞋店高出好几倍。

经营者虽经营项目不同，但却同时运用了马斯洛的需求层次理论。马斯洛需求层次理论中最高一个层次是自我实现的需要。猎奇门和“组合式鞋店”自觉不自觉地运用了顾客在一定范围内自我实现的需要，使“上帝”们圆了个性化消费的美梦，自然趋之若鹜。

同消费者需求一样，购买动机也是多种多样的，常见的大致有以下几种：① 求实动机。在这种动机的驱动下，消费者在购买商品时，注重商品的使用价值，讲究实惠、使用方便，不大强调商品的外观、花色和款式。具有这种购买动机的人大多是收入较低、支付能力有限或注重传统习惯和购买经验的消费者；② 求美动机。这类消费者在购买商品时，注重商品的式样、色调和造型，重视商品对环境的装饰作用和对人体的美化作用。具有这种购买动机者多为青年和妇女，而易被消费者从“美”的角度加以审视的商品则多为家具、服装等；③ 求廉动机。具有求廉动机的消费者，在选购商品时，特别注重商品的价格，对便宜、降价和处理的商品具有浓厚的兴趣，而对商品的花色、款式等“外在形象”不太注意；④ 求名动机。具有这种购买动机的消费者，对名牌产品具有特殊的偏好，而对非名牌产品缺乏信任感。他们在选购产品时，很注重产品的名称、产地和销售地点；⑤ 求新动机。具有这种购买动机的消费者在购买商品时，不大计较商品的价格，而是注重商品的外在形式，他们总是期望自己领导消费新潮流；⑥ 求安全动机。具有这种动机的顾客在购买商品时，十分注意商品的安全可靠，干净卫生，不损害人体健康。在购买医药、食品、卫生用品和灶具等商品时，这种动机显得尤为突出。此外，还有所谓“求奇动机”、“求同动机”等。这些购买动机，是引起消费者购买行为的关键性因素，企业应当高度重视对消费者购买动机的研究。

启示故事6-7：创造需求

奥尔康公司是美国一家知名的玩具生产商。通过市场调研，奥尔康公司了解到，欧美玩具市场的需求正由“电子型”、“益智型”转向“温情型”，于是设计出了别具一格的“椰菜娃娃”玩具。与以往的洋娃娃不同，以先进电脑技术制作出来的“椰菜娃娃”千人千面，有着不同的发型、肤色、容貌，不同的鞋袜、服装、饰物，满足了人们对个性化商品的需求。另外，“椰菜娃娃”的成功，还有其深刻的社会原因，离婚给儿童造成心理创伤，也使得不到子女抚养权的父母失去感情的寄托。而“椰菜地里的孩子”正好填补了这种感情的空白，这使她不仅受到了儿童的欢迎，而且也在成年妇女中畅销。

公司抓住了人们这一购买心理大做文章，别出心裁地把销售玩具变成了“领养娃娃”，把“椰菜娃娃”变成了人们心目中有生命的婴儿。公司每生产一个娃娃，都要在娃娃身上附有出生证、姓名、手印、脚印，臀部还盖上“接生人员”的印章，顾客领养时，要庄严地签署“领养证”，以确认“养子与养父母”的关系。

经过对顾客心理与需求的分析，公司又做出了一个创造性的决定：“配套销售”——销售与“椰菜娃娃”相关的商品，包括她用的床单、尿布、推车、背包，以至各种玩具。

领养“椰菜娃娃”的顾客既然把她作为真正的婴儿和感情的寄托，当然把购买娃娃用品看成必不可少的事情。这样，奥尔康公司的销售额大幅度增长。

人类的基本需要以及好奇心等是人们产生消费行为的内在动力，也可以说是主观条件，但如果不具备一定的客观条件，人们的消费行为最终也不会发生。因此，从市场营销工作的角度，不仅要了解人们的消费行为产生的主观原因，还要了解影响消费者购买动机的外在因素以及如何激发消费者的购买动机。

对待顾客要投其所好、雪中送炭，这样顾客才能买你的账。

2. 知觉

人们的需要受到激励形成动机，随时可付诸行动，但他如何行为则受他对客观情境的知觉程度的影响。

知觉是个人选择、组织并解释信息投入，以便创造一个有意义的个人世界图像的过程。知觉不但取决于物质刺激物的特征，而且还依赖于刺激物同周围环境的关系及个人所处的状况。为何人们对同样情况会产生不同的知觉呢？事实上，人们是通过5种感官：视觉、听觉、嗅觉、触觉和味觉，来感知刺激事物的。但每个人感知、组织和解释这种信息的方法各不相同。例如，啤酒在中国人的理解上不像是一种酒。对他们来说，真正的酒是烈性酒。啤酒像软饮料，是液体面包。在这种知觉下，中国人传统的酒是60度的白酒，而转喝啤酒是为了健康。

为什么同一刺激物会产生不同的反映，不同的感觉呢？心理学认为，知觉是一个有选择性的心理过程。知觉过程有三种：① 选择性注意。人们在日常生活中面临着许多的刺激物，以商业广告来说，西方人平均每天见到的广告超过1 500条，不可能都引起注意，绝大多数都是一闪即逝，留不下什么印象。人们将有选择地注意哪些刺激物呢？有三种情况较能引起人们的注意：一是与目前需要有关的；二是预期出现的；三是变化幅度大于一般的、较为特殊的刺激物，如降价50%比降价5%的广告，会引起人们更大的注意。因此，在激烈的市场竞争中，营销者要开动脑筋，千方百计引起消费者的注意。② 选择性曲解。人们面对客观事物，不一定都能正确认识，如实反映，往往是按照自己的偏见或先入之见来曲解客观事物，即人们有一种把外界输入的信息与头脑中早已存在的模式相结合的倾向。这种按个人意愿曲解信息的倾向，叫做选择性曲解。例如，某一名牌商品，在消费者心目中早已树起信誉，是不会轻易消除的，另一个新的品牌即使实际品质已优于前者，消费者也不会轻易认可，总以为原来的那个品牌货更好些。③ 选择性记忆。人们对所了解到的东西，不可能统统记住，而主要是记住那些符合自己信念的东西。例如，只记住自己所喜欢的品牌的优点，每次需要再购买时，就想起了这个品牌的优点，而不及其他。这种心理机制，叫做选择性记忆。

上述三种知觉过程告诉我们，营销者的任务是必须设法突破牢固的知觉壁垒。广告宣传要生动新鲜，引人入胜，甚至长时间地重复同一词句，如“恒源祥，羊、羊、羊”，“孔府家酒，叫人想家”等广告语言，都较成功地利用了上述的知觉过程，给人们留下了深刻印象。

3. 学习

人类的行为有些是本能的，与生俱来的，但大多数行为(包括购买行为)是从后天经验中得来的，即通过学习，实践得来的。按照“刺激—反应”(S-R)理论，人类的学习过程是包含驱使力、刺激物、诱因、反应和强化等因素的一连串相互作用的过程。

驱使力是一种内在的心理推动力，有先天与后天之分。例如，一个人走在路上感到饥饿，这就是购买食物的“驱使力”；看到了卖面包、方便面的食品店，还有快餐店、餐厅等等，这就是“刺激物”；经过考虑决定购买面包，边走边吃，既省钱又节约时间，这里“金钱”和“时间”就是使他作出如上反应的“诱因”，诱因是较低层次的刺激物；“反应”则是对刺激物和诱因所作出的反射行为。如果反应是成功的，以后在同样条件上，还会作出同样反应，这就是“条件反射”。

4. 信念与态度

通过实践和学习，人们获得了自己的信念和态度，它们又转过来影响人们的购买行为。

信念是指一个人对某事物所持有的具体想法。态度是指一个人对某些事物或观念长期持有的好与坏的认识上的评价、情感上的感受和行动倾向。人们几乎对所有事物都持有态度，例如宗教、政治、衣着、音乐、食物等等。态度能使人们对相似的事物产生相当一致的行为。

通常，人们对产品的信念可以建立在不同的基础上，有的建立在科学的基础上，有的建立在某种见解的基础上，有的建立在信任(如对名牌货)的基础上，有的则基于偏见、传说。不同的信念可导致人们不同的态度、不同倾向，如消费者对名牌产品争相选购，而对不熟悉的新产品则犹豫观望，疑虑重重，很难作出决策。且消费者的态度一旦形成很难改变，故企业最好使其产品与既有信念和态度相一致，而不要试图去改变人们的信念和态度。当然，也可通过各种广告宣传手段，改变人们的信念和态度，但这要付出很大代价，要权衡得失再作出决策。

启示故事6-8：动机唤醒

纽约的一位年轻人摩斯，年纪轻轻就想大展宏图，他在纽约市的一个相当热闹的地区租下了一家相当大的店铺，满怀希望地择了个吉日开始做起保险柜的买卖。然而事与愿违，每天有成千上万的人从他的店前来来去去，店里形形色色的保险柜虽然排得整整齐齐，品种多样，但是很少有人光顾。他费尽心力拼命思索，通宵不眠几天后，终于有了结果。第二天，他匆匆忙忙前往警察局借来正在被通缉中的重大罪犯的照片，把照片放大好几倍，然后贴在店铺的玻璃窗上，照片下面再附上一张说明。照片贴出后，来来去去的行人都被照片吸引而驻足观看。他的生意立即有了很大的起色，门可罗雀的店铺突然变得门庭若市，第一个月卖出48台保险柜，第二个月卖出72台，以后每月都卖七八十台。这位年轻人所用的策略就是动机唤醒策略。他通过吸引过路行人看通缉犯照片以唤醒过路行人的安全需要与动机，促使过路行人对保险柜产生或形成积极态度。

消费者对某种商品的态度取决于该商品能否满足自己的需要。厂商可以将他们的产品与消费者的重要需要联系起来，以此来形成或改变消费者的态度，刺激消费者购买；也可以用向消费者显示他们没有考虑到的产品效用来激发消费者的需要与动机，改变消费者态度以支持某产品；还可通过引起消费者的好奇心，激起消费者的信息需要，促使消费者更详细地了解产品，以形成或改变消费者态度。

综上所述，一个人的购买行为是文化、社会、个人和心理因素之间相互影响和作用的结果。其中很多因素是市场营销者无法改变的，但这些因素在识别那些对产品有兴趣的消费者方面颇有用处。其他因素则受到市场营销者的影响，市场营销者借助有效的产品、价格、渠道和促销管理，可以诱发消费者的强烈反应。

四、消费者购买决策过程

市场营销人员在分析了影响消费者购买行为的主要因素之后，还需了解目标消费者是谁？他们是如何作出购买决策的？哪些人参与了购买决策？等等。

（一）消费者购买决策的参与者

消费者购买决策过程的参与者有以下5种：

(1) 发起者，即首先提出或有意想购买某一产品或服务的人。

(2) 影响者，即其看法或建议对最终决策具有一定影响的人。

(3) 决策者，即对是否买、为何买、如何买、何处买等购买决策作出完全或部分最后决定的人。

(4) 购买者，即实际采购人。

(5) 使用者，即实际消费或使用产品或服务的人。

通常，消费者以个人为单位购买商品时，这五种不同角色可能由其一人担任；但当消费者是以家庭为单位购买商品时，可能会由不同的家庭成员来担任不同的角色。营销人员了解每一消费者在购买决策中扮演的角色，并针对其角色地位与特性，采取有针对性的营销策略，就能较好地实现营销目标。

（二）消费者购买行为的类型

消费者购买决策随其购买决策类型的不同而变化。较为复杂和花钱多的决策往往凝结着消费者的反复权衡和众多人的参与决策。根据参与者的介入程度和品牌间的差异程度，可将消费者购买行为分为四种类型，如表6-4所示。

表6-4 消费者购买行为类型

品牌差异程度＼购买参与程度	高	低
大	复杂购买行为	寻求多样化购买行为
小	化解不协调购买行为	习惯性购买行为

1. 复杂购买行为

当消费者购买一件贵重的、不常买的、有风险的而且又非常有意义的产品时，由于产品品牌差异大，消费者对产品缺乏了解，因而需要有一个学习过程，广泛了解产品性能、特点，从而对产品产生某种看法，最后决定购买。对于这种复杂购买行为，市场营销者应采取有效措施帮助消费者了解产品性能及其相对重要性，并介绍产品优势及其给购买者带来的利益，从而影响购买者的最终选择。

2. 化解不协调购买行为

有些产品品牌差异不大，消费者不经常购买，而购买时又有一定的风险，所以，消费者一般要比较、看货，只要价格公道、购买方便、机会合适，消费者就会决定购买。购买以后，消费者也许会感到有些不协调或不够满意。在使用过程中，会了解更多情况，并寻求种种理由来减轻、化解这种不协调，以证明自己的购买决定是正确的。经过由不协调到协调的过程，消费者会有一系列的心理变化。针对这种购买行为类型，市场营销者应注意运用价格策略和人员推销策略，选择最佳销售地点，并向消费者提供有关产品评价的信息，使其在购买后相信自己作了正确的决定。

3. 寻求多样化购买行为

有些产品品牌差异明显，但消费者并不愿花长时间来选择和估价，而是不断变换所购产品的品牌。这样做并不是因为对产品不满意，而是为了寻求多样化。针对这种购买行为类型，市场营销者可采用销售促进和占据有利货架位置等办法，保障供应，鼓励消费者购买。

4. 习惯性购买行为

对于价格低廉、经常购买、品牌差异小的产品，消费者不需要花时间进行选择，也不需要经过搜集信息、评价产品特点等复杂过程，因而，其购买行为最简单。消费者只是被动地接收信息，出于熟悉而购买，也不一定进行购后评价。这类产品的市场营销者可以用价格优惠、电视广告、独特包装、销售促进等方式鼓励消费者试用、购买和续购其产品。具体来说，对习惯性购买行为的主要营销策略有：

(1) 利用价格与销售促进吸引消费者试用。由于产品本身与同类其他品牌相比难以找出独特优点以吸引顾客的兴趣，就只能依靠合理价格与优惠、展销、示范、赠送、有奖销售的手段吸引顾客试用。一旦顾客了解和熟悉了产品，就能经常购买以至形成习惯。

(2) 开展大量重复性广告加深消费者印象。在低度参与和品牌差异小的情况下，消费者并不主动收集品牌信息，也不评估品牌，只是被动地接受包括广告在内的各种途径传播的信息，根据这些信息所造成的对不同品牌的熟悉程度来决定选择。企业可开展大量广告使顾客经过被动地接受广告而产生对品牌的熟悉。为提高效果，广告信息应简短有力且不断重复，只强调几个重要论点，突出视觉符号与视觉形象。

(3) 增加购买参与程度和品牌差异。在习惯性购买行为中，消费者只购买自己熟悉的品牌而较少考虑品牌转换，如果竞争者通过技术进步和产品更新将低度介入的产品转换为高度介入并扩大与同类产品的差距，将促使消费者改变原先的习惯性购买行为，并在价格和档次上与同类竞争性产品拉开差距。

(三) 消费者购买决策过程

不同购买类型反映了消费者购买决策过程的差异性或特殊性，但消费者的购买决策过程也有其共性。通常，消费者在购买某一产品时，会有一个决策过程，这个决策过程会因所购买的产品类型、消费者类型的不同而有所区别，但典型的购买决策过程一般包括确认需要、收集信息、备选产品评估、购买决策以及购后行为五个不同的阶段，如图 6－5 所示。

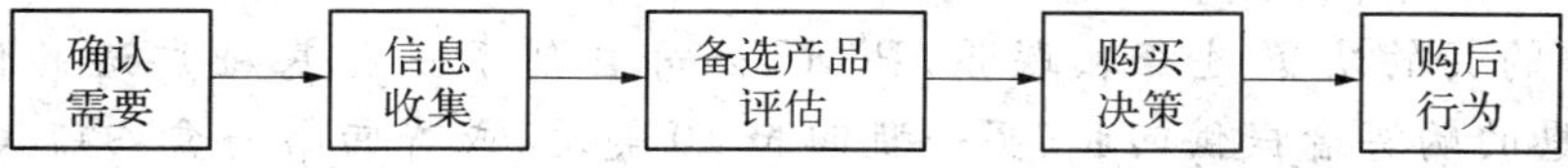

图 6－5 消费者购买决策过程

这个购买决策过程模式适用于分析复杂的购买行为，因为复杂的购买行为是最完整、最有代表性的购买类型，其他几种购买类型是越过其中某些阶段后形成的，是复杂购买行为的简化形式。模式表明，消费者的购买决策过程早在实际购买以前就已开始，并延伸到实际购买以后，这就要求营销人员注意购买决策过程的各个阶段而不是仅仅注重销售。

小链接

消费者决策过程指导罗盖恩促销工作

法玛西亚·普强公司，是一个大型的制药和保健品生产公司，最初计划向市场推出罗盖恩——一种新开发的促进头发再生恢复的处方药。P&U 公司在计划营销活动方案中首先要面对两大特殊的挑战。

首先，这种产品的所有促销活动都必须符合美国食品和药品管理局（FDA）的严格规定。这意味着在产品最终得到 FDA 的完全批准前，所有的推广材料上不得出现罗盖恩这个名称，而且，甚至在最终批准后，所有的介绍都必须书面上报给 FDA，不允许有吹嘘和夸大作用的宣传介绍。

其次，作为具有恢复头发再生功能的第一种医药产品，罗盖恩拥有的大量临床证据表明，它是具有这种功能的药类产品中的首创。这也同时意味着，在了解预期市场的需要及本质，以及进行产品定位和推广方面基本上没有可供参考的先例。

为解决第二个挑战，P&U 公司的营销人员着手为营销创新打下坚实的市场调研基础。他们的调研工作包括，对秃发二手数据的总结，邮件及电话调查，个人访谈以及焦点小组讨论。这些调研工作的重点都集中在男性和女性对秃发的态度，以及秃发对个人自我认知的影响。这些调研的结果显示，对秃发的态度和看法范围广泛、多种多样，从认为是成功的象征到表示反感的都有。通常，尽管秃发日趋得到公众的接受，但是 P&U 公司的调查结果显示，社会仍然十分注重个人的外表，而女性倾向于避开秃顶的男子。

对调查数据的分析使 P&U 公司了解了他们的营销方式所针对的目标市场的情况，也为到达这些市场所应采用的推广用语和媒体战略提供了重要的参考信息。

根据购买者决策过程的各步骤，罗盖恩的营销活动方案的第一部分与发现问题的步骤相联系。消费者们得到信息，如果他们想了解脱发方面的知识和信息，可以通过一个免费电话与医生联系，了解到罗盖恩的产品情况（尽管不会提及这个产品的名称）以及如何获得这种药的处方。同时还展开了对医生、护士、药剂师的推广活动，让他们了解罗盖恩的产品外形及特点。

营销方案的下一阶段联系购买者决策过程中的信息搜集阶段，使用罗盖恩这个名称（药品此时已获得FDA认证批准），采取更加主动的推广战略，运用直截了当的推广用语刺激预期消费者向医生询问罗盖恩的情况并申请试用处方。安排在广播中讲授罗盖恩的技术方面的信息，让使用过罗盖恩并有不同成效的男士在节目中现身说法，帮助预期购买者获得信息并作出评价。

为了与购买的决策过程相联系，P&U公司首创了一种基础广泛的促销方案。① 向罗盖恩的购买者提供回扣（买一瓶回扣10美元，或寄回第一盒四瓶装包装盒得到20美元回扣）；② 指定发型设计师和理发师，为向他们出示罗盖恩的顾客提供美发理发服务优惠；③ 针对目标群体在媒体上进行宣传，突出罗盖恩独一无二的功效及其好处。

资料来源：理查德·L.桑德霍森.市场营销学[M].陶婷芳.译.上海：上海人民出版社，2004.

1. 确认需要

确认需要指消费者确认自己的需要是什么。需要是购买活动的起点，升高到一定阈限时就变成一种驱动力，驱使人们采取行动去予以满足。需要可由内在刺激或外在刺激唤起。内在刺激是人体内的驱动力，如饥、渴、冷等等；外在刺激是外界的"触发诱因"。需要被唤起后可能逐步增强，最终驱使人们采取购买行动，也可能逐步减弱以至消失。

营销人员在这个阶段的任务是：① 了解与本企业产品有关的现实的和潜在的需要。在价格和质量等因素既定的条件下，一种产品如果能够满足消费者多种需要或多层次需要就能吸引更多的购买。② 了解消费者需要随时间推移以及外界刺激强弱而波动的规律性，并以此设计诱因，增强刺激，唤起需要，最终促成人们采取购买行动。

2. 信息收集

营销人员在这一阶段的任务如下：

(1) 了解消费者信息来源。消费者信息来源有四种途径：一是经验来源，指直接使用产品得到的信息；二是个人来源，指家庭成员、朋友、邻居、同事和其他熟人所提供的信息；三是公共来源，指社会公众传播的信息，如消费者权益组织、政府部门、新闻媒介、消费者和大众传播的信息等；四是商业来源，指营销企业提供的信息，如广告、推销员介绍、商品包装的说明、商品展销会等。

(2) 了解不同信息来源对消费者的影响程度。一般来说，消费者经由商业来源获得的信息最多，其次为公共来源和个人来源，最后是经验来源。但是从消费者对信息的信任程度看，经验来源和个人来源最高，其次是公共来源，最后是商业来源。研究认为，商业来源的信息在影响消费者购买决定时只起"告知"作用。而"个人来源"则起评价作用。比如，消费者购买笔记本电脑时，他从广告或企业宣传资料中得知有哪些品牌，而消费者在评价不同品牌优劣时，就向朋友和熟人打听。营销人员应通过市场调查了解消费者的信息来源以及何种来源的信息最有决定作用。

(3) 设计信息传播策略。除利用商业来源传播信息外，还要设法利用和刺激公共来源、个人来源和经验来源，也可多种渠道同时使用，以加强信息的影响力和有效性。

3. 备选产品评估

消费者在获得全面的信息后就会根据这些信息和一定的评价方法对同类产品的不同品牌加以评价并决定选择。一般而言，消费者的评价行为涉及四个方面：

(1) 产品属性。产品属性是指产品所具有的能够满足消费者需要的特性。产品在消费者心中表现为一系列基本属性的集合。例如，冰箱的制冷效率高，耗电少，噪音低，经久耐用等；电脑的信息储存量大，运行速度快，图像清晰，软件适用性强等；药品能迅速消除病痛，安全可靠，无副作用，价格低等；宾馆洁净，舒适，用品齐全，服务周到，交通方便，收费合理等，都是消费者感兴趣的产品属性。在价格不变的条件下，产品有更多的属性将增加其对顾客的吸引力，但是也会增加企业的成本。营销人员应了解顾客主要对哪些属性感兴趣，以确定产品应具备的属性。

(2) 品牌信念。品牌信念是指消费者对某品牌优劣程度的总体看法。每一品牌都有一些属性，消费者对每一属性实际达到了何种水准给予评价，然后将这些评价连贯起来，就构成他对该品牌优劣程度的总体看法，即他对该品牌的信念。

(3) 效用要求。效用要求是指消费者对该品牌每一属性的效用功能应当达到何种水准的要求。或者说，该品牌每一属性的效用功能必须达到何种水准他才会接受。

(4) 评价模式。评价模式是消费者对不同品牌进行评价和选择的程序和方法。

4. 购买决策

消费者真正将其购买意向转为购买行动，即做出购买决策，其间还会受到两个因素的影响。

(1) 他人态度。消费者进行购买决策时可能因为其他人的态度导致其购买行为发生改变。比如，某人决定购买A牌汽车，但是家人不同意，他的购买意向就会降低。而他人态度的影响力取决于三个因素：其一，他人否定态度的强度。否定态度越强烈，影响力就越大。其二，他人与消费者的关系。关系越密切，影响力越大。其三，他人的权威性。他人对此类产品的专业水准越高，则影响力越大。

(2) 意外因素。消费者购买意向是以一些预期条件为基础形成的，如预期收入、预期价格、预期质量、预期服务等，如果这些预期条件受到一些意外因素的影响而发生变化，购买意向就可能改变。比如，预期的奖金收入没有得到、原定的商品价格突然提高、购买时销售人员态度恶劣等都可能导致顾客改变购买意向。

消费者修正、推迟或者取消某一购买决定，往往是受到已觉察风险的影响。“觉察风险”的大小，随购买金额的大小、产品性能的确定程度和消费者的自信程度而定。因此，市场营销人员必须了解引起消费者有风险感的那些因素，进而采取措施来减少消费者的可觉察风险，促使消费者做出最后的购买决定并付诸行动。

顾客一旦决定实现购买意向，必须做出以下决策：① 产品种类决策。即在资金有限的情况下优先购买哪一类产品；② 产品属性决策，即该产品应具有哪些属性；③ 产品品牌决策，即在诸多同类产品中购买哪一品牌；④ 时间决策，即在什么时间购买；⑤ 经销商决策，即到哪一家商店购买；⑥ 数量决策，即买多少；⑦ 付款方式决策，即一次付款还是分期付款，现金购买还是其他方式等。

5. 购后行为

消费者购买之后的问题主要有两个：一是购后的满意度；二是购后的活动。

(1) 消费者购后的满意度。对消费者购买后是否满意及其程度如何的问题，西方学者有一种观点认为：消费者的满意程度，取决于消费者对产品的预期性能与产品使用中的实际性能之间的对比。就是说，如果购后在实际消费中符合预期的效果，则感到满意；超过预期，则很满意；未能达到预期，则不满意或很不满意。实际同预期的差距越大，不满意的程度也就越大。根据这种观点，营销者对其产品的广告宣传只有实事求是，符合产品的实际性能，才能使购买者感到满意。因此，有些营销者对产品性能的宣传甚至故意留有余地，以增加消费者购后的满意感。

小链接

不满意顾客的行为表现

尼尔森公司曾花数年时间调查莱大食品公司的顾客，以便得知顾客不满意时提出抱怨的次数，以及采取何种行动。结果发现，在感到不满意的顾客中只有2%会提出抱怨，有3%～4%的顾客会改变所购买的品牌来惩罚制造商，另外，4%的顾客会停止购买任何一家制造商的同类产品。根据尼尔森公司的统计数字，该食品公司共有4万名顾客提出抱怨，那么极有可能有200万左右的顾客感到不满意，并且可能有76万名顾客会更换品牌或干脆不再购买此种产品。因此，可以推算该公司每年损失的营业额收入至少数万美元。

据另一项研究表明，顾客向其他人抱怨不满的几率要比向其他人讲述愉快经历的几率高出三倍。如果抱怨能够迅速解决的话，95%的顾客还会继续购买同种产品，而且，抱怨得到满意解决的顾客平均会向5个人讲述他们受到的良好待遇。因此，有远见的公司都不会躲开不满的顾客。

资料来源：权锡鉴.营销管理创新研究[M].北京：经济管理出版社，2004.

(2) 消费者购后的活动。购买后的满意程度，决定了消费者是否重复购买该种产品，决定了消费者对这一品牌的态度，并且还会影响到其他消费者，形成连锁反应。西方有句商业谚语："最好的广告是满意的顾客"。反之，失望的顾客不但永远不会再购买该种产品，而且还会告知周围人，做反面宣传，从而影响他人的态度和购买行为。因此，营销者应积极主动地与购买者作购后联系，采取一些必要措施，促使购买者确信其购买决策的正确性，同时还要加强售后服务，企业还应根据消费者的意见反馈，及时改进产品和改善服务。

从上述分析可见，了解消费者购买过程的各个步骤，对市场营销有重要意义。营销者可根据不同阶段的不同问题，采取有针对性的措施，制定最佳的营销方案。

本章小结

消费者市场是指个人或家庭为了生活消费而购买产品和服务的市场。生活消费是产品和服务流通的终点，因而消费者市场也称为最终产品市场。消费者市场的特征：第一，消费者市场受消费者个人人为因素的影响较大；第二，在消费者市场上，商品的价格需求弹性较大；第三，消费品市场购买者众多，市场分散，成交次数频繁，但交易数量零星；第四，消费者的购买行为具有可诱导性；第五，购买的流动性较大。

消费者购买行为研究模式中较有代表性的是刺激—反应模式。

影响消费者购买行为的因素主要有：文化因素、社会因素、个人因素和心理因素。其中：文化因素包括文化、亚文化、社会阶层；社会因素主要是有相关群体、家庭、角色和地位；个人因素包括年龄与家庭生命周期阶段、职业、经济状况、生活方式、个性和自我观念等；心理因素包括动机、知觉、学习、信念和态度。

消费者在购买活动中可能扮演五种角色中的一种或几种：发起者、影响者、决定者、购买者和使用者。消费者以个人为单位购买时，五种角色可能同时由一人担任；以家庭为购买单位时，五种角色往往由家庭不同成员分别担任。

根据消费者购买商品的介入程度以及品牌之间的差异程度，可将消费者购买行为分为四种类型：复杂购买行为；寻求多样化购买行为；化解不协调购买行为；习惯性购买行为。

消费者在购买某一产品时，会有一个决策过程，这个决策过程会因所购买的产品类型、消费者类型的不同而有所区别，但典型的购买决策过程一般包括确认需要、收集信息、备选产品评估、购买决策以及购后行为五个不同的阶段。营销者可根据不同阶段的不同问题，采取有针对性的措施，制定最佳的营销方案。

【问题与探讨】

1. 消费者市场有哪些特点？
2. 什么是消费者购买行为模式？
3. 影响消费者购买行为的因素有哪些？
4. 文化因素是如何影响消费者的购买行为的？
5. 相关群体对消费者行为的影响体现在哪些方面？
6. 家庭生命周期对消费者行为有何影响？
7. 研究马斯洛“需求层次论”对企业营销有何指导意义？
8. 消费者购买行为有哪几种主要类型？
9. 在消费者购买决策过程的方案评估阶段，企业营销活动的任务是什么？
10. 消费者购买决策过程包括哪几个阶段？

【案例分析】

恰到好处的心理营销

北京西乐日用化工厂是北京市海淀区四季青乡化轻公司下属的一个乡办化妆品生产企业，它的前身是一个修补轮胎的手工作坊。1984年，该厂根据社会对日用化妆品需求不断增长的趋势，正式转产护肤霜。几年来，西乐厂坚持依靠科技，不断开发适销对路的新产品，自1984年投产（当年产值达20万）后，销售额连年翻番，到1990年已突破900万元。这家只有200多名职工的乡办企业，目前已开发出6个系列42个品种的产品，每年为国家创利税上百万元，产品不仅在激烈的市场竞争中占有一席之地，而且已经在我国北部地区广为流行、走俏。

北京西乐日用化工厂之所以取得如此好的成绩，其中一个极为重要的原因就是该厂抓住了消费者对日用化妆品的消费心理，展开了心理营销。

1. 抓住顾客求新求美心理

随着化妆品消费需求的发展，消费者不再仅仅追求化妆品的美容需要，而且更加重视其护肤、保健等多种功能。西乐厂在开发过程中意识到了这一点。1984年，西乐厂引进了北京协和医院开发的硅霜生产技术，并把这种经过临床医疗试验证明具备护肤、治疗良效的专用技术，用来开发新型的化妆品，当年9月通过硅霜工业化生产的技术鉴定后，很快就生产出以“斯丽康”命名的护肤霜投入市场。这种化妆品与传统护肤霜的不同之处，在于它以硅油代替了以往常用的白油或动、植物油脂。这种硅油擦抹在皮肤上，能形成一种薄腊，一方面能阻止皮肤表面因水分丧失而引起皮肤干燥的作用，另一方面又能维持皮肤细胞的正常新陈代谢。因此，斯丽康护肤霜由于使用了硅油可起到美容、增白、洁肤的作用。长期使用硅油化妆品，不但无害，而且还可使使用者的皮肤滑润、弹性好。几年来，该厂陆续推出的“斯丽康高级护肤霜”、“斯丽康增白粉蜜”及化妆用的“底霜”、婴儿用的“宝宝霜”等多种新产品，已经受到了经常需要化妆品的顾客及寒冷干燥地区消费者的青睐。西乐化妆品企业在满足消费者的这些求新求美心理中，不断挤占着新的市场。

2. 抓住顾客的求实心理

对于化妆品消费者来说，最大的担心是化妆品的副作用。如害怕导致皮肤过敏，担心长期使用会患皮肤病，会影响身体健康。针对这一点，西乐厂牢牢把握产品质量关，并努力让消费者信赖该产品的质量。他们抓住消费者求安全动机这一心理特征，在推销化妆品过程中，必带“三证”，即生产许可证，卫生许可证和质量合格证，以取得用户对产品质量的信赖。该厂还主动邀请质量监督部门、卫生管理部门来厂检查、评定。由于该厂重视科技开发，严格质量检查，注重厂容，文明生产，因此，先后得到北京市经济委员会和农业部颁发的西乐牌斯丽康高级护肤霜，斯丽康增白粉蜜等优质产品证书，在检测、卫生评比中也多次受到肯定。通过这些上级主管部门的肯定性评价，提高了企业的声誉和形象。

为了推销新产品，西乐厂还经常派出技术人员参加展销会、订货会，由科技人员用医学道理，深入浅出地讲解皮肤的结构和斯丽康特有的功效，用科学道理解除用户的疑虑和误解。他们还通过直接演示法，通俗易懂地说明硅油化妆品对皮肤的保护作用。在表演时，演示者用两块布，一块普通布，一块经过硅油处理过的布，做了两组对比实验。一组是：用一杯水分别从两块布上倒下去，普通布透水，硅油布滴水不透，从而形象地显示了硅油化妆品具有保持水分的良好性能。另一组实验是：分别在两块布下面点燃烟，结果普通布把烟挡在下面，而经过硅油处理的那块布却青云直上，显示硅油处理的布透气。两组实验直观地表现了斯丽康化妆品“透气不透水”的独创功能，说明对人体皮肤有益无害。这种“攻心战”使广大用户心悦诚服地接受了斯丽康化妆品，取得了心理营销的成功。

3. 抓住顾客的求名心理

西乐厂化妆品之所以很快在市场上走俏，这与该厂选用"斯丽康"(SLK)这个牌子不无关系。"斯丽康"这个有机硅的英文Silicone音译而来的名字，发音响亮，并带有一点儿"洋味"，在一定程度上能够满足部分消费者追求高档、进口、名牌化妆品的心理需求。当广告上出现"斯丽康高级化妆品"的宣传时，广大消费者并没有把这个名字与乡镇企业联系起来。由于种种原因，当时社会上对乡镇企业产品抱有质差档低的成见；相反，认为高档的化妆品应是进口产品，或合资企业的产品。针对部分化妆品消费者这一心理，西乐厂在广告宣传时，采取着重宣传产品特色，而不是宣传企业自身的促销策略，随着"斯丽康"产品的推出，当"斯丽康护肤霜"深入人心，在北京家喻户晓的时候，人们并未想到享有盛誉的"斯丽康"化妆品的厂家出自一个乡办企业。一直到了斯丽康化妆品相当走俏时，北京西乐日用化工厂的名字才逐渐为顾客知晓。

案例来源：万晓. 市场营销学[M]. 北京：清华大学出版社. 2007.

问题讨论：

1. 你认为化妆品消费者的消费心理特征有哪些？
2. 北京西乐日用品化工厂如何根据顾客需求心理搞产品开发？
3. 该厂在产品促销活动中采取了哪些营销策略？为什么要采取这些策略？
4. 试结合本案谈谈企业如何围绕顾客消费心理从事市场营销。

【实践训练】

消费者行为分析

项目：消费者购买行为调查。

目的：加深对消费者行为中个人、社会和情景因素作用的理解。

组织：以小组为单位收集相关资料，小组人数4～5人为宜，小组成员要合理分工。

内容：各小组挑选一款产品，如香水、汽车、男/女鞋或快餐等，然后到三家能购买到该商品的商店(最好选择三家完全不同的商店)中去，观察并记录每家店的零售环境，并观察人们购买该商品，记下他们的特征(如年龄、种族、性别等)、所属的社会阶层以及与该商品相关的行为。最后，准备一份报告，描述你所发现的情景变量和消费者个人的差异，并说明它们是如何与产品的购买相联系的。向全班汇报自己的发现。

第7章 目标市场营销

通过本章学习，你应该理解：

1. 市场细分、目标市场选择、市场定位三大概念及作用；
2. 市场细分及其理论的形成；
3. 企业如何有效地进行市场细分以及定位目标市场；
4. 如何根据有关影响因素选择适宜的目标市场。

在对市场营销环境及消费者市场进行全面而深入分析的基础上，实行市场细分化(Segmenting)、目标化(Targeting)和定位(Positioning)，即实施“STP”战略，是企业营销战略的核心，是决定营销成败的关键，是企业将市场机会转化为企业营销机会所必须从事的工作。因为任何一种商品市场，都有为数众多、分布广泛的购买者，并且由于各种因素的影响，他们都有不同的需要和欲望，对此，任何一个企业即使是大企业，也不可能全面予以满足，不可能为所有的购买者提供有效的服务。因此，每个企业都应该采取三个步骤：一是按照一定的标准对市场进行细分；二是评估选择对本企业最有吸引力的细分部分作为自己为之服务的目标市场，实行目标营销；三是确定自己在市场上的竞争地位，搞好产品的市场定位。切忌盲目开发，盲目竞争。

【引导案例】

苏州指甲钳厂的市场细分和差别营销

指甲钳这一日用小商品，初看起来消费者不会有什么特别的选择，似乎只要能剪指甲就行了。不少指甲厂基于这一模糊思想，认为企业产品的顾客全是一样的，因而生产的产品销路日渐下降。但有的企业却懂得市场细分的原理，针对每一细分市场，有差别地开展营销活动，从而保持了产品的畅销。

苏州指甲钳厂就设计生产了各种花色的指甲钳，分别占据了各细分市场的销售主动权。该厂将顾客划分为儿童、老人、年轻人、妇女等细分市场，分别设计不同的产品，采用不同的图案，受到顾客的欢迎。如为儿童设计的指甲钳图案是“铁臂阿童木”、“庆祝六一”等，小巧玲珑，受到儿童的喜爱，成了家长们在儿童节前赠送给儿童的最好礼物之一；为老人设计的是山水花卉图案，清静幽雅；为妇女设计嵌宝鸡心、钻石花型指甲钳，符合妇女爱美及喜爱小巧商品的心理。

苏州乡镇企业发达，旅游业也十分兴旺。因而该厂专门设计了12生肖及宫灯型图案的指甲钳，适应了农村的传统的消费习惯；设计的苏州园林18景指甲钳，也成为可供旅游者选择的一个纪念品。

除了顾客内心的差别营销外，该厂还注意了时间、地区的差别营销。如在中日友好条约签订之前，设计了熊猫翠竹、熊猫戏球的图案；在奥运会期间，将体育项目搬上指甲钳塑面；当少林寺电影风靡之时，设计了十三棍僧救唐王的图案；在红楼梦电视剧播放期间，设计的金陵十二钗图案受到年轻人的欢迎。

苏州指甲钳厂的市场早已从全国扩展到了国外，该厂产品已有梅花型、花篮型、鸡心型、嵌宝型、特大型等36个品种、400多个花色，1980年，该厂双菱牌的品牌知名度及销路在全国名列前茅。看来，苏州指甲钳厂利用苏州优越的地理环境条件，加上差别营销策略，保持了在同行业中的领先地位。然而，品种和花色很容易被人模仿，因而产品需要不断地创新；消费者对指甲钳的功能需求、质量要求也越来越高；原材料也在涨价；市场的扩展也不是无限的。因此，该厂要保持过去的业绩，尚面临着新的挑战。但总的来说，目前尚未有一种新产品出现可以淘汰指甲钳。因而企业这方面的风险目前还不存在。

资料来源：李仉辉，项巨力. 市场营销学[M]. 上海：立信会计出版社，2006.

企业的一切营销战略，都必须从市场细分出发。没有市场细分，企业在经营时就如同"瞎子摸象、大海捞针"，根本无法锁定自己的目标市场，企业也就无法在市场竞争中恰当地给自己定位。如果没有明确的市场定位，企业也就无法规划和塑造差异化的品牌形象并赋予品牌独特的核心价值；当然就更无法有针对性地设计独特的产品去满足市场了。只有进行市场细分，才有营销战略的差异化。因此，市场细分是企业战略营销的重要组成部分。

思考： 1. 如何理解"市场细分是企业战略营销的起点"？
2. 苏州指甲钳厂的市场细分策略有何特点？这种细分方法有何优缺点？

一、市 场 细 分

（一）市场细分理论的产生和发展

所谓市场细分，就是以消费需求的某些特征或变量为依据，在整体市场中识别具有不同需求的消费者，将需求大致相同的消费者予以归类，形成若干个需求不同的子市场（细分市场）的活动。

市场细分是1956年由美国市场营销学家温德尔·斯密（Wendell R. Smith）首先提出的一个新概念，它是现代企业市场营销观念的一个重大突破，是顺应新的市场态势应运而生的产物。一方面，企业的市场营销活动必须以消费者为中心，从消费者需求出发，而市场中消费者各不相同，且他们的需求日益个性化、多样化；另一方面，企业拥有的生产经营资源毕竟有限，不可能满足所有消费者的所有需求。因此，任何一个企业的经营者在制定营销决策时，都必须首先确定那些最有吸引力，并有能力为之提供最有效服务的市场部分作为自己的目标市场，以此提高企业营销活动的效率和效益。如美国宝洁公司发现它的顾客由于需要洗涤不同性质的织物，要求性能不同的肥皂，于是改变了原来经营单一肥皂的做法，推出 9 种不同性能、不同牌号的洗衣粉(如表 7－1 所示)，从而满足了不同消费者的需要，提高了竞争能力，取得了很高的市场占有率。温德尔·斯密就是总结了这些经验，提出了市场细分的新概念，受到企业管理界和学术界的重视，并得到越来越广泛的运用。

表 7－1　宝洁公司洗衣粉差别化途径

品　牌	特　点	定　位
汰渍(Tide)	洗涤能力强，去污彻底。满足洗衣量大的工作要求，是一种用途齐全的家用洗衣粉	“汰渍一用，污垢全无。”
奇尔(Cheer)	具有“杰出的洗涤能力和护色能力，能使家庭服装显得更干净、更明亮、更鲜艳”	“更干净、更明亮、更鲜艳”
格尼(Gain)	最初是加酶洗衣粉，后重新定位为令衣服干净、清新	“如同太阳一样让人振奋”
达诗(Dash)	是宝洁公司的价值产品，能有效去除污垢，但价格相当低	物美价廉
波得(Bold)	加入了织物柔软剂，还增加了“织物柔软剂的新鲜香味”	“清洁衣服，柔软织物，并能控制静电”
卓夫特(Dreft)	含有“天然清洁剂”硼石，也可用于洗涤婴儿尿布和衣服	“令人相信它的清洁能力”
象牙雪(Ivory Snow)	这种肥皂碱性温和，适合洗涤婴儿尿布和衣服	“纯度达到 99.44%”
奥克多(Oxydol)	含有漂白剂。	“可使白色衣服更洁白，花色更鲜艳”
时代(Era)	天生的去污剂，能清除难洗的污点，在整个洗涤过程中效果良好	“天生的去污剂”

可见，市场细分是商品经济发展到一定阶段的产物。剖析西方商品经济发展史，市场细分理论的产生与发展经历以下几个阶段。

1. 大量营销阶段

早在 19 世纪末 20 世纪初，即资本主义工业革命阶段，整个社会经济发展的中心和特点是强调速度和规模，市场以卖方为主导。在卖方市场条件下，企业市场营销的基本方式是大量营销，即大批量生产品种、规格单一的产品，并且通过广泛、普遍的分销渠道销售产品。在这样的市场环境下，大量营销的方式降低了产品的成本和价格，获得了较丰厚的利润。企业没有必要研究市场需求，市场细分战略也不可能产生。

2. 产品差异化营销阶段

20 世纪 30 年代发生了震撼世界的资本主义经济危机，西方企业面临产品严重过剩，市场迫使企业转变经营观念。营销方式从大量营销向产品差异化营销转变，即向市场推出许多与竞争者不同的，质量、外观、性能和品种各异的产品。产品差异化营销较大量营销是一种进步，但是由于企业仅仅考虑自己现有的设计、技术能力，忽视对顾客需求的研究，缺乏明确的目标市场，因此产品营销的成功率依然很低。由此可见，在产品差异化营销阶段，企业仍然没有重视对市场需求的研究，市场细分仍然缺乏产生的基础和条件。

3. 目标营销阶段

20 世纪 50 年代以后，在科学技术革命的推动下，生产力水平大幅度提高，产品日新月异，生产与消费的矛盾日趋尖锐，以产品差异化为中心的推销体制远远不能解决西方企业所面临的市场问题。于是，市场迫使企业再次转变经营观念和经营方式，由产品差异化营销转向以市场需求为导向的目标营销，即企业在研究市场和细分市场的基础上，结合自身的资源与优势，选择其中最有吸引力和最能有效为之提供产品和服务的细分市场作为目标市场，设计与目标市场需求特点相匹配的营销组合。于是，市场细分战略应运而生。

目标市场营销需要经历 3 个步骤，如图 7－1 所示。

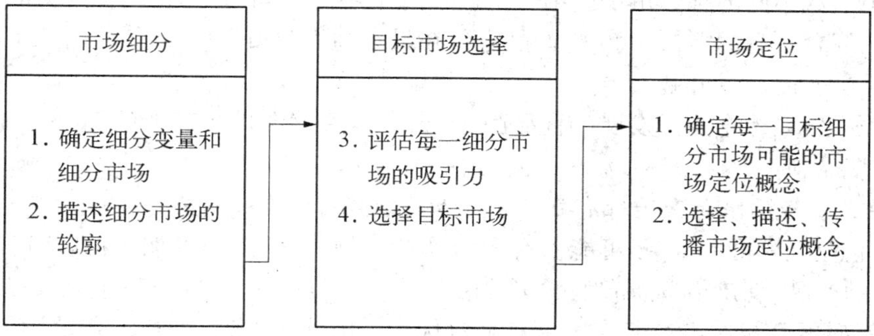

图 7－1　目标市场营销步骤

市场细分理论的产生，使传统营销观念发生根本的变革，在理论和实践中都产生了极大影响，被西方理论家称为“市场营销革命”。

（二）市场细分的理论依据

1. 消费者需求的差异性是市场细分的内在依据

产品属性是影响消费者购买行为的重要因素。根据顾客对不同属性产品的重视程度，可以分为三种偏好模式，如图 7－2 所示。这种需求偏好差异的存在，是市场细分的客观依据。

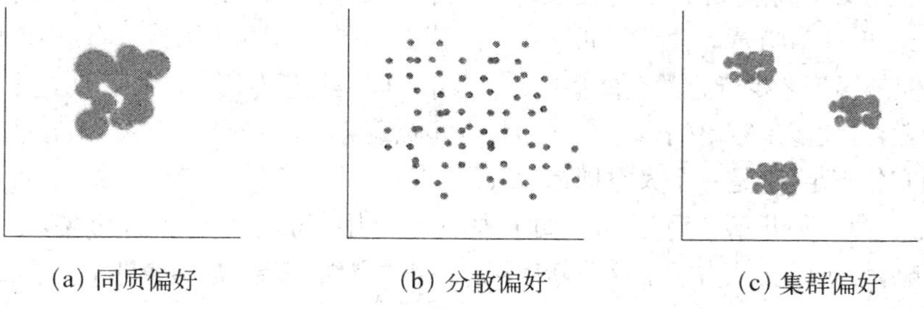

(a) 同质偏好　　(b) 分散偏好　　(c) 集群偏好

图 7－2　市场偏好模式

（1）同质偏好。如图 7－2(a)所示，是指一个市场上所有消费者的偏好大致相同，企业可提供一种产品满足他们。

(2) 分散偏好。如图 7-2(b)所示，是指消费者偏好可能在空间上平均分散而无任何集聚，表示消费者对于产品的需求存在极大差异。这时企业如果只推出一种产品则难以满足所有消费者，就会存在以下情况：① 市场上有一个定位于中心位置的品牌，以最大限度地迎合数量最多的顾客。这是因为，定位于中央的品牌可将消费者的不满足感降到最低水平(如宝洁的洗发水)。② 市场上新进入的竞争者，可能把它的品牌设置在原先的品牌附近，从而引发一种争夺市场份额的战斗(如舒蕾洗发水)。③ 企业把它的品牌设置在某一个角落里，以赢得对市场中心品牌不满的消费者群体(如奥妮等洗发水品牌)。④ 如果市场上有好几个品牌，它们很可能定位于整个空间的各处，各显示其实质差异来迎合消费者偏好的差异(如联合利华)。

(3) 集群偏好。如图 7-2(c)所示，是指市场上出现了若干具有不同偏好的消费群体，客观上形成不同的细分市场。第一个进入此市场的公司有三种选择：① 将产品定位于中心，以迎合所有的群体。② 将产品定位在最大的细分市场上。③ 推出几个品牌分别定位于不同的细分市场内。

显而易见，如果企业只发展一种品牌，那么竞争者就会进入其他的细分市场，并在那里引进许多品牌。

2. 企业资源的限制和进行有效竞争是市场细分的外在强制条件

现代企业规模再大，都不可能占有人力、财力、物力、信息等一切资源，不可能向市场提供所有的产品，满足市场所有的购买或消费需求。同时，任何一个企业由于资源限制和其他约束，都不可能在市场营销中占有绝对优势。因此，在激烈的市场竞争中，为了求生存、谋发展，企业必须进行市场细分，选择目标市场，进行市场定位，集中一切资源投放到最有效的市场，以便取得和扩大竞争优势。

(三) 市场细分的作用

1. 有利于发现市场机会

市场机会是指客观存在于市场但尚未加以满足的潜在的需求。运用市场细分的手段，就便于发现这类需求，并从中寻找适合本企业开发的需求，从而抓住市场的机会，使企业赢得市场主动权，抢先拓展并占领目标市场。例如，我国服装市场竞争较激烈，如果通过市场细分可以看出，竞争激烈的主要是青年服装市场和儿童服装市场，老年服装市场却显得冷清。于是有些服装企业把目标市场放在老年服装市场上，生产出各式各样的老年服装，结果大获成功。又如，娃哈哈营养食品厂通过对全国营养液市场的调研发现：国内生产的营养液已多达 38 种，但都属于老少皆宜的全能型产品，没有一种是儿童专用营养液。而这个细分市场上有 3 亿消费者，且大多是家里的掌上明珠，因此，儿童营养液市场是一个大市场，这个市场的需求尚未得到充分满足，这是一个大空档、大机遇。于是该厂决策：与其生产第 39 种全能型营养液，还不如生产第一种儿童专用营养液，即选择儿童专用营养液作为目标市场，并制定了一套营销组合策略，终于成功地占领了这一新市场。这些“空档”市场，都是企业的市场机会。

启示故事 7-1：江崎制胜之道

日本泡泡糖市场年销售额约为 740 亿日元，其中大部分为“劳特”所垄断。但江崎糖业公司对此并不畏惧，成立了市场开发班子，专门研究霸主“劳特”产品的不足和短处，寻找市场缝隙，终于发现"劳特"的四点不足：① 以成年人为对象的泡泡糖市场正在扩大，而"劳特"却仍旧把重点放在儿童泡泡糖市场上；②"劳特"的产品主要是果味型泡泡糖，而现在消费者的需求正在多样化；③"劳特"多年来一直生产单调的条状泡泡糖，缺乏新型式样；④"劳特"产品价格是110日元，顾客购买时需多掏10日元的硬币，往往感到不便。

通过分析，江崎糖业公司决定以成人泡泡糖市场为目标市场，并制定了相应的市场营销策略，不久便推出功能型泡泡糖四大产品：司机用泡泡糖，使用了高浓度薄荷和天然牛黄，以强烈的刺激来消除司机的困倦；交际用泡泡糖，可清洁口腔，去除口臭；体育用泡泡糖，内含多种维生素，有益于消除疲劳；轻松型泡泡糖，通过添加叶绿素，可以改变人的不良情绪。江崎公司精心设计了产品的包装和造型，价格定为50日元和100日元两种，避免了找零钱的麻烦。功能型泡泡糖问世后，像飓风一样席卷全日本，不仅挤进了由"劳特"独霸的泡泡糖市场，而且占领了一定的市场份额，从零猛升至25%，当年销售额达175亿日元。

市场细分是市场竞争中企业取得成功的必然选择，因为只有这样才能锁定自己的目标市场群体，集中有限资源，运用差异化的深度沟通策略并辅以多种手段赢得消费者"芳心"，并不断培养其忠诚度，从而达到最大限度地阻隔竞争对手的目的。

2. 有利于掌握目标市场的特点

不进行市场细分，企业所选择的市场就可能是盲目的；不认真鉴别各个细分市场的特点，就不能进行有针对性的市场营销。例如，某公司出口日本的冻鸡原先主要面向消费者市场，以超级市场、专业食品商店为主要销售渠道。随着市场竞争加剧，销售量呈下降趋势。为此，公司对日本冻鸡市场做了进一步的调查分析，以掌握不同细分市场的需求特点。从购买者区分，有三种类型：一是饮食业用户；二是团体用户；三是家庭主妇。三个细分市场对冻鸡的品种、规格、包装和价格等要求不尽相同。比如，饮食业用户对鸡的品质要求较高，但对价格的敏感度低于零售市场的家庭主妇；家庭主妇对冻鸡的品质、外观、包装均有较高的要求，同时要求价格合理，购买时挑选性较强。根据这些特点，公司重新选择了目标市场，以饮食业和团体用户为主要顾客，并据此调整了产品、渠道等营销组合策略，此举使其出口量大幅度增长。

3. 有利于制定市场营销组合策略

市场营销组合是企业综合考虑产品、价格、促销形式和销售渠道等各要素而制定的市场营销方案。就每一特定市场而言，只有一种最佳组合形式，这种最佳组合只能是市场细分的结果。前些年我国曾向欧美市场出口真丝花绸，消费者是上流社会的女性。由于我国外贸出口部门没有认真进行市场细分，没有掌握目标市场的特点，因而营销策略发生了较大失误：产品配色不谐调、不柔和，未能赢得消费者的喜爱；低价策略与目标顾客的社会地位不相适应；销售渠道又选择了街角商店、杂货店，甚至跳蚤市场，大大降低了真丝花绸产品的"华贵"品位；广告宣传也流于一般。这个失败的个案，从反面说明了市场细分对于制定营销组合策略具有多么重要的作用。

4. 有利于提高企业的竞争能力

企业的竞争能力受客观因素的影响而存在差别，通过有效的市场细分可以改变这种差别。市场细分以后，每一细分市场上竞争者的优势和劣势就明显地暴露出来。企业只要看准市场机会，利用竞争者的弱点，同时有效地开发本企业的资源优势，就能用较少的资源把竞争者的顾客和潜在顾客变为本企业的顾客，从而提高市场占有率、增强竞争能力。例如，在美国皮鞋市场，各种皮革制成的款式有上百种，面对这样一个整体市场，需要雄厚的资源与其竞争。而一家小鞋厂发现一部分消费者喜欢穿轻便舒适的皮便鞋，他们便以此作为自己的目标市场，利用充分的猪皮原料，专门生产薄猪皮便鞋，并起了一个吸引人的名字，叫“小狗怪”，于是产品打入市场后大为畅销。

在激烈的市场竞争中，如果用降低价格作为竞争武器则对生产者不利，那么企业找到自己的细分市场，为消费者提供别人不能提供的商品，就能把买方市场变为卖方市场，在一个狭小的市场里，买主有求于卖主，就不必用价格竞争了。

(四) 消费者市场细分的标准

市场细分的基础是客观存在的需求的差异性，但差异性很多，究竟按哪些标准进行细分，没有一个绝对正确的方法或固定不变的模式。各行业、各企业可采取许多不同的变量，有许多不同的细分标准，以求得最佳的营销机会。影响消费者市场需求的因素，即用来细分消费者市场的标准(变量)，可概括如表 7－2 所示。

表 7－2　消费者市场的细分标准

细分标准	具体因素
地理变量	地理区域、自然气候、资源分布、城乡状况等
人口变量	年龄、性别、家庭规模、生命周期、职业、收入、教育程度、宗教信仰、种族、社会阶层等
心理变量	生活方式、性格特征、购买动机、个人偏好等
行为变量	购买时机、购买频率、消费利益、使用状况、忠诚度等

1. 地理变量

按照消费者所处的地理位置、自然环境来细分市场。具体变量包括：国家、地区、城市规模、气候及人口密度等。由于自然气候、传统文化、经济发展水平等因素的影响，处在不同地理环境下的消费者便形成了不同的消费习惯和偏好，具有不同的需求特点，他们对企业的产品价格、销售渠道、广告宣传等营销措施的反应也常常存在差别。例如，美国东部人爱喝味道清淡的咖啡，西部人爱喝味道较浓的咖啡。美国通用食品公司针对上述不同地区消费者偏好的差异而推销不同味道的咖啡，赢得了消费者的青睐。

按地理因素细分市场，对于分析研究不同地区消费者的需求特点、需求总量及其发展变化的趋势具有一定的意义，有利于开拓不同区域市场，扩大市场份额。需要注意的是，企业在进行地理细分时，不仅要注意各个子市场的潜力及其特点，而且要考虑到本企业的成本费用会随所选择的子市场的位置而发生变化，企业应选择最能发挥自身优势的、效益较高的地理市场为目标市场。

2. 人口变量

人是构成市场营销的根本要素，是企业市场营销活动的最终对象，人口变量很久以来一直是细分消费者市场的重要标准。人口统计变量主要包括年龄、婚姻、职业、性别、收入、教育程度、家庭生命周期、国籍、民族、宗教、社会阶层等。比如，不同年龄、受教育程度不同的消费者在价值观念、生活情趣、审美观念和消费方式等方面会有很大的差异。因此，依据人口统计变量来细分市场，在企业营销管理中受到普遍重视。譬如，某一市场的年龄结构对于产品需求具有基本的制约作用，因为不同年龄所需要的产品类型和消费方式可以有显著不同，日本资生堂公司1978年曾对日本女性对化妆品的需求做过调查，按照女性消费者的年龄，可以把消费者分为四类：第一类为15～17岁的女性，她们正当妙龄，讲究打扮，追求时髦，对化妆品的需求意识较强烈，但购买的往往是单一的化妆品。第二类为18～24岁的女性，她们对化妆品也非常关心，消费行动积极，只要中意，价格高也在所不惜。第三类为25～34岁的女性，她们多数已结婚，化妆已成为日常习惯。第四类为35岁以上的消费者，已习惯使用所喜爱的品牌，对化妆品需求比较单一。

小链接

第二次世界大战后的美国市场

第二次世界大战以后，美国的婴儿出生率迅速提高。到20世纪60年代，战后出生的一代已长成为青少年。加之美国这个时期经济繁荣，家庭可支配的收入增加，所以，几乎所有定位于青少年市场的产业及产品都获得了成功。举世闻名的迪斯尼乐园就是成功的典范。20世纪70年代后期，受美国经济不景气的影响，出生率迅速下降。到80年代中期，几乎所有原来定位于婴幼儿和儿童市场的产品市场都出现了不同程度的萧条，这必然使那些原来定位于儿童和青少年市场的企业重新定位或扩大经营范围。如迪斯尼集团也不得不放下架子，除了继续以青少年为对象外，还增加了成人游乐项目，并经营酒店、高尔夫球等业务，使企业在新的市场环境下继续发展。

此外，婚姻和家庭收入也对某些产品需求起着制约作用。如某家具公司在市场调查中发现，与家具销售关联最密切的人口统计变量有三项：户主年龄、家庭规模和收入状况。按照这三个人口变量把整个家具市场细分为36个子市场，每个家庭都属于这36个子市场中的一个（如图7-3所示）。这家公司细分市场之后，还要调查研究每一个子市场的家庭数目、平均购买率和竞争程度等。综合分析这些信息，就可以估计出每一个子市场的潜在价值，然后选择目标市场。

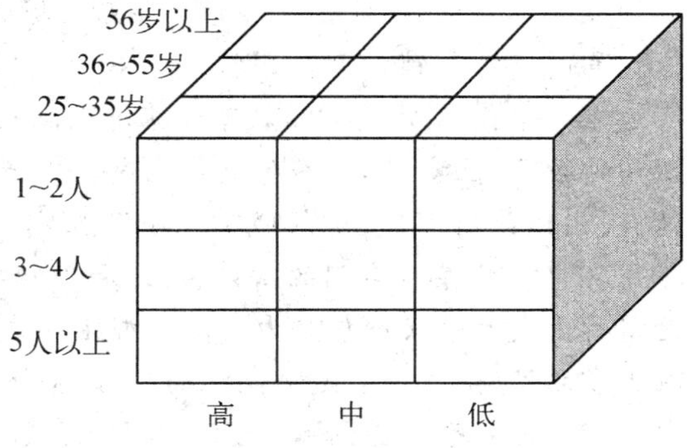

图7-3 某家具公司细分市场方案

人口统计变量的相关信息一般可从各国政府或国际组织公布的统计资料中查找。

3. 心理变量

消费者的欲望和需求不仅受人口变量影响，而且同时受其他变量特别是心理变量影响。例如，美国福特汽车公司曾按照购买者年龄来细分汽车市场。该公司“野马”牌车原来是专门为那些想买便宜跑车的年轻人设计的。令人惊讶的是：当公司推出这种车型后，不仅年轻人争相购买“野马”车，而且许多中老年人也购买，因为他们觉得驾驶“野马”车可以使他们显得年轻。这时，福特公司的营销管理者才认识到“野马”车的目标市场不是年纪轻的人，而是那些心理上年轻的人。

20 世纪 70 年代，美国最大的生活日用品制造商强生公司针对老年人的发质特点，推出一种新型的洗发香波。在进行广告促销时特别指出“此香波极适于年龄在 50 岁以上的老年人”。然而，公司发现销售情况极不理想。调研结果表明，许多老年人都在试图掩藏他们的真实年龄，不愿接受自己已在衰老这一事实，自然不愿购买这样一种提醒自己年龄的产品。

由此可见，消费者复杂的心理因素是市场细分的重要标准。心理因素十分复杂，包括生活方式、性格特征、购买动机、个人偏好以及对商品价格反应的灵敏程度等。生活方式是指一个人或集团对消费、工作和娱乐的特定的习惯和倾向性方式。在经济较为发达的条件下，消费者的生活方式日趋多样化，人们追求的生活方式不同，对商品的喜好和需求也不同。且即使对同一种商品，也会在质量、外观、型号、价格等方面产生不同的需求。当今，许多消费者购买商品不仅是为了满足物质方面的需要，更重要的是为了张扬他们的个性特征，满足其心理需要（显示其身份、地位或追求时髦等）。因此，心理标准是细分市场中比较复杂的一个标准，企业必须根据消费者的不同心理，进行市场调查研究，从而获得可靠的数据，用来确定自己的目标市场。例如，早在 20 世纪 50 年代末，福特牌汽车和雪佛莱牌汽车在促销方面就强调其个性的差异。有人认为购买福特牌汽车的顾客有独立性、易冲动、有男子汉气概，敏于变革并有自信心；而购买雪佛莱牌汽车的顾客往往是保守、节俭、缺乏阳刚之气、恪守中庸之道。

小链接

旅游市场的市场细分

美国市场营销学家瓦尔特·约翰逊根据购买行为及其心理因素，把旅游市场细分为 10 种类型：① 商人型：喜欢改变旅游地点，但不愿改变生活方式，常携眷同行，乐意享受周到的服务，注意安全，不在乎多花钱。② 舒适型：讲究舒适和方便，主要和志趣相投者结伴、组织旅游团体，游览城市或旅游胜地。据说此类倾向代表未来旅游业的发展趋势。③ 享受型：对某种专门的癖好、消遣和兴趣，有着强烈的追求。而实现这种追求，一般又无需付出太大的代价与精力。该类型主要是业余历史学家，他们往往比当地人对游览地有更多的了解；另一类是讲究吃喝的人，对不寻常的烹饪技术怀有浓厚的兴趣。此类“历史迷”和“美食家”的数目，正在迅速增加。④ 好奇型：不断寻求新的感受，探索鲜为人知的思维和生活方式，喜爱收集比较爱好的物品。对服务是否完善不太介意，但追求一种生动活泼的环境和气势。⑤ 活动型：喜欢体育的新一代游客，所到之处，必须让他们尽兴地活动一番。⑥ 冒险型：喜欢在冒险中度过旅游生活，如围坐在山野篝火旁，一边品尝具有异国风味的饭菜，一边倾听野兽的吼叫。⑦ 匆忙型：精心计划和盘算旅游日程与时机，既要节省时间，又要节省费用。⑧ 追求趋势型：对戏剧节、音乐节、歌剧和电影节等感兴趣，因为这种场合下能接触到形形色色的赶时髦、爱表现、出风头的人。⑨ 经常外出型：他们喜欢单独或举家到大自然中去休息和养身，最合适的旅游工具是活动房屋汽车。⑩ 游离不定型：不倦地探索新事物。绝大多数是独身，渴望获得新的经历，不断更新知识。在未来旅游业开发中，具有很大的潜力。

现在越来越多的企业，尤其是在服装、化妆品、家具、餐饮、旅游等行业的企业越来越重视按照人们的生活方式和品位来细分市场。

4. 行为变量

应用行为变量细分市场，是根据消费者对产品的认知、态度、使用及对销售方式的感应程度等行为，将市场划分成不同的消费者群。许多营销专家认为：行为变量是进行市场细分的最佳起点。

启示故事7-2：美国米勒公司营销案

在20世纪60年代末，米勒啤酒公司在美国啤酒业排名第八，市场份额仅为8%，与百威、蓝带等知名品牌相距甚远。为了改变这种现状，米勒公司决定采取积极进攻的市场战略。

他们首先进行了市场调查。通过调查发现，若按使用率对啤酒市场进行细分，啤酒饮用者可细分为轻度饮用者和重度饮用者，而前者人数虽多，但饮用量却只有后者的1/8。

他们还发现，重度饮用者有着以下特征：多是蓝领阶层；每天看电视3个小时以上；爱好体育运动。米勒公司决定把目标市场定在重度饮用者身上，并果断决定对米勒的"海雷夫"牌啤酒进行重新定位。

重新定位从广告开始。他们首先在电视台特约了一个"米勒天地"的栏目，广告主题变成了"你有多少时间，我们就有多少啤酒"，以吸引那些"啤酒坛子"。广告画面中出现的净是些激动人心的场面：船员们神情专注地在迷雾中驾驶轮船；年轻人骑着摩托冲下陡坡；钻井工人奋力止住井喷等。

结果，"海雷夫"的重新定位战略取得了很大的成功。到了1978年，这个牌子的啤酒年销售达2 000万箱，仅次于AB公司(美国安海斯-布希公司Anheuser-Busch的简称)的百威啤酒，在美国名列第二。

现代企业经营管理的实践经验证明，利益细分是一种行之有效的细分战略。

(1) 购买时机。按消费者购买和使用产品的时机细分市场。例如，在春节、中秋节、圣诞节、情人节等节假日的前后，许多企业都会发现购买力旺盛的新的市场机会。文具企业可专门为新学期开始提供一些学生学习用品，来扩大销售。而旅行社则可以充分利用寒暑假和"假日经济"热来发展自己的业务。

(2) 追求利益。根据顾客从产品中追求的不同利益分类，是一种很有效的细分方法。由于消费者在购买某一商品时往往各有不同的购买动机、追求不同的利益，因而企业可以按照不同的消费者购买商品时所追求的不同利益来细分市场。企业可根据自己的条件，权衡利弊，选择其中某一个追求某种利益的消费者群为目标市场，设计和生产出适合该目标市场需要的产品，并且用适当的广告媒体和广告词，把这种产品的信息传达给追求这种利益的消费群体。

启示故事7-3：选定市场

第二次世界大战后，美国钟表公司通过市场细分将美国手表市场划分为三类不同的消费者群。第一类消费者想以最低的价格购买一般的能计时的手表，它占美国手表市场的23%；第二类消费者想以较高的价格购买计时更准、更耐用或式样更好看的手表，它占美国手表市场的46%；第三类消费者想买名贵手表，他们购买手表往往是作为礼物，追求象征性或感情性的价值，他们占美国手表市场31%。当时美国几家著名的手表公司都是以第三类消费者作为目标市场的，而占美国手表市场69%的第一、第二类消费者的需求远远未得到满足。美国钟表公司发现这个良机后，当机立断，选择第一、第二类消费者作为自己的目标市场，并且迅速进入这个市场，结果很快就使其市场占有率得到极大提升，成为当时世界上最大的钟表公司。

市场从来不是铁板一块：明确目标才能集中使用资源！

美国学者哈雷对牙膏市场的分析，是运用利益细分法取得成功的一个范例(如表7-3所示)。他发现牙膏使用者寻求的利益主要有四类：追求经济利益、保护利益、美容化妆利益和气味利益。

表7-3　牙膏市场的利益细分

利益细分市场	人口统计	行　为	心　理	偏好的品牌
经济(低价)	男人	大量使用者	高度自主，着重价值	减价中的品牌
医用(防蛀)	大家庭	大量使用者	疑病症患者，保守	佳洁士
化妆(洁白牙齿)	青少年，年轻人，成年人	抽烟者	高度爱好交际，积极	麦克莱恩斯、超级布赖特
味觉(气味好)	儿童	留兰香味喜欢者	高度自我介入，享乐主义	高露洁、艾姆

每个追求利益的群体都有其特定的人口统计方面的、行为和心理方面的特点。例如，防止龋齿的追求者，都属大家庭，都是大量牙膏的使用者，并且是因循守旧的。在每个细分市场也有一些受偏爱的品牌。一家牙膏公司能够利用这些调查的结果，以集中力量使其现行品牌更好并推出新的品牌。例如，宝洁公司推出的佳洁士牙膏就具有“防蛀”效益，在市场上取得了极大的成功。

运用利益细分法，首先必须了解消费者购买某种产品所寻求的主要利益是什么；其次要了解寻求某种利益的消费者是哪些人；再者要调查市场上的竞争品牌各自适合哪些利益，以及哪些利益还没有得到满足。

(3) 使用状况。许多产品可按使用状况将消费者分为"从未用过"、"曾经用过"、"准备使用"、"初次使用"、"经常使用"等五种类型,即五个细分市场。通常大公司对潜在使用者感兴趣,而一些小企业则只能以经常使用者为服务对象。对使用状况不同的顾客,在广告宣传及推销方式方面都有所不同。

(4) 消费者对品牌的忠诚程度。市场可以根据消费者的品牌忠诚度来细分。依消费者忠诚度的不同,可分为以下四类:

第一类:专一的忠诚者——始终购买同一品牌;

第二类:动摇的忠诚者——同时喜好两种或两种以上的品牌,交替购买这几种品牌;

第三类:转移的忠诚者——经常转换品牌偏好,不固定忠于某一品牌,如一段时间忠于某品牌,又一段时间忠于另一品牌,以此类推,等等;

第四类:犹豫不定者——从来不忠于任何品牌,可能是追求减价品牌;或是追求多样化,喜新厌旧。

每个市场都程度不同地同时存在着上述四类消费者,企业对其市场上的消费者类型进行分析,可发现营销中存在的问题,便于及时采取相应的措施。例如,研究专一忠诚者的特征,可较清晰地知道自己的目标市场都是些什么人;分析动摇的忠诚者,可发现哪些品牌是主要竞争者,从而设法改善自己的市场定位,或采取比较式的广告,突出本企业产品的优点;研究正在转移的购买者,可了解自己营销工作中的弱点,以便及时弥补;至于那些犹豫不定的顾客,则可考虑用特殊的促销奖励办法来吸引他们。

(5) 使用频率。使用频率也可用来细分某些产品的市场。可先划分使用者和非使用者,然后再把使用者分为小量使用者和大量使用者。例如,美国有一啤酒供应商通过市场调查发现,啤酒在美国市场的总住户中有68%是非使用者,32%是使用者,其中小量使用者和大量使用者各半,但16%的大量使用者却占总销量的88%,而小量使用者只占12%。又据调查发现,啤酒的大量饮用者多数是劳动阶层,年龄在25~50岁之间(少量使用者则在25岁以下或50岁以上),每天看电视约3.5个小时以上(少量使用者则少于2小时),较常看体育节目。然后,该公司根据这些资料有针对性地制订了相应的营销决策,取得了巨大的成功。

(6) 待购阶段。消费者对各种产品特别是新产品,总是处于各种不同的待购阶段。譬如自动洗碗机,有些人根本不知有此物,有些人已知有此物,有些人知之甚详,有些人已有较大兴趣,有些人已产生购买欲望,有些人即将购买。企业对处于不同阶段的顾客群,要有不同的营销方案,并且要随着待购阶段的进展而修改营销方案。

(7) 态度。消费者对产品的态度可分为五种:热爱、肯定、冷淡、拒绝和敌意。针对不同的态度,可采取不同的营销对策,如对抱有拒绝和敌意态度者,不必浪费太多的时间来扭转他们的态度;对态度冷淡者则应尽力争取,设法提高他们的兴趣。

总之,消费者市场细分的依据大致有以上这些,但究竟以哪个变数为主,还要根据具体情况灵活运用,以便获得最好的营销机会。

(五) 市场细分的方法和程序

1. 市场细分的方法

任何企业都可运用上述标准进行市场细分。但是,由于各个企业经营方向、具体产品不同,因而必然在方法上有所不同。这种差别表现在三个方面:选用标准的内容、选用标准的数量和选用标准的难易程度。

比如科技书刊的市场营销,区别需求差异的因素主要是受教育程度、职业和追求利益等,不应该是性别、家庭规模等;服装产品的市场营销,则受年龄、生活方式、社会阶层、地理位置及收入等的影响。两者比较不难发现,服装市场细分的标准,比科技书刊市场更多、更复杂也更难以掌握。因此,要求企业根据情况,灵活运用。

(1) 单一因素法。单一因素分析法是选用一个因素,对市场进行细分的方法。比如,根据年龄层次,把儿童玩具市场区分为若干分市场。

(2) 综合因素法。综合因素分析法是运用两个或两个以上的因素,同时从多个角度进行市场细分的方法。因为顾客的需求差别极为复杂,只有从多方面去分析、认识,才能更准确地把他们区别为具有不同特点的群体。例如,一家企业依据户主年龄、家庭规模及收入水平三个因素,将家具市场细分为若干个明显的分市场。

(3) 系列因素法。系列因素法是运用两个或两个以上的因素,并依据一定的顺序逐次细分市场。细分的过程,也就是一个比较、选择细分市场的过程。下一阶段的细分,在上个阶段选定的细分市场中进行。比如,一家铝制品公司进行市场细分,分为宏观细分、微观细分两个阶段。第一阶段,又可分为三个步骤:首先考察想要为之服务的最终用户;再确定最有吸引力的产品用途;再考虑想要为之服务的最佳用户规模。该公司选择了大用户。第二阶段,公司把大用户分为三类:根据价格购买的一类,根据服务购买的一类和根据质量购买的一类。由于这家铝制品公司具有优质服务的市场形象,所以它决定选择重点提供服务的这个分市场。

2. 市场细分的程序

根据国际市场营销学家的普遍看法,市场细分应遵循的程序由七个步骤组成,学术界和企业界又称为“细分程序七步法”。

第一步:选定产品市场范围。企业在确定经营目标之后,就必须确定产品市场范围,这是市场细分的基础。企业必须开展深入细致的调查研究,分析市场消费需求的动向,在选择产品市场范围时,应考虑到自己所具有的资源和能力,但这一范围不宜过大,也不应过于狭窄。

第二步:列举出潜在消费者的基本需求。选择了产品市场范围后,企业的营销人员可以从地理、人口、心理等方面列举出影响产品市场需求和消费者购买行为的各项变量,为市场细分提供可靠的依据。

第三步:分析可能存在的细分市场,并进行初步细分。企业通过各类消费者的典型特征,分析他们的不同需求及其需求的具体内容,并找出消费者需求类型的地区分布、人口特征、购买行为等方面的情况,加上营销决策者的经验,作出估计和判断,进行初步的市场细分。

第四步:确定在细分市场时所应考虑的因素,并对初步细分的市场加以筛选。企业应分析哪些需求因素是重要的,并将其与企业的实际条件进行比较。然后,删除那些特点不突出的一般性消费需求因素,同时归拢合并一些特点类似的消费需求因素,重点分析目标消费者群的特点。

第五步：为细分市场定名。企业应根据各个细分市场消费者的主要特征，用形象化的方法，为各个可能存在的细分市场确定名称。

第六步：分析市场营销机会。主要是分析总的市场和每个子市场的竞争情况，并根据市场研究和需求潜力的估计，确定总的或每一个子市场的营销收入和费用情况，以估计潜在利润量，作为最后选定目标市场和制定营销策略的经济分析依据。

第七步：确定可进入的细分市场，设计市场营销组合策略。通过分析，企业可能发现若干个有利可图的细分市场，应根据企业的经营目标和资源优势，确定一个或几个目标市场，并有针对性地分别制订市场营销组合策略，以保证企业有效地进入已选择的目标市场。

(六) 市场细分的原则

市场细分的目的是为了识别顾客需求上的差异，以发现有利的营销机会。成功有效的市场细分，应当遵循以下五个基本原则。

1. 可衡量性

可衡量性是指市场细分必须是可以识别的和可以衡量的，即细分出来的市场不仅范围明晰，而且也能估计该市场的规模及其购买力的大小。凡是企业难以识别、难以测量的因素或特征，都不能据以细分市场。因此，恰当地选择明确的、可以识别的市场细分变量十分重要。

2. 可进入性

可进入性是指细分的市场是企业的营销活动能够进入的市场，即市场的细分和选择必须适应企业自身的开发和营销能力，必须是企业有足够的能力占领的市场。考虑市场细分的可进入性，实际上就是考虑企业营销活动的可行性。那些不能发挥企业资源作用或难以被企业所占领的市场，则不能作为目标市场。显然，对于不能进入或难以进入的市场进行细分是没有现实意义的。

3. 可赢利性

可赢利性是指细分市场的需求容量必须能保证企业获得足够的经济效益。因此，细分市场的规模必须适当，不宜过小也不宜过大。如果规模过小，企业的现有资源不能充分利用，难以确保利润；如果规模过大，企业无法满足，结果也白费工夫。

4. 差异性

差异性是指各细分市场的消费者对同一市场营销组合方案会有差异性反应，或者说对营销组合方案的变动，不同细分市场会有不同的反应。如果没有大的差异性反应，便不必进行市场细分。

5. 行动可能性

行动可能性是指为吸引和服务细分市场而系统地提出有效计划的可行程度。如果对于一个细分市场而企业没有办法提出任何可行的计划和方案，那么这样的细分市场是没有意义的。

二、目标市场选择

所谓目标市场是指企业打算进入并实施相应营销组合的细分市场，或打算满足的具有某一需求的顾客群体。

企业在细分市场之后，发现和选择了有吸引力的市场机会，就可进行目标市场的选择。目标市场与市场细分既有联系，又有区别。市场细分是按一定的标准划分不同消费者群体的过程；而目标市场则是根据市场细分标准选择一个或一个以上细分市场，并作为企业营销对象的决策。可见，市场细分是选择目标市场的前提和条件，而目标市场是市场细分的目的和归宿。也就是说，企业选择目标市场，是在市场细分的基础上进行的。通过分析细分市场需求满足的程度，去发现那些尚未得到满足的需求，而企业自身又具有满足需求的条件，就可以将其选定为目标市场。

启示故事 7-4：目标要明确

有一位父亲带着三个孩子，到沙漠去猎杀骆驼。他们到达了目的地，父亲问老大："你看到了什么呢？"老大回答："我看到了猎枪、骆驼，还有一望无际的沙漠。"父亲摇摇头说："不对。"父亲又以相同问题问老三。老三回答："我只看到了骆驼。"父亲高兴地点点头说："这就对了。"

一个营销活动要取得成功，首先必须有明确的目标。目标一经确立，就要心无旁骛，集中全部精力，勇往直前。

资料来源：吕进. 老经理侃营销[M]. 北京：中国工人出版社，2004.

（一）评价细分市场

选择目标市场的首要步骤，是分析评价各个细分市场，即对各细分市场在市场规模增长率、市场结构吸引力和企业目标与资源等方面的情况进行详细评估。在综合比较、分析的基础上，选出最优化的目标市场。

1. 细分市场规模和增长率

这项评估主要研究潜在细分市场是否具有适当的规模和增长率。"适当的规模"是一个相对概念，大公司可能偏好销售量很大的细分市场，对小的细分市场不感兴趣；小公司则由于实力较弱，会有意避开较大规模的细分市场。细分市场的增长率也是一个重要因素，所有的企业都希望目标市场的销售量和利润具有良好的上升趋势。但竞争者也会迅速进入快速增长的市场，从而使利润率下降。

2. 细分市场的结构吸引力

一个具有适当规模和成长率的细分市场，也有可能缺乏盈利潜力。正如第三章之迈克尔・波特的"五力分析模型"理论所说，决定一个市场或一个细分市场长期盈利潜力的，有五个因素——行业竞争者、潜在进入者、替代者、购买者和供应者。

一个细分市场如果有许多势均力敌的竞争者同时步入或参与，或一个细分市场已有很多颇具实力的竞争企业，那么该细分市场的吸引力就会下降，尤其是该细分市场已趋于饱和或萎缩时。潜在进入者既包括在其他细分市场的同行，也包括那些目前不在该行业经营的企业。如果该细分市场的进入"门槛"较低，该细分市场的吸引力也会下降。替代品从某种意义上限制了该细分市场的潜在收益。替代品的价格越有吸引力，该细分市场增加盈利的可能性就被限制得越紧，从而使该细分市场吸引力下降。购买者和供应者对细分市场的影响，表现在它们的议价能力上。购买者的压价能力强，或者供应者有能力提高价格或降低所供产品的质量、服务，那么该细分市场的吸引力就下降。

一个细分市场的结构吸引力是上述五种变量的函数。分析每个细分市场的吸引力，是企业选择目标市场时不能忽略的重要步骤。

3. 企业的目标和资源

选择目标市场除了满足上述两个条件，企业还要考虑自身的目标和拥有的资源。某些有吸引力的细分市场，如果与企业的长期目标不适合，也只能放弃。对一些适合企业目标的细分市场，必须考虑是否具有在该市场获得成功所需的各种营销技能和资源等条件。

（二）目标市场选择模式

企业在选择目标市场时，有五种可供参考的市场选择模式，如图 7－4 所示。

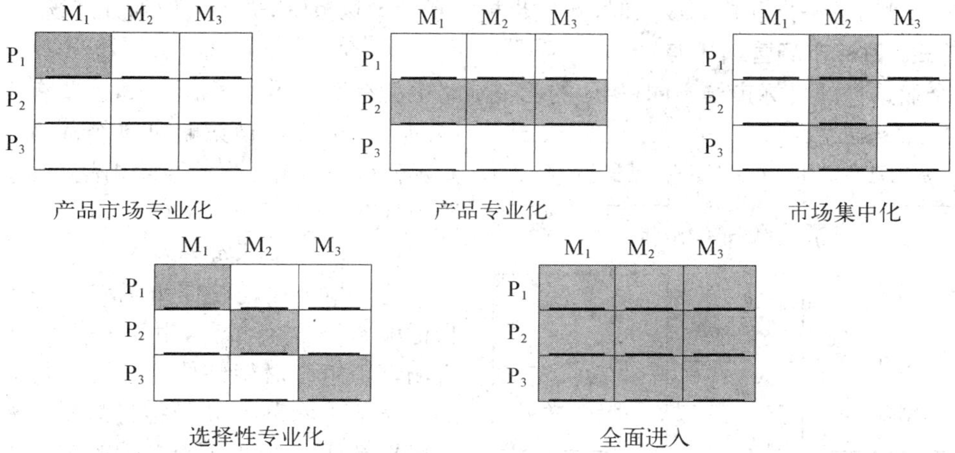

图 7－4 目标市场选择的五种模式

1. 产品市场集中化

这是最简单的目标市场选择模式，是指企业的目标市场无论从产品还是从市场角度分析，都集中在一个细分市场。采用这种策略的企业只生产一种标准化的产品，为某一特定顾客群服务。这种策略通常为小企业所采用。其优点是经营对象单一，可集中力量在一个细分市场上取得较高的市场份额。不足之处在于，目标市场狭窄，经营风险较高。

2. 产品专业化

这是指企业集中自己的优势只生产某一类产品，利用比较优势服务于不同的顾客群。由于顾客需求的差异性，产品在质量、款式、档次以及促销方面会有所不同。采取这种模式有助于企业在特定的产品领域树立良好的信誉，但如果这一领域发展出全新的替代技术，那么，企业就会面临经营滑坡的危险。

3. 市场专业化

这是指企业专门为某一顾客群服务，生产、经营他们所需要的各种产品。美国一家公司专门为喜爱男装的女性提供她们所需的各种产品：服装、鞋帽、手包和化妆品等。采取这种模式有助于发展和利用与顾客之间的关系，降低交易成本，树立良好形象，分散经营风险。但如该顾客群需求下降，企业会遇到收益下降的危险。

4. 选择性专业化

这是指企业有选择地进入几个不同的细分市场，为不同的顾客群提供不同性能的同类产品。企业决定进入的几个细分市场之间没有明显的联系，但是每一个都必须存在良好的经营机会。该模式实际上是一种多角化经营模式，既可满足不同顾客的需求，又可分散企业的经营风险。但采取这种模式，企业须具有较强的资源和营销实力。

5. 全面进入

这是指企业决定全方位进入各个细分市场，为所有顾客提供他们所需要的性能不同的系列产品。这通常是资金雄厚的大企业为在市场上占据领导甚至是垄断地位而采取的目标市场选择策略。

在现实经济生活中，企业运用这五种目标市场模式时，一般总是首先进入最有吸引力的细分市场，待条件和机会成熟时，才逐步扩大目标市场范围，进入其他细分市场。

(三) 目标市场营销战略

企业选择的目标市场不同，相应的营销战略也就有所不同。概括起来，主要有 3 种不同的目标市场营销策略可供企业选择：无差异性营销战略、差异性营销战略、集中性营销战略，如图 7－5 所示。

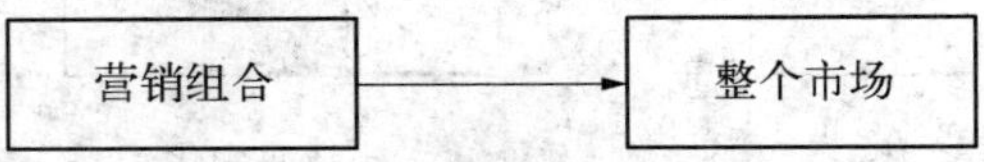

(a) 无差异性营销战略

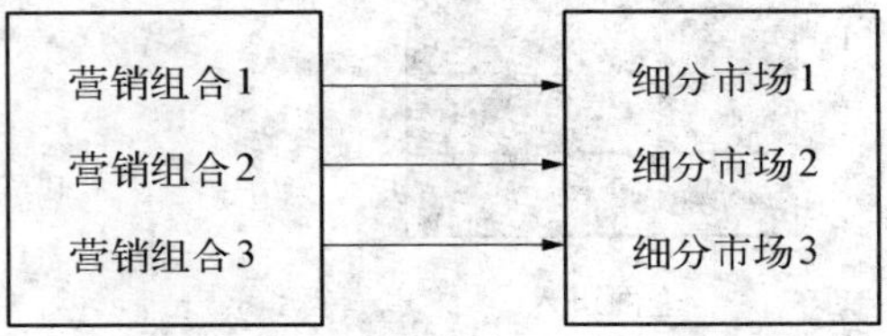

(b) 差异性营销战略

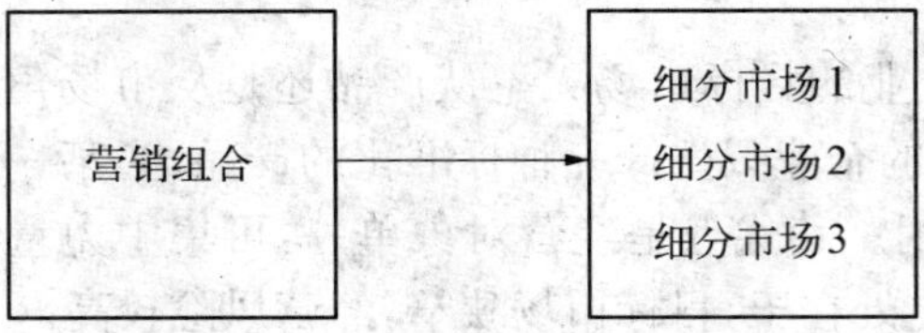

(c) 集中性营销战略

图 7－5 三种目标市场营销战略

1. 无差异性营销战略

这是指企业把整体市场看作一个大的目标市场，不进行细分，用一种产品、统一的市场营销组合对待整体市场。实行此战略的企业基于两种不同的指导思想：一种指导思想是从传统的产品观念出发，在对待市场消费需求上，强调需求的共性而忽视消费需求的差异。因此，企业为整体市场生产标准化产品，并实行无差异的市场营销战略，见图 7－5(a)。在 20 世纪 60 年代前，美国可口可乐公司一直奉行典型的无差异市场战略，以单一的品种、标准的瓶装和统一的广告宣传内容，长期占领世界非酒类饮料市场。在大量生产、大量销售的产品导向时代，企业基本上采用无差异市场战略经营。我国企业在旧的经济体制下，实际上也是实行这种策略。例如，我国有些牙膏厂都采用这种策略，采用同一品种、同一配方、同一口味、同一价格、同一包装和同一营销方式。

实行无差异营销战略的另一种思想是：企业经过市场调查之后，认为某些特定产品，消费者需求大致相同，或是较少差异，如类似于食盐、食糖类产品，因此，企业对此类需求较为雷同的产品可以采用大致相同的市场营销策略。从这个意义上讲，它也是符合现代市场营销观念的。

采用无差异性营销战略的最大的优点是成本的经济性。大批量的生产销售，必然降低单位产品成本;无差异的广告宣传可以减少促销费用;不进行市场细分,也相应减少了市场调研、产品研制与开发以及制定多种市场营销战略、战术方案等带来的成本开支。

但是,无差异性营销战略对市场上绝大多数产品都是不适宜的。因为消费者的需求偏好的基本方面具有极其复杂的层次。某种产品或品牌受到市场的普遍欢迎是很少的。即便一时能赢得某一市场,如果竞争企业都如此效仿,就会造成市场上某个部位竞争非常激烈,而其他市场部位的需求却未得到满足。例如,美国的小汽车市场就出现过这样的问题。20世纪70年代以前,美国三大汽车公司都坚信美国人喜欢大型豪华的小汽车,它们共同追求这一大的目标市场,采用无差异性营销战略。但实际上美国小轿车消费需求倾向已经发生变化,特别是20世纪70年代能源危机发生之后,美国消费者越来越喜欢小型、轻便、省油的小型轿车,而美国三大汽车公司都没有意识到这种变化,更没有适当地调整它们的无差异市场战略,致使大型轿车市场竞争异常激烈,而小型轿车市场却几乎无人问津。日本汽车公司正是在这种情况下趁虚而入的。

2. 差异性营销战略

采用差异性营销战略的企业,通常是把整体市场划分为若干个需求与愿望大致相同的细分市场。然后,根据企业的资源及营销实力选择不同数目的细分市场作为目标市场,并为所选择的各目标市场制定不同的市场营销组合策略,如图7-5(b)。例如,某化妆品公司分别为不同年龄段、不同收入水平、不同生活方式的女性提供不同规格、不同档次、不同成分的化妆品,该公司在化妆品市场实行的就是差异性营销策略。当一个企业采取差异性营销战略并在数个或更多细分市场上取得良好营销效益时,就能够树立起良好的市场形象,吸引更多的购买者和潜在购买者。

采用差异性市场营销战略的最大长处,是可以有针对性地满足具有不同特征的顾客群的需求,提高产品的竞争能力。但是,差异性市场战略也不是完美无缺的。由于产品品种、销售渠道、广告宣传的扩大化与多样化,致使生产成本、管理费用和销售费用等市场营销费用大幅度增加。所以,无差异性营销战略的优势基本上也是为差异性营销战略的劣势。此外,该战略在推动成本和销售额上升的同时,市场效益并不具有保证。正因为如此,企业在市场营销中需要进行“反细分”或“扩大顾客的基数”,以此作为对差异性营销战略的补充和完善。这种思想在全球市场细分战略中得到了充分的体现。

3. 集中性营销战略

集中性营销战略是将整体市场分割为若干细分市场后,只选择其中一个或少数细分市场为目标市场,开发相应的市场营销组合,实行集中营销,见图7-5(c)。其指导思想是把人、财、物集中于某一个细分市场或几个性质相似的小型市场归并的细分市场。采取这一战略的企业不求在一个较大的市场上获得一个较小的市场份额,而是要求在一个较小的市场上占有较大的市场占有率。

集中性营销战略也称“弥隙”战略,即弥补市场空隙的意思。它适合资源较少的小企业。这些小企业若与大企业硬性抗衡,往往弊大于利,因而必须寻找对自己有利的微观生存环境。借用“生态学”的理论解释,生物的发展必须找到一个其他生物不会占领、不会与之竞争,而自己却有适应本能的微观生存环境。也就是说,如果小企业能避开大企业竞争激烈的市场,选择一两个能够发挥自己技术、资源优势的小市场,往往容易成功。由于目标集中,小企业可以大大节省营销费用和增加盈利;又由于生产、销售渠道和促销的专业化,也能更好地满足这部分特定消费者的需求,所以企业易于取得优越的市场地位。

这一战略的不足是经营者承担风险较大。由于目标市场狭窄,一旦目标市场的需求突然发生变化,目标消费者的兴趣突然转移(这种情况多发生于时髦商品),或是市场上出现了强有力的竞争对手,企业就可能陷入困境。因此,多数企业在采取集中性营销战略的同时,仍然愿意局部采用差异性营销战略,将目标分散于几个细分市场中,以便获得回旋余地。

(四)选择目标市场营销战略应考虑的因素

上述三种目标市场营销战略各有其优缺点,分别适用于不同的场合和条件,企业在选择目标市场营销战略时,还应综合考虑以下因素。

1. 企业实力

企业实力主要是指人力、物力、财力、技术能力、创新能力以及竞争能力等。企业实力雄厚、资源充裕,可采用无差异性或差异性营销战略;反之,如果企业资源有限,无力兼顾整个市场,宁可采用集中性营销战略,即集中使用有限的资源,争取尽可能多的市场份额。

2. 市场同质性或市场类似性

如果顾客的需求、购买行为基本相同,对营销方案的反应也基本一样,亦即市场是同质的,在此情况下可实行无差异性营销战略;反之,则应采用差异性或集中性营销战略。

3. 产品同质性

产品同质性是指消费者所感觉产品特征相似的程度。产品的特征不同,应分别采用不同的市场策略,选择不同的目标市场。有些产品,如大米、食用油、盐等日常生活必需品,多数消费者认为它们之间并没有特别显著的差别,对这类同质性高的产品,可实施无差异性营销战略。而有些产品,如汽车、家用电器、服装等,其品质、性能差别较大,消费者选购时十分注意其功能和价格,并常以它们所具有的特性为依据,对这类同质性低的产品,宜采用差异性或集中性营销战略。

4. 产品市场生命周期

产品市场生命周期一般包括导入期、成长期、成熟期和衰退期四个阶段,企业应根据产品所处产品市场生命周期的不同阶段而采取不同的目标市场营销战略。一般来说,处于导入期和成长前期的新产品,竞争者稀少,品种比较单一,宜于采用无差异性营销战略,以便探测市场需求和潜在顾客。而产品一旦进入成长后期或已处于成熟期,市场竞争加剧,就应改为差异性营销战略,以利于开拓新的市场,尽可能扩大销售;或者实行集中性营销战略,以保持原有市场,延长产品在市场上的生命力。

5. 竞争者的市场战略

目标市场营销战略的选择,还应考虑竞争者的态势。假如竞争对手采用无差异性营销战略,企业就应采用差异性营销战略,以提高产品的竞争能力。假如竞争对手都采用差异性营销战略,企业就应进一步细分市场,实行更有效的差异性营销战略或集中性营销战略;若竞争对手力量较弱,则可考虑采用无差异性营销战略。由于竞争双方的情况经常是复杂多变的,在竞争中应分析力量对比和各方面的条件,扬长避短,掌握有利时机,采取适当战略,争取最佳效果。

一般说来，企业选择目标市场营销战略时应综合考虑上述诸因素，权衡利弊方可作出正确抉择。目标市场营销战略应当相对稳定，但当市场形势或企业实力发生重大变化时也要及时作调整。对手之间没有完全相同的战略，一个企业也没有一成不变的战略。

三、市 场 定 位

（一）定位的概念及其重要性

“定位”(Positioning)一词，是由艾尔·里斯(Al Reis)和杰克·特劳特(Jack Trout)在1972年提出的，他们把定位看成是对现有产品的创造性实践。他们对定位的解释是：定位起始于产品，可以是一件商品、一项服务、一家公司、一个机构，甚至是一个人……但定位并不是对产品本身做什么事，而是对潜在顾客的心理采取的行动，即要将产品在潜在顾客的心目中确定一个适当的位置。

定位理论最初是被当作一种纯粹的传播策略提出来的。随着市场营销理论的发展，定位理论对营销的影响已超过了原先把它作为一种传播技巧的范畴，而衍变为营销战略的一个基本步骤。这反映在营销大师科特勒对定位所下的定义中：定位是对企业的产品和服务进行设计，从而使其能在目标顾客的心理上占据一个独特的、有价值的位置。因此营销人员必须开发所有的营销组合因素，使产品特色确实符合所选择的目标市场，并在此基础上进行心理定位。现在使用的“定位”一词，一般都是在这个意义上来理解的，即它不仅仅是一种沟通策略，更重要的还是企业的一种营销战略。

“定位”概念被广泛使用于营销领域之后，衍生出来多个专门术语，市场定位就是其中使用频率颇高的一个。市场定位(Marketing Positioning)，也被称为产品定位或竞争性定位，是根据竞争者现有产品在细分市场上所处的地位和顾客对产品某些属性的重视程度，塑造出本企业产品与众不同的鲜明个性或形象并传递给目标顾客，使该产品在细分市场上占有强有力的竞争位置。简而言之，市场定位是企业塑造一种产品在细分市场上的位置。

市场定位概念提出后，受到企业界的广泛重视。越来越多的企业运用市场定位，参与竞争，扩大市场。因此，西方有的学者认为：目前，企业的营销已进入市场定位的时代。总的来看，市场定位的重要性主要体现在两个方面。首先，市场定位有利于建立企业及产品的市场特色，限定竞争对手，提高企业的市场竞争能力。在现代社会中，许多市场都存在严重的供大于求的现象，众多生产同类产品的厂家争夺有限的顾客，市场竞争异常激烈。为了使自己生产经营的产品获得稳定的销路，防止被其他厂家的产品所替代，企业必须从各方面为其产品培养一定的特色，树立一定的市场形象，以期在顾客心目中形成一种特殊的偏爱。例如，美国摩托罗拉公司在世界电信设备市场上，成功地塑造了质量领先的市场形象，从而在激烈的市场竞争中处在有利的地位。其次，市场定位决策是企业制定市场营销组合策略的基础。企业的市场营销组合要受到企业市场定位的制约。例如，某企业决定生产销售优质低价产品，那么，这样的定位就决定了：产品的质量要高；价格要定得低；广告宣传的内容要突出强调企业产品质优价廉的特点，要让目标顾客相信货真价实，低价也能买到好产品；分销储运效率要高，保证低价出售也能获利。也就是说，企业的市场定位决定了企业必须设计和发展与之相适应的市场营销组合。由此可见，市场定位在企业的营销工作中具有非常重要的战略意义。

小链接

假日酒店的差异化策略

假日酒店集团(Holiday Inn)，在半个世纪的成长过程中，创造了酒店的神话，成就了世界上第一家达10亿美元规模的酒店集团。该集团在为旅客提供“假日标准”的服务和设施的基础上，针对不同目标市场，推出不同的服务项目或强调不同的服务重点。

“皇冠度假酒店”位于世界各大主要城市，为旅客提供更为舒适的服务和设施；

“假日快捷酒店”不设餐厅、酒吧和大型会议设施，但提供“假日标准”的舒适和价值；

“庭院假日酒店”在提供“假日标准”的同时更体现酒店所在地的特色和风情；

“阳光度假村”重视为旅行者提供较多的休闲、娱乐设施，强调舒适的享受和全面的酒店服务；

“假日精选酒店”专为喜爱传统的人文环境的商务客人而设计，以提供全面、快速的商务服务为特点；

“假日套房酒店”专为长久居住的旅客和追求宽阔工作及休闲空间的客人准备。

(二) 市场定位的步骤

市场定位的关键是企业要设法在自己的产品上找出比竞争者更具有竞争优势的特性。

竞争优势一般有两种基本类型：一是价格竞争优势，就是在同样的条件下比竞争者定出更低的价格。这就要求企业采取一切努力来降低单位成本。二是偏好竞争优势，即能提供确定的特色来满足顾客的特定偏好。这就要求企业采取一切努力在产品特色上下工夫。因此，企业市场定位的全过程可以通过以下三大步骤来完成：

1. 分析目标市场的现状，确认潜在的竞争优势

这一步骤的中心任务是要回答以下三个问题：一是竞争对手产品定位如何？二是目标市场上顾客欲望满足程度如何以及确实还需要什么？三是针对竞争者的市场定位和潜在顾客的真正需要的利益要求企业应该及能够做什么？要回答这三个问题，企业市场营销人员必须通过一切调研手段，系统地设计、搜索、分析并报告有关上述问题的资料和研究结果。

通过回答上述三个问题，企业就可以从中把握和确定自己的潜在竞争优势在哪里。

2. 准确选择竞争优势，对目标市场初步定位

竞争优势表明企业能够胜过竞争对手的能力。这种能力既可以是现有的，也可以是潜在的。选择竞争优势实际上就是一个企业与竞争者各方面实力相比较的过程。比较的指标应是一个完整的体系，只有这样，才能准确地选择相对竞争优势。通常的方法是分析、比较企业与竞争者在经营管理、技术开发、采购、生产、市场营销、财务和产品等七个方面究竟哪些是强项，哪些是弱项。借此选出最适合本企业的优势项目，以初步确定企业在目标市场上所处的位置。

3. 显示独特的竞争优势

这一步骤的主要任务是企业要通过一系列的宣传促销活动，将其独特的竞争优势准确传播给潜在顾客，并在顾客心目中留下深刻的印象。为此，企业首先应使目标顾客知晓、熟悉、认同、喜欢和偏爱本企业的市场定位，在顾客心目中建立与该定位相一致的形象。其次，企业通过各种努力保持对目标顾客的了解，稳定目标顾客的态度和加深与目标顾客的感情来巩固与市场相一致的形象。最后，企业应注意目标顾客对其市场定位理解出现的偏差或由于企业市场定位宣传上的失误而造成的目标顾客模糊、混乱和误会，及时纠正与市场定位不一致的形象。

（三）市场定位的类型

市场定位是一种竞争性定位，它反映市场竞争各方的关系，是为企业有效参与市场竞争服务的。从这个角度出发，可以把市场定位分为以下几种类型：

1. 避强定位

避强定位又叫“拾遗补缺法”。这是一种避开强有力的竞争对手进行市场定位的模式，是市场补缺者常用的方法。企业不与对手直接对抗，而是将自己置于某个市场“空隙”，发展目前市场上没有的特色产品，开拓新的市场领域。这种定位的优点是，能够迅速地在市场上站稳脚跟，并在消费者心目中尽快树立起一定形象。由于这种定位方式市场风险较小，成功率较高，常常为多数企业所采用。例如，美国的 Aims 牌牙膏专门针对儿童牙膏市场这个空隙，因而能在 Crest（佳洁士）和 Colgate（高露洁）两大品牌统霸的世界牙膏市场上占有 10%的市场份额。

2. 迎头定位

这是一种与在市场上占据支配地位的竞争对手“对着干”的定位方式，即企业选择与竞争对手重合的市场位置，争取同样的目标顾客，彼此在产品、价格、渠道、促销等方面稍有区别。显然，迎头定位有时会产生危险，会将企业引入歧途，但有不少企业也认为这是一种更能激励自己奋发上进的可行的定位尝试，一旦成功就会取得巨大的市场优势。

实行迎头定位，企业必须做到知己知彼，了解市场上是否可以容纳两个或两个以上的竞争者，自己是否拥有比竞争者更多的资源和实力，是不是可以比竞争对手做得更好。

3. 重新定位

重新定位又称二次定位或再定位，是指企业变动产品特色以改变目标顾客群对其原有的印象，使目标消费者对其产品新形象有一个重新的认识过程。重新定位通常用于对销路少、市场反应差的产品进行二次定位。初次定位后，随着时间的推移，新的更强大的竞争者进入市场，选择与本企业相近的市场位置，致使本企业市场占有率下降；或者，由于顾客需求偏好发生转移，原来喜欢本企业产品的人转而喜欢其他企业的产品，因而市场对本企业产品的需求减少。在这些情况下，企业就需要对其产品进行重新定位。所以，一般来讲，重新定位是企业为了摆脱经营困境，寻求重新获得活力和增长的策略。不过，也有的重新定位并非因为已经陷入困境，相反，却是由于发现新的产品市场范围引起的。如某日化厂生产婴儿洗发剂，以强调该洗发剂不刺激眼睛来吸引有婴儿的家庭。但随着出生率的下降，销售量减少。为了增加销售，该企业将产品重新定位，强调使用该洗发剂能使头发松软有光泽，以吸引更多、更广泛的购买者。重新定位对于企业适应市场环境、调整市场营销战略是必不可少的，可以视为企业的战略转移。重新定位可能导致产品的名称、价格、包装和品牌的更改，也可能导致产品用途和功能上的变动，企业必须考虑定位转移的成本和新定位的收益问题。

启示故事7-5：王老吉“预防上火的饮料”

2004年在中国市场上引起广泛关注的“王老吉现象”也是应用定位理论的结果。王老吉凉茶因为受到饮食习惯和口味等限制，销售区域一直停留在广州、温州一带，2002年前每年的销量只有1亿多元人民币。2002年年底，特劳特公司与成美帮助王老吉重新定位，从“中药凉茶”定位为“预防上火的饮料”，克服了广大消费者对王老吉是中药的心理障碍。而且，根据王老吉“预防上火的饮料”这个定位，改变了王老吉的渠道战略，让它走进了火锅店、湘菜店等渠道，甚至因此打入了肯德基，从而与百事可乐等国际饮料品牌处于同一起跑线上。“怕上火，喝王老吉”的广告语，直接将这一新定位植入顾客的心智。新定位启动两年后，王老吉成功地打开了全国市场，销量居然在两年内实现了从1亿多元到10亿多元的历史性突破。

市场定位是针对定位对象的一种创造性营销活动，是针对目标顾客的心理，采取相应的行动，把异于竞争对手的产品特质植入目标顾客的意识中。王老吉就是市场定位成功的典范。

（四）市场定位战略

差异化是市场定位的根本战略，具体表现在以下四个方面。

1. 产品差别化战略

这一战略主要从产品质量、产品特征及其产品设计等方面去实现。寻求产品特征是产品差别化战略经常使用的手段。在全球通信产品市场上，摩托罗拉、诺基亚、西门子、飞利浦等全球化竞争对手，通过实行强有力的技术领先战略，在手机、IP电话等领域不断地为自己的产品注入新的特性，走在市场的前列，吸引顾客，赢得竞争优势。实践证明，某些产业特别是在高新技术产业，哪一家世界级企业掌握了最尖端的技术，就能够发展成为一种十分有效的竞争优势。

产品质量是指产品的有效性、耐用性和可靠程度等。譬如，A品牌的止痛片，比B品牌的疗效更好，副作用更小。顾客通常会选择A品牌。但是，这里又带来新的问题，是否质量、价格、利润三者完全是正比例关系呢？一项研究表明：产品质量与投资报酬之间存在着高度相关的关系，即高质量的产品的盈利率高于低质量和一般质量的产品。但质量超过一定的限度，顾客需求开始递减。显然，顾客认为过高的质量，需要支付超出其质量需求的额外的价值。

产品款式是产品差别化的一个有效工具。产品款式，即产品特有的式样。在汽车、服装、房屋等产品形式上尤为重要。如日本本田汽车公司在汽车款式上每年都有所改变，特别赢得了年轻人的青睐。正如日本汽车行业中流传的这样一句话：“丰田的安装，本田的外形，日产的价格，三菱的发动机。”这句话道破了日本四家主要汽车公司的核心专长。“本田”外形设计优美入时，颇受年轻消费者的喜欢；“日产”汽车出售时经常打折优惠，而且有时折扣高达20%;"三菱"发动机马力强劲,不由使人联想起"三菱重工"。

产品设计是一个综合性的因素。上述几种差异化很大程度上都取决于设计。产品设计者应尽可能将企业核心竞争力体现在产品设计中。如前所述,日本的丰田、本田、日产、三菱四大汽车公司正是通过全方位的产品设计体现其核心竞争优势的。

启示故事7-6:万宝路的重新定位

品牌定位也有不准确的时候,当一个企业的品牌定位遭遇消费者冷落的时候,就要重新定位。最为经典的案例是万宝路。万宝路的名字MARLBORO其实是Man Always Remember Lovely Because Of Romantic Only的缩写,意为"男人总是忘不了女人的爱"。

万宝路最初的广告口号是"像五月的天气一样温和",用意在于争当女性烟民的"红颜知己"。为了表示对女性烟民的关怀,莫里斯公司把万宝路香烟烟嘴染成红色,以期广大女士为这种无微不至的关怀感动,从而打开销路。虽然万宝路的这种形象定位突出了自己的品牌个性,也提出了对某一类消费者的特殊偏爱,但同时也为其未来的发展设置了障碍,导致消费范围难以扩大,所以几年过去了,莫里斯公司所期望的销售热潮还是没有到来。抱着心存不甘的心情,莫里斯公司开始考虑重塑形象,公司派专人请利奥—伯内特广告公司为万宝路做广告策划,以期打出万宝路的名气和销路。万宝路的重大变化是产品包装采用当时首创的平开式盒盖技术,将名称的标准字体尖角化,使之更富有男性的刚强,并以红色作为外盒主要色彩。广告不再以妇女为主要对象,取而代之的是硬铮铮的男子汉。

在广告中强调万宝路的男子汉气概,吸引了所有爱好追求这种气概的顾客。莫里斯公司投入千百亿美元的广告费,终于在人们心目中树起"哪儿有男子汉,哪里就有万宝路"的名牌形象,那粗犷豪放、自由自在、纵横驰骋、浑身是劲、四海为家、无拘无束的牛仔代表了在美国开拓事业中不屈不挠的男子汉精神,而这也正是万宝路的形象。现在,万宝路每年在世界上销售香烟3 000亿支,用5 000架飞机才能装完,世界上每抽掉四支烟,其中就有一支是万宝路。

市场定位是企业通过创造性地赋予产品鲜明的个性,从而塑造出独特的市场形象来实现的。多数的烟草公司都定位服务男性公民,但是,这不是真正意义上的定位,因为它只回答了"是什么",即"某某品牌是男性抽的烟"。最有力的市场定位就应当明确回答"是什么样的",即"万宝路是体现男子汉气魄的男性香烟"。因而,万宝路最终脱颖而出。

2. 服务差别化战略

这种战略的核心是如何把服务融入产品中。需要强调的是,开展各种服务有助于改善顾客关系,企业的竞争力越能体现在顾客服务水平上,服务能力越强,市场差别化就越容易实现。如果企业把服务要素融入产品的支撑体系,那就可以在许多领域建立"进入障碍"。因为,服务差别化战略不仅能使制造商实现差别化,增加顾客的价值,而且还可以击败竞争对手,保持与顾客牢固的关系。

另外,服务差别化战略能够成为企业进入市场、削弱其他供应者的有力工具。服务战略在各种市场状况下都有驰骋的天地,尤其在饱和的市场上更为奏效。对于技术精密的产品，如汽车、计算机、复印机等产品颇为有效。

强调服务战略并没有贬低技术质量战略的重要作用。如果产品或服务中的技术占据了价值的主要部分，这种战略是行之有效的。但是，如果竞争者之间技术差别很小，则这种战略作用的空间也越小。一旦众多的厂商掌握了相似的技术，技术领先就难以在市场上有所作为。国外有学者曾经对顾客更换供应商的原因做了研究，发现68%的顾客是由于供应商销售人员态度冷漠而更换供应商，对产品质量的不满意更换供应商的顾客只占14%。原克莱斯勒公司董事长李·艾科卡在《幸福》杂志的一则广告中做出以下结论："只有拥有最先进的分销系统和最优良服务的公司才能尝到胜利的滋味——因为你在其他方面无法长时期地占据领先地位。"因此，高技术质量仍是制胜之道，但不是成功的唯一要素。

运用服务差别化战略只不过是把战略的思考和管理决策的重心放在服务上。换句话说，企业的核心能力就是服务。竞争优势是依靠各种服务和顾客关系的各种要素而确立的。

3. 人员差别化战略

企业可以通过聘用和培训比竞争者更为优秀的人员，以获取人员差别的竞争优势。实践早已证明：市场竞争归根到底是人才的竞争。日本航空公司多年来一直在"北京—东京—夏威夷"这条航线上，与美国最大的航空公司"联航"和韩国的"韩航"展开激烈的竞争，美国"联航"的规模实力与硬件设备几乎无与伦比，韩航的价格比"联航"低30%，而日航则以整合的优良服务，从入关、空中服务到出关，赢得各国旅客的赞美，凡乘过此航线的旅客，很难再选择其他航空公司。日航优良服务的根基在于他们有一支训练有素的从机长到空中小姐的高素质的航空员工队伍。美国宝洁公司在中国年销售额已达十多亿元人民币，其销售业绩与公司拥有世界一流的人才培训机制不无关系。

4. 形象差异化战略

即使产品的核心部分与竞争者相类同，购买者依然可以根据产品形象作出选择。众所周知，在香烟市场上，形象广告占主导地位，"万宝路"在世界烟草市场获取了约30%的市场份额，广告设计的"西部牛仔"形象起了很大的作用。

为企业或产品成功地塑造形象，需要具有创造性的思维和设计。任何品牌，都不可能在一夜之间便在公众头脑中树立起形象，也不能仅靠一种媒体进行传播，形象的建立必须利用企业所能利用的所有传播工具，而且要持续不断。一些著名的全球化公司为在国际市场上赢得持久的竞争力，将公司所追求的目标与形象设计成言简意赅、易于记忆的口号。如美国IBM公司的口号："IBM就是服务"，而海尔的口号则是："真诚到永远"。

具有创意的标志与融入某一文化的气氛，也是实现形象差别化的重要途径。"麦当劳"的金色模型"M"标志，与其独特文化气氛相融合，使人们无论在美国纽约，还是日本东京或中国北京，只要一见到这个金色模型"M"，马上会联想到麦当劳舒适宽敞的店堂、优质的服务和新鲜可口的汉堡包、薯条。

市场定位与产品差异化有密切关系，市场定位是以产品为出发点，通过为自己的产品创立鲜明的个性，从而塑造出独特的市场形象来实现的。因而，当市场定位在细分的市场上进行时，要求同时运用市场细分化和产品差异化两种策略。市场细分化与产品差异化的不同点在于：前者的着眼点是市场需求，是要针对不同顾客群的需求特点开发出不同的产品，因而是一种市场导向型策略；后者的着眼点是已经存在的产品，使产品具有某种特征是为了与竞争者的同类产品相区别，因而是一种产品导向型策略。企业以市场细分为基础选择目标市场，这是运用细分化策略；而在作为目标市场的细分市场上实行市场定位，则需运用产品差异化战略。可见，细分化、定位和差异化都是市场营销战略的组成部分，把细分化与差异化对立起来的认识不符合现代营销的要求，付诸实践是有害的。

需要指出的是，市场定位中所指的产品差异化与传统的产品差异化概念有本质区别，它不是从生产者角度出发单纯追求产品差异，而是在对市场分析和细分化的基础上，寻求建立某种产品的特色，因而它是现代市场营销观念的体现。

（五）市场定位的方法

企业为了使自己生产或销售的产品获得稳定的销路，需要选择产品在目标市场上的具体位置。由于市场上同时存在着竞争对手的产品，本企业的产品定位可以和竞争者相同，也可以有所不同。这就需要选择定位方法。

1. 根据属性和利益定位

产品本身的"属性"以及由此获得的"利益"可使消费者体会到它的定位。例如，在汽车市场，德国的大众汽车具有"货币的价值"的美誉，而宝马汽车则强调"操纵与性能"，日本的丰田汽车侧重于"经济可靠"，而瑞典的沃尔沃汽车则具有"耐用"的特点。在有些情况下，新产品应强调一种属性，而这种属性是竞争对手无暇顾及的，这种定位往往容易收效。

产品提供给顾客的利益是顾客最能切实体验到的，也可以用作定位的依据。例如，1975年，美国米勒(Miller)，推出了一种低热量的"Lite"牌啤酒，将其定位为喝了不会发胖的啤酒，迎合了那些经常饮用啤酒而又担心发胖的人的需要。

2. 根据质量和价格定位

一件赝品裘皮上衣和一件真正的水貂皮上衣如果定位相同，是没有人会相信的。同样，出售廉价商品的小店里的不锈钢餐具与铁弗尼的纯银制品相等，也不会有人相信。"价格"与"质量"两者创立了不同的地位。通常，质量和价格定位即将价格作为高质量的暗示，高品质更多地体现在产品特点和服务中。如"欧莱雅"将自己定位于"宁可买欧莱雅，虽然贵一点，可值得"。在有些情况下，质量是取决于制作产品的原材料（如真正的亚麻台布，或者纯金的饰物），或者取决于精湛的工艺（如一块优质的瑞士表，或一件手工编织的毛线衫），而价格也往往反映其定位。

作为相反战略的还有"物超所值"，即以合适的价格就可以拥有超值的享受，如"雕"牌的宣传语"只买好的，不买贵的"。

3. 根据使用的用途定位

为老产品找到一种新的用途，是为该产品创造定位的一种好方法，例如，烘焙用的小苏打，曾一度被许多家庭广泛用作刷牙剂、除臭剂、烘焙配料等。现在却有不少新产品取代了上述这些功能。西方有一家厂商，开始把它们的烘焙用小苏打作冰箱除臭、阴沟以及垃圾污物防臭剂等出售。另一家公司出售的羹汤，把小苏打作为调味汁和肉卤的配料。还有一家公司，原本把小苏打作为夏令饮料的原料之一介绍给人们，以后又试图把它定位为冬季流行性感冒者的饮料。

4. 根据使用者定位

企业常常试图将其产品指向某一类特定的使用者，以便根据这些顾客的看法塑造恰当的形象。法国有一个制药厂，生产一种具有松弛肌肉和解热镇痛效能的药品，药厂针对不同用户作不同内容的宣传。法国人饮酒过量者较多，便宣传这种药品可以帮助酒后恢复体力；英国人、美洲人最怕感冒，便说明此药可以治疗头疼感冒；芬兰滑雪运动盛行，便强调该药品有助于消除疲劳；在意大利患胃病者较多，便又再三解释药品的止疼功能。因此，这种本来并不复杂的药品在不同市场上获得最适宜的形象，畅销许多国家。

5. 根据产品档次定位

产品还可以定位为与其相似的另一种类型的产品档次，以便与之对比。例如，有一种冰淇淋，广告宣传它与奶油的味道一样。或者，产品定位目的是强调与其同档次的产品并不相同，特别是当这些产品是新产品或独特产品时，例如，不含阿司匹林的某种感冒药片，某种不含铅的汽油等，都是新类型的老产品，定位时强调与其他同档次产品的差异特点。

6. 根据竞争定位

产品还可以定位于与竞争直接有关的不同属性或利益。例如，国外某汽车出租公司围绕着"我们是老二，我们更努力"的口号，设计了一个整体广告运动，意在暗示要比居于第一位的某汽车出租公司提供更佳的服务。

7. 各种方法结合定位

企业经营者可以使用上述多种方法的结合来创立其产品定位。例如，美国加利福尼亚梅脯委员会试图为梅脯创建一个美好的形象，以好口味(属性定位)，用于快餐或早餐均相宜(用途定位)，吃过的各类顾客中包括玩棒球的儿童、精神饱满的青少年以及成年人(使用者定位)等综合方法进行促销。企业经营者确定产品定位的方针后，还要细致地策划如何运用市场营销组合的各个因素去支撑定位，各个因素的设计应有助于形成选定的产品形象。

本章小结

实施"STP"战略，是企业营销战略的核心，是决定营销成败的关键，是企业将市场机会转化为企业营销机会所必须从事的工作。

市场细分，就是以消费需求的某些特征或变量为依据，在整体市场中识别具有不同需求的消费者，将需求大致相同的消费者予以归类，形成若干个需求不同的子市场(细分市场)的活动。市场细分理论的产生与发展经历了大量营销、产品差异化营销和目标营销三个阶段。

由于产品属性是影响顾客购买行为的重要因素，根据顾客对不同属性的重视程度，可以分为三种偏好模式，即同质偏好、分散偏好和集群偏好，故消费者需求的差异性是市场细分的内在依据。同时，任何一个企业由于资源限制和其他约束，都不可能在市场营销中占有绝对优势，因而，企业资源的限制和进行有效竞争是市场细分的外在强制条件。市场细分对企业营销具有以下利益：有利于发现市场机会；有利于掌握目标市场的特点；有利于制定市场营销组合策略；有利于提高企业的竞争能力。

消费需求的差异性是市场细分的内在依据，所以，凡是影响消费需求的因素均可作为市场细分的标准，归纳起来分为地理变量、人口变量、心理变量和行为变量等四大类。市场细分的方法主要有：单一因素法、综合因素法、系列因素法。市场细分的程序由七个步骤组成：选定产品市场范围；列举出潜在消费者的基本需求；分析可能存在的细分市场，并进行初步细分；确定在细分市场时所应考虑的因素，并对初步细分的市场加以筛选；为细分市场定名；分析市场营销机会；确定可进入的细分市场，设计市场营销组合策略。成功有效的市场细分，应当遵循五条基本原则：可衡量性、可进入性、可赢利性、差异性和行动可能性。

目标市场是指企业打算进入并实施相应营销组合的细分市场，或打算满足的具有某一需求的顾客群体。选择目标市场的首要步骤，是分析评价各个细分市场，即对各细分市场在市场规模和增长率、市场结构吸引力和企业目标与资源等方面的情况进行详细评估。

企业选择目标市场时有5种可供考虑的市场选择模式：产品市场集中化；产品专业化；市场专业化；选择专业化；全面进入。企业选择目标市场的模式不同，营销战略也就有所不同。概括起来，主要有三种不同的目标市场营销策略可供企业选择：无差异性营销战略、差异性营销战略、集中性营销战略。企业在选择目标市场营销战略时应综合考虑以下因素：企业能力、市场类同性、产品同质性、产品市场生命周期和竞争者的市场战略。

市场定位，也被称为产品定位或竞争性定位，是根据竞争者现有产品在细分市场上所处的地位和顾客对产品某些属性的重视程度，塑造出本企业产品与众不同的鲜明个性或形象并传递给目标顾客，使该产品在细分市场上占有强有力的竞争位置。

市场定位包括三个步骤：分析目标市场的现状，确认潜在的竞争优势；准确选择竞争优势，对目标市场初步定位；显示独特的竞争优势。市场定位的类型有：避强定位、迎头定位和重新定位三种。市场定位战略主要有：产品差别化战略、服务差别化战略、人员差别化战略和形象差异化战略。常用的市场定位的方法有：属性和利益定位；质量和价格定位；使用的用途定位；使用者定位；产品档次定位；竞争定位；各种方法结合定位。

【问题与探讨】

1. 什么是市场细分？为什么进行市场细分？
2. 市场细分有哪些标准和原则？
3. 市场细分的基本程序是什么？
4. 用图示说明可供企业选择的五种目标市场模式。
5. 目标市场营销战略有哪几种？各有哪些优缺点？
6. 选择目标市场的营销策略应考虑哪些因素？
7. 什么是市场定位？市场定位的步骤是什么？
8. 避强定位、迎头定位和重新定位各有什么优缺点？
9. 市场定位战略有哪几种？
10. 市场定位的方法有哪些？

【案例分析】

汇源果汁的市场细分策略

在碳酸饮料横行的20世纪90年代初期，汇源公司就开始专注于各种果蔬汁饮料市场的开发。虽然当时国内已经有一些小型企业开始零星生产和销售果汁饮料，但大部分由于起点低、规模小而难有起色；而汇源是国内第一家大规模进入果汁饮料行业的企业，其先进的生产设备和工艺是其他小作坊式的果汁饮料厂所无法比拟的。“汇源”果汁充分满足了人们当时对于营养健康的需求，凭借其100%纯果汁专业化的“大品牌”战略和令人眼花缭乱的“新产品”开发速度，在短短几年时间就跃升为中国饮料工业十强企业，其销售收入、市场占有率、利润率等均在同行业中名列前茅，从而成为果汁饮料市场当之无愧的引领者。其产品线也先后从鲜桃汁、鲜橙汁、猕猴桃汁、苹果汁扩展到野酸枣汁、野山楂汁、果肉型鲜桃汁、葡萄汁、木瓜汁、蓝莓汁、酸梅汤等，并推出了多种形式的包装。应该说，这种对果汁饮料行业进行广度市场细分的做法，是汇源公司在果汁饮料市场竞争初期得以取得领导地位的关键成功要素。

但当1999年统一集团涉足橙汁产品后一切就发生了变化。2001年，统一仅“鲜橙多”一项产品销售收入就近10亿元，在第四季度，其销量已超过“汇源”。巨大的潜力和统一“鲜橙多”的成功先例吸引了众多国际和国内饮料企业的加入，可口可乐、百事可乐、康师傅、娃哈哈、农夫山泉、健力宝等纷纷杀入果汁饮料市场，一时间群雄四起、硝烟弥漫。根据中华全国商业信息中心2002年第一季度的统计显示，“汇源”的销量同样排在鲜橙多之后，除了西北区外，华东、华南、华中等六大区都被鲜橙多和康师傅的“每日C”抢得领先地位，可口可乐的“酷儿”也表现优异，显然“汇源”的处境已是大大不利。尽管汇源公司把这种失利归咎于“PET包装线的缺失”和“广告投入的不足”等原因，但在随后花费巨资引入数条PET生产线并在广告方面投入重金加以市场反击后，其市场份额仍在下滑。显然，问题的症结并非如此简单。

在市场的导入初期，由于客户的需求较为简单直接，市场细分一般是围绕着市场的地理分布、人口及经济因素（如年龄、性别、家庭收入等）等广度范围展开的，与行业分类方法有点相似[注：行业细分一般只是把业已存在（哪怕很小）或潜在的市场用容易区分或识别的标准（如年龄、性别、性能、原料、产地等单一要素，最多为二维变量）来划分成更小的子行业，以便于统计、分析和归纳其特性。各细分的子行业由于有易于识别的有形标准，相互间往往不交叉，且这种分类标准一经确定后往往多年不变。其一般应用在政府、行业协会及社会研究机构等，主要目的是为了从行业整个产业链的角度加以引导和规范使其健康发展]。其特征表现在目标细分市场的形象化。也就是说，通过市场的广度细分，其目标细分市场可以直接形象地描写出来。比如说，当企业把市场分割为中老年人，青年人以及儿童等几个目标细分市场时，人们都能形象地知道这些细分市场的基本特征。由于这种“分类”方法简单、易于操作、费用低，大部分企业都可掌握且也乐于采用。但只有在市场启动和成长期的恰当时机率先进行广度市场细分的企业才有机会占有更大的市场份额。这时候品牌竞争往往表现得不够明显，竞争一般会表现在产品、质量、价格、渠道等方面，有人称之为产品竞争时代，汇源果汁就是在此期间脱颖而出的一个专业品牌，并成为数年来果汁业的领跑者。

但当客户的需求多元化和复杂化，特别是情感因素在购买中越来越具有影响力的时候，此时市场竞争已经由地域及经济层次的广度覆盖向需求结构的纵深发展了，市场也从有形细分向无形细分（目标市场抽象化）转化，即细分后的目标市场，无法通过形象的描述来说明。例如，我们可以通过市场的深度细分，找到“追求时尚”这一目标细分市场。但这个目标细分市场在哪里？它是由哪些顾客组成？这些顾客是否有着共同的地理、人口及经济因素特征？企业应该采取什么样的方法与这个目标细分市场人群沟通？显然，这时的目标细分市场已经复杂化和抽象化了，企业对消费者的关注也已从外在因素进入心理因素。同时，企业也无法用传统的方法去接近所选择的目标细分市场，这时运用科学的市场研究方法来正确地细分市场就显得尤其重要了。而这时仍然运用市场竞争初期的浅度市场细分方法甚或“行业细分”的方法对市场进行细分已根本无法适应市场竞争的要求。以统一“鲜橙多”为例，其通过深度市场细分的方法，选择了追求健康、美丽、个性的年轻时尚女性作为目标市场，首先选择的是500 ml、300 ml等外观精制适合随身携带的PET瓶，而卖点则直接指向消费者的心理需求：“统一鲜橙多，多喝多漂亮”。其所有的广告、公关活动及推广宣传也都围绕这一主题展开，如在一些城市开展的“统一鲜橙多 TV-GIRL 选拔赛”、“统一鲜橙多阳光女孩”及“阳光频率统一鲜橙多闪亮 DJ 大挑战”等，无一不是直接针对以上群体，从而极大地提高了产品在主要消费人群中的知名度与美誉度。再看可口可乐专门针对儿童市场推出的果汁饮料“酷儿”，“酷儿”卡通形象的打造再次验证了可口可乐公司对品牌运作的专业性，相信没有哪一个儿童能抗拒“扮酷”的魔力，年轻的父母也对小“酷儿”的可爱形象大加赞赏。而“汇源”果汁饮料从市场初期的“营养、健康”诉求到现在仍然沿袭原有的功能性诉求，其包装也仍以家庭装的为主，根本没有具有明显个性特征的目标群体市场。只是运用广度（也是浅度）市场细分的方法切出“喝木瓜汁的人群”、“喝野酸枣汁的人群”、“喝野山楂汁的人群”、“喝果肉型鲜桃汁的人群”、“喝葡萄汁的人群”、“喝蓝莓汁的人群”等一大堆在果汁市场竞争中后期对企业而言已不再具有细分价值的市场。即使其在后期推出了500 ml的PET瓶装的“真”系列橙汁和卡通造型瓶装系列，但也仅是简单的包装模仿，形似而神不似（汇源近期推出的“他她水”功能饮料颇有新意，自是另当别论）。至此，我们已能看出在这场果汁饮料市场大战中，汇源公司领导地位如此轻易被动摇真正的原因。我们说“汇源”与统一、可口可乐公司比较，他们间的经营出发点、市场细分方法的差异才是导致市场格局发生变化的关键因素。“汇源”是从企业自身的角度出发，以静态的广度市场细分方法来看待和经营果汁饮料市场；而统一、可口可乐等公司却是从消费者的角度出发，以动态市场细分的原则（随着市场竞争结构的变化而调整其市场细分的重心）来切入和经营市场。同样是“细分”，但在市场的导入期、成长期、成熟期和衰退期，不同的市场生命周期却有不同的表现和结果。

问题讨论：

1. 如何理解“市场细分是企业战略营销的起点”？
2. 汇源果汁的市场细分策略有何特点？这种细分方法有何优缺点？

3. 企业在进行市场细分时，需注意些什么问题？

【实践训练】

目标营销战略

项目：模拟某企业，选择确定该企业的目标营销战略。

目的：运用所学的目标市场相关理论，解决所面临的实际市场营销问题，培养同学们的目标市场选择的能力。

组织：以小组为单位，每小组人数4～5人为宜，小组成员要合理分工。

内容：根据前期市场调研所发现的市场机会，对市场需求做进一步的调查，在此基础上进行市场细分，并结合企业的实力、资源及特点，选择企业的目标市场，并说明如何实施目标市场营销战略。

第8章 产品策略

通过本章学习，你应该理解：

1. 市场营销中的产品是一个整体概念，不同于一般的实体产品概念；
2. 企业的产品不是单一的，而是由产品线、产品项目组合而成的，需要决策怎样的组合更适合企业发展；
3. 产品都有其市场生命周期，每个阶段具有不同的特点及策略；
4. 品牌与商标的重要性；
5. 出售的不仅是商品，更重要的是服务。

现代市场上，企业之间的激烈竞争是以产品为中心的，企业其他营销因素也围绕产品策略进行。因此，产品决策直接影响和决定着其他市场营销组合因素的决策制定，对企业市场营销活动，进而对企业的生存和发展起着决定性的作用。本章主要介绍整体产品、产品组合策略、产品市场生命周期策略、品牌策略、服务市场营销策略等。

【引导案例】

宝洁公司的产品组合策略

在宝洁系列的品牌大家庭中，多一个有个性的品牌，管理的复杂性便会成倍数增长。据业内人士透露，宝洁的相关部门在疲于应付不同品牌的活动，而使活动的执行速度和效果都大打折扣。如何保持与母品牌在形象、运作上一致性的同时，去攻打一个独特的市场？同样是多品牌运作的联合利华，就曾经砍掉相当一部分品牌来维持它管理的有效性。

宝洁曾经将伊卡露、威娜两个品牌纳入自身的系统。2001年宝洁收购了伊卡露，这是一个全球染发、护发领导品牌。但在中国，伊卡露却是一个大众日化产品，实际上与传统的飘柔、海飞丝是同一系列的品类。

宝洁在并购之后，也将其纳入一体化的品牌运营体系中，同属于“洗发护发品类”。当时，在宝洁惯用的大规模“广告促销促进”模式下，配合成熟的大众分销网络，迅速将伊卡露的铺货率提升到60%以上，并实现了相当可观的销售额。

但随后伊卡露在中国市场便经历了挫折。宝洁通过一个月的运营发现，伊卡露的销售额更多的是渠道进货，而非终端有效销售。原因是伊卡露洗护分离的产品组合与中国消费者的消费特征是相悖的，这个市场空间很有限。

于是，宝洁开始着手调整其中国产品组合策略，首次在伊卡露的品牌发展史上推出了“洗护合一”的草本植物洗发护发产品。随之而来的是，在终端陈列、市场推广等方面都作了相应的调整,全面转变消费者尚没有完全固化的印象。现在的伊卡露,基本上就是海飞丝的操作手法。

简而言之,宝洁模式被全面移植到伊卡露品牌上。从开始的武断纳入,到后来的大规模调整,宝洁在品牌整合挫折中寻找变与不变的最佳位置。

威娜是一个在中国已经运营多年的品牌,并且更具独立性。威娜是生产专业护发染发产品的公司,主要销售渠道在发廊,这挑战了宝洁公司在新的产品领域、营销模式和销售渠道方面的运作能力。

在收购威娜后的运营中,宝洁没有强行移植它在大众日化产品的运营模式(例如渠道、推广、促销等),而是根据美容美发专用线的行业规则来运营。在保留威娜品牌已有成功经验的基础上,印上了宝洁成熟的"深度分销、深度协销"模式,将威娜在中国的分销网点(专业点)的数量和质量迅速提高到一个更高的水准。而这些提升工作正是宝洁的长项。此外,在产品线上,宝洁根据中国市场的消费特征,推出了适合中国人的多种黑发、亮发、彩发产品。在价格上,也与欧莱雅专业美发等品牌形成了交叉与区隔。

宝洁在对威娜的整合中尊重了其原有的模式,只是根据区域市场的不同进行了改良手术。

资料来源:王德章等. 市场营销学[M]. 2 版. 北京:高等教育出版社,2009.

宝洁公司的产品组合很成功,通过不同产品间的有效组合,宝洁公司实现了竞争中的领先,市场份额也在同行业中位居前列。案例中伊卡露和威娜的成功并购,使宝洁公司的产品更加丰富。不同产品在实际经营中可以采用不同策略获取竞争优势,并通过塑造产品品牌,为企业赢得顾客忠诚度。

思考: 1. 如何进行有效的产品组合?

2. 不同产品策略的实施与产品品牌的塑造有何关系?

一、整体产品概念

(一) 产品的含义

现代市场营销理论中,产品是指整体产品,是指向市场提供的能满足消费者或用户某种需求和利益的物质产品和非物质形态的服务,包括产品实体、服务、信誉等有形和无形的形式。所谓整体产品是把产品理解为由核心产品、有形产品、期望产品、附加产品和潜在产品五个层次所组成的整体。具体如图 8-1所示。

图 8-1 整体产品结构图

1. 核心产品

核心产品是指载于产品形态内的能为消费者提供各种利益和满足其需要的功能。它是消费者购买时追求的最实质性的东西。消费者购买某种产品并不完全是为了占有或获得产品本身,更重要的是为了满足某种需要。产品的外观和表象只不过是产品核心的表现形式，满足需求的核心问题是消费者购买产品时寻求的利益，企业必须把相应的利益和服务提供给消费者。核心产品只是一个抽象的概念，它必须通过一定的产品形式来体现。

2. 有形产品

有形产品是指企业提供给消费者的产品实体和服务的外观，也是核心产品的实现形式。任何产品都有相应的外观形式，如品质、样式、特色、包装和品牌等。如银行在提供各种有吸引力的金融产品的同时，还必须伴随有高效和周到的服务。由于核心产品必须通过有形产品来实现，因而营销人员在着眼于消费者实际利益的同时还要以尽可能完美的外在表现形式来满足消费者需求。

3. 期望产品

期望产品是指购买产品时期望得到的东西。期望产品实际上是指一系列属性和条件。如旅客对旅店服务产品的期望包括干净整洁的房间、毛巾、卧具、电话、衣橱、电视等，消费者对冰箱产品期望包括送货上门、质量、安装与维修保证。消费者的期望产品得不到满足时，会影响其对产品的满意程度、购后评价及重复购买率。

4. 附加产品

附加产品是指消费者在获取产品或产品使用过程中所能得到的除形式产品和核心产品以外的各种附加的产品或服务。企业主要通过对产品提供运输、安装、保证和维修等一系列售前售后服务给消费者带来附加利益。由于人们需求水平的日益提高，企业营销的产品必须能为消费者提供更多的附加利益。例如，消费者在购买轿车时，一般都要考虑厂家的质量担保和维修服务的情况，因为这些因素已构成产品整体的重要组成部分。

5. 潜在产品

潜在产品是指包括现有产品的所有延伸和演进部分在内，最终可能发展成为未来产品的潜在状况的产品。潜在产品只是现有产品的可能发展前景。如彩色电视机可能发展成为电脑终端机等。

启示故事8-1：维珍大西洋航空公司提供的产品

维珍大西洋航空公司(Virgin Atlantic Airlines)寻求提供一种一条龙式的旅行服务。它与小型巴士公司联合为那些企业层顾客提供免费机场接送服务，抵达机场后顾客就检票进入维珍的俱乐部休息室。在俱乐部里，旅客可以享受淋浴、游泳、免费修指甲、面部美容或剪发，可以在酒吧餐厅、图书馆里休息。在有些飞机上，他们可以淋浴、玩游戏或是在暗仓睡觉，甚至在互联网上冲浪。

李维特(Levitt)认为：新竞争并不在于各家公司在其工厂中生产什么，而在于在工厂以外他们增加的形式，诸如包装、服务、广告、客户咨询、融资、送货安排、仓储以及人们所重视的其他价值。

(二) 产品的分类

产品是丰富多彩、多种多样的，但可以按照不同的标准进行分类，如图8-2所示。

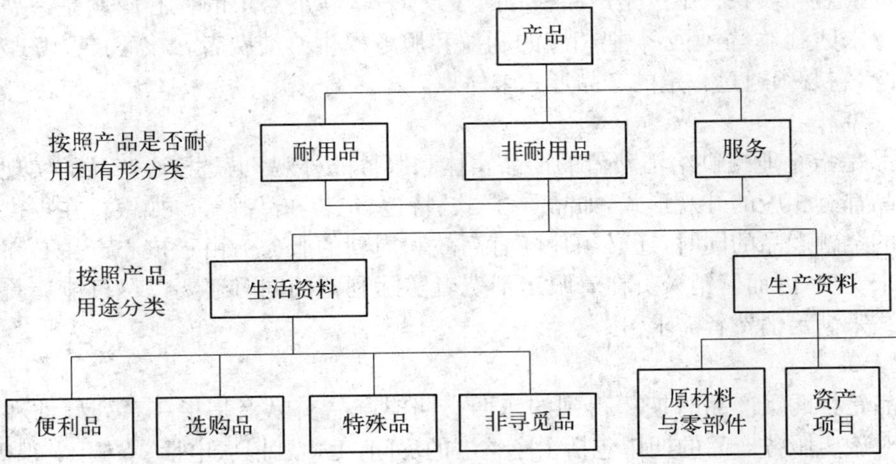

图 8-2 产品分类关系图

1. 产品按照是否耐用和是否有形，可分为耐用品、非耐用品和服务

所谓耐用品是指在正常情况下能多次使用的有形物品。如电视机、电冰箱、汽车等。经营耐用品要求企业有较雄厚的资金，能够提供更多的销售服务和销售保证，毛利一般也定得高些。

所谓非耐用品，是指在正常情况下一次或几次使用就被消费的有形物品。例如牙膏牙刷、糖果烟酒、肥皂洗衣粉等。经营非耐用消费品，要求网点设置要多且接近居民区，以便于消费者购买，同时坚持薄利多销，注重广告宣传，诱导消费者喜爱与购买。

所谓服务是指出售无形的活动、效益或满意。服务这种产品的主要特点是基本无形、不要大批量生产、生产与消费不可分割、不够经久。因此，经营服务更需要加强服务质量管理，密切购买者和经营者的关系，提高经营者的信誉以及对购买者的适应性，以根据顾客的需要提供差别化的服务。

2. 产品按照其用途，可分为生活资料和生产资料

所谓生活资料是指直接用于满足最终消费者生活消费的产品。按照消费者习惯又可以分为便利品、选购品、特殊品和非寻觅品。这些产品分别具有不同的营销决策，表 8-1 反映了生活资料产品的各种营销决策。

表 8-1 生活资料产品的营销决策

营销决策	生活资料产品类型			
	便利品	选购品	特殊品	非寻觅品
消费者购买行为	购买频率高，较少计划，很少比较和选购，低消费者参与	购买频率较低，大量计划和选购努力，比较不同品牌和价格、质量和式样	高度品牌偏好和忠诚，特殊的购买努力，品牌比较少，价格敏感度低	很少的产品知晓和知晓但无兴趣购买
价格	低价	较高价格	高价	不同的

（续表）

营销决策	生活资料产品类型			
	便利品	选购品	特殊品	非寻觅品
分销	大范围分销、便利的地点	在较少的店面里有选择的分销	每个区域内只在一个或几个店面里独家经销	多样的
促销	制造商大规模促销	制造商和中间商的广告和人员销售	制造商和中间商更加谨慎的有目标的促销	制造商和中间商激进的广告和人员推销
示例	牙膏、杂志、清洁剂	大型器具、电视、家具、服装	奢侈品，如劳力士手表或高档首饰	人寿保险、红十字献血

所谓生产资料是指企业或组织购买后用于生产其他产品的产品。生产资料按照进入生产过程的程度以及它们的相对成本来划分，可以分为原材料与零部件、资产项目、易耗品及服务三类。

产品除了按照上述标志进行的分类之外，还可以进一步细分。分类的目的在于不同类型的产品由于购买对象、购买目的、购买方式和购买组织的不同，决定了购买行为、市场范围、销售渠道和促销方式的差异，因此需要制定不同的营销策略。

除了有形产品和服务，营销的产品概念又在不断扩展，将其他市场的供应品——组织、人物、地点、创意等也包括进来了。营利性组织和非营利性组织都在积极开展营销活动；各种各样的人物也开展营销在推广自己；一个地区甚至一个国家也通过营销来吸引投资者或旅游者；可以说所有的营销活动都是一个创意，创意营销现在更多关注人类的健康、社会环境、教育、安全等问题。

启示故事8-2："幸福夫妻"打造日本夕张个性

位于日本北海道的夕张市，是日本人口第三少的城市，曾举债大量投入旅游硬件设施建设，其结果并不理想。这样一个又穷、人又少的城市，有什么办法可以让它起死回生？答案就在于"幸福"，因为夕张是全日本离婚率最低、最幸福的地方。

营销人员将夕张市包装成为"全日本最幸福的地方，幸福夫妻都该来体验一下"。这项名为"夕张市：不是为钱，但是为爱"的宣传活动着眼于夕张市拥有全日本最低离婚率的事实，将这座城市定位快乐情侣或幸福夫妻的旅行目的地，并用"夕张夫妻"这对可爱的卡通人物来宣传城市形象。

从设计上看，看似简单的"夕张夫妻"实则包含了夕张市的多个主要特点。"夕张夫妻"有着一对哈密瓜头，因为夕张盛产哈密瓜。名字也是有讲究的，先生叫"倒产"，太太叫"赤字"，而日本的"夫妻"跟"负债"同音，暗示了夕张"穷得只剩爱"了。

在具体的城市产品方面，夕张熟练地针对目标市场来规划营销战略，围绕"夕张夫妻"这一城市品牌开发了系列产品，包括官方的“幸福夫妻证明书”、卡拉 OK、主题曲《爱的始发站》的 CD、T 恤、包具等一系列以“夕张夫妻”为肖像的商品，就连市长也事必躬亲，穿上哈密瓜道具服为夕张摇旗呐喊，势必要用观光收入来改善负债的局面。

100 多条纸媒报道，超过 100 则网上媒体报道，30 条电视新闻报道以及 53 100 个博客转载，产生了 150 万美元的收入，发行“幸福夫妻证明书”的第一个月内就有 250 对夫妻慕名而来。夕张这一从产品延伸到整合营销不仅让夕张市赚到人气，也改善了政府的财政赤字，夕张市 2008 年的旅游人数增长 10%，产生了 3 100 万美元的收入。

只有根据目标市场消费者需求和消费偏好设计、开发的产品才是消费者真正需要的产品。

资料来源：整合传播平台提供.“幸福夫妻”打造日本夕张个性. 成功营销——2009 创新营销案例手册[J]2009.

二、产品组合策略

任何企业生产的产品都不会是单一的产品，而是多种产品的组合。产品组合策略就是企业需要决定发展什么产品组合对企业最有利。

（一）产品组合的含义

产品组合是指企业生产或经营的全部产品线、产品项目的组合方式。产品线是由一组密切相关的能满足同类需求的产品项目所构成，其目标顾客群一致，通过相同类型渠道营销，只是售价在一定范围波动。产品项目是指在同一产品线或产品系列下不同规格、型号、款式、质地、颜色的产品。产品组合实际上是企业生产和销售的所有产品的集合。例如，雅芳的产品组合包括五条产品线：美容产品、保健产品、珠宝首饰、礼品及“灵感类”产品（提神礼品、激励书籍、音乐、家居用品等），每条产品线又包含许多产品项目，如美容产品线又分为化妆品、护肤品、洗浴用品、香水及户外用品等，雅芳的产品组合包括 1 300 个产品项目，通用电气公司则生产多达 250 000 项产品。

不同的产品组合具有四个重要维度：宽度、长度、深度和关联度。产品组合宽度是指企业拥有多少条不同的产品线；产品组合长度是指在每条产品线内的所有产品项目的数目；产品线深度是指产品线中每个产品有多少品种。产品线关联度是指不同产品线在最终用途、生产条件、分销渠道或其他方面的关联性。图 8 - 3 为宝洁公司产品部分组合，有 8 条产品线：洗涤剂、牙膏、香皂、方便尿布、果汁、润肤液、纸巾、洗发水等；其产品线长度为 48，每条产品线平均长度为 48/8=6；产品线深度如佳洁士牙膏有 13 个品种：佳洁士多效合一、佳洁士防蛀修护、佳洁士强根固齿、佳洁士舒灵敏、佳洁士双效洁白、佳洁士皓爽白、儿童防蛀修护等。

分析产品组合的广度、深度和一致性在市场营销中有重要意义。

第一，企业增加产品的广度，扩展经营领域，实行多角化经营，可以充分发挥企业优势，使企业尤其是大企业的资源、技术得到充分利用，开拓新的市场，提高经济效益；实行多角化经营还可以分散企业的投资风险。

产品线广度 →

产品线长度 ↓

洗涤剂	牙膏	香皂	方便尿布	果汁	润肤液	纸巾	洗发水
象牙雪	格利	象牙	帮宝适	橘山	奇异	查敏	海飞丝
洁拂	佳洁士	柯克斯	露肤	阳光	若克西玛	白云	飘柔
汰渍	彻底	拉瓦		雪山	奥莉油	普夫	潘婷
欢乐	登奎尔	佳美		德柯森	佳美	旗帜	伊卡璐
奥克雪多		爵士		思碧农	热带褐		沙宣
德洗		舒肤佳			贝蒂斯里		
小瀑布		海岸			舒肤佳		
象牙水							
圭尾							
黎明							
碧浪							
艾拉							
勇敢者3号							
液体汰渍							

图 8-3 宝洁公司产品部分组合

第二,企业增加产品组合的深度,可以占领同类产品中更多的细分市场,适应更广泛的消费者的不同需求和爱好。

第三,企业加强产品组合的一致性,可以提高企业在某一地区或某一行业的声誉,提高企业的市场地位。

(二) 产品组合的优化与调整

现代企业为分散风险和广泛利用经营资源,一般都趋向于多种经营。企业在调整产品组合时,可以针对具体情况选用以下产品组合策略。

1. 扩大产品组合策略

扩大产品组合策略就是拓展产品组合的宽度或深度。即企业在原有产品线的基础上,再增加一条或几条产品线,扩大产品经营范围,或是在原有产品项目的基础上增加新的产品项目,生产经营更多的产品以满足市场的需求。

扩大产品组合的方式有三种:一是平行扩大法,即在原有产品线的基础上增加产品项目,在产品线层次上平行延伸,如在维持原产品品质和价格的前提下增加同一产品的规格、型号和款式或者增加不同品质和不同价格的同一种产品。二是系列扩大法,即企业增加产品系列或产品线,同时也增加产品项目,增强生产经营的灵活性。三是综合利用扩大法,即生产企业生产与原有产品系列不相关的异类产品。

扩大产品组合对企业经营有如下作用:① 有利于满足顾客多方面的需求,提高产品的市场占有率;② 能够充分利用企业信誉和商标知名度,完善产品系列,扩大经营规模;③ 能够充分利用企业资源和剩余生产能力,提高经济效益;④ 减小季节性变化和市场需求变动性的影响，分散市场风险，增强企业经营的稳定性。

2. 缩减产品组合策略

缩减产品组合策略是指削减产品线或产品项目，降低产品组合的宽度和深度，即在原有的产品组合中取消若干个产品线或产品项目，集中力量生产或经营一个或少数几个产品项目，提高专业化水平，以便集中力量经营获利大的产品线和产品项目。

缩减产品组合的方式：① 削减产品线，即根据市场发展的变化，减少经营的产品线，集中企业的优势资源，生产经营少数几个有市场潜力的产品系列，并力争在市场竞争中取得主导地位，弥补因减少产品类别给企业带来的利润损失，在所经营的产品线中创造更大的利润，实现专业化生产经营；② 减少产品项目，即保留原产品线，削减产品项目，淘汰低利产品，停止生产某类产品，尽量经营销路好、利润高的产品。

缩减产品组合的优点：① 集中资源和技术力量改进保留产品的品质，提高产品商标的知名度；② 生产经营专业化，提高生产效率，降低生产成本；③ 有利于企业向市场的纵深发展，寻求合适的目标市场；④ 减少资金占用，加速资金周转。

启示故事8-3：亨氏产品线大瘦身　中国业务开发计划不减反增

美国亨氏食品集团(H. J. Heinz Co.，下称“亨氏”)为了保证公司的盈利能力，决心剥离3 000种产品。而大“瘦身”的同时，中国这个庞大市场的开发计划却在不断“增磅”。

亨氏堪称全球营养食品王国，分公司和分支机构遍布全球110多个国家和地区，集团的主要产品包括调味品和正餐及快餐食品两大类。在庞大的产品系列中，产品种类近2万个，但却只有150多种能成为全球数一数二的著名品牌。

公司决定“瘦身”以整合资源，突出核心业务。公司聘请了瑞士银行和摩根大通公司帮助它出售旗下欧洲的蔬菜、冷冻食品和海产食品业务以及新西兰的家禽子公司。此次剥离资产将减少3 000种产品，约占其全部产品种类的16%，并出售17家工厂。据亨氏早前透露，这些业务的年销售额在14亿美元左右。

削减品牌投资的同时，调味果酱产品业务和中国市场的开发力度却会大大增加。

由于亨氏在中国市场的产品以婴儿食品、中西式调味品等三大块为主，因此这次美国总部对蔬菜、冷冻食品和海产食品业务的剥离与中国没有太大关系。

反而是对中国调味品市场的野心，一直没有隐藏。去年亨氏就窥视北京最大的调味品生产企业“王致和”，想借其切入中式调味品市场。但最后因对方不愿被控股而“联姻”告吹。亨氏中国大中华区总裁齐松曾向记者表示，亨氏一直在寻找合适的商业机会，其中很有可能通过购买其他品牌来实现。

亨氏预计，如果上述“瘦身”与“增磅”措施均发挥作用，本财年公司每股收益将增长14%。

随着企业的发展，企业的产品大类会不断延长，但是，随着产品大类的延长，设计、工程、仓储、运输、促销等市场营销费用也随之增加，最终将会减少企业的利润。在这种情况下，需要对产品大类的发展进行相应的遏制，删除那些得不偿失的产品项目，使产品大类缩减，以此来提高经济效益。

3. 产品延伸策略

产品延伸策略也称高档产品与低档产品策略。任何企业的产品都有其特定的市场定位,所谓产品延伸策略是指全部或部分地改变企业原有产品的市场定位,将企业现有产品大类延长的一种策略。

(1) 增加高档产品策略。增加高档产品策略就是在产品组合的某一条产品线中增加新的高档高价的产品项目,以提高企业现有产品的市场声望,又可以使企业的产品逐步转入高档产品市场,从而谋求企业的长远利益。但企业习惯以生产廉价产品的形象在消费者心目中不可能立即转变,使得高档产品不容易很快打开销路,从而影响新产品项目研制费用的迅速收回。

(2) 增加低档产品策略。增加低档产品策略就是在原来产品组合的高档产品线中增加廉价的产品项目。低档产品策略的目的是要充分利用高档名牌产品的声誉,吸引买不起高档产品的消费者购买高档产品线中的廉价产品。这样既满足了消费者各种不同的需求,又增加了企业的销售额,扩大市场占有率。增加低档产品策略能够迅速为企业寻求新的市场机会,但处理不当,可能会影响企业原有产品的市场声誉和名牌产品的市场形象。

三、品牌策略

品牌是企业最持久的资产,也是企业必须精心发展和管理的强有力资产。品牌代表了消费者对产品及其性能的认知和感受。品牌在市场的影响力和价值是不同的,一项调查表明,72%的顾客愿意为他们选择的品牌支付高出次优竞争者品牌20%的额外费用;40%的人说他们愿意支付50%的额外费用。2003年可口可乐公司的品牌价值是700亿美元,微软是650亿美元,IBM为520亿美元。荣获世界上最有价值的亚洲品牌包括:丰田、本田、索尼、三星(唯一的非日本品牌)、任天堂、佳能、松下和日产。强有力的品牌拥有高水平的消费者品牌知晓度、忠诚度和信任度,是构成良好客户关系的基础。

(一) 品牌的含义

1. 品牌的概念

品牌(Brand)是制造商或经销商家在商品上的标志。美国营销协会对品牌的定义是:品牌是一种名称、术语、标记、符号或设计(称为品牌元素),或是它们的组合,其目的是借以辨认某个销售者,或是某群销售者的产品和服务,并使之与竞争对手的产品和服务区别开来。因此,品牌是有多种品牌元素的组合体,具体由品牌名称(语言部分)和品牌标识(图案)构成。

2. 品牌的层次

品牌,就其实质来说,它代表着销售者(卖者)对交付给买者的产品特征、利益和服务的一贯性承诺。久负盛名的品牌就是优良质量的保证。不仅如此,品牌还是一个更为复杂的符号,蕴含着丰富的市场信息,主要包含以下六个层次。

(1) 属性。品牌代表着特定的商品属性,这是品牌最基本的含义。例如,奔驰品牌轿车意味着工艺精湛、制造优良、昂贵、耐用、信誉高、专卖价值高、行驶速度快等。这些属性是奔驰轿车生产经营者广为宣传的重要内容。多年来,奔驰的广告一直强调它是"全世界无可比拟的工艺精良的汽车”。

(2) 利益。品牌不仅代表着一系列属性，而且还体现着某种特定的利益。顾客购买商品的实质是购买某种利益，这就需要将属性转化为功能性或情感性利益。或者说，品牌利益在相当程度上受制于品牌属性。就奔驰而言，“工艺精湛、制造优良”的属性可转化为“安全”这种功能性和情感性利益；“昂贵”的属性可转化为情感性利益：“这车令人羡慕，让我感觉到自己很重要并受人尊重”；“耐用”属性可转化为功能性利益：“多年内我不需要买新车”。

(3) 价值。品牌体现了生产者的某些价值感。例如，奔驰代表着高绩效、安全、声望等。品牌的价值客观要求企业营销者必须分辨出对这些价值感兴趣的购买者群体。

(4) 文化。品牌还附着特定的文化。从奔驰汽车给人们带来的利益等方面看，奔驰品牌蕴含着“有组织、高效率和高品质”的德国文化。

(5) 个性。品牌也反映一定的个性。如果品牌是一个人、一种动物或一个物体，那么不同的品牌会使人们产生不同的品牌个性联想。奔驰会让人们想到一位谨慎的老板、一只勇猛的雄狮或一座庄严质朴的宫殿。

(6) 消费者。品牌暗示了购买或使用产品的消费者类型。

一个成熟完善的品牌包含很多要素，但品牌最持久的含义是其价值、文化和个性，它们构成了品牌的基础，揭示了品牌间差异的实质。消费者之所以喜爱某品牌，认同某品牌，是因为品牌自身具有吸引消费者的独特魅力，消费者通过品牌可以获得综合而独特的利益和体验，既有理性因素，也存在感性因素。品牌核心价值理性层面是以产品为基础的，它带给消费者实际的利益，也是消费者愿意用金钱、时间、风险等购买成本去交换的。消费者从商品中获得预期的物质利益，就会产生对品牌理性的认同。品牌如果能够很微妙地改变消费者的思维，让消费者喜欢上它、信赖它，就会产生对品牌的高度忠诚，这是品牌的感性层面因素，即品牌的价值、文化、个性，它能够牢牢抓住消费者的心志。因此，一个优秀的品牌具备不可模仿性、持续性、包容性、价值观、文化等特征。

(二) 品牌策略

企业明确了品牌的内涵，就需要考虑品牌策略问题。主要品牌策略如图 8-4 所示。

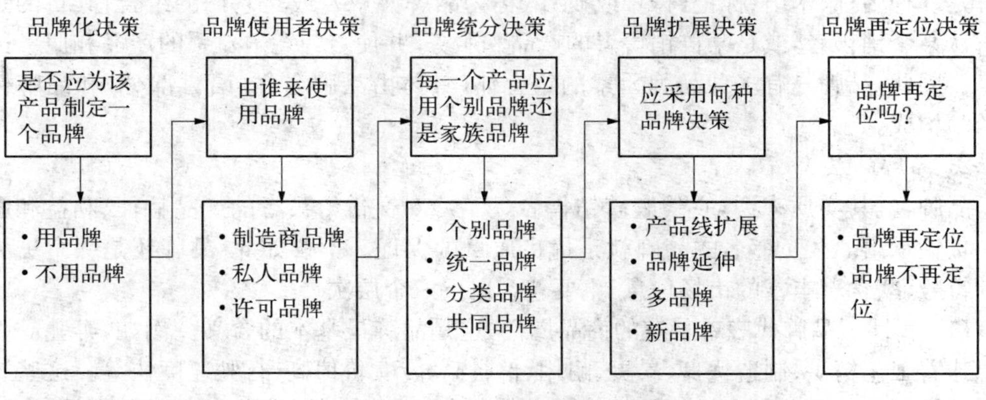

图 8-4 品牌策略

1. 品牌化策略

品牌化策略就是企业是否对其产品使用品牌。在早期,大多数产品不用品牌,生产者和中间商的产品直接从桶、箱和容器内取出来销售,无须供应商的任何辨认凭证。中世纪的行会经过努力,要求手工业者把商品标志贴在他们的产品上,以保护他们自己并使消费者不受劣质产品的损害,最早的品牌标记诞生了。目前,世界上大多数产品都采用有品牌策略。

品牌化虽然会使企业成本费用增加,但也可使企业得到许多好处,如:规范品牌名称可以使卖主易于管理订货;注册商标可以使企业的产品特色受到法律保护,防止别人模仿、抄袭;品牌化使卖主可能吸引更多的品牌忠诚者;有助于树立良好的企业形象等。

2. 品牌使用者策略

品牌使用者策略是指由谁来使用产品的品牌。企业可有三种选择:① 制造商品牌。即企业可以决定使用自己的品牌,例如,索尼、福特、可口可乐等企业品牌一直是品牌决策的主角,大多数企业都创立自己的品牌。② 私人品牌。在以往的品牌运营实践中,由于品牌的设计、产品的质量水平和产品特色等都取决于制造商(生产者),加之市场供求关系对企业的压力还不太大,所以品牌几乎都为生产者或制造商所拥有。可以说,品牌是制造商设计的制造标记。但随着市场经济的发展,市场竞争日趋激烈,品牌的作用日益被人们所认知,中间商对品牌的拥有欲望也越来越强烈。中间商使用自己的品牌将货物转卖出去,这种品牌叫作中间商品牌、私有品牌。例如,美国原最大的零售商西尔斯公司90%以上的商品用它自己品牌出售,如"顽强"电池、"工匠"工具等。③ 许可品牌。即一些公司对原先由其他制造商创造的名称或标志、名人姓名或是流行电影和书籍中的角色发放许可证,只要支付一定费用,上述任何一个都能立即成为一个可用的品牌。

3. 家族品牌策略

企业如果决定其大部分或全部产品都使用自己的品牌名称,还要决定其产品分别使用不同的品牌名称,还是统一使用一个或几个品牌名称。对于企业来说,家族品牌策略共有四种选择。

(1) 个别品牌名称。个别品牌名称是指企业决定其各种不同产品分别使用不同的品牌名称。企业使用个别品牌名称的好处是:没有将企业的声誉系在某一个品牌的成败上;可以使企业为每个新产品寻找最佳的名称;一个新的品牌可以造成新的刺激,建立新的信念。例如,美国的宝洁公司为其不同的产品选用不同的品牌名称。

(2) 统一家族品牌名称。统一家族品牌就是企业所有的产品(包括不同种类的产品)都统一使用一个品牌。例如,飞利浦公司的所有产品(包括音响、电视、灯管、显示器等)都以"PHILIPS"为品牌,佳能公司生产的照相机、传真机、复印机等所有产品都统一使用"CANON"品牌。日本索尼公司的所有产品都统一使用"SONY"这个品牌名称。企业采用统一品牌策略,能够降低新产品宣传费用,可在企业的品牌已经赢得良好市场信誉的情况下实现顺利推出新产品的愿望;同时也有助于显示企业实力,塑造企业形象。但需要注意负面"株连效应",即若是某一种产品因某种原因如质量出现问题,就可能因此牵连到其他种类产品并影响全部产品和整个企业的信誉。

(3) 类别家族品牌名称。类别家族品牌名称是指企业各大类产品单独使用不同的品牌名称。西尔斯公司就曾采取这种决策，它所经营的器具类产品统一称为“肯摩尔”，妇女服装类产品统一成为“瑞溪”，所有电池统一称为“顽强”。

(4) 公司名称与单个产品名称相结合。这种家族品牌策略是指企业决定其各种不同的产品分别使用不同的品牌名称，而且各种产品的品牌名称前面还冠以企业名称。例如，海尔集团的洗衣机产品“海尔小神童”、“海尔小神泡”、“海尔小王子”等。企业采取这种决策的主要好处是：在各种不同的新产品的品牌名称前冠以企业名称，可以使新产品合法化，能够享受企业的信誉，而各种不同的新产品分别使用不同的品牌名称，又可以使各种不同的新产品各有不同的特色。

4. 品牌扩展策略

(1) 产品线扩展策略。即企业现有的产品线使用同一品牌，当增加该产品线的产品时，仍沿用原有品牌。这种新增产品，只是对原有产品的局部改进，如增加新的功能、改进包装、款式与风格发生变化等。企业可能以产品线延伸作为一种低成本、低风险的推出新产品的方法，或是满足新的消费者的需要，或是为了填补货架，或是与竞争者推出的新产品竞争等情况来实施该策略。实施该策略能使品牌价值增值，能降低新产品进入市场的费用，能扩大品牌的市场占有率。

(2) 品牌延伸策略。即将一个现有的品牌使用到一个新类别的产品上，这个策略是实现品牌资产转移和发展的有效途径。如芭比娃娃品牌就成功延伸到芭比家庭用品、芭比化妆品、芭比电子产品、芭比书籍、芭比体育用品等；本田也用其公司名涵盖了汽车、摩托车、吹雪机、割草机、船用发动机等。品牌延伸的最大好处是被消费者迅速识别，节省了创立品牌需要的大量广告宣传费用，减少新产品进入市场的风险。采用这种策略同样具有风险，一旦一个品牌延伸失败，将殃及原有品牌在消费者心目中的形象，也会产生有悖消费者心理对原有品牌的定位等。

(3) 多品牌策略。多品牌策略就是指企业同时经营两者或两者以上相互竞争的品牌。传统的市场营销理论认为，单一品牌延伸决策能使企业减少宣传成本，易于被顾客接受，便于企业形象的统一。多品牌决策认为，单一品牌不是万全之策。因为一种品牌树立之后，很容易在消费者心目中形成固定的印象，不利于产品的延伸，尤其是那些跨多种行业、拥有多种产品的企业更是这样。例如，宝洁公司的洗发水只用“海飞丝”一个品牌，就会在消费者心中造成“海飞丝”就是洗发水的印象，如果再用“海飞丝”开发其他种类的产品，就不易被消费者接受。

多品牌市场营销的好处是：使每个个性鲜明的产品满足不同消费群体的需要，从而使各个品牌都在消费者心目中留下深刻印象，进而获得自己应有的市场定位；多品牌造成对竞争对手的包围趋势，有利于提高产品的市场占有率及竞争力，延长每个产品的市场寿命；有利于在消费者心目中树立企业的形象，造成企业实力雄厚的感觉。

(4) 新品牌策略。即企业为新产品设计新品牌策略，可能企业发觉原有品牌不适合新开发产品，或者对新产品来说有更好更合理的品牌名称。如养生堂以生产保健品为主，当其开发饮用水时，则使用了更好的品牌名称“农夫山泉”。

5. 品牌再定位策略

品牌更新作为全部或部分调整，或改变原有品牌形象使品牌具有新形象的过程，它实际上是对品牌重新定位、重新设计、塑造品牌新形象的过程。一个品牌能否久远，不仅仅取决于最初的品牌定位和品牌设计（当然，品牌定位和品牌设计在品牌运营全过程中的重要性是不言而喻的），而且还取决于品牌的阶段性调整，由于营销环境的变化，对品牌进行适时、适当的阶段性调整是非常必要的。

品牌重新定位策略也称再定位策略，就是指全部或部分调整或改变品牌原有市场定位的做法。虽然品牌没有市场生命周期，但这绝不意味着品牌设计出来就一定能使品牌持续到永远。为使品牌能持续到永远，在品牌运营实践中还必须审时度势地做好品牌重新定位工作。“七喜”的“非可乐”定位是品牌重新定位的成功范例。

受竞争者品牌逼近（竞争者品牌定位于企业品牌附近，侵占了本企业品牌的市场份额）和部分消费者偏好的变化（消费者改变对本企业品牌的信任，转购竞争者品牌的商品，使企业品牌的市场占有率下降）等原因的影响，即使某一品牌在市场上的最初定位很好，随着时间的推移也需要重新定位。品牌重新定位的目的是使现有产品具有竞争产品不同的特点，诱发消费需求，以增强品牌竞争力。

小链接

2008年2月，五粮液集团营销副总表示，2008年五粮液将从两个方面着手，微调“1＋9＋8”品牌策略，加大中高端系列酒的开发力度，夯实中高端白酒的领军地位。

五粮液为了重新夺回高端市场地位和份额，“五粮液”的品牌重构之路从缩短品牌战线开始，于是，著名的“1＋9＋8”品牌金字塔应运而生。

五粮液的“1＋9＋8”的品牌战略，即1个国际品牌“五粮液”；9个全国性名牌，包括“五粮春”、“五粮醇”、“金六福”、“浏阳河”等家喻户晓的产品，这是连接五粮液塔基和塔顶五粮液之间的桥梁；8个区域性名牌，包括正在开发中的8大片区品牌，如“长三角”、“两湖春”、“丝路花语”、“现代人”等，它们是五粮液贴近普通消费者的大众品牌，是这个金字塔的塔基。

显然，在五粮液品牌规划上，五粮液更加偏重于品牌“五粮液”，只有品牌“五粮液”站住脚跟，才能对其旗下众多子品牌具有担保、增值作用，并极好地节约品牌建设成本。同时，重点打造以“五粮”标识的诸如“五粮液”、“五粮春”、“五粮神”、“五粮醇”四大核心品牌的“五粮”系列酒。“五粮液式OEM”的过度实施几乎使五粮液对其子品牌的“背书”近乎失灵，而实行“1＋9＋8”品牌战略，五粮液旨在增强对其子品牌进行“背书”的有效性。

因此，五粮液需要微调“1＋9＋8”品牌战略，加强高端产品支持力度与推广力度，加大中高价位系列产品的推广，对低价位产品实行提价限量的营销策略。

四、包装策略

进入市场的许多产品必须包装。包装既可以起到较小的作用（如对不昂贵的五金商品），也可以起到重要的作用（如对化妆品）。

有一些包装是闻名于世的：如“可口可乐”的瓶子、“雷格”女用连裤袜、蛋形容器。许多营销人员把包装化(Packaging)称为第五个P，前面四个P分别为价格(Price)、产品(Product)、地点(Place)和促销(Promotion)统称：4P。

所谓包装化是指设计并生产容器或包扎物一系列活动。这种容器或包扎物被称为包装(Package)。包装可以包括多达三个层次的材料。第一层次的包装是指最接近产品的容器。例如，装有“修面后除香洗净液”的瓶子是最接近产品的包装。第二层次的包装是指保护第一层次包装的材料，当产品使用时，它即被丢弃。用来包装瓶装的“修面后洗净液”的硬纸板盒就属于第二层次的包装，它为产品提供了进一步的保护和促销机会。运输包装是指产品储存、辨认和运输时所必需的包装。如装有六打“修面后陈香洗净液”的波纹盒就是运输包装。此外，标签化亦是包装化的一个组成部分，它是由表明该产品的印制好的信息所构成，出现在包装物上面或和包装物合为一体。

1. 类似包装策略

企业对其生产的产品采用相同的图案、近似的色彩、相同的包装材料和相同的造型进行包装，便于顾客识别出本企业产品。对于忠实于本企业的顾客，类似包装无疑具有促销的作用，企业还可因此而节省包装的设计、制作费用。但类似包装策略只能适宜于质量相同的产品，对于品种差异大、质量水平悬殊的产品则不宜采用。这种方法，可以降低包装的成本，扩大企业的影响，特别是在推出新产品时，可以利用企业的声誉，使顾客首先从包装上辨认出产品，迅速打开市场。

2. 配套包装策略

按各国消费者的消费习惯，将数种有关联的产品配套包装在一起成套供应，便于消费者购买、使用和携带，同时还可扩大产品的销售。在配套产品中如加紧某种新产品，可使消费者不知不觉地习惯使用新产品，有利于新产品上市和普及。如化妆品的组合包装、节日礼品盒包装等，都属于这种包装方法。组合包装不仅能促进消费者的购买，也有利于企业推销产品，特别是推销新产品时，可将其与老产品组合出售，创造条件使消费者接受、试用。

3. 再使用包装

这是指包装内的产品使用完后，包装物还有其他的用途。如各种形状的香水瓶可作装饰物，精美的食品盒也可被再利用等。这种包装策略可使消费者感到一物多用而引起其购买欲望，而且包装物的重复使用也起到了对产品的广告宣传作用。如设计精巧的果酱瓶，在果酱吃完后可以作茶杯之用。包装物在继续使用过程中，实际还起了经常性的广告作用，增加了顾客重复购买的可能。但应谨慎使用该策略，避免因成本加大引起商品价格过高而影响产品的销售。

4. 附赠包装策略

这是指在商品包装物中附赠奖券或实物，或包装本身可以换取礼品，吸引顾客的惠顾效应，导致重复购买的策略。我国出口的“芭蕾珍珠膏”，每个包装盒附赠珍珠别针一枚，顾客购至50盒即可串条美丽的珍珠项链，这使珍珠膏在国际市场十分畅销。

5. 改变包装策略

这是指改变和放弃原有的产品包装，改用新包装的策略。由于包装技术、包装材料的不断更新，消费者的偏好不断变化，采用新的包装以弥补原包装的不足，企业在改变包装的同时必须配合好宣传工作，以消除消费者以为产品质量下降或其他的误解。

6. 分组包装策略

这是指对同一种产品，可以根据顾客的不同需要，采用不同级别包装的策略。如用作礼品，则可以精致地包装，若自己使用，则只需简单包扎。此外，对不同等级的产品，也可采用不同包装。高档产品，包装精致些，表示产品的身份；中低档产品，包装简略些，以减少产品成本。

五、产品市场生命周期策略

(一) 产品市场生命周期的含义

产品的市场生命周期是产品从投入市场到最终退出市场的全过程，一般经历导入期、成长期、成熟期和衰退期四个阶段。假设以时间为横坐标，以经济效益(销售收入和利润)为纵坐标，则产品市场生命周期一般呈侧 S 形曲线，如下图 8-5 所示：在产品开发期间该产品销售额为零，公司投资不断增加；导入期的产品销售量增长缓慢，初期通常利润偏低或为负数；成长期是市场销售量和利润迅速成长的阶段；成熟期的市场销售量和利润达到顶峰后逐渐走下坡路，但增长率较低；在衰退期产品销售量显著衰退，利润也大幅度滑落，产品即将退出市场。

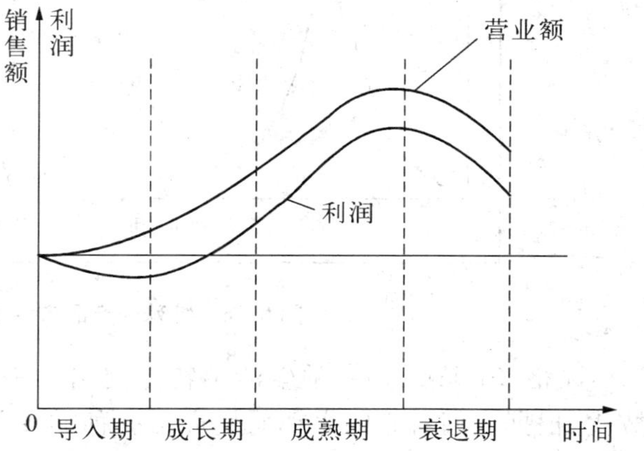

图 8-5 产品市场生命周期曲线图

这里必须将产品市场生命周期与产品的使用寿命区分开来。产品的市场生命周期是指产品的市场寿命或经济寿命，即产品在市场上生存的时间。其寿命的长短主要由市场因素来决定，如科学技术的发展水平和产品更新换代的速度，消费者偏好的变化，竞争的激烈程度等。产品的使用寿命指产品的自然寿命，是指产品从投入使用到损坏直至报废所经历的时间，其寿命的长短受产品的自然属性、产品的使用强度、维修保养程度以及自然磨损等因素的影响。

但不是所有的产品都遵循这个规律。有的产品导入速度快，衰退速度也快；有的产品经历了很长的成熟期阶段；有的产品进入衰退阶段后，再凭借强有力的促销活动和重新定位又回到了成长阶段。

图 8-5 所示的产品市场生命周期曲线适用于一般产品市场生命周期的描述；不适用于风格型、时尚型、热潮型和扇贝型产品的市场生命周期的描述。

特殊的产品市场生命周期包括风格型产品市场生命周期、时尚型产品市场生命周期、热潮型产品市场生命周期、扇贝形产品市场生命周期四种特殊的类型，它们的产品市场生命周期曲线并非通常的 S 形。具体如图 8-6 所示。

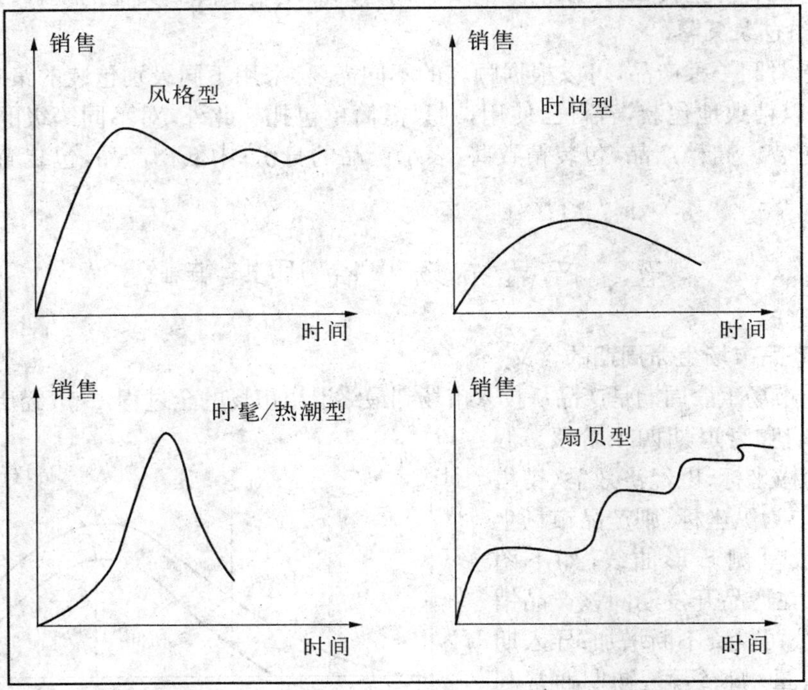

图 8-6 特殊的产品市场生命周期曲线图

风格(Style):是一种生活中特点突出的表现方式。风格一旦产生,可能会延续数代,根据人们对它的兴趣而呈现出一种循环再循环的模式,时而流行,时而又可能并不流行。

时尚(Fashion):是指在某一领域里,目前为大家所接受并且欢迎的风格。时尚型的产品市场生命周期特点是,刚上市时很少有人接纳(称之为独特阶段),但接纳人数随着时间慢慢增长(模仿阶段),终于被广泛接受(大量流行阶段),最后缓慢衰退(衰退阶段),消费者开始将注意力转向另一种更吸引他们的时尚。

热潮(Fad):是一种来势汹汹且很快就吸引大众注意的时尚,俗称时髦。热潮型产品的市场生命周期往往快速成长又快速衰退,主要是因为它只是满足人类一时的好奇心或需求,所吸引的只限于少数寻求刺激、标新立异的人,通常无法满足更强烈的需求。

扇贝型产品市场生命周期主要指产品市场生命周期不断地延伸再延伸,这往往是因为产品创新或不时发现新的用途。

(二)产品市场生命周期各阶段的营销策略

产品的市场生命周期表明任何产品的市场生命都是有限的,在产品市场生命周期的不同阶段,产品的市场占有率、销售额、利润额是不一样的。这就需要企业认真分析和识别产品所处生命周期的具体阶段,根据产品市场生命周期不同阶段的特点,采取相应的营销组合策略。

表 8-2 产品市场生命周期不同阶段特征

	导入期	成长期	成熟期		衰退期
			前期	后期	
销售量	低	快速增大	继续增长	有降低趋势	下降
利润	微小或负	大	高峰	逐渐下降	低或负
购买者	爱好新奇者	较多	大众	大众	后随者
竞争	甚微	兴起	增加	甚多	减少

1. 导入期的策略

这是产品市场生命周期的开始，商品刚进入市场时期，其主要特征如下：生产批量小，试制费用大，制造成本高；由于消费者对产品不熟悉，广告促销费较高；产品售价常常偏高，这是由于生产量小、成本高、广告促销费较高所致；销售量增长缓慢，利润少，甚至发生亏损。产品推向市场之后，企业营销人员必须就其价格、促销、分销及产品品质对产品进行定位，以便让市场尽快知晓、认同或接受企业的产品。这时企业可以采用的策略主要有快速撇脂策略、缓慢撇脂策略、快速渗透策略和缓慢渗透策略。

(1) 快速撇脂策略。该策略是指以高价格和高促销水平迅速扩大产品的销售额和获得较高的市场占有率的策略。采取这种策略必须有一定的市场前提：目标市场的大部分潜在的消费者对此类新产品缺乏了解，消费者有能力也愿意尝试以较高的价格购买新产品。有时企业面临潜在竞争对手的威胁，或希望尽快树立品牌形象时，会采取这一策略，以领先于竞争对手或迅速使消费者产生对自己产品品牌的喜好。

(2) 缓慢撇脂策略。企业同时采用较高的价格和较低的促销费用进行营销活动，以求得到更多的利润和最大限度上节省开支。它适用于市场规模有限、顾客已经了解该产品、顾客愿意支付高价、没有激烈的潜在竞争等情况，这种策略就可以获得理想的效果。

(3) 快速渗透策略。该策略是指用低价格和高水平促销费用推出产品的策略，以最大限度地提高产品知名度和刺激消费者购买该产品。采用此策略必须具备市场规模大、消费者对价格比较敏感且并不了解该产品、产品的价格有较大的需求弹性、有强大的潜在竞争对手存在等条件。

(4) 缓慢渗透策略。该营销策略是企业以低价格、低促销开支，来推出新产品。这种营销策略要求市场容量很大，产品有较高的知名度，市场对价格敏感，存在潜在的竞争对手等条件。这样，产品虽以低价销售，但由于成本水平较低，企业在取得大销售额的条件下也能获得较高的利润。

2. 成长期的策略

成长期是产品通过试销阶段以后，转入成批生产和扩大市场销售阶段。其主要特征是：销售额迅速增长；生产成本大幅度下降，产品设计和工艺定型，可以大批量生产；利润迅速增长；由于同类产品、仿制品和代用品开始出现，使市场竞争日趋激烈。

产品进入成长期后，有越来越多的消费者开始接受并使用，企业的销售额直线上升、利润显著增加。与此同时，市场利润的巨大潜力吸引新的竞争对手加入竞争行列，由于新进入者在产品特征和分销形式方面具有新的特点,竞争呈现出多样化状态。因此,这一阶段的策略重点在于多方面加强产品竞争力,以应对日益激烈的市场竞争,尽可能地维持其市场的可持续成长。另外,企业还必须注意成长速度的变化,一旦发现成长的速度由递增变为递减时,必须适时调整策略。此阶段可以适用的具体策略有以下几种:

(1) 树立品牌形象。企业要把广告宣传的重心从纯粹介绍产品转到树立产品的品牌形象,使自己的产品产生差异优势,增加顾客的购买信心,使企业的产品不仅能维持老顾客,更能吸引新顾客,以利于进一步提高企业产品在社会上的声誉。

(2) 扩大规模,降低价格。企业通过扩大生产规模,可以产生规模效应,降低成本,以便在适当的时机采取降价措施,刺激需求扩大,使那些对价格反应敏感的消费者产生购买欲望,并采取购买行动。另外,在行业竞争日趋激烈、市场平均利润水平下降的情况下,扩大规模降低价格的策略可以阻止新竞争者的加入。

(3) 改进产品质量。企业要不断改进产品质量,为产品添加新的功能,变换或提供新的产品款式等,以提高产品的竞争力,满足消费者更为广泛的需求,吸引更多的消费者购买企业产品。

3. 成熟期的策略

随着产品销售量到达饱和点后,销售增长率开始减缓并趋于下降,产品进入成熟阶段。成熟期是指产品在市场上销售已经达到饱和状态的阶段。其主要特征是:销售额虽然仍有所增长,但速度趋于缓慢;市场需求趋向饱和,销售量和利润达到最高点,后期两者增长缓慢,甚至双双下滑;竞争最为激烈。

此阶段企业不应该忽略或者仅仅是消极地防卫产品的衰退,而应是系统地考虑市场、产品及营销组合的修正策略。

(1) 市场改革策略。通过努力开发新的市场,来保持和扩大自己的产品市场份额。具体有四种可选策略:一是寻找新使用者,企业可以寻找有潜在需求的新顾客,或进入新的细分市场,包括地理、人口细分的市场,大大增加产品销售量。二是吸引竞争者的顾客,企业通过争取竞争者的顾客试用或采用本企业的产品,使他们转向购买自己的产品。三是企业通过宣传推广,促使顾客更频繁地使用或每一次使用更多的量,以增加现有顾客的购买量。

(2) 产品改良策略。企业可以通过产品特征的改良,来提高销售量。这种策略侧重于顾客的不同需要,创新性地改进产品自身的内涵,吸引具有不同需求的顾客。具体方法有:一是品质改良,即增加产品的功能性效果,如耐用性、可靠性、速度及口味等;二是特性改良,即增加产品的新的特性,如规格大小、重量、材料质量、添加物以及附属品等;三是式样改良,即增加产品美感上的需求;四是改进或添加新的服务,这项属于企业改进产品策略的重要措施,有助于提高产品的竞争能力,使顾客买得放心、用得舒心。这对于扩大产品销售具有极大的促进作用。

(3) 改变市场营销组合策略。企业通过调整营销组合中的某一因素或者多个因素,以刺激销售。具体方法有:一是通过降低售价来增强竞争力;二是改变广告方式以引起消费者的兴趣;三是用多种促销方式如大型展销、附赠礼品等;四是扩展销售渠道,改进服务方式或者货款结算方式等。但是,这一策略往往易为竞争者模仿,特别是在降价及额外服务方面,使企业的努力难以取得预计的效果。因此,企业必须充分利用自身的优势并结合当地的实际情况,使自己的营销组合策略难以被模仿,以期获得预期营销组合的效果和利润。

启示故事8-4:不老的产品还是有技巧的产品市场生命周期管理

芭比娃娃

美泰公司的芭比娃娃已经50多岁了,但仍然保持着她永恒的美丽和时尚。自它被创造出来,芭比娃娃成为女孩子们长大后梦想的样子。同样,随着女孩子们梦想的不断改变,芭比娃娃也在不断改变。她的愿望从女乘务员、时装模特、护士发展到宇航员、摇滚歌手、外科医生和总统候选人。最近,它几乎没有注意到自己的年龄——正急于成为WNBA篮球运动员、奥运会滑冰选手和纳斯卡赛车手。追随它的"吸引、迷惑和赋予女孩权利"的使命,美泰公司每年都会推出新的芭比娃娃,来跟上最新的对成就、美丽、浪漫、冒险和教养的定义。芭比娃娃还反映了美国人群多元化和不断变化。美泰公司熟练的产品市场生命周期管理的结果是,芭比娃娃保持了她的市场吸引力和她的年轻。它在世界150个国家有售,并以每秒钟两个的速度在全世界销售,每年获得超过15亿美元的销售收入。

好立克

20世纪初,好立克在美国已经基本消失,然而在印度,由史克必成公司生产的好立克却畅销了100多年,直至现在。这是一种为不能消化常态牛奶的儿童而发明的牛奶替代品。这种粉末状、富含维生素、谷物提纯的饮料在机场和火车站货架上,和咖啡、茶等饮料一起销售。印度各行各业的男女老少早上把它当早餐来喝,中午、晚上把它当零食来吃。印度传统家庭通常会给来客提供混着好立克的咖啡或茶。家庭主妇从父母身上学会饮用好立克,再把这个习惯传给丈夫和孩子,代代相传,销售量逐年上升。在印度,乳制品渗透到印度人日常饮食和宗教仪式等各方面。但印度长期牛奶供不应求,因此,由牛奶、小麦和少量麦芽制成的好立克首先满足了缺乏牛奶的顾客需求。好立克通过自己的定位、创新,在20世纪80年代政府推行的牛奶流通的"洪水行动"中,保持住了家庭必需品的地位。史克必成公司特别产品的品牌定位:提供健康利益。为此,在1988年好立克在产品中添加了钙元素;1994年添加了维生素和矿物质;1998年添加了铁元素和维生素C。好立克健康的形象也确立了它对雀巢的美乐和吉百利的波维特的竞争优势。印度的消费者常常会认为雀巢、吉百利的产品之注重口味而缺乏营养。甚至有的忠诚消费者能够辨认出他们饮用的好立克是哪个工厂生产的。好立克顺应了印度日趋现代化的生活潮流,不断改变着自己。同时好立克还为孩子们开发青少年好立克、为孕妇开发了好立克母亲、为抗击竞争者开发了好立克饼干。

娴熟的产品市场生命周期管理技巧,是产品永葆活力、适用能力和对消费者吸引力的源泉!

4. 衰退期的策略

衰退期是指产品不能适应市场需求,逐步被市场淘汰或更新换代的阶段。其主要特征是:产品需求量、销售量和利润迅速下降,几乎已无利可图;新产品进入市场,竞争突出表现为价格竞争,且价格压到极低的水平。即使这样,企业不能简单地放弃,也不应该一味维持原有的生产和销售规模,企业必须研究商品在市场的真实地位,认真分析市场形势，采取合适的策略，让产品以合理的方式退出市场。该阶段的主要策略有：

(1) 维持策略。继续沿用以往在目标市场、价格、销售渠道、促销等方面的策略，按照原来的细分市场，使用相同的分销渠道，保持合理的定价和促销方式，利用恰当的时机，使这种产品“全身而退”。

(2) 收缩策略。企业仍然留在原来的目标上继续经营，但是根据市场变动的情况和行业退出障碍水平在规模上做出适当的收缩。企业可以把资源集中在那些尚有利可图的细分市场和产品上，把促销水平大幅度降低，尽量减少开支，以尽可能地增加利润。

(3) 撤离策略。企业决定放弃经营某种商品以撤出该目标市场。对于市场上确已无利可图的产品，企业应该当机立断，停止生产经营该产品。

表 8－3 是产品市场生命周期各阶段特征及应该采取的相应对策的汇总表。

表 8－3　产品市场生命周期各阶段特征与策略汇总表

阶段		导入期	成长期	成熟期	衰退期
特征	销售额	低	快速增长	缓慢增长	衰退
	利润	易变动	顶峰	下降	低或无
	现金流量	负数	适度	高	低
	顾客	创新使用者	大多数人	大多数人	落后者
	竞争者	稀少	渐多	最多	渐少
策略	策略重心	扩张市场	渗透市场	保持市场占有率	提高生产率
	营销支出	高	高(但百分比下降)	下降	低
	营销重点	产品知晓	品牌偏好	品牌忠诚度	选择性
	营销目的	提高产品知名度及产品试用	追求最大市场占有率	追求最大利润及保持市场占有率	减少支出及增加利润回收
	分销方式	选择性的分销	密集式	更加密集式	排除不合适、效率差的渠道
	价格	成本加成法策略	渗透性价格策略	竞争性价格策略	削价策略
	产品	基本型为主	改进品，增加产品种类及服务保证	差异化，多样化的产品及品牌	剔除弱势产品项目
	广告	争取早期使用者，建立产品知名度	大量营销	建立品牌差异及利益	维持品牌忠诚度
	销售追踪	大量促销及产品试用	利用消费者需求增加	鼓励改变采用公司品牌	将支出降至最低

六、新产品开发策略

面对不断变化的消费者需求、消费者偏好以及技术的进步，市场竞争的激烈程度，企业必须不断开发新产品和新的服务。企业可有两种选择：一是整体并购企业、购买产品专利或购买产品许可证；二是通过企业研发部门的自主研发。这里阐述的是企业自主研发的新产品开发策略。

新产品开发具有很高的风险，新产品失败率居高不下。一项调查表明，新的包装消费品（包括几乎所有的产品线延伸）失败率高达80%。另一项研究发现，每年成功进入市场的新的消费类食品、酒类、化妆品和保健品中，只有大约40%在5年以后仍然存活。新工业产品的失败率在30%。尽管失败率这样高，企业仍然必须开发新产品，因此，需要很好统筹、规划新产品开发全部环节，以尽量使开发的新产品能够适应市场需要。新产品由于其开发、设计范围、内容不同而有不同类型，认清新产品类型，有助于企业更好开发新产品。

（一）新产品分类

市场营销意义上的新产品含义很广，不仅包含科学技术所带来的新技术应用生产的新产品，也包括只在产品功能、形态改变的新产品，与原来的产品产生差异，甚至只是产品从原有市场进入新的市场，都可视为新产品。因此，新产品类型可以有很多种。

(1) 全新新产品。这是指利用全新的技术和原理、全新的工艺生产出来的产品。这类产品研发周期长，耗资巨大。有的企业甚至没有能力去研发。

(2) 换代新产品。这是指在原有产品的基础上，部分采用新技术而开发和制造出来的，具有新用途、满足新需要的产品。如在收音机的基础上采用录音技术开发成收录两用机；在黑白电视机的基础上采用彩色显像技术开发的彩色电视机。换代新产品使原有产品发生了部分质的变化。这种新产品的研发相对于全新产品在研发的时间上要短，费用要少。第一、第二种新产品开发方式只占10%左右。

(3) 改进新产品。改进型新产品是指在原有老产品的基础上进行改进，使产品在结构、功能、品质、花色、款式及包装上具有新的特点和新的突破，改进后的新产品，其结构更加合理，功能更加齐全，品质更加优质，能更多地满足消费者不断变化的需要。它占新产品的26%左右。相比前两种新产品开发方式，是企业较为适合采用的方式。

(4) 模仿新产品。模仿型新产品是企业对国内外市场上已有的产品进行模仿生产，称为本企业的新产品。模仿型新产品约占新产品的20%左右。模仿的过程也是企业学习的过程，要学会在模仿中改进，这样可以大大提高新产品研发速度。

(5) 形成系列型新产品。这是指在原有的产品大类中开发出新的品种、花色、规格等，即在产品线和产品项目上做文章，开发更多新产品。该类型新产品占新产品的26%左右。

(6) 降低成本型新产品。这是指企业利用新科技，改进生产工艺或提高生产效率，削减原产品的成本，但保持原有功能不变的新产品。价值工程提供了这样的技术。这种新产品的比重为11%左右。

(7) 重新定位型新产品。是指企业的老产品进入新的市场而被称为该市场的新产品。这类新产品占全部新产品的7%左右。

小链接

在 Walkman 问世之前,人们只能在家里或在汽车中用立体声录音机欣赏音乐。而事实上,磁带式播放器并非是索尼的专利。世界上第一台磁带播放器出现在 1963 年,当时是荷兰的飞利浦公司为秘书和记者研发了这一产品。

随后,索尼照葫芦画瓢,在 1978 年推出了一台名为 TC-D5 的机器,尽管易于操作,音质也不错,但它太沉了,而且竟然要卖到 1 000 美元左右。

索尼公司的创始人之一井深大无法忍受这个缺陷。"我又要出差了,但是我不打算再使用笨重的 TC-D5,可不可以在 Pressman 上放入立体声电路?"1978 的某一天,Sony 公司的名誉会长井深大对副社长贺说的一句话被大贺传达给了录放机事业部长大曾根幸三,而大贺万万没有料到正是这句无意间说出的话在几十年后的今天竟然改变了全世界人对待音乐的看法。

第一款索尼磁带随身听在 1979 年 7 月 1 日问世。当时索尼给它取了一个并不响亮的名字,叫做 TPS-L2。和我们现在所想象的不一样,这个银白相间的小家伙并不是一上市就大受欢迎,而是正好相反,一开始大多数人对这个没有录音功能的磁带机并不看好,人们觉得这样一个不具备录音功能的磁带机相对于市场上的其他功能强劲的磁带机并不具有竞争力。

但几个月后,人们渐渐地发现了 TPS-L2 的优点:这个仅重 390 g,与小词典一样大的磁带机能让人们在散步和做有氧运动的时候很方便地携带。相比那些笨拙的老式录音机,TPS-L2 更能满足希望随时随地享受音乐的人。这正应验了 TPS-L2 上市前当时的会长盛田昭夫说的一句话:"这个产品,可以满足一整天都喜欢听音乐的年轻人。而且可将音乐带出门。不需有录音功能,只要做成附耳机的播放专用机种就足以畅销了!"后来,正如当时世界流行的 Superman 一样,Walkman 也由岛国日本开始流传到全世界,并且在今天 Walkman 的理念也还在影响着街上每一个戴着耳塞的年轻人。

1986 年,"Walkman"出现在了牛津英语辞典中,演变成了一个正式的英文单词。从那以后,人们与音乐的关系发生了质的变化。

(二) 新产品开发主要阶段

新产品开发分为八大阶段,如图 8-7 所示。

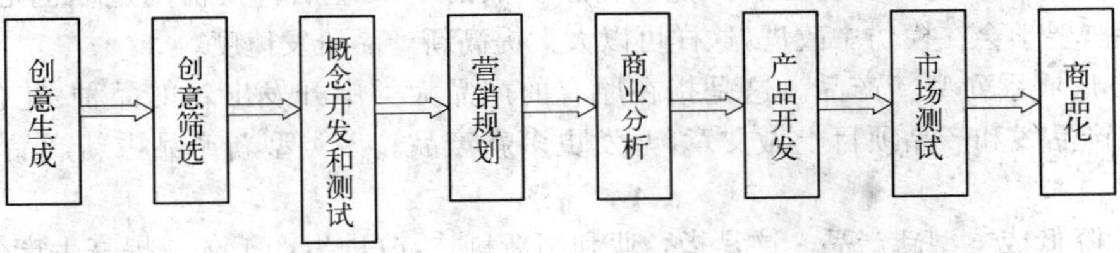

图 8-7 新产品开发阶段

1. 创意生成

新产品开发从创意开始。只有更多的创意,企业才能从中筛选好的创意。创意来自企业内部和外部,如消费者、竞争对手、分销商和供应商等。

内部创意来自企业鼓励政策，让许多人参与创意的构思，也可以有专门的部门。如NEC、日立、富士通等日本公司就成功推行了“内部企业家”项目，鼓励员工积极思考开发新产品创意。外部创意则来源于对消费者的观察、听取他们的建议，分析顾客抱怨等，能够开发出解决顾客问题的新产品。如韩国MP3播放器的领先制造商帝技特邦公司每天都能收到上百封顾客邮件，内容包括表扬、投诉和建议。公司可以采用焦点小组访谈来了解顾客的需求，及时开发出新产品。也有公司让顾客自己设计新产品，但不能够完全依赖消费者。企业需要通过政策、奖励机制等方式鼓励各方面人员提供创意，管理层更要支持提出创意想法的人。

小链接

Bush Boake Allen公司(BBA)，一个全球性的特制香料的供应商，向雀巢等公司供货，提供了一个工具箱让它的顾客开发自己的香料，然后由BBA把它制造出来。

通用电气塑料集团让消费者进入公司数据库，了解工程专家意见，使用模拟软件和其他用于设计更好的塑料产品的基于网络的工具。

LSI Logic公司和VLSI Technology公司等为消费者提供DIY工具，让他们自己设计专门芯片和定制的集成电路。

让顾客来创意已经成为一种热门的创造价值的新方式。

2. 创意筛选

创意阶段有不同的创意来源方式，其目的就是希望能够得到大量创意。创意筛选就是帮助发现更好的创意而尽快放弃不好的创意。由于产品研发费用较高，公司管理者只对好的创意感兴趣，并希望快速推进最终能够转化为获利产品的创意。不同公司筛选创意标准不同。如日本花王公司的新产品开发委员会对创意筛选的标准是：新产品能否对顾客和社会真的有用？新产品是否适合花王这样的公司？新产品是否与公司目标一致？公司是否拥有成功开发新产品所需的技术、人员、资源？新产品能否比竞争对手的产品为顾客创造更多的价值？

3. 概念开发和测试

筛选出好的创意需要经过提炼转化为产品概念。创意是一种设想，产品概念是用有意义的消费者术语表达的详细构思。

一个产品创意能够转化为若干个产品概念。每一个产品概念都要进行定位及测试，可采用调查问卷方式选取拟确定的目标市场具有代表性的消费者进行概念测试，一方面以了解同类产品的竞争状况，另一方面便于企业优选最佳的产品概念。

小链接

宝洁：先有概念后有产品

1993年底，宝洁在中国的汰渍品牌小组成立，小组从消费者需求与习惯研究中得到的数据显示，消费者关心的洗衣粉前三个基本功能是日常清洁，去油，衣领、袖口清洁，再通过概念开发座谈会和消费者深度访问后，宝洁确定了两个待选概念：一个是油渍去无痕,另一个是领干净,袖无渍。

在随后的概念测试阶段,由产品研究部开发配方,进行匿名产品测试,通过将品牌总体评价、功能评价、购买意向的测试分数与白猫和活力28比较,得出两个概念皆有上市成功可能的结论。最终品牌小组选择了"去油污"概念。

然而,汰渍在"去油污"概念下销售了一段时间后,发现品牌生成并不理想,概念未能明显胜过竞争对手、真正打动消费者。于是汰渍品牌小组决定,全国推广暂缓,重新选择概念。汰渍再次进行了大量调研发现,领子、袖口是消费者对他人形成印象的一个信号(signal),而当时并没有别的厂家想到这个概念。因此这次他们选择了"领干净,袖无渍"。这一概念获得了很大成功,宝洁随后推出了柠檬汰渍,来推动销量。

在宝洁,永远是先有概念后有产品。宝洁推出的其实不是一个产品,而是一个概念,一个说法。

宝洁先把汰渍要卖什么、要解决什么问题这些概念决定下来,再交给产品研发部门。产品只是概念的载体,如果调研发现消费者确实需要这个产品,宝洁就去开发该产品。这就是为什么在某些国家,汰渍定位得比碧浪低档,而在另一些国家,汰渍定位得比碧浪高档。在不同国家,汰渍的定位甚至产品本身都可能不一样,一样的只是"汰渍"这个牌子。

宝洁量化的工作流程:① 前期概念的筛选过程:访谈、开座谈会、拿出概念原型、量化的调研测试、设计多个不同概念让消费者进行评价、预测消费者的购买情况;② 确认产品和概念匹配;③ 标准化广告测试,确认将概念变为真正要宣传的东西。

4. 营销规划

营销规划包括三部分:第一部分是描述目标市场规模、结构、消费者购买行为、产品定位、预期销售额、预期市场份额和前几年的利润目标。第二部分是列出产品计划价格、分销策略和第一年的营销预算;第三部分是描述营销计划的长期目标、利润目标和营销组合策略。

5. 商业分析

商业分析涉及新产品开发的费用预算以及是否符合企业的发展目标。企业可通过调查相似产品的历史销售数据或市场对新产品的看法,估算出新产品的预期销售量。然后,企业可以估算出最大和最小销售量,并对风险程度进行评估。利用估算的销售量再推算预期成本和利润,包括营销、研发、营运、会计和财务等预计成本,利用成本估算和销售量估算来判断新产品的财务能力。

6. 产品开发

前面部分实际上都是概念化的新产品,只有当商业分析后,新产品才进入实质性开发阶段,即研发部门和技术部门需要将新产品概念转化为实体产品。这一阶段需要企业投入大量资金。开发中,研发人员希望能设计一个能使消费者满足或兴奋,并且能在预算成本下快速生产的原型。这一阶段时间有时很短(几天、几周),有时会很长,甚至几年。

7. 市场测试

市场测试实际是新产品市场试销阶段。市场测试阶段为产品在大举进入市场之前,为营销人员提供宝贵的市场经验。市场测试包括:测试产品和企业的整个营销计划,包括定位、广告、分销、定价、品牌、包装以及预算水平。市场测试并非在全部市场开展，因此，需要确定市场测试区域、测试时间、测试费用及各种所需取得的市场资料。

8. 商品化

经过市场测试，产品就可以正式大批量生产并推向市场。但由于新产品投入期需要大量广告宣传，企业需要支付大量费用，所以选取进入市场的时机和进入的市场区域非常重要。高露洁公司在全球推广时采取的是“领先地区”市场进入策略，先在澳大利亚、菲律宾、中国香港、墨西哥推广棕榄洗发水和护发水，然后在席卷欧洲、亚洲、非洲和拉丁美洲市场。当它推出 Actibrush 电动牙刷时，一年后引入 50 个国家，公司快速的市场扩张策略，还没有等竞争对手反应过来就奠定了品牌的市场地位。

七、服务营销策略

（一）服务产品及特点

1. 服务产品

美国市场营销协会（AMA）对服务的定义在不断修订，到 1900 年对服务的定义描述为：“服务一般是以无形方式，在顾客与服务资源、有形资源商品或服务系统之间发生的，可以解决顾客问题的一种或一系列行为。”实际上，服务既涵盖在实体产品中，同时也会单独存在；单纯的服务只提供服务产品的使用权，而不能涉及产品所有权转移，消费者可以享受服务，但不能带走服务；无形的服务是需要通过消费者体验获得的；在某些时候服务创造了更大的价值。

2. 服务产品特点及带来的营销问题

服务产品的属性非常复杂，而且在企业实际经营活动中实物产品与服务产品越来越难以区分，因此需要确定描述服务产品特点的角度。一是从顾客需要和产品销售即企业市场营销的角度，这些特点必须对企业制定市场营销策略具有影响；二是从广义的角度把实物和服务理解为不同层次的产品，这样纯粹的服务产品和实物产品附带的服务部分被等同于同一属性的产品，这时，实物产品和服务产品的确有着明显的不同，即抛开实物产品不论，绝大多数服务产品都具有一些共同的特征。

（1）服务产品在消费之前无法直接预知——无形性。由于服务本身的无形性，提供者和接受者都难以用任何方式准确地计量。消费者在购买服务产品之前，不可能亲身直接感受该产品的作用，而只能通过其他以及购买过该服务产品的消费者的意见和态度间接了解，否则，就只能在消费过程中与服务供给者接触进行评价。有些学者把这一特点描述为“不可感知性”，然而，比较准确的概念应该是“无法直接预知”，其中的“直接”和“预知”是关键词。因为，极少有服务产品是真正具有完全不可感知性的，感知可以是直接的，也可以是间接的，在购买一个服务产品之前，完全可以通过间接方式感知其作用和结果，从而趋利避害。

服务的无形性带来了原来实体产品不曾遇到的问题。由于服务不能被存储，也就不能作为需求高涨时的缓冲，经常导致顾客被迫等待希望得到的服务，而服务的提供者受能力限制，只能生产多少卖多少。由于服务的无形性，导致其无法申请专利。名字可以作为品牌申请商标保护，但脑力、体力是不受保护的。其结果就是现存的服务经常被模仿，导致企业很难长期保持差异化优势。另外服务定价困难，这是因为服务没有销售成本，只有人力成本。

(2) 服务产品和消费过程合二为一，在时间上无法分离——不可分性。由于服务本身无形，它是由一系列活动及过程组成的。服务活动开始，就是服务产品生产过程的开始，也是消费者享受服务即消费服务产品过程的开始；服务活动结束，就是服务产品生产过程的结束，同时也是消费者享受服务即消费服务产品过程的结束。两者合二为一的特征使得服务提供者和服务消费者必须同时参加到服务过程中，这样提供者才能生产出服务产品，消费者才能消费到服务产品。

服务的不可分离性要求服务提供者必须亲临现场交付产品，服务提供者在一定程度上成为顾客评价服务体验的有形线索，即服务提供者的语言、衣着、卫生、沟通技巧都成为评价的基础。此时，员工满意与顾客满意直接相关。与顾客接触的不满意员工直接损害到企业的形象。所以待遇不好的企业永远不可能让顾客享受到一流的服务。不可分离性使得顾客有必要参与服务过程，顾客的参与度与下列因素有关：① 为获得服务，顾客必须在场；② 需要顾客在服务开始或结束时在场；③ 仅要求顾客精神参与。不同的场景意味着不同的顾客参与度。因此，每个服务交付系统需要分别设计。随着顾客参与的增加，经营的效率和服务的质量会下降。即服务生产中的顾客参与增大了生产计划的不确定性，顾客对服务的种类、服务交付的时间长短和需求周期存在着直接的关系。一位麦当劳的工作人员说："如果人们不在同一个时间出现的话，他们得到的服务会更好一些。"由于服务生产和消费同时进行，许多顾客会共享一种服务体验。这种分享可能是消极的，也可能是积极的。大多时间其他顾客的共享带来的都是消极的，如何在同一个服务现场满足不同细分市场中顾客的不同需求，这是服务营销的又一挑战。不可分离性还带来另一个问题是如何将无形产品卖给分散在不同地区的目标顾客。

(3) 服务产品即产即销，不能储存或者转移——易逝性。由于服务产品的不可直接预知而且其生产过程和消费过程紧密结合在一起，因此不可能在生产过程结束之后把所生产的服务产品储存起来，更不可能转移到异地消费。如果消费者需要在不同的时间享受服务产品，就只能重新参与到另一个服务产品的生产过程中；如果消费者需要在不同的地点享受同样的服务产品，就只能在消费地寻找相同服务产品的提供者，或者将原来提供者带到异地并由其继续提供相同的服务产品。这一特点使得以下问题在服务产品生产中变得非常重要。

由于服务产品的不可储存以及顾客服务需求的不可预计性，服务需求和供给的平衡全凭偶然。有的时候顾客需求会远远超过供给，造成顾客更长时间的等待而导致顾客不满。而每个企业能够提供的服务也是有限度的，但恰恰是服务提供者看到如此大的需求会不顾自己的能力而接受额外的业务量，结果往往是不能按期按质交付服务产品，使顾客对服务不满意。而当需求不足时，又会使服务提供者资源过剩(服务员多而顾客少)，增加了企业的营运成本。

(4) 服务产品的成分和质量水平缺乏统一的衡量标准——易变性。从总体上看，与大工业自动化生产不同，服务行业相对劳动密集，是以人为中心，由人来操作，归根到底是为人自身提供服务的。人的心理与个性千差万别，人的需求与偏好各种各样，这不仅是服务的质量很难依照统一的质量检验标准，同时也会带来两个问题。

第一，即使经过严格、统一、长期的培训，服务提供者受自身因素的影响，所提供的服务也不可能像工业化生产那样整齐划一，统一人员在不同时间、不同地点、不同环境，甚至不同心情下，提供服务的质量难免有些波动；同一企业的不同分支机构所提供的服务产品可能也会出现明显的差异，这种差异将会直接影响企业理念的传播和形象的树立，阻碍企业服务产品在较大范围内的推广。在重复性的服务产品提供过程中，始终保持一致的质量和统一步调是这类企业的难题之一。

第二，服务消费者由于自身素质的差异，在与服务提供者共同参与的服务产品生产和消费过程时，前者即使提供了完全符合企业规定标准的服务，但后者对服务产品的质量水平和服务效果的评价会产生很大的差异，无论提供者所提供的服务水准如何，总会有人认同，有人反对，有人评价高，有人评价低，即使像麦当劳这样的世界级企业，也不能例外。

针对上述由于服务特性引发的营销问题，给出一些可参考的解决方案，见表8-4所示。

表8-4 服务特性引发的问题及解决方案

特性	问题	解决方案
无形性	无法进行存储 没有专利保护 展示和沟通困难 服务定价	使用有形线索 使用人员信息资源 建立一个强大组织形象
不可分离性	服务提供者和服务的关系 生产过程中顾客的参与 生产过程中其他顾客的参与 大规模服务生的问题	公共接触人员的甄选和培训 顾客管理 利用多地点生产
易逝性	需求与供给的不平衡	需求战略：创新定价 需求战略：预定系统 需求战略：补充性服务的开发 需求战略：非高峰需求开发 供给战略：利用兼职员工 供给战略：能力共享 供给战略：扩张的前期准备 供给战略：利用第三方 供给战略：增加顾客参与
易变性	服务质量难以控制及标准化	顾客定制 标准化

（二）服务营销战略

对各种服务解决方案进行整合，企业必须实施服务营销战略。服务营销战略，就是要对构成服务产品从生产到消费的各要素实施分析、计划、组织和控制，使整个过程从树立服务理念开始，直到建立起较为稳固的消费者忠诚度为止，构成不间断的完整链条，并由这一链条传导企业经营理念，传播企业良好形象，输送企业的服务产品并提高其知名度和美誉度。

1. 服务理念

这里讲的服务理念是指企业整体的服务理念，并非指企业管理者或员工某一人或某几人的理念。正确的服务理念应当是企业不同层面的绝大多数员工普遍认同的价值观，对企业制定和实施服务市场营销战略具有至关重要的作用。整体理念会形成企业文化和管理的大气候，形成某种工作氛围，而良好的工作氛围本身就具有约束力，影响全体员工的日常行为。当这种约束力成为员工愿意接受并日渐成为习惯时，约束力就转化成企业的凝聚力。例如，麦当劳的企业服务理念及产生的巨大经济效益举世瞩目，以至于有人说，不论这个人是谁，只要进入麦当劳七天，就是麦当劳的员工。良好的服务理念是在长期经营活动中逐步形成的，是在服务过程中逐步摸索、总结和培养起来的。

2. 顾客需求

消费者的需求是企业服务产品营销的导向，市场营销理论和实践的发展常常源于对消费者需求的深刻认识和理解。消费者对服务产品的需求与对实物产品的需求不同，其中心理和情感体验的因素更多。消费者购买一些实物产品后，如果对其中的某一个感到不满意，通常不至于全部退货或者从此不再购买，而消费者购买服务产品时则不同，服务是一次性的，如果感到不满意，可能从此不再购买。也就是说，劣质服务可能带来极高的经营成本。

3. 服务设计

服务产品的性质不同，服务提供的形式不同，消费者对服务的要求不同，完成服务的硬件设施和软件系统的组织形式就不尽相同。企业应根据具体的实际情况对整个服务系统的组织结构进行认真的设计或修正，使构成服务系统的各个环节紧密相连，在能够满足消费者需要的条件下，形成没有冗余的最小完备集合。

4. 人员管理

服务产品是以人为核心的。消费者是人，服务者也是人，以人对人，就不可能仅仅是服务与被服务、提供与接受的简单关系，情绪、情感等因素必然掺杂其中。在服务中，尤其是在处理由于服务中出现的问题导致顾客投诉时更加如此。因此，企业对服务人员的要求就会非常严格，从而也使服务人员的人事流动性比较大，并有可能影响到服务质量。

5. 质量控制

任何一家从事服务产品生产的企业都希望自己有能力向消费者提供满足其需要的优质服务，而事实上并不是每一个企业都能做得好。服务产品的提供是一个由一系列要素组成的过程，为了保证质量，企业必须建立一整套严格的产品控制标准，并在运作过程中严格执行。服务质量控制标准的主要内容包括服务内容标准、服务行为标准、服务作业程序标准、服务结果跟踪反馈标准、服务质量评估标准、消费者投诉处理标准等。所有这些都是围绕一个中心，即管理和提升服务质量。在实际操作过程中，可以通过两个步骤进行：一是分析质量存在的差距，二是实施服务质量控制。

6. 建立忠诚度

消费者是否满意是服务产品成本的关键。任何企业都不能不在意消费者对其提供的服务产品是否满意，因为长期对服务感到满意的顾客会逐渐培养起一定的品牌忠诚度，而一大批有着较高品牌忠诚度的消费者群是企业取之不尽的宝贵资源。它不仅会使企业的市场相对稳定，更会在这种稳定中为企业带来许多发展的机会。顾客忠诚度实际上是一种顾客行为的持续性，顾客忠诚度是指顾客忠诚于企业的程度。顾客忠诚度表现为两种形式，一是顾客忠诚于企业的意愿；另一种是顾客忠诚于企业的行为。一般的企业往往容易对此两种形式混淆起来，其实两者具有本质的区别，前者对于企业来说本身并不产生直接的价值，而后者则对企业来说非常具有价值。

启示故事8-5：海底捞餐厅的服务

海底捞餐厅很火，但去过的人都知道其实餐厅的东西很一般，不一般的是围绕火锅展开的服务形式，其增值服务确实很特别。餐厅的待客区很舒服，能上网、能下棋、能打牌，免费的饮料品质也很好；餐厅筷子是加长的，主要为了方便顾客的使用；餐厅的围裙、眼镜布、免费擦鞋、免费美甲都让顾客在不经意间感受到餐厅的用心，餐厅甚至将拉面和擦桌子这种简单的动作也设计成舞蹈和杂技表演。

海底捞的成功首先始于其对人力资源的创新运用，海底捞赋予一线服务员充分权利，服务员可以根据现场情况为顾客提供服务，可以打折、可以赠送、甚至可以免单，这是其他餐饮企业做不到的，这种创新式模式不但没有因为服务员对权力的滥用而降低企业的营业额，反而因此激发了一线员工的积极性、主动性和创造性，使企业得到了超快速的发展和成功。

海底捞的成功还来源于服务模式、服务形式创新的多样化，企业放弃了部分营业收入而开辟出独立的顾客候餐区域，使原本单调的清理台面操作变成一种令人愉悦的表演，把拉面操作改变成为一种眼花缭乱的花式行为艺术，所有的这些都感染着每一位顾客，让人印象深刻、流连忘返，并乐此不疲地口授传播。

本章小结

整体产品是指企业向市场提供的能满足消费者或用户某种需求和利益的物质产品和非物质形态的服务，包括产品实体、服务、信誉等有形和无形的形式。具体由核心产品、有形产品、期望产品、附加产品和潜在产品五个层次组成。产品可根据不同的分类标准分成不同的种类。

产品组合是指企业生产或经营的全部产品线、产品项目的组合方式。不同的产品组合具有不同的广度、深度和一致性。企业以产品组合为基础，可以有包括全线策略在内的六种不同产品组合策略。为分散风险和广泛利用经营资源，企业在调整产品组合时，可以针对具体情况选用：扩大产品组合策略、缩减产品组合策略、产品延伸策略。

产品的市场生命周期是产品从投入市场到最终退出市场的全过程，一般经历导入期、成长期、成熟期和衰退期四个阶段。每个阶段的特点不同，对应的市场营销策略也不同。

品牌是制造商或经销商家在商品上的标志，它由名称、名词、符号、象征、设计或它们的组合构成，主要包含属性、利益、价值、文化、个性和消费者等六个层次。学生应注意理解多品牌策略、品牌扩展策略、品牌再定位策略等相关内容。

新产品开发是指从研究选择适应市场需要的产品开始到产品设计、工艺制造设计，直到投入正常生产的一系列决策过程。不同分类标准有不同的新产品分类结果。一般来说，新产品开发的方式有独创方式、引进方式、结合方式和改进方式四种。新产品开发需要遵循一定程序。新产品开发的主要策略包括：领先策略、超越自我策略、紧跟策略、补缺策略等。

进入市场的许多产品必须包装。所谓包装化是指设计并生产容器或包扎物一系列活动。包装策略主要包括：类似包装策略、配套包装策略、再使用包装、附赠包装策略、改变包装策略、分组包装策略等。

服务产品市场营销组合的要素包括：产品、价格、渠道、促销、人、有形展示和过程。整合服务营销战略，注意从服务理念、顾客需求、服务设计、人员管理、质量控制、建立忠诚度等几个方面理解。

【问题与探讨】

1. 请举例说明整体产品概念的含义。
2. 请根据不同标准对产品进行分类。
3. 什么是产品组合？请举例说明产品线、产品项目之间的关系。
4. 产品组合广度、深度和一致性在市场营销中有何意义？
5. 请对比分析六种不同的产品组合策略。
6. 企业在调整产品组合时可选用的产品组合策略有哪些？
7. 什么是产品的市场生命周期？产品市场生命周期的不同阶段应该采取何种策略？
8. 请分析品牌的层次与具体的品牌策略。
9. 请举例说明服务产品的特点以及应该如何进行服务产品市场营销。

【案例分析】

携程网卖的是什么？

携程网（简称携程）是一家吸纳海外风险投资组建的旅行服务公司，创立于1999年初，主要的投资者有美国 Carlyle Group（凯雷集团）、日本 Softbank（软银）、美国 IDG（国际数据集团）、上海实业、美国 Orchid（兰花基金）及香港 Morningside（晨兴集团）等，是国内最大的旅游电子商务网站、最大的商务及度假旅行服务公司，提供酒店、机票、度假产品的预订服务以及国内、国际旅游实用信息的查询。

携程网于1999年10月接受IDG的第一轮投资；次年3月接受以软银集团为首的第二轮投资，2000年11月收购国内最早、最大的传统订房中心——现代运通，成为中国最大的宾馆分销商，并在同月接受以凯雷集团为首的第三轮投资，三次共计吸纳海外风险投资近1 800万美金；2001年10月携程实现盈利；2002年4月收购了北京最大的散客票务公司——北京海岸航空服务公司，并建立了全国统一的机票预订服务中心，在十大商旅城市提供送票上门服务。

携程网的交易额、毛利、会员数以及宾馆业务连年呈直线快速上升。公司在30个月内实现了盈利，2002年10月的交易额突破1亿元人民币，其中酒店预订量达到了18万间/夜。2002年全年的交易额超过10亿元人民币，其中网上交易额达到40%。到2002年12月止，携程网拥有注册会员超过500万人，其中使用过携程网服务及产品的常用客户约50万人。

携程网的发展证明了高科技和传统产业的结合是大有所为的：不仅在存活率不到1%的网络公司中成为盈利规模最大、稳定性最好的互联网创业公司，并且在短短的3年时间内逼近了传统公司几十年的发展规模，使宾馆分销成为重要的旅游服务领域。携程网以高科技的运作手段、精细化的管理模式和先进的服务理念为旅游服务企业的超常规发展拓展了新路子。

互联网时代，每个公司都以同样的屏界面方式展现在消费者面前。这一点非常容易引起人们的错觉，前台看来好像每个公司都差不多，实际上这里相互间的差距可是山高水远，网站之间真正比拼的是其后台。尽管任意一个人都可以建立一个网站，号称可以提供相关服务，但最后决定胜负的还是企业的整体实力。

携程网创业从最简单的内容——酒店订房开始，这是携程网的"初级版本"。相对订票，订房是更为简单直接的切入点。只要顾客在网上拿到订房号，自己带着行李入住即可。所以第一年携程网集中全力打通酒店订房环节。这种"帮人订房"的"简单工作"，或许是很多海归所不屑的。但是"不要忘了，你是在中国，要服务的是中国大众。"

携程网从"预留房"服务，到现在有近千家酒店为携程网协议保留一定数量的预留房。在洽谈这一条款时，携程并没有期望能马上得到回报，但其意义却非同一般。它保证了携程网的酒店订房业务在旅游旺季依然能够游刃有余，更是为携程网的长期竞争力或者说携程股票的长期不俗表现加分。

2004年10月19日，携程旅行网和携程翠明国旅在上海召开新闻发布会，正式对外宣布推出全新360°度假超市，超市"产品"涵盖海内外各大旅游风景点，旅游者可以根据自己的出游喜好自由选择搭配酒店、航班等组合套餐。面对国内发展迅猛的旅游市场，度假超市的推出对整个国内旅游业的发展起到了积极深远的影响。

随着国内旅游者出游频率的逐年增加，旅游者的旅游经验日趋丰富，旅游者的旅游需求也在不断提高，传统旅行社组团在个性化、自由度方面已无法满足现代游客的出游需求。在此背景下，以"机票+酒店"套餐为主的自助游产品应运而生，即旅游网站等给游客提供机票和酒店等旅游产品，由旅游者自行安排自己的行程，自由行的出游模式已逐渐成为人们出行的一个热门选择。

目前携程网已把酒店、机票预订拓展到境外，可预订的海外酒店超过500家。由于携程网保持了电子商务公司的性质，在未来发展中，其酒店预订、机票预订以及旅游项目三块主业，无一不促使其和相应传统渠道存在特殊的关系：既竞争抢食，又合作发展。

在美国纳斯达克成功上市后，携程网目前已经发展成为国内最大的旅游电子商务网站和最大的商务及休闲度假旅行服务公司之一。在酒店预订和机票预订获得双丰收后，

2004年2月，携程网与上海翠明国旅合作并将其正式更名为携程翠明国际旅行社，全力进军度假市场领域。携程网永远都记得自己在卖什么。携程网本身是一个旅游服务企业，互联网只是载体！

问题讨论：

1. 携程网卖的主要产品是什么？为何能够成功？

2. 携程网是如何发现客户需要、开发有针对性产品的？

【实践训练】

某牙膏品牌的塑造

目的：通过对背景资料分析，运用本章所学产品策略知识，对如何建立企业品牌以及企业品牌的塑造有深刻理解。

组织：以小组为单位充分研究背景资料，小组人数4～5人为宜，小组成员要合理分工。

背景资料：某牙膏企业在市场上有多个品牌，但由于品牌形象老化、市场支持资源分散，造成各品牌各自为政、销售区域分散。具体情况如表8-5所示。

	销售贡献	价 位	销 售 区 域	渠 道
品牌A	50%	低价位	X区域，两个省	批发渠道
品牌B	30%	低价位	X区域，一个省	批发+零售
品牌C	10%	中价位	当前销量以X区域为主，历史上曾经在全国市场销售	零售渠道
品牌D	7%	低价位	X区域，一个省	批发渠道
品牌E	3%	低价位	X区域，一个省	批发渠道

该系列牙膏在全国市场份额排名在10名之外，不管是从行业地位的需要考虑、还是从规模生产角度考虑都急需突破，企业期望在一定的时间内进入行业的前5名。当前国内牙膏市场以外资品牌为主导，形成第一梯队，包括高露洁、佳洁士；以国内品牌两面针、黑妹、冷酸灵等为第二梯队。

企业困惑和需求包括：

(1) 是否应该保留所有品牌？

(2) 如何分配市场资源？

(3) 需要一个全国性品牌，用新品牌还是当前品牌？如果用当前品牌则选用哪个？

(4) 全国性品牌的品牌策略如何实施？

实训内容：

(1) 分析研究背景资料，讨论如何解决企业问题，主要从竞争环境、企业内部和品牌定位等方面考虑。

(2) 在小组成员认真讨论分析的基础上，完成小组报告。

(3) 报告的主题：某企业产品如何进行品牌塑造。

(4) 报告使用 A4 纸打印。

(5) 要求教师进行必要的课堂讨论。

第9章 价格策略

通过本章学习，你应该理解：

1. 影响定价的基本因素和定价的基本程序；

2. 价格是决定企业竞争能力的重要因素，要运用好价格策略来提升企业的竞争力；

3. 企业要随着环境的变化，对产品价格作相应的调整。

【引导案例】

火腿肠行业的价格战

当“春都”生产出第一根火腿肠时，怎么也没想到这会造出一个大市场：全国各地100多家肉类企业紧跟“春都”之后，纷纷打出生产火腿肠的大旗。经过乱军混战和群雄相争，20世纪90年代中期，河南的“春都”、“郑荣”和“双汇”各占一方，呈现出“三足鼎立”之势。尔后，不知何故，“郑荣”却落后了。有数据表明，“春都”现有总资产27亿多元，“双汇”有22亿多元，而“郑荣”只有5亿元。显然，三强已变成两强了。

从1992年2月，“春都”生产出第一根火腿肠，“双汇”和“春都”就成了商界的敌手。然而，市场再大，只要有空隙，就会有人挤进来。正当“春都”与“双汇”埋头苦斗时，半路上杀出个“程咬金”，这就是地处山东沂蒙山区的一家乡镇企业——金锣集团。

或明或暗，河南三家火腿肠企业的竞争一刻也没有停过。1997年初，“春都”推出外包装图案为老虎的“春都王”，随后“双汇”推出图案为狮子的“王中王”，“郑荣 ”也紧随而上，其外表为卡通猪造型的“郑大厨”，为消费者端来“里脊王”。“ 春都王”、“王中王”、“里脊王”，到底王者谁属，一时难见分晓。然而，“狮子”和“老虎”都没想到，当它们彼此争“王”时，一位“射击者”正端起猎枪窥视着他们。这位“猪神”便是“金锣”火腿肠的外包装图案。

1995年才竖起大旗的“金锣”虽姗姗来迟，但阵势却咄咄逼人。这位山东来的“小弟”一亮相，便以低价向“老大哥”发起挑战，结果“金锣”硬是从“春都”和“双汇”的“蛋糕”上切下去了一块。面对“金锣”的切蛋糕手段，“双汇”率先作出反应。1997年下半年开始，“双汇”点起一把“降价火”，每吨火腿肠降价1 000多元。“春都”、“郑荣”也不得不跟着降价。为应付这场价格战，“春都”和“双汇”付出了5 000万元的代价，“郑荣”则少收入1 680万元。1997年下半年的价格大战之后，又向更高层次的竞争发展。

在价格战中，“春都”等企业没有一味地盯着火腿肠，而是力图另找新路。首先是开发新产品，从质量技术上竞争。“春都”把目标瞄准技术含量高的低温肉制品。春都低温冷制品厂的肝肠生产线、真空搅拌机、火腿灌装机、热狗生产线等全部是由德国、荷兰等国知名公司的设备组合起来的，这些生产线可生产肝肠、火腿、热狗、香肠、色拉米肠等多种肉制品。“双汇”则认为，火腿肠市场已经到了成熟期，肉类加工品下一代的关键是品种的改善和结构的调整。于是，“双汇”家族中出现了热狗肠、鱼肉肠、快餐和保鲜食品等十几个新面孔。

1997年的竞争，使“春都”和“双汇”的战火燃向外地，双方竞争已走向全方位及规模化。“双汇”南下北上，先后兼并了开封肉联厂、武汉肉联厂、大连食品厂、四川绵阳肉联厂、内蒙古集宁肉联一厂及二厂共7家企业。这样可以解决原料肉供应不足问题和冷库容量不足问题，还可降低成本，减少费用，缩短投资回收期。“双汇”对吃进的这些企业的战略是：换班子、给牌子、注管理、让市场。从1995年开始，“春都”全资收购了河南省内黄县冬夏饮料厂、河南西峡罐头厂、辽宁铁岭市食品公司肉联厂等，以建立稳定的原料供应地，并控制中原地区的资源和消费市场。

恶性的价格战不仅会损伤到企业甚至是整个行业的利益，同时对消费者来说也未必是好事。企业只有树立正确的现代经营理念，在创造经济价值的同时更要创造行业价值和社会价值，以促进行业发展来达到企业发展，实现共赢，而不是大家争个你死我活、鱼死网破。

思考： 1. “春都”和“双汇”的价格战给我们带来了哪些启示？
2. “春都”和“双汇”是如何将价格策略与其他营销组合策略有机配合起来迎接竞争挑战的？

一、价格制定

（一）影响定价的因素

产品的价格是整个营销组合的基本组成部分，是构成产品（服务）竞争力的重要因素。在营销组合中，只有价格能产生收入，其他因素都表现为成本，同时价格也是其中最灵活的因素，它的变化是非常迅速的。因此，价格策略是企业营销组合的重要因素之一，它直接决定着企业市场份额的大小和收益率的高低。随着营销环境的日益复杂，制定价格策略的难度也越来越大，如何充分发挥价格的杠杆作用取得竞争优势是每个企业不容忽视的问题。

经济学研究的价格主要是理论价格，是建立在把各种具体的市场现象进行抽象分析的基础上的；而市场营销学中的价格则是在理论价格的基础上，从企业角度出发，结合动态中的市场情况，着重研究产品进入市场、占领市场、开拓市场的一种具体的应变价格。企业在定价时，既要考虑成本的补偿，又要考虑消费者对价格的承受能力。

1. 企业定价目标

企业的定价目标是影响定价的首要因素，目标的不同决定了定价的不同。定价目标对定价的影响具体表现在以下几方面：

(1) 生存目标。当企业面临的是竞争异常激烈的买方市场时，会把维持生存作为首要目标。这时为了不至于停工或避免产品大量积压，企业会制定较低的价格或利用折扣手段刺激产品销售，以此获得现金以维持生产。

(2) 短期利润最大化目标。若企业把实现短期利润最大化作为定价目标，会选择较高的价格以获取最大现金回流或投资回报，这在竞争力较弱的企业中使用比较普遍。

(3) 合理的长期利润目标。若企业不是追求短期效益，而是以获得最佳的合理的长期利润为目标，定价行为就会有别于前者。例如，企业进入新市场或试销新产品，就会采取低价策略以迅速打开销路占领市场；同时从企业全局和长远利益去衡量利润的合理化，制定较低的价格以吸引消费者。

(4) 市场占有率目标。即企业希望通过控制市场来实现较高的市场份额。在此情况下，企业常会通过尽可能低的价格来实现市场占有率最大化，也就是所谓的薄利多销。当然，通过价格优势来占领市场需要具备一定的条件，如产品的需求价格弹性较大、产品单位成本呈下降趋势等。但是，以市场占有率为定价目标必须使企业保持适当的利润水平，否则会让自己陷入进退两难的尴尬境地。

(5) 争取高端客户目标。即企业制定一个比较高的价格以吸引愿意支付较多货币购买商品的消费者。也就是企业的销售对象集中在市场的高端消费者，这对于有创意的、有身份象征的或有新技术的产品比较有效。

(6) 产品质量领先目标。企业希望提供市场上质量最好的产品，这就意味着需要通过高的价格来弥补与高质量对应的高费用，实行优质优价，这类企业一般都是市场的主导者。

2. 产品成本

我们知道，商品的价值是构成价格的基础。商品的价值由“$C+V+M$”构成，其中“$C+V$”是生产过程中物化劳动转移的价值和劳动者为自己创造的价值，反映到价格中就是产品的成本。在正常情况下产品价格与其成本呈正比例关系。成本成为企业定价的一个关键因素，它是产品定价的经济下限，只有当产品价格高于成本时，企业才能补偿生产经营中的所有耗费，获得一定盈利，维持企业生存和发展。国内外许多企业都企图通过成本控制增强竞争力，目的就是要获得更多的销售额和更大的利润空间。

3. 市场供求状况

供求决定商品价格会随着供求关系的变化而波动。尽管企业定价不是绝对地受某个地方某一时点的供求关系影响，但从长期的、全局的角度看，商品价格仍与市场供求状况有对应关系。另一方面，商品供应量、需求量也会随价格升降而变化。因此，企业定价必须尊重供求规律，根据供求状况及时制定和调整价格。当商品的市场需求大于供给时，价格应定得高一些；当商品的市场需求小于供给时，价格应定得低一些。

4. 商品需求特性

市场需求会影响价格，反过来价格变动又影响市场需求总量，进而影响销售量，影响企业目标的实现。因此，企业制定价格还必须了解价格变动对市场需求的影响程度，用指标反映就是商品的价格需求弹性系数。对于需求价格弹性小的商品，价格的调整没有多大的实际意义；而对于需求价格弹性大的商品，企业可考虑通过适当降价刺激需求，促进销售。

对于那些对非价格因素有很高要求的商品，不应贸然实行低价。例如当品质、品牌成为消费者购买时考虑的主要因素时，低价就不能构成竞争优势，如航空用器械。另外，对于购买频率大的日常用品，其存货周转率高，适宜薄利多销；反之，对周转率低、购买频率低或易损易腐蚀的商品，定价时则应考虑获得较高的利润，并尽量保持价格稳定。

5. 竞争状况

企业定价要受竞争状况的影响。完全竞争与完全垄断是市场结构的两个极端，现实中多是不完全竞争。在不完全竞争条件下，竞争的强度对企业的价格策略有重要影响。因此，企业首先要了解竞争的强度，它主要取决于产品制作技术的难易、是否有专利保护、供求形势以及具体的竞争格局；其次，要了解竞争对手的价格策略以及竞争对手的实力。产品的成本决定了价格的下限，产品的市场需求决定了价格的上限，而在这个幅度内具体选定何种价格，则取决于竞争对手同类产品的价格水平。所以，企业定价要了解竞争对手的产品状况、品牌、企业形象、竞争优劣势，再和企业自己的状况进行对比分析，找到产品在市场上的准确定位，在此基础上制定相应的价格。同时，竞争对手的状况不是静止的，而是处于不断变化的过程中，企业必须对这种变化非常敏感，并及时调整自己的产品定价。

6. 其他因素

(1) 消费者心理。消费者心理会影响其购买和消费行为，企业定价不能忽视这个因素。例如消费者对价格的未来变动趋势都有一个预期，当预期价格上涨时，会增加购买；当预期价格下跌时，则会持币观望，也就是所谓“买涨不买跌”。再如，消费者求新、求异的心理会使其对某些个性化的、新颖的商品愿意支付较高的价格。对消费者心理的分析研究，是企业定价必须进行的一个环节，否则制定出来的价格很多时候只会是企业的一厢情愿。

(2) 政府和行业组织干预。价格是国家调控经济的一个重要参数，国家通过税收、金融、海关等手段间接地控制价格，同时对垄断价格进行限制，因此企业定价的自由度要受政策因素影响。例如，美国某些州政府通过租金控制法将房租控制在较低的水平上，将牛奶价格控制在较高的水平上；法国政府将宝石的价格控制在低水平，将面包价格控制在高水平；我国某些地方为反暴利对商业毛利率作了限制等。一些贸易协会或行业自律组织也会对企业定价进行监督和规范。

另外，经济景气情况也会影响企业定价，因为经济景气与否会使人们对价格的敏感性发生变化，从而影响企业定价。

启示故事9-1：英国商人的圈套

一次，中国外贸人员同英国裘皮商人谈判，休息时，英商凑到陪谈人员身边递烟搭讪道：“今年黄狼皮比去年好吧？”中方人员随意应了声：“不错。”英商紧跟一句：“如果我想买15万～20万张不成问题吧？”陪谈人员仍不经意地回答：“没问题。”一支烟未吸完，英国商人就走了。

随后,英商主动向中方反映,有人按低于中方的价格在英国市场抛售中国黄狼皮。直到此刻,中方谈判人员冷静分析了业务谈判的前前后后,才恍然大悟。原来该商人有意递出价高5%的稳盘,稳住中方,因为他给的价高,其他商人便难以问津了。同时在中国黄狼皮高牌价下,他则在英国市场上按原价大量抛售其几十万张存货,以微小的代价先于中方出售,这样他的积压货倾销出去了。

营销谈判与其说是利益的抗衡,不如说是智慧的较量。谁掌握着谈判对方的底细,谁就掌握着主动权,利益的天平就会向谁倾斜。

(二) 企业定价的基本程序

所谓定价程序,是指企业将影响定价的诸多因素加以仔细考虑并适当规划安排与组织,然后结合具体情况决定和调整产品价格的一系列步骤。它通常包括选择定价目标、收集整理定价信息、预测价格、选择定价策略与方法、确定最终价格。

1. 定价目标的选择

定价目标是企业经营战略目标在定价决策中的体现。我们在分析影响定价的因素时,已经把企业定价目标划分为6大类,即维持生存、最大当期利润、合理长期利润、市场占有率、争取高端客户、产品质量领先。在实际经营中,选择哪一个或哪几个目标是企业定价的第一环节。

企业经营者所追求的目标可能有许多,但在特定的环境条件下不可能都实现。例如,在某种环境下使市场份额大幅度增长或许是个恰当目标。但当公司面临具有成本和增长优势的竞争者时,这一目标无疑是不切实际的。除非本企业能进一步降低成本、开拓新的市场、推出更好的产品、建立更有效的分销渠道,否则它将无力应付来自竞争者的价格竞争。即使不存在激烈的竞争,倘若大多数潜在顾客对这类商品的价格不敏感,那么把市场份额作为定价目标也是不恰当的。在此情况下,市场占有率目标只能成为促销战略的一部分。由此看来,在定价目标的选择上,企业既要考虑国家宏观经济环境、市场竞争结构、企业定价权限,又要考虑企业自身的规模、产品性质、经营状况、营销能力,在此基础上才能制定出适宜的战略目标。同时,要注意企业定价目标和经营目标、营销组合目标相匹配,以及不同阶段目标、不同层次目标之间的协调。

2. 信息的收集和预测

企业定价作为一个决策过程,需要完备的、准确的、及时的信息和科学预测作支撑,所以价格信息的收集和预测必定成为企业定价的基础。价格信息的内容很丰富,它包括某一特定时期内价格水平信息、商品价格比价和差价信息、同类商品价格历史资料信息、价格法规和政策、价格构成要素及变化、目标市场供求关系的变化、竞争对手价格水平和价格策略的变化等等。

小链接

女生买裤子杀价全攻略

顾客:老板,请问这条裤子多少钱?

老板:180元,广州正宗货,要不要?

顾客：我先看看……

老板：别看了，东西是好东西，给你优惠点170元。

顾客：这也叫优惠啊？

老板：呵呵，好吧就140元，这回可以了吧。

顾客：哈哈哈哈，我笑！

老板：你笑什么，难道嫌贵？

顾客：不，何止是贵，简直就是用水泵抽我的血！

老板：哪里有那么夸张，看你是本地人就120元吧。

顾客：……

老板：你不会还嫌贵吧，我最多只挣你几块钱。

顾客：不，我没有说贵，这条裤子值这个价钱。

老板：你真有眼光，快买吧。

顾客：裤子是好裤子，只是我口袋里的票子有限啊。

老板：那你口袋里有多少钱啊？

顾客：90元。

老板：天啊，你开玩笑，赔死我了，再添10元。

顾客：没得添，我很想给你120元，可无能为力。

老板：好吧，交个朋友，你给90元拉倒。

顾客：我不会给你90元的，我还要留10元的车费。

老板：车费？这和你买裤子有什么关系？

顾客：当然，我来自很远很远的地方，我必须坐长途汽车回去，车费10元。

老板：你骗人！

顾客：我从18岁以后再也没有骗过人，相信我。你看我的脸，多么的真诚啊。

老板：虽然我看不出来你的真诚，但我认赔了，算你80元好了。

顾客：等等，我还要补充一点，我还没有吃早饭，我很饿。

老板：你！！天啊，你太过分了，你在耍花招。

顾客：相信我，我很真诚。如果再不吃饭的话，我会昏倒在你面前。

老板：我真是倒霉，遇到你这样的滑头。可你的确过分，一会要坐车，一会又要吃早饭。是不是你一会还要说你口渴，想喝饮料呢？

顾客：你太小瞧我了。相信我，我没有要求了。

老板：相信你？最后一次？

顾客：是的，相信我。

老板：好吧，痛快些，70元。

顾客：我这就给你钱。

老板：快些。

顾客：等等，这里的颜色好像有点不对劲啊。

老板：不，不是，这是磨砂颜色，故意弄成这个样子的，这叫流行。

顾客：是吗，怎么看起来像旧裤子，怪怪的。

老板：什么？你侮辱我人没有关系，请你不要侮辱我的裤子。这是真东西。

顾客：……

老板：好吧，我给你看我的进货单……你瞧，进货日期是上个礼拜，进货单位是广州某某服装厂，这怎么能是旧裤子呢？

顾客：哦，对不起我误会了，不过……天啊，进货价：20 元每件。

老板：哦，不对，不对。这是没有上税前的价钱，缴税后每条成本价是 40 元。

顾客：你在撒谎，你以为我是傻瓜吗，这是增值税 * *，是缴税后的价格。这条裤子只值 20 元，可你……

老板：嘿嘿……做生意吗，你要知道我每天的门面房租金上百呢，不赚钱我吃什么？

顾客：光天化日、朗朗乾坤，你心太黑！

老板：嘿嘿，30 元行不！让我赚点。

顾客：钱是小意思。只是你的行为让我气愤。你深深伤害了一个消费者的心灵。

老板：有那么严重？

顾客：难道你认为欺骗行为不严重吗？再发展下去，可就是诈骗，就是犯罪！

老板：妈呀，好夸张啊。这样，你消消火，我 25 元卖给你，就赚 5 元。

顾客：什么？25 就是“二百五”的意思，你骂我？

老板：没有没有，就 24 吧。

顾客：有一个 4，就是“死”的意思，不吉利，我很迷信的。

老板：天，23 没有毛病吧？

顾客：好吧，成交！

定价是一种“艺术”，一种高风险的“赌博”。因为价格常会影响着产品被市场接受的程度；影响产品及其销售者的形象；最终影响销售者的销售收入和利润。故定价是一项重要的、困难且具有风险的工作。

3. 选择定价策略

定价策略主要是指根据定价目标、产品成本、品质差异、目标市场选择、供求关系、市场竞争状况及消费心理等因素而确定的定价指导方针。定价策略的选择取决于市场环境和企业自己产品的情况，但归根结底要为企业的定价目标服务。比如，一个企业的定价目标是保持稳定的市场占有率，企业为此应采取的策略可能是竞争性的降价。有些人把定价策略的选择简单地理解成涨价或降价，实际上有效的定价策略很复杂，其涉及的范围远远超出价格手段本身。例如，在激烈竞争的行业中，有时必须有选择地向竞争者发出信息以便影响其定价策略。同时，价格策略作为营销组合策略的一部分，应在选择时考虑品牌质量形象和广告宣传对定价的影响。国外有关研究指出价格、质量和广告促销之间的关系为：质量一般但广告支出大的品牌相对可定高价，因为顾客对熟知品牌相对愿意出高价；质量高且广告支出也大的品牌可定最高价，反之只能定最低价。高价格和高广告支出之间的正比关系在产品市场生命周期的后期最显著，而且对市场领先者和低成本产品最有效。

此外，定价策略的实施有时会受到法律的制约，因此必须对相关法律有所了解。

4. 选择定价方法

企业定价主要考虑三个因素，即产品成本、竞争者价格与替代品价格、消费者感受的产品价值。产品成本是定价的下限，消费者对产品价值的感受是定价的上限。定价方法是对产品价格水平的具体确定，方法选择得当与否关系到定价目标和策略的实现程度。企业可选择的定价方法有成本导向定价法、需求导向定价法和竞争导向定价法三种。

1) 成本导向定价法。成本导向定价法是以成本为依据制定价格的一类方法，特点是量入为出。其主要方法有：

(1) 成本加成定价法。即在单位产品完全成本的基础上加上一定比例的利润，其中单位完全成本由单位变动成本和单位产品分摊的固定成本构成。这种定价方法是最简单、最普遍的定价方法，买卖双方都容易理解和操作。但是，这种定价方法忽略了竞争与市场需求弹性的影响，忽略了市场供求状况的变化，也没有考虑产品市场生命周期不同阶段的价格差异，对市场的适应力差。许多企业仅把用该方法作为制定价格的参考价格。

(2) 盈亏临界点定价法。也称保本点定价法。它是企业按照生产某种产品总成本和销售收入维持平衡的原则来制定产品保本价格的方法。这种方法多适用于工业企业，商贸企业定价一般不用这种方法。其计算公式如下：

$$Q_0 = \frac{F}{P - C_V}$$

式中：P 为单位产品售价；F 为固定成本；Q_0 为盈亏平衡销售量；C_V 为单位产品变动成本。

通过计算不同价格下的盈亏平衡点的销售量，再将其同市场需求比较，就可以大致得出合适的价格。

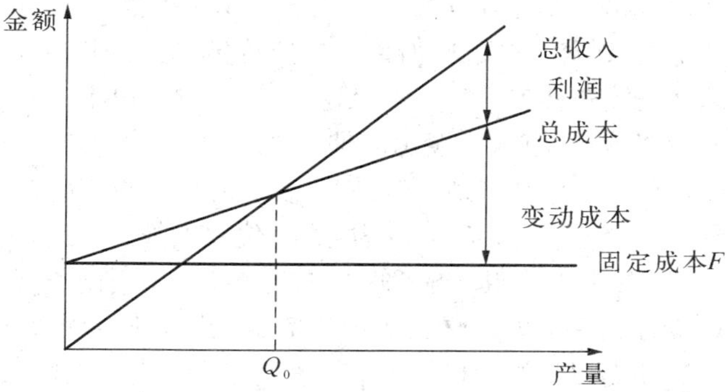

图9-1 盈亏平衡图

(3) 目标利润定价法。根据企业的总成本和计划的总销售量，在此基础上加上按成本利润率确定的目标利润额作为产品售价，即：

$$P = \frac{C(1+r)}{Q}$$

式中：C 为总成本；r 为目标成本利润率；Q 为预计销售量。

这种方法实质上是把利润看做产品成本的一部分来定价的，因此总成本的估算至关重要，要求企业有较强的计划能力，能测算好价格与销售量的关系。这一方法的局限在于：首先，它没有考虑到市场竞争和需求的实际情况，只是从保证生产者的利益出发制定价格；其次，先确定产品销量再计算产品价格，这颠倒了价格与销量的因果关系，把销量看成是价格的决定因素，在实际上很难行得通，尤其是对于那些需求价格弹性较大的产品，用这种方法制定出来的价格，无法保证销量的必然实现，预期的目标收益也就成了一种理论上的假设。不过，对于需求比较稳定的大型制造业、供不应求但价格弹性小的商品、市场占有率高具有垄断性的商品以及大型的公用事业等，在科学预测价格、销量、成本和利润四要素的基础上，目标收益法仍不失为一种有效的定价方法。

(4) 边际贡献定价法。即企业只计算变动成本，不计算固定成本，而以预期的边际贡献适当补偿固定成本的定价方法。边际贡献是销售收入扣去变动成本后的值。定价可表示为：

$$P = C_V + CM$$

式中：C_V 为单位变动成本；P 为价格；CM 为单位边际贡献。

这种定价方法的思路在于不考虑固定成本，尽力维持生产。只要产品售价高于单位变动成本，该产品的边际贡献就大于零，销量增加就会使总收入增加，虽然企业可能无利润可言，但至少可以收回变动成本并对固定成本有所补偿。这改变了售价低于总成本便拒绝交易的传统做法，在商品供过于求、竞争激烈的买方市场条件下具有很大的灵活性，能有效地对付竞争者，开拓新市场。但是，过低的成本有可能被指控为不正当竞争，在国际市场则易被进口国认定为倾销，产品价格会因反倾销税的征收而畸形上升，使定价有违初衷。

2) 需求导向定价法。需求导向定价法是以市场需求强度为定价基础，根据消费者对产品价值的认知和需求的程度来决定价格，其特点是灵活有效地运用价格差异。对平均成本相同的同一产品的价格随市场需求的变化而变化，不与成本因素发生直接关系。需求导向定价法主要包括感受价值定价法、需求差异定价法和逆向定价法。

(1) 感受价值定价法。它是指根据消费者理解的产品价格——消费者的价值观念来制定价格。企业在向其目标市场推出新产品时，在质量、价格、服务等各方面都需要体现特定的市场定位概念，所以首先要确定产品提供的价值和价格。价格对于不同消费者的意义是不一样的，消费者对价格的敏感程度也不一样。有的人对价格一点都不在意，只要质量好就行；有的人会追求便宜的价格；有些人正好相反，他们绝对不买便宜货。采用感受价值定价法，关键在于能对消费者理解的价格有正确的估计，进而估计出在各种价格水平下的销售量、进货量、投资额、单位成本等。因此，企业必须先通过市场调查等方式了解消费者的期望价格；再了解经销该产品的中间商的成本构成及其他费用情况，推算产品出厂价；然后在成本分析基础上，综合考虑非价格因素如消费者心理、需求弹性等的影响，研究其预先拟定的价格能否被消费者接受，制定出该产品的最终价费。

启示故事 9-2：野马赛车(Mustang)的故事

20 世纪 60 年代，在充满朝气和自信的年青一代美国人中掀起了一股赛车热。可是掀起这股赛车热的新潮赛车是由通用汽车公司和欧洲的汽车制造商生产的，对福特公司来说自然大为不妙。为扭转这一局面，福特公司决定生产一种新型赛车，希望这种新车性能超群、一鸣惊人。

福特公司没有遵循传统的新车开发模式，公司总经理——雅科卡首先研究顾客到底想要得到什么样的赛车。他发现，赛车的潜在需求量的确很大，但由于价格普遍昂贵，大多数顾客难以承受。同时他还发现大多数买主真正渴求的并不是赛车本身的卓越性能，而是赛车所带来的一种强烈的心理刺激——时髦的样式、凹背单人座位、别致的挡泥板等等，而当时市场上还没有人以多数消费者能接受的低于 2 500 美元的价格出售这种“刺激”。雅科卡清楚他所要设计生产出的是这样一种新车：它具有赛车的某些特点，能给顾客带来赛车式的刺激，但它不必具备一般赛车的特殊机械构造，因而价格便宜。

1964年4月，福特公司以2 368美元的标准推出了它的新型赛车——野马赛车。第一年野马赛车的销售量便超过了福特公司任何一种轿车的销量，头两年就为福特公司赚得11亿美元的净利润，这远远超过任何一位竞争者以成本导向定价的赛车带来的利润。

真正了解消费者，从消费者角度出发，就能够以为消费者提供符合他们需要的产品，从而获得竞争优势。

(2) 需求差异定价法。需求差异定价法是根据销售对象、销售地点、销售时间等条件变化所产生的需求差异作为定价的基本依据，针对每种差异决定在基础价格上是加价还是减价的一种方法。一般说来，差异定价体现在如下几个方面：第一，以不同收入的顾客群为基础定价，如给予学生优惠；第二，以不同的产品样式或包装为基础定价，如软硬包装香烟的价格差异；第三，以不同的地理位置为基础定价，如一瓶饮料的价格在郊区的价格就会比城区便宜；第四，以不同时段为基础定价，如网络计费会因为时间不同有差异；第五，以流转环节为基础定价，如批零价格的差异。

有效的差异定价有利于增强企业竞争力，在不同细分市场上获得丰厚利润，于是很多企业纷纷仿效。然而随着差异定价失败案例的接踵而至，如吉利公司剃须刀在欧美市场的差别定价就以失败告终，人们意识到实行需求差异定价是必须具备一定条件的，否则不仅达不到差别定价的目的，甚至会产生反作用。这些条件包括：第一，购买者对产品的需求有明显的差异，且需求弹性不同；第二，企业对价格要有一定的控制力，因为价格的被动接受者不能实行差异定价；第三，各个市场之间是分割的，并且低价市场的产品无法向高价市场转移。

(3) 逆向定价法。逆向定价法是依据消费者能够接受的最终销售价格，逆向推算出中间商的批发价和生产企业的出厂价格。这样使制定的价格能反映市场需求情况，有利于加强与中间商的良好关系，保证中间商的正常利润，使产品迅速向市场渗透，并可根据市场供求情况及时调整，定价比较灵活。分销渠道中的批发商和零售商多采取此定价方法。

3) 竞争导向定价法。竞争导向定价法是指企业通过研究竞争对手的生产条件、服务状况、价格水平等因素，依据自身的竞争实力、参考成本和供求状况来确定价格。其显著特点是：企业不是根据自己的成本或需求，而是根据竞争对手的价格来制定自己产品的价格。竞争导向定价法主要包括以下三种：

(1) 随行就市定价法。即企业按照行业的平均现行价格水平来定价，以获得平均报酬。在完全竞争的市场结构条件下，任何一家企业都无法在市场上取得绝对的优势，为了避免竞争特别是价格竞争带来的损失，大多数企业都采用随行就市定价法。在垄断竞争的市场结构下，中小企业也多采用这种方法定价。

采用随行就市定价法，最重要的就是确定目前的行市。在实践中，行市的形成有两种途径：一种途径是在完全竞争条件下，各个企业都无权决定价格，通过对市场的无数次试探，相互之间取得一种默契而将价格保持在一定的水准上；另一种途径是在垄断竞争的市场条件下，某一部门或行业的少数几个大企业首先定价，其他企业参考定价或追随定价。

随行就市定价法最大的优点在于：定价相对简单，不必估计预测成本或需求；企业也不必全面了解消费者对不同价差的反应，节约了很多时间。同时，如果各个企业都按此定价，能在一定程度上避免价格竞争。但是随行就市定价不能保证企业的利润，特别在企业成本高于行业平均成本的情况下更为突出。因此，有人提出了以市场价格倒推目标成本，以此为基础实行成本目标管理的方法，如我国的邯郸钢铁公司就在这个方法上成就了“邯郸经验”。

(2) 产品差别定价法。从根本上来说，随行就市定价法是一种防御性的定价方法，它在避免价格竞争的同时也抛弃了价格这一有力的竞争手段。产品差别定价法则属于一种进攻性的定价方法。例如，在有能力抵御价格报复的条件下，企业为维持或提高市场占有率，迅速扩大产品销售量，会把价格定在低于竞争对手的水平；而为了谋取高利润，企业会通过不同的营销努力，使同种同质的产品在消费者心目中树立起不同的产品形象，进而选取高于竞争者的价格作为本企业产品价格。

产品差别定价法的运用，首先要求企业必须具备一定的实力。在某一行业或某一区域市场占有较大的市场份额，消费者能够将企业产品与企业本身联系起来。其次，在质量大体相同的条件下实行差别定价是有限的，尤其对于定位为“优质优价”的企业来说，必须支付较大的广告、包装和售后服务方面的费用。从长远来看，企业只有通过提高产品质量，才能真正赢得消费者的信任，才能在竞争中立于不败之地。

(3) 投标定价法。所谓投标定价法是指用投标竞争的方式确定产品价格的方法。其具体操作程序是由招标人在报刊上发布广告或发出函件，说明拟采购产品的品种、规格、数量等具体要求，邀请供应商在规定的期限内投标，投标人竞争投标并密封定价，招标人择优选定价格。一般来说，招标方只有一个，处于相对垄断地位，而投标方有多个，处于相互竞争地位。所有投标者中通常报价最低者中标，它的报价就是承包价格。国内外许多大型成套设备、建筑工程 项目承包、政府大宗采购等，通常用这种方法定价。

5. 确定最终价格

企业产品的最终价格是面向消费者的价格，在确定了产品的基本价格后，还必须考虑企业内部有关人员、经销商、供应商对所制定价格的意见，以及竞争对手对所定价格的反应等，使企业的定价既能被市场接受又能为企业带来利益，促进企业营销战略的实现。

小链接

卡特彼勒公司的定价

卡特彼勒公司为其拖拉机定价 10 万美元，尽管其竞争对手同类的拖拉机每台售价只有 9 万美元，卡特彼勒公司的销售量居然超过了竞争者。一位潜在顾客问卡特彼勒公司的经销商，买卡特彼勒的拖拉机为什么要多付 1 万美元，经销商回答说：

90 000 美元是拖拉机的基价，与竞争者的拖拉机价格相等；

＋7 000 美元是最佳耐用性的价格加成；

＋6 000 美元是最佳可靠性的价格加成；

＋5 000 美元是最佳服务价格加成；

+2 000 美元是零件较长保用期的价格加成；

110 000 美元是总价值的价格；

—10 000 美元折扣；

100 000 美元是最终价格。

顾客惊奇地发现尽管他购买卡特彼勒公司的拖拉机多付1万美元，但实际上他却得到了1万美元的折扣。结果，他选择了卡特彼勒公司的拖拉机，因为他相信卡特彼勒拖拉机的全部使用寿命操作成本较低。

二、企业定价策略

企业定价策略是指企业为实现其定价目标在定价方面采取的谋略和措施。定价策略不但涉及价格的高低和制定的方式，还要考虑这种策略与市场营销组合中其他元素相配合，并与市场环境、产品条件和企业自身状况相适应。企业的定价策略可能是进攻型，也可能是防守型，而且在产品市场生命周期的不同阶段，其定价策略的选择也不一样。

（一）新产品定价策略

新产品定价是企业定价的一个重要方面，也是一个棘手的问题。新产品定价没有借鉴的对象，它的合理与否不仅关系到新产品能否顺利进入市场和占领市场，还关系到产品的命运和企业的前途。

小链接

仿真大理石

一家大化学公司的化学家发明了一种能凝固成仿真大理石的新物质。在寻找用途时，市场营销部门以为这种物质可生产雅洁好看的浴盆。于是，他们抢先制造了数种浴盆模型，在浴室家具展销会上展出，并打算说服浴盆制造商用这种新材料来生产浴盆。虽然制造商认为这种浴盆很有吸引力，但却没人签约购买。理由很简单，浴盆卖价将高达2 000美元（市场上多数浴盆卖价500美元），相当于用真大理石制成的浴盆价格。另外，这种浴盆特别重，安装时须加固浴盆地板，又增加了费用。

1. 新产品的定价

新产品是运用科学技术新发明生产出来的具有新原理、新结构、新技术、新材料、新工艺等特征的产品。这类产品一般有专利保护，处于产品市场生命周期的导入期，其定价目标一般包括两方面：一是尽快被消费者采用，迅速扩大市场，占领市场；二是尽快收回成本，提高企业的经济效益。为此，企业多采用撇脂定价、市场渗透定价和满意定价三种策略。

（1）撇脂定价策略。这是指在新产品上市之初就制定高价，以便在产品市场生命周期的开始阶段就能尽快收回投资和获取最大利润，等竞争者进入市场或市场容量萎缩时，再逐渐降低价格的策略。这就犹如从牛奶中撇取奶酪一样。这种策略利用了消费者对新产品求新、求奇的心里，以新奇来弱化消费者对价格的敏感，强化心理满足。宝利来公司就是撇脂定价策略的先驱，该公司在首次推出立即成像照相机时，根据其新产品的独一无二的优势，定下了最高的价格；当初期的销售额下降之后，它降低了价格以吸引另一层对价格敏感的消费者。

撇脂定价策略利用消费者求新、炫耀的心理，满足部分追求优质高价消费者的需求，提高产品的声誉，树立了企业名牌产品的形象。另外高价带来的高利润也为企业筹集资金、扩大规模创造了条件。例如，圆珠笔在1945年发明时属于全新产品，其成本0.5美元一支，可是发明者却利用广告宣传和求新求异心理，以20美元销售仍然旺销。同时，企业还能获得价格上的主动权，在竞争中拥有较大的价格调整空间。

但是，撇脂定价策略的高价不利于企业开拓市场，而且若价格偏离价值过远，在某种程度上损害了消费者利益，容易招致公众的反对和消费者抵制；同时，高价吸引大量竞争者的涌入，加剧竞争，不利于企业长期经营。所以从实践看，企业采用该种策略必须具备一定的条件，即：

第一，市场有足够的购买者，他们的需求缺乏弹性，对市场价格的敏感度低；

第二，新产品有明显的技术经济优势，例如专利保护，竞争者短期内无法与之抗衡；

第三，新产品还没进入大规模批量生产，其较高的单位成本不至于抵消高价带来的利润。

从根本上看，撇脂定价是一种追求短期利润最大化的定价策略，若处置不当，则会影响企业的长期发展。因此，在实践中，特别是在消费者日益成熟及其购买行为日趋理性的今天，采用这一定价策略必须谨慎。

(2) 渗透定价策略。这是指使用低价位将产品投向较大的市场。采用这种策略的企业并不是一开始就制定高价来榨取规模小而利润丰厚的细分市场，而是一开始就以低价迅速而深入地渗透市场，以便很快地吸引大量购买者并赢得较大的市场占有率。例如，日本本田就创造了渗透定价策略的成功范例，它在美国摩托车市场售价为1 000～1 500美元时，却以250美元的低价打入美国市场，很快从竞争对手的手里抢占很大的市场份额。

渗透定价策略的优点在于产品能迅速为市场所接受，得到消费者和经销商的支持，容易打开销路，有助于获得规模效益。其主张低价薄利，这样，竞争者进入市场的动力不足，竞争就得以减缓，有助于企业获得时间来增强自身实力。但是，这一价格策略风险较大，盈利是建立在销量很大的基础上的。而且低价策略会在一定程度上影响企业资金的周转和使用效率，尤其表现在企业投入大量研发费用的情况下。同时，长期低价会形成消费者的心理惯性，一旦企图提价就会导致消费者的抵触，进入国际市场还可能带来反倾销诉讼。

所以，企业是否采取渗透定价，需要综合考虑市场需求、竞争、供给、市场潜力、价格弹性、产品特性、企业发展战略等因素。总的来说，渗透定价策略是通过牺牲短期利益来获取长期利益的，达到这一目标必须具备以下的前提：

第一，产品须有足够大的市场需求和较大的需求价格弹性，以保证企业在规模经济条件下获得利润；

第二，企业的生产成本和经营费用随着生产经营规模的扩大而下降。

启示故事9-3：瑞士手表Swatch的绝地反击

瑞士曾经是举世闻名的手表王国，它生产的机械手表一度在全世界拥有40%的市场占有率。然而1970年以后，日本以石英表和电子表横扫全球，精工表、星辰表、卡西欧表取代了浪琴表、欧米茄表、天梭表，瑞士手表王国的荣誉与风光一落千丈。

手表的生产和外销一向是瑞士经济的支柱，经受此番打击后当然亟思反攻。尤其是生产浪琴表和欧米茄表的两家公司，受到破产和解散的威胁，深知不创新即是死亡的道理，于是联合起来共谋起死回生、反败为胜之策。这样，一种叫斯沃琪(Swatch)的新手表问世了。瑞士手表界对这种新表寄予厚望，希望它能从日本手表企业那里夺回市场。为此，该手表的生产企业以提高市场占有率作为定价目标，根据日本手表的市场价格情况，将斯沃琪手表以质地坚硬的塑料为外壳，电池可以更换，并且防震、防水，每只定价为25～30美元。结果这种手表一上市就出现热销，在美国上市初期每月的销量达10万只，瑞士也因此在短短两年时间内夺回手表王国的宝座，扭转了整个行业的危机。

只有不断创新，以优质性能、适宜的价格推出的产品，方能快速被市场所认可。

(3) 温和式定价策略。这是指为了建立企业与产品的良好形象，把价格定在适中水平上的策略。其提出的原因在于它能克服以上两种策略的缺陷，既可避免撇脂定高价的市场风险，又可避免渗透定低价带来的企业困难；另外还有个原因就是为了保持产品定价策略的一致性。例如，通用汽车公司的雪佛莱汽车的定价水平是相当大一部分市场都承受得起的，市场规模远远大于愿意支付高价购买它的“运动型”外形的细分市场。这种温和定价策略，甚至在这种汽车供不应求时仍数年不变。原因在于通用汽车跑车生产线上已经有一种采取撇脂定价的产品——Gorvette，再增加一种产品是多余的，它只会影响原来高价产品的销售。将大量购买者吸引到展示室尝试驾驶Camaro的意义远比高价销售Camaro能获得的短期利益大得多。

虽然与撇脂定价或渗透定价相比，温和定价策略缺乏主动进攻性，但其风险较小，能为买卖双方接受，并且有利于企业扩大市场，特别适用一些生产和生活必需品的定价。

2. 仿制品定价策略

仿制品是企业合法模仿国内外市场上的畅销产品而生产的新产品。决定生产仿制品的企业将面临产品定位问题，它必须考虑产品的价格和质量定位在什么位置。表9-1表示有九种可供选择的策略。

表9-1 产品品质与基本定价策略组合

质量＼价格		产品价格		
		高	中	低
产品质量	高	1. 优质优价策略	2. 物高所值策略	3. 物超所值策略
	中	4. 要价过高策略	5. 中质中价策略	6. 物有所值策略
	低	7. 胡乱开价策略	8. 虚假经济策略	9. 经济策略

如果目前市场上的领导者生产高质量和高价格的产品，则生产仿制品的企业最好采用高质中价或中质中价策略，企业必须事先考虑每一种市场的规模、成长率及可能的竞争对手。

（二）产品组合定价策略

产品组合是指企业所生产和经营的全部产品线和产品项目的总和。当产品属于产品组合中的一部分时，定价策略就应进行调整，并以整个产品组合的利润最大化为目标。

1. 产品线定价

企业生产的产品中具有相近功能，能满足某种需要的一组密切相关的产品就是产品线。产品线定价策略是指企业就同一系列产品的不同规格、型号和质量，按照相近的原则把产品划分为若干档次，对不同档次采取不同价格的策略。

2. 相关品定价

很多企业在销售其主体产品时，也会提供相关产品。相关品即相互补充品，它必须与主体产品相搭配才能使主体产品的功能得以发挥，如剃须刀片和胶卷。一般来说，制造商通常为主体产品制定较低的价格，而为附属产品制定较高的价格以弥补低价出售主体产品所减少的收益。例如，日本惠普公司的喷墨打印机，打印机采用中低档价格，但其墨盒的定价却能为企业带来丰厚的利润。在一定程度上，产品高价会给非法仿制者带来机会，减弱自己的竞争力。另外，还有一种策略是把主体产品价格定得较高，而相关品价格定得偏低，这主要是为了满足售后服务和安装维修质量的需求，一方面可以抵制各种假冒零件和服务，另一方面也可消除顾客购买主体产品的后顾之忧。

相关品定价策略的关键在于确定是主体产品还是相关品采用高价，一般而言，对购买次数少且消费者对价格较为敏感的商品应有意识地降低价格，而对购买次数多且消费者对价格敏感度不高的商品则相应提高价格，实现吸引顾客和增加企业利润的目标。

3. 附属品定价

附属品是指依附主要产品销售的产品，如汽车企业向用户提供除雾器、减光器等配件。附属品如何定价呢？通用汽车采取的策略是对每辆 9 000 美元而不附加任何设备的基本车型做广告，吸引消费者到展览中心，而展出的大部分却是配件齐全的豪华车型，每辆定价 11 000 美元或 12 000 美元，其结果是大部分顾客都不会选择基本车型，而选择功能齐备但价格高一点的车型。

4. 分部定价

服务行业通常将服务费分为固定费用和可变的使用费，这种策略叫两部分定价。如电话公司，固定电话每月的基本使用费可能很低，目的是吸引很多人来使用其服务，然后从可变使用费用中获得利润。服务类企业需要解决的问题是合理确定基本服务费金额及可变的使用费率。

5. 副产品定价

在生产石油产品、其他化工产品及加工肉类的过程中，经常会有副产品产生。如果副产品价值低廉而处理费用高，则会影响到主产品的定价。制造商确定的副产品价格必须能够弥补其处理费用，而且应积极发掘副产品的市场，只要价格高于储存与运输成本就可以出售。如果副产品能带来收益，将有助于提高企业主产品的价格应变能力。

6. 产品组合定价

企业经常会为其出售的一组产品定价，如化妆品套装、旅游公司旅行套餐等。一组产品的价格通常低于单独购买其中每一产品的费用之和，有助于吸引本来不打算购买产品组合中所有产品的消费者，同时能增加每次交易的成交量，减少交易时间。合理的产品组合定价也是企业减少库存积压的有效手段。采用这种定价策略要注意产品组合的货真价实，组合产品的销售一定要有单件产品的销售相配合，让消费者有直观的比较。

（三）心理定价策略

心理定价策略是利用消费者的消费心理，根据不同类型消费者购买产品或服务的心理动机来制定企业产品或服务价格的定价策略。同样的产品或服务，不同的消费者因其需求动机和需求偏好的不同会有不同的价格要求。常用的心理定价策略主要有以下几种：

1. 尾数定价策略

许多商品的价格，宁可定为 0.98 元或 0.99 元，而不定为 1 元，就是为了适应消费者的购买心理。尾数定价策略往往用一些奇数或吉利的数结尾，一来在直观上给消费者一种廉价的感觉，激发其购买欲，比如美国、加拿大等国的消费者普遍认为单数比双数少，显得便宜，所以在北美地区，零售价为 49 美分的商品，其销量远远大于价格为 50 美分的商品，甚至比 48 美分的商品也要多一些；二来能体现定价的认真、精确与合理，有利于产生消费者对企业产品的信任感。由于受民族习惯、社会风俗、文化传统和价值观念等的影响，消费者会对不同的数字产生偏爱或忌讳，如中国人就喜欢 8 和 6。这种心理定价策略一般运用在单价较低的日用消费品上。近年来中国移动在各地推出了"移动套餐"活动，不同种类的套餐月租费使用 98 元、198 元、298 元定价等，这里运用的也是心理定价中的尾数定价策略。

2. 整数定价策略

与尾数定价策略相反，有的企业为其产品定价会舍去零头，以整数的形式确定价格。这种策略迎合了消费者"便宜无好货，好货不便宜"的心理，对高地位、高收入阶层的消费者来说，更倾向于整数定价的产品或服务。这种策略多适用于名牌的、优质的、高档的或消费者不太了解的产品。

3. 声望定价策略

声望定价是指企业利用消费者仰慕名牌产品或名店的声望所产生的某种心理来制定产品的价格。采用这种策略有两个目的：一是提高产品的形象，以价格说明其名贵名优；二是满足购买者的地位欲望，适应购买者的消费心理。质量不易鉴别的产品的定价最适宜采用声望定价策略，因为消费者有崇尚名牌的心理，往往以价格判断质量，认为高价代表高质量。当今社会，消费高价位的产品和服务是财富、身份和地位的象征。因此，对于非生活必需品以及具有民族特色的手工产品应采取极品价格的策略，强调产品品牌、包装等，给消费者心理以高度满足。例如，我国的景泰蓝瓷器在国际市场价格为每个 2 000 多法郎，这就是成功地运用声望定价策略的典范。

小链接

大班冰皮月饼的高价策略

月饼是中秋佳节的传统食品,近年来其主要用途已由家庭消费变为人情消费,成为中秋送礼之首选。高额的利润驱动着厂家拼命生产,其结果每年月饼大战过后便是月饼过剩,造成巨大的浪费。究其原因,在各式或豪华或精美的包装之下的这些月饼本身几乎无差异,产品雷同。

面对激烈的市场竞争,大班公司毅然决定开发新产品,对此他们有其确实的市场依据:市场调查结果显示,人们已经厌倦了月饼甜、腻的传统口味,转而渴望清爽、清淡的口感。于是大班冰皮月饼采用进口原料制作,不经烘制,故而毫不油腻,它的颜色也一反传统的金黄而呈清冷的白色。细看一个个月饼冰清玉洁、晶莹剔透显出里边绿豆沙的馅。大班的冰皮月饼从里到外都与众不同,如新月般悄然出场。

通过上面的精心准备,大班公司对其冰皮月饼采取了高出一般水平的定价,与其高质量、高档次的形象相衬。作为一种意欲树立良好形象的高档产品,其在产品设计、定价、包装、促销等各个环节都必须协调相衬,任何一方面的疏漏都可能破坏整体的理想效果。大班公司在这方面考虑得很周密,冰皮月饼高价高质量的形象在高档月饼中显得非常突出,赢得了市场对它的肯定。

4. 小计量单位定价策略

有些产品如果用大的计量单位,其价格会高得无人问津。但一旦改变计量方法,用小计量单位计价则比较容易被消费者接受。例如名贵药材的计价,如果采用大计量单位,则每单位药材的价格都是上千或上万,对于普通消费者来说根本就是天价。所以,其标价一般都是克、两等小计量单位的价格,这样就把单价降为几十或几百元,从而适应消费者的心理承受能力。这种策略一般适用于量少价值大的产品。

5. 招揽定价策略

招揽定价是零售商利用部分消费者求廉的心理,特意以接近成本甚至低于成本的价格进行商品销售的策略。其目的是以低价吸引消费者关注本企业廉价产品的同时,购买其他正常价格的产品,以局部产品利益的丧失带动整体产品的销售。例如各种类似"一折起"、特价等优惠酬宾活动就是利用这种策略。

采取这种策略需要注意以下几点:

第一,招揽定价的产品必须是消费者经常使用的产品,为消费者熟悉并对其价格敏感;

第二,企业所经营的产品必须品种繁多,这样才能达到消费者在购买招揽定价产品时购买其他正常价格的产品;

第三,招揽定价产品的品种、数量以及价格下降幅度都要适当。

启示故事9-4:逐步降价销商品

法林是美国的著名商人。

他在波士顿市中心的繁华区开了一家商店,并在电视上做广告,声称该店有一套与众不同的经营方法：商品标出价格的头 12 天按全价出售，从第 13 天起到第 18 天，降价 25%；第 19 天至 24 天，降价 50%；第 25 至 30 天，降价 75%；第 31 到 36 天，如果仍然没人要，商品就送给慈善机构。这一商店一开办立即成了人们议论的话题，几乎任何一个人都想去这个商店看一看，大部分人预言："这个笨蛋将倾家荡产。"因为，如果顾客等到商品价格降到最低时才买，商店岂不吃大亏？

然而，事实上法林商店的商品十分畅销。

消费心理可分为理性消费和感性消费两种，在某种氛围下，人的理性消费意识会被抑制而为感性因素所左右。比如，我们经常可以看到商铺门口堆满了琳琅满目的便宜货，"本店一折起"、"出血大甩卖"之类的广告随处可见，商家的目的就是利用人们的"占小便宜"心理来带动店内其他商品的销售。法林采用的也是这一手法，只是更为巧妙而已。

（四）折扣定价策略

折扣定价策略是指企业在基本价格的基础上，根据交易对象、成交数量、交货时间、付款条件等情况采用各种不同方式给购买者以一定比例的价格折让，以促进产品销售的策略。折扣定价策略是企业重要的价格竞争手段之一，实践中大多数企业通常都酌情调整其基本价格，以鼓励顾客及早付清货款、大量购买或增加淡季购买等。

1. 现金折扣定价策略

现金折扣定价策略是指卖方为给予现金支付货款或及时付清欠款的购买者的一种价格折扣。它是随着货物赊销、延期付款等交易形式的发展而出现的一种企业定价策略，其主要目的在于吸引顾客为享受优惠而提前付款，缩短企业的平均收款期。例如"2/10、N/30"，表示付款的最后期限是 30 天，如果在成交后 10 天内付款给予 2%的现金折扣。许多企业习惯采用此法加速资金周转，减少收账费用和坏账。现金折扣在给企业带来好处的同时，也会增加企业的成本，即价格折扣损失。所以，当企业给予顾客某种现金折扣时，应当考虑折扣所能带来的收益与增加的成本孰高孰低，权衡利弊后再做出选择。

2. 数量折扣定价策略

数量折扣定价策略是指企业给那些大量购买某种产品的顾客的一种折扣，以鼓励顾客购买更多的货物。例如，购买某种商品 100 单位以下时每单位 50 元，购买 100 单位以上时每单位 48 元。大量购买能使企业降低生产、销售、储运等环节的成本费用，并能刺激购买、扩大销售，获得规模效益。常见的数量折扣有累计折扣、非累计折扣、订单折扣和分步折扣等。

3. 功能折扣定价策略

功能折扣也叫贸易折扣，它是制造商给予中间商的一种额外折扣，使中间商可以获得低于目录价格的价格。企业按不同环节中间商以其发挥的功能给予中间商一定的折扣，既使各环节的中间商有利可图，又促使其积极订购企业产品并与企业建立长期、稳定、良好的合作关系，同时加速了产品流通和销售，及时满足消费者的需要。一般地说，中间商在完成产品分销的过程中承担的功能、责任和风险越大，所获得的折扣也越高。功能折扣定价一般采取倒扣率计算方法，即首先确定零售价格，然后按照一定的折扣率，对不同环节的中间商倒算折扣价格，最后得出出厂价格。

4. 季节性折扣定价策略

季节性折扣定价是企业鼓励顾客淡季购买的一种价格减让，这样可使企业的生产和销售每个季节都能保持相对稳定，如旅游业的淡季价格优惠，啤酒生产厂家对在冬季进货的客户给予大幅度让利，羽绒服生产企业则为夏季购买其产品的客户提供折扣等。实行季节折扣定价策略有利于企业减少库存，加速商品流通，迅速收回资金，促进企业均衡生产，避免因季节需求变化所带来的市场风险。

5. 价格折让策略

价格折让又称为推广津贴，是企业为扩大产品销路向中间商提供促销津贴的价格补偿形式。价格折让是价格折扣的特殊形式，它有利于鼓励中间商和顾客多购买和多消费企业的产品，从而促进产品销售。价格折让的表现形式有很多，常用的价格折让有以下几种：

(1) 以旧换新折让。这是指在回收同类产品旧货的同时，在新货售价上给予相当于旧货残值的折扣，刺激消费者以旧换新连续购买。这种策略多用于一些耐用消费品的销售上，如电视机、电冰箱等。

(2) 促销折让。这是指有奖销售。如零售商为企业产品刊登广告或设立橱窗，生产企业除负担部分广告费外，还在产品价格上给予一定优惠。

(3) 免费服务折让。这是指在提供有形产品的同时为顾客提供免费服务，如送货上门、免费安装等等。这是市场竞争从价格竞争转向非价格竞争的重要手段。

(4) 特约优惠折让。这是指企业给特约经销商的一种价格优惠。其目的是抵制市场假冒，维护企业和产品声誉，强化对最终消费者的售后服务。

启示故事9-5：被"便宜"累垮的身体

有一对夫妻一天晚上翻阅杂志，看到一个广告的背景图是一只古玩钟。妻子评论道："这是不是你见过的最漂亮的钟？摆在咱们家客厅里是不是显得美极了？"

丈夫答道："确实美极了，我不知道得花多少钱，广告上没有标价。"

他们决定一起去古董店寻找那只钟。俩人都同意，找到后只要不超过500美元就买回来。他们寻了三个月最后终于在一家古董行见到了这只钟。"就是这只！"妻子高兴得叫了起来。

"对了，就是它！"丈夫道，"不过记住，不能超过500美元。"

他们走进商店，"哎呀，"妻子低声道，"钟上的标价是750美元。"

"算了，我们还是回去吧。我们说好了不超过500美元，还记得吗？"

"我记得，"丈夫道"不过我们可以试一试看他少一点会不会卖，我们都已经找了这么久了。"他俩商量了一下，决定由丈夫任谈判代表进行谈判，虽然用500元买下这只钟的希望很小，他们还是想试一下。

他鼓起勇气，对钟表售货员说，"我看到你们这里有一只小钟要卖，我看到它的定价，我还看到它上面有许多尘土，给他增添了古董的气氛。"既然勇气已经鼓起了，他接着说："我告诉你我想干什么吧，我想给你的钟出个价，只出一个价。我肯定这会使你吃惊，你准备好了吗？"他停下来看看效果"哎，我给你250美元。"

钟表售货员眼都没有眨一下,“给你,卖了!”

“真的?”妻子有点喜出望外。

“当然是真的。”

就这样,他们顺利地把这个钟买到了。但在回来的路上,丈夫突然觉得不太对头:“我多傻!我应该给这家伙出150美元。”

“这只钟不会有什么毛病吧,这只钟拿起来确实很轻,我的力气并不大呀,肯定里面的零件少了。”他的妻子这样说。

尽管如此,他们还是把它摆到了家里的客厅,看上去美极了,似乎走得也不错,但是他和他的妻子总觉得不放心。等他们退休后,俩人每晚都要起来三次,为什么要起来?因为他们断定自己没有听到钟声。这样日日夜夜的不安,他们的身体很快就垮了,并且患了高血压,其原因就是那个钟表售货员居然以250美元把那只钟卖给了他们。

折扣促销是一种最为普遍的促销手段,然而,如果运用得不好可能会适得其反。很多时候顾客最担心的正是你随随便便地为他降价或打折,在他们看来,商家永远都以追求利润为目标,决不会做赔本的生意。因此无论你如何强调促销和折扣的原因(如换季、开业等),但顾客永远相信你还有利润,否则就是你的产品有问题。他们往往会因为获得了折扣和实惠,反而怀疑起商品的实际价值和标价是否合理,是不是抬高了标价,是不是可以获得更低的折扣等等。正如故事中的主人翁,就因为自己买的太便宜了,反而累垮了自己的身体。

(五)地区定价策略

一般说来,产品的生产和消费往往有一定的时空距离,产品若想跨越时空距离,真正满足消费者的要求,必然要使其发生空间位移。伴随产品的空间位移,企业需要支付一定的运输、仓储、装卸、整理、保险、再包装等费用,这些费用需要在产品的定价中反映出来,地区定价策略正是针对这些费用的分摊而采用的一种定价策略。地区定价策略的形式如下:

1. 产地定价策略

产地定价策略有两种形式:一种是卖方出厂定价,即卖方在其仓库或生产车间交货,买方直接派运输工具到仓库或指定车间接货,并承担接货后的一切费用及风险;另一种是FOB原产地定价,买方按照厂价购买某种产品,卖方只负责将这种产品运到产地某种运输工具(如火车、船舶等)上交货,交货后从产地到目的地的一切风险和费用都由买方承担。

采用产地定价策略可简化生产者的定价工作,减少企业的经营费用和运输成本,但远地的顾客可能不愿购买这个企业的产品,而购买其附近企业的产品。因此,产地定价策略仅在供不应求、缺口大、贸易风险大的商品定价中采用。

2. 目的地定价策略

目的地定价,即在买主所在地交货的价格。在这种策略下,商品的价格根据目的地买方的要求不同而不同,常见的有买方所在地船上交货价格、买方所在码头交货价格、指定地点交货价格等。这种定价策略,对于买方来说减少了提货的麻烦,对于卖方来说则增加了运送货物的风险。

3. 基点定价策略

基点定价策略是指企业选定某些城市作为基点，然后按一定的厂价加上从基点城市到顾客所在地的运费来定价，而不管货物实际上是从哪个城市起运的。在基点定价的条件下，商品是由卖方负责运输，但其运费则由买方承担，无论卖方从哪个地点起运，买方承担的运费都是从基点城市起算，这样保证了同一商品在同一地点都以同一价格出售。但是，这一定价策略容易产生虚假运费，加大买方的费用，目前仅在一些基础工业如水泥、钢材行业中使用。

4. 分区定价策略

企业把全国(或某些地区)分为若干价格区，对卖给不同价格区顾客的某种产品，分别制定不同的地区价格。距离企业远的价格区，价格定得较高；距离企业近的价格区，价格定得较低，但在各个价格区范围内实行统一价格。这种定价策略既能简便而准确地计算费用，又能科学而均衡地分摊运输费用。该定价策略多适用于体积大、交货费用在价格中所占比重大而又不能对所有顾客使用统一价格的产品。

(六) 差别定价策略

企业往往根据不同顾客、不同时间和不同场所来调整产品价格，实行差别定价，即对同一产品或服务定出两种或多种价格，但这种差别不反映成本的变化。差别定价主要有以下几种形式。

1. 不同顾客群差别定价

它是指企业按照不同价格把同一种产品或服务卖给不同的顾客。例如，经销商按商品价目表把某种商品卖给甲顾客，同时按更低的价格把同一种商品卖给乙顾客。这种价格差别表明顾客的需求强度和产品知识有所不同。

2. 产品形式差别定价

它是指对花色品种、式样不同的产品分别制定不同的价格。但这种价格之间的差异与成本费用之间的差异不成比例。

3. 产品位置差别定价

它是指对处于不同部位的产品或服务制定不同的价格，哪怕这些产品或服务的成本费用没有丝毫差异。例如，体育场的看台座位，其成本费用虽然都一样，但由于消费者对不同座位偏好不同导致看台座位的价差。

4. 销售时间差别定价

它是指企业对不同季节、不同时期甚至不同时点的产品或服务制定不同的价格。例如，很多娱乐场所晚上的消费价格远远高于其白天的价格，一些面包坊下午5点以后产品打七折。

需要注意的是，实行差别定价必须具备如下前提条件：

第一，市场必须是可细分的，且各个细分市场的需求强度是不同的；

第二，商品不可能转手倒卖；

第三，高价市场上不可能有竞争者削价竞销；

第四，实行差别定价获得的额外收入要大于成本；

第五，保证差别定价不会引起顾客反感。

小链接

蒙玛公司的“无积压商品”

意大利蒙玛公司以“无积压商品”而闻名，其秘诀之一就是对时装销售实行分段定价。它规定新时装上市，以三天为一轮，凡一套时装以定价卖出，每隔一轮按原价削价10%，以此类推，那么到十轮(一个月)之后，蒙玛公司的时装价就削到了只剩35%左右的成本价了。这时的时装，蒙玛公司就以成本价售出。时装上市一个月，价格已跌到1/3，谁还不来买？所以一卖即空。蒙玛公司最后结算，赚钱比其他时装公司多，又没有积货的损失。

(七) 产品市场生命周期定价策略

产品市场生命周期包括四个阶段，即导入期、成长期、成熟期和衰退期。在不同阶段，产品成本、市场需求量不同，对产品进行定价的要求也不同，根据不同产品市场生命周期的阶段性特点定价是企业的一项重要决策。

1. 导入期定价策略

它是指新产品刚投入市场，企业这时定价既要有利于收回成本，又要有利于新产品迅速被消费者接受，扩大市场份额。由于大多数购买者对创新产品的价格敏感性都相对较低，倾向于把价格作为质量的指示灯，而且此时没有可作对比的其他品牌，所以企业的主要目标是培养潜在顾客，促使他们关注创新产品的价值，价格应该制定得能向市场传达产品的价值。撇脂定价策略、渗透定价策略或温和定价策略都是可以在导入期选择的定价策略。

2. 成长期定价策略

它是指成长期产品逐渐被消费者接受，开始投入批量生产，此阶段企业定价原则是扩大产品的市场占有率，实现较高目标收益。企业需要进行价格调整，对导入期以高价进入市场的产品可适当降价，以吸引购买力小、对价格敏感的消费者；对导入期以低价进入市场的产品可适当提价，以保持自己的竞争优势和获得较高单位产品利润；同时，可对同一产品按质量款式分档定价，满足不同层次消费者的需求。

3. 成熟期定价策略

它是指产品的销售量从快速增长开始缓慢下降，企业定价的原则应以竞争为核心，维持和扩大现有的市场份额，使企业保持一定的盈利水平。从定价策略的选择上看，一来可以采取竞争性定价策略，根据竞争对手的产品价格调整自己的产品价格，注重非价格竞争手段的运用；二来可以采取产品组合定价策略。

4. 衰退期定价策略

它是指衰退期的产品逐渐被具有更先进技术和经济性能的新产品所替代。这个时期可供选择的定价策略有：

(1) 维持定价策略。这主要针对那些需求弹性小的一般生活必需品和生产资料，继续保持成熟期价格或小幅降价。

(2) 驱逐定价策略。这主要针对需求弹性大的产品，把价格降低到负利润的水平，促使竞争者退出，占领其市场份额。

(3) 撤退定价策略。及时降价以便尽快收回资金,尽可能把损失降到最低,对过时的或将要被淘汰的产品一般用此策略。

一个企业在将产品推向市场时,应将自身内部条件与外部环境有机地结合起来,实现两者的动态平衡。企业在进行定价决策时要登高望远,综观全局,趋利避害,最大限度地实现企业目标。只有这样,企业才能克服其在定价时的短期投机心理,在竞争中处于主动地位。

三、价格调整策略

产品价格的稳定是相对的,其变动则是绝对的。产品价格确定后并不是固定不变的,随着销售时间、销售地点、目标市场、市场供求、定价目标等诸多因素的变化,企业的产品价格也需要作相应的调整。

(一) 企业降价与提价策略

随着社会进步、新技术的应用、市场复杂化以及人们对经济现象认识的理性化,企业间的竞争内容和手段都不断向更深层次、多方位发展。价格竞争就是一种传统的、有效的竞争方式。当市场环境和竞争对手的价格发生变动时,企业必须对现行价格予以适当调整,才能提高产品市场竞争力。

企业产品价格调整的动力既可能来自内部,也可能来自外部。倘若企业利用自身产品成本优势,主动地对价格予以调整,将价格作为竞争的利器,这称为主动变价。倘若价格的调整是出于应付竞争的需要,即竞争对手主动调整价格,而企业相应被动地调整价格,这叫应对变价。无论是主动变价还是应对变价,其形式不外乎降价和提价两种。

1. 降价策略

企业降价的原因很多,有外部需求及竞争等因素的变化,也有内部的战略转变、成本变化等,还有国家政策、法令的制约和干预等。这些原因具体表现在以下几个方面:

第一,企业急需回笼大量现金。此时,企业可以通过对某些需求价格弹性大的产品予以大幅度削价,从而增加销售额,获取现金。

第二,通过降价来开拓新市场。一种产品的潜在顾客往往由于消费水平的限制而阻碍了其转为现实顾客。在降价不会对原顾客产生影响的前提下,企业可以通过降价来增加新顾客。

小链接

古井贡酒降价销售

1987 年 7 月,全国名酒统一调价:茅台二百多元一瓶,泸州老窖、五粮液一百多元一瓶,就是古井贡酒国家也规定提价为 48 元一瓶。但古井贡酒厂充分考虑到名酒需求与价格之间存在密切关系,价格下降,需求必然增加,销量必然扩大。于是,古井贡酒厂在名酒厂纷纷涨价的情况下,不仅不涨价,还降价销售,销量大增。1990 年销售额升至 1.56 亿元,1991 年仅用半年时间就销售 1.5 亿元,实现利税 6 400 万元,分别比上年同期增长 204% 和 86%。

第三，企业生产能力过剩，产品供过于求，但是企业又无法通过产品改进和加强促销等工作来扩大销售。在此情况下，企业只有考虑降价。

第四，随着科学技术的进步和企业经营管理水平的提高，单位产品成本降低，企业费用减少，使降价成为可能。

第五，企业面临价格竞争并且市场占有率下降。例如，在国际市场上，美国的汽车、电子产品、照相机、钟表行业由于日本竞争者的产品质量较高、价格较低，而逐渐失去一部分市场。因此，为了增强竞争能力，维持和提高市场占有率，企业必须降价。

第六，政治、法律环境及经济形势的变化迫使企业降价。政府为了实现物价总水平的下调，鼓励消费，增加需求，或遏制垄断利润，往往通过政策和法令，采用规定毛利率和最高价格、限制价格变化等方式使企业的价格水平下调。在通货紧缩的经济形势下，或者在市场疲软、经济萧条时期，由于币值上升，价格总水平下降，企业产品价格也应随之降低，以适应消费者的购买水平。

企业降价多采用各种折扣形式实现。此外，变相的降价形式有赠送样品和优惠券，实行有奖销售；给中间商提取推销奖金；允许顾客分期付款；赊销；可免费送货上门、技术培训、维修咨询；提高产品质量，改进产品性能，增加产品用途等。由于这些方式具有较强的灵活性，在市场环境变化的时候，即使取消也不会引起消费者太大的反感，同时它又是一种促销策略，因此在现代经营活动中其运用越来越广泛。

小链接

格兰仕微波炉的降价策略

格兰仕公司自进入微波炉市场以来，多次打响降价第一枪，使它在市场上的地位不断提高。综观格兰仕公司的价格策略，其显著特点是价格下调幅度大。格兰仕公司的降价策略是：要么不降价，要降就大幅度地降。所以，格兰仕公司每次下调价格，调价幅度都在20%以上，甚至达到40%。1996年8月，3个型号平均降价24.6%，市场占有率从36.5%上升到50.2%；1997年7～8月，17立升机型降价幅度达40%；1997年10～11月，5个型号降价，平均降幅为32.3%；1998年7月，17立升机型降价，降幅为24.3%。如此高的降价幅度，在消费者心中产生了震撼效果，也使格兰仕公司的市场占有率高达30%以上，成为中国微波炉市场的龙头老大。

2. 提价策略

提价能增加企业的利润，但也可能引起竞争力下降、消费者不满、经销商抱怨，甚至可能受到政府的干预和同行的指责，从而对企业产生不利影响。尽管如此，实践中企业提价还是时有发生，其主要动因在于以下几点：

第一，产品成本增加的压力。这是所有产品价格上涨的主要原因。由于原材料价格上涨，或生产管理费用提高导致成本上涨，企业为了保持一定的利润率，通常采取提价策略。

第二，适应通货膨胀。在通货膨胀条件下，物价上涨，企业成本费用提高，企业若维持原价，其利润的实际价值就会呈下降趋势。这时，企业往往通过提价将通货膨胀的压力转嫁给中间商和消费者。

第三，产品供不应求，抑制过度消费。在某些产品的需求膨胀而供给又不能及时扩大出现供不应求的情况下，企业可以通过提价来抑制需求，这样可以缓解市场压力，使供求趋于平衡，同时又可以取得高额利润，为扩大生产提供条件。

在时机的选择上，可以使产品在市场上处于优势地位、产品进入成长期、季节性商品达到销售旺季、竞争对手产品提价等情况下提价。在方式的选择上，企业应尽可能多地采用间接提价方式，把提价的不利影响减到最低程度，使提价不影响销量和利润。同时，企业提价时应采取各种渠道向顾客说明提价的原因，帮助顾客寻找节约途径，减少顾客不满，维护企业形象。

至于价格调整的幅度，最重要的考虑因素是消费者的反应。因为产品价格调整的目的是促进销售，只有根据消费者的反应调价才能收到良好的效果。

（二）消费者对价格调整的反应

企业所确定的价格能否被消费者接受是衡量价格调整成功与否的重要标志。不同市场的消费者对价格变动的反应是不同的，即使处在同一市场的消费者对价格变动的反应也可能不同。

消费者对某种产品降价的可能反应包括：① 产品将马上因式样陈旧、质量低劣而被淘汰；② 企业遇到财务困难，很快将会停产或转产；③ 价格还要进一步下降；④ 产品成本降低了。

而对于某种产品的提价则可能产生如下几种理解：① 很多人购买这种产品，需赶紧购买以免价格继续上涨；② 产品质量有了改进；③ 企业将高价作为一种策略，以树立名牌形象；④ 企业想取得更多利润；⑤ 通货膨胀，所有产品提价很正常。

正因为如此，企业必须重视顾客对调价的反应，并据此制定相应的对策。从理论上说，可以通过需求价格弹性来分析消费者对价格变动的反应，弹性大则反应强烈，弹性小则反应微弱。但在实践中，价格弹性的统计和测定非常困难，其准确度常常取决于消费者预期价格、原有价格水平、价格变化趋势、竞争格局以及产品市场生命周期等多种复杂因素，并且会随着时间和地点的改变而处于不断的变化之中，企业难以分析、计算和把握。所以，研究消费者对调价的反应，多是注重分析消费者的价格意识。价格意识是指消费者对商品价格高低强弱的感觉程度，直接表现为顾客对价格敏感性的强弱。研究表明，价格意识和收入呈负相关关系，即收入越低，价格意识越强，价格的变动直接影响需求量；收入越高，价格意识越弱，价格的一般调整不会对需求产生较大的影响。价格意识决定了消费者可接受的产品价格的界限，这一界限规定了企业可以调价的上下限度。在这一限度内的价格变动是可以被消费者接受的；而一旦提价幅度超过上限，则会引起消费者不满，产生抵触情绪；降价幅度若低于下限，会导致消费者的种种疑虑，也对实际购买行为产生抑制作用。

（三）竞争者对价格调整的反应

在竞争市场上，企业调价的效果还取决于竞争者的反应。通常，在某个行业或部门中，企业越少，产品的同质性越强，购买者对产品的辨别水平越高，了解竞争者反应的重要性就越大。竞争者对调价的反应包括以下几种类型。

1. 相向式反应

相向式反应即“你提价他提价，你降价他也降价”。这样一致的行为，对企业影响不太大，不会导致严重后果。只要坚持合理营销策略，企业不会失掉市场或减少市场份额。

2. 逆向式反应

逆向式反应即“你提价，他降价或维持原价不变；你降价，他提价或维持原价不变”。这种相互冲突的行为，影响很严重，竞争者的目的也十分清楚，就是乘机争夺市场。对此，企业要进行调查分析，摸清竞争者的具体目的，估计其实力，了解市场的竞争格局。

3. 交叉式反应

众多竞争者对企业调价反应不一，有相向的，有逆向的，有不变的，情况错综复杂。企业在不得不进行价格调整时应注意提高产品质量，加强广告宣传，保持分销渠道畅通等。

总的来说，如果所有的竞争者行为相似，只要对一个典型竞争者做出分析就可举一反三。如果竞争者在规模、市场份额及经营风格方面有重大差异，则应该分别对各个竞争者予以分析。

企业要了解竞争者对调价的反应，必须调查竞争对手目前的财务状况、近来的销售和生产能力情况、客户忠诚情况等，其中最关键的是要弄清楚竞争者的营销目标。如果竞争对手的目标是实现企业的长期最大利润，那么它往往不会对本企业降价作多大反应，而会利用非价格因素，如加强广告宣传、提高产品质量和服务水平等；如果竞争者的目标是提高市场占有率，它就可能跟随本企业的价格变动相应调整价格。

（四）企业对竞争者调价的反应

在市场竞争条件下，企业必须具备对竞争对手的价格调整做出及时正确反应的能力。竞争对手在实施价格调整策略之前，一般都要仔细权衡利弊，并大多采取保密措施，以保证发动价格竞争的突然性。在此情况下，企业贸然跟进或无动于衷都是不对的，正确的做法是尽快地对以下问题进行调查研究：

第一，竞争者调价的目的；

第二，竞争者调价是长期的还是短期的；

第三，竞争者调价将对本企业的市场占有率、销售量、利润、声誉等方面的影响；

第四，同行业的其他企业对竞争者调价行动的反应；

第五，企业的反应方案；

第六，竞争者对企业每一个可能的反应对策。

一般而言，在同质产品市场上，如果竞争者降价，企业必须随之削价，否则顾客将转向价格较低的竞争者；如果竞争者提价，本企业既可以跟进，也可以暂且观望，因为提价不是行业的集体行为，多数会失败。在异质产品市场上，由于每个企业的产品在质量、品牌、包装等方面有着明显的不同，所以面对竞争者的调价策略，企业有较大的选择余地。它包括如下几种情况：第一，价格不变，顺其自然。以不变应万变，寻找机会谋求更大的突破。一般实力较强的企业为巩固和稳定本企业产品高质、优价的地位都会使用这一策略。另外，对需求价格弹性小的产品，企业也可维持价格不变。第二，价格不变，运用非价格竞争手段。比如加强广告攻势，强化售后服务，提高产品质量，或者对产品进行改进。第三，部分或完全跟随竞争者的价格变动，维持原来的市场格局，巩固已有的市场地位。第四，以优于竞争者的价格跟进，即以比竞争者更大的幅度削价或以更小的幅度提价，并强化非价格竞争，形成产品差异，利用较强的经济实力或优越的市场地位，给竞争者以必要的回击。

本章小结

产品的价格是整个营销组合的基本组成部分。在营销组合中，只有价格能产生收入，其他因素都表现为成本，同时价格也是其中最灵活的因素，它的变化是非常迅速的。因此，价格策略是企业营销组合的重要因素之一，它直接决定着企业市场份额的大小和收益率的高低。

经济学研究的价格主要是理论价格，而市场营销学中的价格则是在理论价格的基础上，从企业角度出发，结合动态中的市场情况，着重研究产品进入市场、占领市场、开拓市场的一种具体的应变价格。企业在定价时，要综合考虑企业定价目标、产品成本、市场供求状况、商品需求特性、竞争状况、消费者心理，以及政府和行业组织干预。目前企业定价方法有成本导向、需求导向、竞争导向三种。

定价策略不但涉及价格的高低和制定的方式，还要考虑这种策略与市场营销组合中其他元素相配合，并与市场环境、产品条件和企业自身状况相适应。

【问题与探讨】

1. 影响定价的因素有哪些？
2. 什么是成本导向定价方法？它又分为哪些具体方法？
3. 竞争导向定价法包括哪些具体方法？各自的适用条件是什么？
4. 试比较撇脂定价策略与渗透定价策略。
5. 常用的心理定价策略主要是哪些？
6. 企业提价或降价可能的原因是什么？
7. 消费者对某种产品降价的反应可能有哪些？

【案例分析】

以“价”取胜的丰田

在企业竞争中，价格竞争只是其中的一部分，是企业竞争中的一招“险棋”，走不好，则造成竞争双方两败俱伤，大伤元气，甚至会自毁财路，自断前程！美国市场上曾有一种名为“雨戈”汽车就曾因低价竞争不奏效，导致企业陷入困境。而丰田公司，则较好地利用了低价策略，赢得了汽车市场竞争的胜利。丰田的低价策略，是以降低成本为前提的，并没有放松对质量的严格把关，因此，才能在低价竞争中取胜。

由于多年美日贸易的巨额逆差，导致了美元大幅度下跌，日元急剧升值。这样一来，日本汽车的廉价的优势不仅荡然无存，甚至每辆汽车还要比美国汽车贵 2 000～3 000 美元，于是，美国汽车的市场占有率开始稳步回升，日本汽车则连年下降，丰田汽车公司在国内外市场份额均减少了。为了再度取得优势地位，丰田开始致力于技术改造以降低成本。他们重新安排了引擎舱，使用更少的电线及材料，将方向盘种类由原来的22种减至6种……所有这些工作使得一辆轿车的平均成本大概下降了10%，为丰田汽车在材料和生产成本方面，每年可节约16亿日元。

要让顾客明白丰田的低价决不等于低质，这一点，他们非常清醒地认识到了。所以他们订立的目标是：开发与奔驰质量相同的新型汽车，但具有更优越的价值，让购买丰田的人认为自己作出了明智的选择，而不是为了显示地位而大量花费。

在广告宣传上，丰田将其“凌志”车的图片和奔驰放在一起，并加以大标题：“用36 000美元就可以买到价值73 000美元的汽车，这是一个千载难逢的机会。”让人们从心理认为“凌志”车与“奔驰”车性能、质量上并无差别，只是价格低了，以刺激、引导顾客的购买欲望。

在价值创造上，丰田确实是个行家，它不仅考虑了价格，还同时考虑到质量问题，有效地将两者结合在一起，为消费者提供了一种他们理想中的汽车模式：一辆小汽车，具有奔驰的质量，具有丰田的价格，更重要的是，他们在营销中赢得了市场与消费者的信赖。

思考：

1. 在企业竞争中应如何正确使用价格策略？

2. 丰田公司是如何运用价格策略赢得市场的，你认为中国企业在价格策略的运用上有哪些成功或不足之处。

【实践训练】

价格策略

项目：为某校园内即将开张商店制定一份价格策划方案。

目的：通过制定价格策划方案，锻炼学生调查与分析营销环境的能力，进一步理解制定价格要考虑的因素，掌握定价的具体方法，并能利用价格策略打开市场、赢得利润。

组织：以小组为单位制定一份价格策划方案，小组人数4～5人为宜，小组成员要合理分工。

内容：校园营销环境的特点分析，多种定价方式的比较与选择，价格策略的具体实施办法，并制定成演示文件在全班进行演讲，老师与其他组的同学共同评估方案的长短优劣，并选出优胜者。

第 10 章　分销渠道策略

通过本章学习，你应该理解：

1. 营销渠道与分销渠道是两个不同的概念；
2. 分销渠道参与者承担不同的功能，发挥不同的作用；
3. 分销渠道的设计要考虑不同的影响因素；
4. 物流对分销渠道发挥重要作用；
5. 分销渠道出现了新的形态；
6. 渠道已成为企业获取竞争力的关键途径。

渠道设计与渠道管理已成为许多产品成功营销的最关键因素，要使产品顺利地由生产领域向消费领域转移，实现其价值，并取得一定的经济效益，必须要通过一定的渠道，经过实体分配过程，在适当的时间、地点，以适当的价格和方式将产品提供给适当的消费者。分销渠道承担着产品由生产领域向消费领域转移的任务。合理选择分销渠道是企业营销的又一重要决策。本章将重点介绍分销渠道策略。

【引导案例】

家乐福入场费风波

2002 年家乐福在中国拥有 39 家大型超市，净销售额达到 12 亿美元。2003 年 6 月 13 日，上海炒货行业协会下属的 17 家供货商联合向家乐福发难，要求家乐福砍掉某些不合理收费，否则他们将集体撤离家乐福。上海炒货商业协会说，一些供应商由于家乐福的高额进场费而造成亏损，双方的谈判不欢而散。

7 月 9 日，中国造纸协会召集了造纸业近 40 家企业，在上海召开了研讨会，再度对“进场费”质疑。

进入家乐福，供货商需要付出多少成本？据上海炒货协会的秘书长陈恩国介绍，剔出和销售额挂钩的几项费用外，固定费用就有 150 万元左右。

正林南京分公司一位负责人说，去年在家乐福南京店的销售额总共不到 20 万元，但是付出去的费用全都记到厂家头上，春节一个“堆头”要 2 万元。

陈恩国指出，初到上海滩的家乐福，进场费并没有这么高。但是随着家乐福名声大噪，一些供货商把能够在家乐福上架看做是最好的广告示范效应，家乐福开始水涨船高。与此相对的是沃尔玛，2003 年 6 月沃尔玛到北京开店时，向供应商公开承诺免收进场费。

家乐福拒绝与上海炒货协会再次谈判，理由是其不具有合法性及广泛代表性。家乐福中国区的一位高层说，家乐福的进场费并不高，而且是遵照国际惯例。

供货商指出，供货商与家乐福签订的全是格式合同。即在合同中，全部是超市已拟定好的条文，没有协商条款，根本谈不上公平互利。

资料来源：朱立. 市场营销经典案例[M]. 北京：高等教育出版社，2004.

上述案例不难看出，分销渠道对于企业来讲非常重要，没有选择好产品的分销渠道，就可能出现产品销路不畅的现象，也正是因为这样，使得很多大型零售商在与供应商议价时处于相对优势，甚至是绝对优势，进而产生案例中提及的“进场费”问题。

思考： 1. 分销渠道为何成为供应商的竞争热点？
2. 进场费是否合理？零售商与供应商之间如何实现“双赢”？

一、营销渠道与分销渠道

（一）营销渠道与分销渠道的含义

营销渠道是指配合生产、分销和消费某一生产者的产品和服务的所有企业和个人。营销渠道包括参与某种产品的供产销全过程的所有相关企业和个人，包括供应商、生产者、商人中间商、代理中间商、辅助中间商以及最终消费者或用户等。

分销渠道也叫“销售渠道”或“通路”，是指促使某种产品或服务顺利经由市场交换过程转移给消费者（用户）消费使用的一整套相互依存的组织。一个企业的分销渠道的成员包括产品（服务）从生产者向消费者转移过程中，取得这种产品和服务的所有权或帮助所有权转移的所有企业和个人。其中既有商人中间商——取得所有权，也有代理中间商——帮助转移所有权，还有处于渠道起点和终点的生产者和最终消费者或用户。

现代化大规模生产商并不直接把产品出售给最终用户，而是通过中介机构出售产品，这些中介机构可以是个人或者是组织。有许多不同类型的中介机构，它们承担了产品的买与卖以及其他一些营销功能。有些中介机构买进产品，获得产品的所有权，又把产品转售出去，从中获得经营差价，这种中介机构称为经销中间商。有些中介机构如经纪人（商），生产制造企业代理商或销售代理人，他们寻找客户，提供信息，但不买进产品，不获得产品的所有权，只是帮助生产者销售产品，他们称为代理中间商。还有一些中介机构像运输公司、仓库出租商、银行、广告代理商等等，他们不进行产品的买卖事项，也不获得产品所有权，只是促进产品的分销与流动，他们称为辅助中间商（机构）。

与营销渠道有所不同的是，分销渠道中不包括供应商以及起辅助作用的中间商，作为帮助企业把产品及所有权从生产者转移到消费者或用户的有关中介单位组成的一个系统，这个系统的起点就是企业自己，即生产者，终点是消费者或用户。产品在这个过程中，所有权至少要转移一次。

（二）分销渠道的职能

分销在企业是一种十分重要的营销活动。分销工作的优劣将直接影响到产品能否有效地实现其价值。因此，分销渠道的职能包括：

(1) 收集与传送信息。渠道参与者通过市场调研搜集和整理有关消费者、竞争者以及市场营销环境中的其他影响者或影响力量的信息，并通过各种途径将信息传递给渠道内的其他参与者。

(2) 促销。促销是生产者或经营者为刺激消费所进行的关于商品和企业的宣传、沟通活动。渠道参与者需要通过创意的开发与构思，把能够满足消费者需要的产品和服务的信息以顾客乐于接受的、富有吸引力的形式，传递给消费者或用户。

(3) 接洽。这是生产者或经营者寻找潜在购买者，并与之接触的活动。在具体工作中，表现为接受或争取订单。

(4) 组配。组配是指生产者或经营者对商品在分类、分等、装配、包装上进行组合、搭配，以符合购买者需要的活动。

(5) 谈判。谈判是买卖者为实现商品所有权的转移就价格以及有关条件进行协商的活动。为实现成员之间互惠互利的合作，分享渠道分工的效益，成员与成员之间、成员与消费者或用户之间要进行谈判，达成有关产品的价格和其他交易条件的最终协议，实现商品所有权的转移。

(6) 物流。物流是商品的运输、储存活动。从走下生产线那一刻起，商品就进入流通过程，渠道的参与者开始进行商品实体的运输和储存活动。

(7) 融资。融资是生产者或经营者为完成以上各种职能而进行的资金融通活动。不论是生产或商品购销，都需要资金投入，用于渠道成员彼此之间的货款支付、组织的运转开支和劳动者工资。渠道成员只有筹集到足够的资金，才能运作，整个营销渠道才能有效地运转，渠道成员之间才能保持健康的联系。

(8) 风险承担。风险承担是指在商品流通的过程中随着商品所有权的转移，市场风险在渠道成员之间的转换与分担。在渠道中，渠道参与者既要通过分工分享专业化所带来的利益，也要共担商品销售中的风险，如由于市场波动、政治动乱、自然灾害等因素造成的损失。中间商一旦加入到某个商品的分销渠道中，就自动地承担起分担该商品销售风险的职能。

分销渠道能够创造出地点效用、时间效用和所有权转移效用，在生产者与消费者之间架起桥梁。随着经济的发展、生产力的提高，创造形式效用的相对重要性不断减小，而创造地点、时间和所有权效用的相对重要性日益提高。

生产者把一部分或全部的分销工作交给中间商完成，从根本上说是为了提高产品从生产者一方流向最终用户一方的效率，尽管生产者这样做的代价是放弃了一部分或全部对产品分销的有效控制，但是只要生产者从分销渠道中能够得到的更多，这样做仍然是值得的。从图 10-1 中可以明显地看到，如果由生产者自行销售，那么就要由自己来承担每一笔交易，这对大批量生产的企业来说实际是不可行的。而如果在分销中增加中间商这一成员，就可大大减少交易次数，按图例中四个生产者对四个用户，使用中间商可使交易次数从 16 次降低到 8 次，从而减少了交易联系，提高了交易效率。

生产者把产品分销部分或全部交给中间商是为了利用中间商的经验、资金、各种关系、专业知识、销售网络、规模化经营等等有形资产和无形资产，利用中间商的分销作用。如果生产日常用品的企业自己去建立销售机构，或买下分销渠道，那么企业是

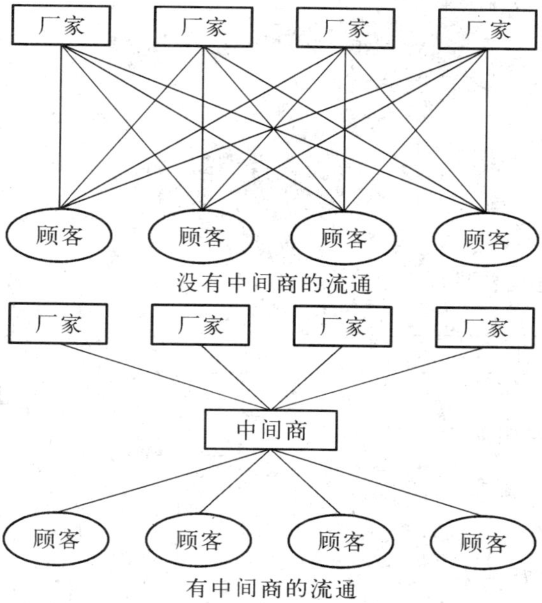

图 10－1　中间商的分销作用

很难承受这么巨大的资金压力的。值得一提的是，批发商或代理商的分销功能可以由渠道的其他成员来提供，但是中介机构的分销功能是不能不要的，也就是说中间商可以不要，但中间商分销功能却是必不可少的。连锁超市可以说：我们有自己的物配中心，直接从厂家进货，不要中间商，让利于消费者。但连锁超市这样做丝毫也没有减少中介机构的分销功能，而是越过了中间商，自己承担了中介机构的分销功能，直接与厂家交易。

二、渠道参与者

营销渠道包括参与某种产品的供产销全过程的所有相关企业和个人，包括供应商、生产者、商人中间商、代理中间商、辅助中间商以及最终消费者或用户等。

图 10－2 所描述的分销渠道中，三类基本的构成要素是：生产商；中间商；最终用户。中间商可以进一步划分为批发中间商和零售中间商，最终用户可以进一步划分为消费品和工业品用户。本书在介绍时将最终用户视为渠道商业子系统服务的目标市场，因此在分销渠道介绍中重点介绍生产商和中间商。促进机构尽管为非成员参与者，但他们确实参与了渠道的运作，因此应该引起重视。

（一）生产商

生产商，是从事产品生产制造的商人，是制造业、第二产业经营者，也可以称为厂商、厂家、生产厂商、生产厂家、制造商等，本书统称为“生产商”。从产品和服务的多样性以及企业的规模看，从事生产或制造的企业范围非常广，包括从制造纽扣到喷气式飞机等各类企业，以及从 1 人规模的企业到拥有成千上万职员和数亿销售规模的

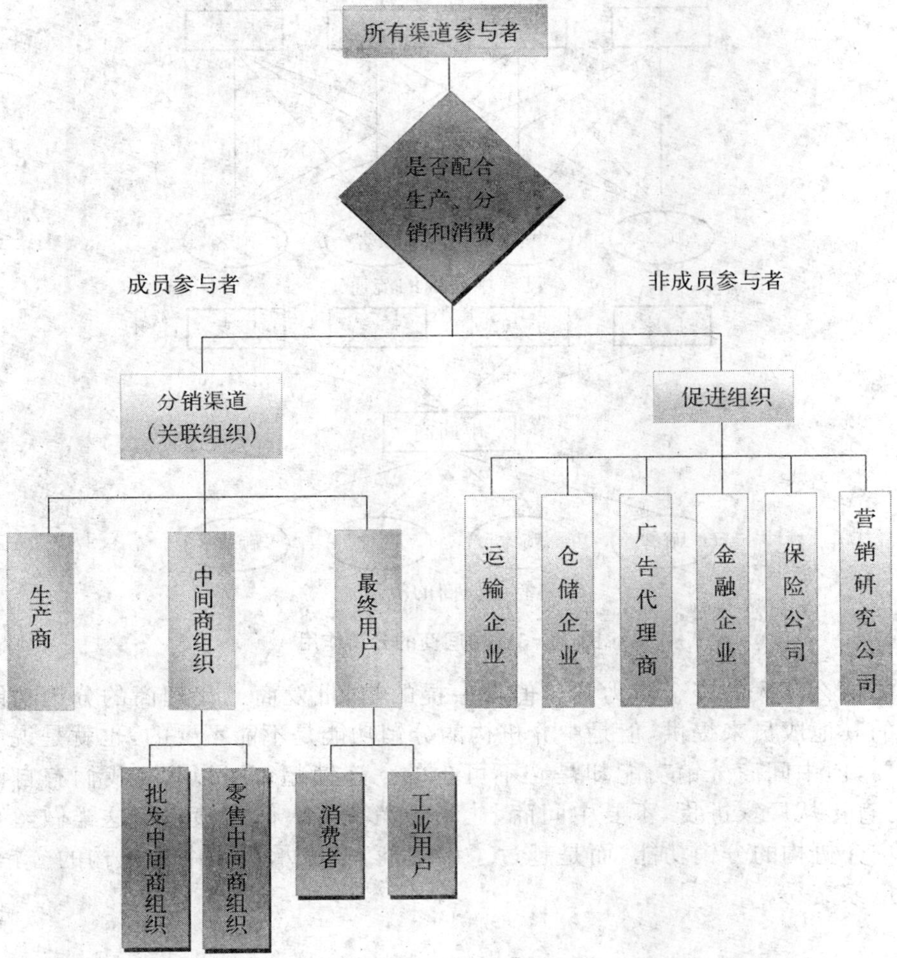

图 10-2 渠道参与者分类

大型跨国公司。尽管存在巨大的差异性，所有的生产或制造企业都有一个共性：都提供能满足市场需求的产品。为了使市场的需求能得到满足，生产或制造企业的产品必须适应市场需要。

在专有技能方面，很多生产商在分销上并不具有像在生产或制造方面所拥有的那么强的能力。一个电子生产商可能在生产上掌握最前沿的电子技术，却对如何最佳地将这种复杂的产品分销到市场上知之甚少。生产商作为品牌产品的创造者广为人知，并被认为是分销渠道的源头和中心。像通用电气、通用汽车、索尼、飞利浦这样成功的生产商在各自的分销渠道中占据着举足轻重的位置。但事实是：许多服务于工业领域的生产商并不广为人知，并不是所有的生产商在各自的分销渠道中都占据主导地位。生产方面的专有技能并不能自动转化为分销上的技能。

生产企业如果自己从事分销任务，往往会面临着高水平的平均分销成本。这不仅适用于小型生产商，同时也适用于很多大型企业。规模经济常常使生产商能在较低的平均成本基础上进行生产活动，不过它在分销上却缺乏这种效益。批发和零售层次的中间商是生产商可以有效利用的分销渠道成员。

（二）批发商

1. 批发商的作用与功能

批发商是分销渠道中的重要成员。所谓批发指的是把产品出售给零售商、其他中间商或团体购买者，但不直接出售给最终顾客的一种活动。一个宣称“以批发价出售给每一位顾客”的服装经销商，如果销售额中很大一个比例是直接出售给最终顾客的，那么它实际是一个零售商。产品出售价不是决定该商人是批发商还是零售商的标准，主要看出售给最终顾客的销售额比例。仓储式超市以接近批发价出售产品，但它仍是一个零售商。生产厂家和零售商可以越过批发商开展分销活动，这并不等于可以不要批发商的批发功能。

(1) 批发商给厂家提供多种营销功能。

第一，销售功能。批发商营销可以作为生产厂家销售力量的延伸，降低生产厂家的销售费用，并可以比厂家更好地接近用户，比远在异地的厂家更容易得到购买方的信任。

第二，仓储功能。批发商营销可以提供仓储设施与力量，从而减少厂家对仓储设施的投资，使厂家可以集中于生产制造上。

第三，资金融通的功能。批发商营销可以降低仓储成本，降低厂家在库存产品上的资金占用，使厂家能在产品出售给最终用户以前回收货款，减少坏账风险和流动资金的投放。

第四，搜集提供市场信息的功能。批发商凭借接近用户接近市场的特点，可以向厂家提供市场信息，用户要求与需求动态，从而减少厂家对市场调研需要的投入。

第五，降低风险的功能。批发商由于承担了多种功能，从而为厂家承担了不少风险，如拥有产品所有权而承担风险；赊销时的销售信用风险；因库存产品而承担偷窃、损坏、变质、过时等而引起的损失风险。批发商的提前订货，也能帮助厂家安排好生产计划，降低生产企业的市场风险。

第六，汇集产品的功能。批发商可以从多个厂家进货，组成品种繁多、规格齐全的产品集合，有助于零售商降低采购成本与精力，同时也有利于厂家产品的销售。

(2) 批发商向客户企业提供多种营销功能。

第一，采购功能。销售代理能预测客户定购需求，及时采购产品以满足需求。

第二，库存功能。减轻客户的库存压力，帮助客户避免过量采购或采购不足，并与客户共享大规模仓储所带来的经济效益。

第三，搜集市场信息功能。提供有关生产厂家和所生产产品的信息，评估产业发展变化趋势，从而使客户随时跟踪产品的发展动向。

第四，资金融通功能。向客户提供销售信贷，承担库存费用，降低客户在仓储设施上的固定费用投资与支出。

第五，承担风险功能。使客户不必过多地承担库存资金占用的风险，向被厂家拒绝赊卖的小企业提供产品。

第六，交易功能。拥有产品所有权可以使客户不必直接与厂家打交道，可以使客户集中于销售工作，减轻采购的压力。

第七，集中与汇总功能。为客户提供花色品种齐全，产品多样的选择性，既满足需要又减轻客户的大量工作。

2. 批发商的类型

批发商一般可以分成四种类别：经销批发商、代理批发商、厂家批发机构和其他特种批发商。

(1) 经销批发商。经销批发商是指那些购买产品获得产品所有权，再转卖给组织用户从中谋取经营差价的独立中间商。经销批发商可以根据其提供的功能范围与服务水平分为：完全职能的经销批发商和部分职能的经销批发商。

完全职能的经销批发商能够为其上下客户提供几乎全部的营销功能，例如：仓储、推销人员、商业信贷、运输、促销支持、管理帮助、提供市场信息，及对产品进行分类、分装、分等、包装和搭配汇齐等等。完全职能经销批发商有许多具体种类，例如，综合性批发商，主要指经销产品种类齐全，产品线较宽的批发商，如日用轻工家电产品批发商。专业批发商，主要指经销某一大类产品的批发商，如药品药材经销企业，土副杂品经销批发企业，厨具用品批发企业等等。工业品分销商一般都属于专业经销批发商，生产厂家出于建立良好的生产—分销关系，往往努力与工业分销商建立互利伙伴关系，从而确保有较高的市场覆盖面。

部分职能经销批发商一般只向客户提供极少的服务和营销功能，由客户自己来承担这方面的工作，作为补偿，批发价格一般较实惠。例如，普通商品专业市场日用小商品、普通服装、杂货、装修建材等一般采取现款交易，运货自理的批发方式，客户上门采购，当场付款，然后自己把货物运回自己的销售点。也有一些批发商把商品装上汽车或其他交通工具，逐家推销。他们一般执行批发销售与送货上门的职能，比较适合小型超市、杂货店、餐馆、医院、食堂和旅馆，现货现卖，大大方便了他们的采购。

(2) 代理批发商。代理批发商是指不获得产品所有权，只是代表买方或者代表卖方受委托进行产品交易的一类批发商。这类批发商也分为两种：一是经纪人，另一是代理商。就其功能来说，基本是一样的，只是后者比前者更正规、受托关系更长、代理权限更大、辅助功能更多一些。经纪人主要作用是为买卖牵线搭桥，协助谈判，一般不存货，不涉及财务问题，不承担风险，由事先达成的比例按销售额提取佣金。

代理商也有几种形式。独立的厂家代理商是代理批发商的主要形式，他们代表两家或两家以上的厂家产品销售。厂家一般要求代理商不代理销售相互竞争的产品，但可以是互为补充的产品线。代理商也就价格、代理地区、订单处理方式、送货、商品担保、佣金标准等等方面与厂家达成书面合同。中小型生产企业一般没有力量来进行产品的分销工作，常常采用代理的方式，而对于大生产企业，在开发新市场或自己一时无法全力投入销售力量的市场也多利用厂家代理商。另一种代理商是销售代理。销售代理商可以提供厂家代理商的全部功能，但是销售代理商可以经营相互竞争的产品，在代理区域方面一般也没有严格的限制。还有一种是采购代理商，他们一般和买主建立有长期的合作关系，为其寻找、购买合适的产品，进行选择、收货、验货、储存、送货等工作，并按商定的标准获得佣金。

启示故事10－1：燕京啤酒的经销商管理

对于啤酒企业来说，经销商的管理是一个重点问题，啤酒企业常用的渠道有以下几种：一是传统流通渠道，分销商、批发商、批零商等；二是餐饮终端渠道，主要是大中小各类餐饮终端、酒店等；三是零售终端，包括大卖场在内的现代零售终端以及传统零售店、便利店等；四是夜场，主要是指KTV包厢等一些娱乐场所等。

传统流通渠道的分销商、批发商等是各厂家和经销商争夺的对象，一家经销商往往代理好几家公司的产品，做好经销商的管理，是公司控制成本同时拓展市场的主要着力点。

过去，各大经销商、批发商出售燕京啤酒，最期望拿到最好的市场政策。燕京啤酒也期望做好客情关系。但是由于管理的信息不畅，往往无法做到公平一致。显然最简单的方式是，通过IT技术连接经销商的电脑。这样既可以较好地维护与经销商的关系，在优惠政策等合作上给予更合理的资源倾斜；同时也利于燕京啤酒优化内部的管理和流程。

但是，做好这个环节并不容易，对于大多数国内啤酒企业来说，经销商的管理一直较为薄弱。一方面，经销商太多，成本太高；另一方面，对于目前急于"跑马圈地"的企业来说，其还没有来得及精耕细作这一环节。但是参照国际啤酒企业，多对外宣称已经在布局这一环节。

在做深市场的原则下，2009年，燕京啤酒尝试推广深度分销系统，最初的布局从十几家大经销商开始。燕京啤酒因此随时了解这些大经销商的进销存情况，了解货物流向情况。初步规范了经销商的流程管理，过去对经销商的模糊管理开始变得精细化。哪些优惠政策该给哪些经销商，一目了然。由于管理过程透明公开，从而调动了广大经销商的积极性。

燕京啤酒在探索分销渠道中做出了表率，在未来很长一段时期内还将继续研究和探索有利于企业发展的新渠道，为企业创造新的竞争优势。

资料来源：钟啸灵.市场营销案例[J].2010(10)：35－37.

(3) 厂家批发机构。厂家批发机构主要指生产厂家自行建立的批发单位，以自身的力量进行产品的分销工作。厂家批发机构一般有两种：一是厂家外派外驻的办事处，主要进行联络、寻找客户、提供产品信息、接受订货、受理投诉、开展维修等等工作，一般没有仓储存货，也不负责送货。另一种是销售公司，是由厂家建立的销售机构，可以是分公司，也可以组建子公司。厂家销售公司除了具备办事处的功能外，一般还拥有仓储设施，有营业场所，有运输工具，可以全方位地开展产品的分销工作。

(4) 其他类别的批发商。除了上述的批发商以外，还有一些其他类别的批发商。比较特殊的有成品油批发企业或石油公司。它们向加油站、燃料油用户、工业用油户、其他油品中介机构等批发石油制成品(主要是汽油、柴油、燃料油)。由于它们大多数拥有大型专用的生产设施，所以是比较特殊的一类批发商。农副产品佣金行也是一种比较独特的批发商。它们向各家各户小批量买进产品，然后大批量卖给少数几个客户。像香港的瓜果蔬菜佣金行，向农户搜集产品，分类、分级、打包，然后出售给市区中心商场或超市，扣除佣金后把销售款汇进农户的账上。为了吸引更多的农户投售，各佣金行总是千方百计地去卖出一个好价钱,佣金行之间也相互竞争。

3. 零售商的概念和作用

零售商因为在销售活动中把生产商或批发商与消费者连接起来,所以也是一种中间商,尽管零售商最后要把商品销售给消费者。工业用品的销售和最终消费品转售都不是零售行为。有些零售商也搞批发,但如果它出售给最终消费者的销售额占全部销售额的半数以上,就可以认定为一个零售商。

与工业品市场营销不一样,最终消费品的销售绝大多数是通过零售完成,消费者主要是从各种类型的零售方式中来获得所需物品。因此,作为分销渠道的最后一个阶段,零售商在生产厂家与最终消费者之间架起了有效的桥梁。

零售可以创造价值。零售提供了消费者一个丰富多彩、花色品种齐全的商品范围,可以帮助形成地点效用、时间效用和所有权效用。也可以增加形式效用,例如,服装零售商根据顾客的特点,为他(她)选择合体、大方、相配的服装。零售商的服务与功效还可以帮助创造产品的形象,这就是为什么生产厂家要选择排他性分销和选择性分销的原因。零售商还可以增加所售产品的价值,其方式与途径有:① 提供服务,如分期付款、送货上门、延长营业时间、礼品包装,等等;② 以零售商的形象增强产品的形象,如在声誉好的大商场内购物,人们会对产品质量、真实性等方面的可信度大大提高;③ 通过人员服务,帮助解决顾客困难;④ 零售商集中的地方可以形成购物中心或购物街,大大方便消费者采购,形成互补性。

4. 零售企业的分类

零售企业的组织形态是多种多样的,而且还在不断出现新的零售方式。在这里我们讨论有店铺零售,无店铺零售和零售组织形态三种情况。

1) 有店铺零售。当今,大多数消费者的选购仍是在店铺内进行的,商家不仅为消费者提供了丰富多彩的商品,而且还提供了良好的购物环境。店铺零售有许多形式,而且还不断出现新的形式以满足不同消费者的购物需要。根据所提供的服务水平,一般可以把有店铺零售分为四种类型:① 自助零售。主要使用于许多零售业务,特别是便利商品,有些选购品也可以使用。自助是所有打折优惠的基础,消费者也喜欢自己进行寻找一比较一选择的购买过程,以获得实惠。② 自选零售。即顾客自己寻找所需商品,然后结账付款完成购买。店内有不少营业员以随时帮助顾客解决问题,因此,这一形式比自助零售的成本要高。③ 有限服务零售。即提供较多的销售帮助,除了一般性服务外,还可能提供信贷、退货等服务项目。④ 完全服务零售。完全服务零售即营业员可以随时为在寻找一比较一选择过程中的顾客服务,解决问题,提供更多的服务如各种信贷计划、免费送货、无条件退货、上门安装与维修以及购物处的休息与饮食场所。

启示故事 10-2:可口可乐玻璃瓶装"小红帽"配送

"小红帽"是北京青年报下属的发行站。在北京地区,可口可乐玻璃瓶装已不是主要的销售包装,即饮包装产品逐渐被 500～600 ml 的塑胶瓶所取代,但由于玻璃瓶装可口可乐系列产品进入市场较早,还是有一定的消费人群。很少有经销商愿意玻璃瓶装与塑胶瓶装一起销售与配送。可口可乐却还想保留该产品的销售,但又不花费太大的精力去自己做直销或者协销,怎么办?

这个产品的消费者主要是一些消费该包装较早的“老”消费者、非年轻人的“老”消费者和当场即饮的社区便利型消费者。很明显，这些与可口可乐公司的其他产品的针对消费人群有点差别。那么，渠道肯定不一样，需要重新选取。

可口可乐公司分析：这些消费群体的聚集在一些成熟的“老”社区，他们需要在这些“老”社区里进行消费，而这些“老”社区中的居民有一个最大的特点就是看报来了解外界信息，而自办的报纸配送体系，能建立消费者与企业产品的沟通和情感交流。

于是，可口可乐公司通过与“小红帽”配送体系建立合作关系，针对玻璃瓶装的主要消费人群，开发了这一独特的销售渠道。

新渠道建设一定要紧扣目标消费者，目标消费者最接受或者最能体现他们要求的情感、便利的渠道，就是我们要开发的新渠道！

有店铺零售的具体形式主要有如下几种：

(1) 专业商店。是指只售一两个大类的商品，但品种规格很多的商店。例如，西服店、妇女儿童用品商店、鞋帽店、五金商店等等。专业商店的发展速度很快，将在对不同细分市场的服务方面、顾客定制商品方面、专业化服务方面具有很强的竞争力。专业商店也是购物中心的主要组成商店。

(2) 便利商店。便利商店一般出售食品、小百货和应急用品，店址大多在居民小区附近和街道入口处，营业时间长，方便顾客购买。

(3) 百货商店。许多著名的大商场都是百货商店，百货商店经营的商品种类非常多，每一大类商品中的品种规格也相对较多，是一个产品线既宽又深的商品零售商店。一般百货商店按商品大类划分成不同的部门，如服装部、家电部、鞋帽箱包部等等，因此，百货商店也称为多部门商店。百货商店一般坐落于商业闹市中心，除了提供既宽又相对较深的商品组合外，还提供比较齐全的各项服务以及优良宽敞的购物环境，以塑造出时尚的形象。随着零售市场竞争的激烈，百货商店日益受到来自专业商店、便利商店、专业批零市场等零售形式的强烈挑战，有些部门如普通服装、鞋子、家具等业务已大大萎缩。

(4) 超级市场。超市是一种大型、低成本、低毛利、开架自助服务的一种零售形式，主要出售食品、家用日化产品、小百货商品等等。超市最近几年在我国发展特别迅速，除了超市向消费者提供了开架自助自选的新型购物方式外，还在于大规模和连锁经营所带来的价格实惠和就近购物的便利性。便利与连锁经营已成为我国零售业发展的一个重要业态。

(5) 折扣商店。折扣商店一般以低于市场平均价的价格出售商品，毛利较低，薄利多销，以较多的销售量来实现一定的利润目标。不定期的降价优惠、买一送一及季节性处理等商业行为不属于折扣商店的范畴。折扣商店通常是一贯采取较低的价位，销售的产品多数是全国知名的品牌，没有质次产品。店址一般选在次要商业街区，内部设备简单，主要吸引价格敏感型顾客。

(6) 仓储式商店。仓储式商店一般坐落在市郊地区，规模很大，内部装饰简单，商品成堆摆放，有的连运输包装也不打开，像个大仓库。仓储式商店价格低廉，服务很少，一般商品起购数量较大，追求薄利多销。仓储式商店可以是一个大型超市，也可以是专业商店，如家具商场。大型的仓储式商店可以包含一个大超市，同时又有家电、电脑、家具、厨房用品等其他商品的销售。

(7) 样品目录陈列商店。在国外，有一种商店没有商品陈列和货架，只有少量样品和一本本印刷精美的商品目录书，顾客通过目录书浏览选择商品，填写一张索要单后，向坐在电脑终端旁的营业员付款，营业员指令仓库把商品交到顾客手里。由于仓库不占用店铺用房，租金较低，这样可以压缩费用，降低经营成本，从而使价格具有竞争力。

2) 无店铺零售。无店铺零售是指不需要消费者亲临店铺进行购物的一种零售形式。随着计算机技术、网络技术的发展，人民生活观念与方式的变化，外出就餐的增多和购物方式的变化，使无店铺零售发展非常迅速，无店铺零售的具体形式主要有：

(1) 直接营销。直接营销是在邮购的基础上发展起来的一种新型的促进销售的方法。多数企业总是利用广告、销售促进和人员推销来推动产品的销售。广告用来创造知名度和购买兴趣，销售促进用来刺激购买，人员推销则推动达成交易。而直接营销希望减少这些方面的运用，不采用中介机构来实现直接面向消费者的销售。

(2) 直接销售。主要是采取人员推销的方法进行产品销售的一种方法。直接销售有两种形式，一是单层次直销，另一是多层次直销。

单层次直销是指由直销公司雇佣直销人员挨家挨户上门进行产品的销售。公司对直销人员的报酬一般采取佣金或底薪加佣金的方法给予。目前比较多的直销指的就是这种单层次直销。直销公司必须注册登记，否则不合法。

多层次直销也称为传销，源于美国，是一种有效的销售形式。传销公司通过多层、独立的直销员来销售或提供产品/劳务。每一个直销员除了自己推销产品赚取差价外，还可以推荐和训练一些新的直销员来建立销售网，并从所建立的销售网销售中获得一定比例的报酬。每一个新进的直销员可以沿此模式建立自己的销售网，这样不断扩大形成庞大的传销网络。

小链接

传销自20世纪50年代产生于美国后曾风行一时，当时美国正处于经济大萧条时期。当时，各批发、零售行业竞相削价倾销。为此，美国一些厂商开始试行传销方式，从而避免了各店铺竞相削价带来的损失，又不断扩大了自身市场占有率。但由于其自身存在的问题严重地危害了世界各国的经济和社会安定，所以传销最后被不少国家视为公害，许多传销机构被取缔。

1971年，美国联邦贸易委员会及各州政府对变质的多层次传销公司展开调查，一大批传销公司被控行骗罪名成立。继美国之后，被称为“老鼠会”的传销在世界各国受到严厉打击。1972年，日本“天下第一家会”的“老鼠会”面目被揭穿，该会宣布解散；1972年，韩国“天星三家会”被揭穿，受骗会员90万人；1980年，我国台湾台家公司被揭穿，受骗人员1万多人；1990年，“宏源投资公司”欺诈案将台湾“老鼠会”推到被告席，数十万人受害，他们的980亿元台币血本全无。

中国是反对传销的，因为中国的传销不是单纯地销售产品，而是利用人与人之间的各种关系，借销售很多本身不具有多大实际价值产品之名，赚取内部成员的钱。1998年，我国对传销政策进行了适当调整，逐步有人用“直销”来代替“传销”。按照当时的国家政策，人们把"专卖店加直销员"的多层次经营方式称为"直销"，而把无专卖店的多层次经营方式称之为"非法传销"。2005 年 9 月 1 日，我国公布了《禁止传销条例》，再次对"传销"给出了明确的定义：传销，就是传销组织通过多层次(MLM：Multi-Level Marketing)、独立传销商来销售或提供劳务的方式，每个传销员除了将货物销售以赚取利润外，还可以介绍、训练他人为新的传销人，并建立新的销售网络来销售公司货物，在公司获取更多利润的同时，每个传销员也在自己的销售网络中获取相应的差额。

(3) 自动售货。自动售货是采用自动售货机的方式向消费者出售具有较高便利性价值的冲动性产品，如香烟、冷热饮料、糖果、巧克力、报纸、车票等等，有些国家还通过自动售货机出售丝袜、T 恤衫、化妆品、笔记本、唱片、冷冻鲜肉、鲜花等等。

(4) 购物服务。它是指为特殊用户提供购物指导与服务的一种零售方式，主要对象有学校、医院、事业单位、政府部门等等。美国一家联合购物服务公司为它的 90 万个会员提供产品选择、成本加 8%的折扣价格等一系列服务。

小链接

最近 Planet Retail 授权联商网独家发布：法国零售商欧尚正在其实验室内测试自助收银终端，该终端能够自动处理现金交易。这套终端由 Acrelec 公司生产，现金特别是硬币处理技术则来自 Scan Coin 公司。商品被扫描后，消费者可以使用现金或者是信用卡在自助收银终端上付款。该终端机还具有 Near Field Communication 无接触付款技术。目前欧尚门店内还没有安装该终端，预计欧尚会在 2011 年全面启用该自动收银终端机。

欧尚已经在法国的 25 家店里安装了 Acrelec 公司的付款系统。该系统为那些在网上订购了商品并到实体店里自己取货的顾客服务。消费者只需在该终端机上用信用卡或其他银行卡付款，欧尚的员工就会将其在网上订购的商品送到停车场内。

家乐福及 Casino 也同样计划安装 Acrelec 公司的这些带有触摸屏的终端机。但是它们与欧尚使用的终端机略有不同，消费者可以通过这种机器，在其网络订单的基础上继续订购其他商品。

尽管对于法国零售商来说，这种可以下订单的终端机还不太流行，可是在快餐业，法国的许多大型公司早就在使用该系统了。通过这种终端机的触摸屏，消费者可以浏览该餐馆的所有菜品，点餐并付款。

这种机器还能提示消费者当日的特价菜品及新增菜品。通过该终端机订餐的顾客，只需到指定柜台领取所点菜品。众多餐饮公司希望通过该系统来加快服务速度及点单的准确度。据 Acrelec 公司透露，通过这种自助服务终端点餐的顾客，通常会比在普通柜台点餐的顾客消费得多。

Acrelec 公司已经为麦当劳在法国的 1 200 多家店的一半安装了该自助终端，约每间店 4～5 台。同时，麦当劳还在意大利、西班牙、荷兰及比利时的门店内试验这种新型自助终端。赛百味(Subway)在其法国的 2 家店里，肯德基在其 120 家店中的 30 家店里分别安装了 Acrelec 公司的自助终端。

资料来源：海鼎简报，2010.10.

3）零售组织形态。独立的零售商一般规模较小，而日益增多的是公司性质的零售组织，大致可以分为五种形态：

（1）直营连锁商店。这是由多个零售销售单位所组成，统一管理，统一采购订货，在商店装饰、服务方式、商品陈列、经营风格上要求一致，实行专业化标准化统一化的经营。连锁商店适应所有类型的零售业务，但在百货商店、专业商店、食品商店、鞋子商店和妇女用品商店业务经营方面有较强的优势。

（2）特许经营商店。特许经营是特许人和被特许人用合同契约形式规定被特许人在一定的条件下可以使用特许人的名字、商标、特定产品、经营风格、美誉度等经营资产的一种经营活动。特许经营的范围很宽，一般有快餐、录像带、唱片、出租业、个人服务业、旅馆、旅行社等等。与连锁经营不同，被特许人是独立的，它们购买利用特许人的无形资产进行经营。特许人可以获得的报酬可能有一次性支付的特许费、经营提成、出租或租赁特殊设备的收入、提供工厂化生产的原料差价收入以及管理咨询费等等。麦当劳和肯德基是特许经营最典型的例子。

（3）消费者合作社。这是由消费者所组建和所有的零售商店。一般由居民小区的居民集资开办的商店，对会员采取成本价销售或正常价销售年未分红的做法，互利互助。

（4）自愿连锁和零售商合作体。自愿连锁是指独立的零售商合作，集中采购以获得大批量进货的益处。有时也可能是一个批发商倡议下所组成的。零售商合作体是由独立的零售商组建一个新的组织，集中采购，合作促销，以此来增强竞争力。

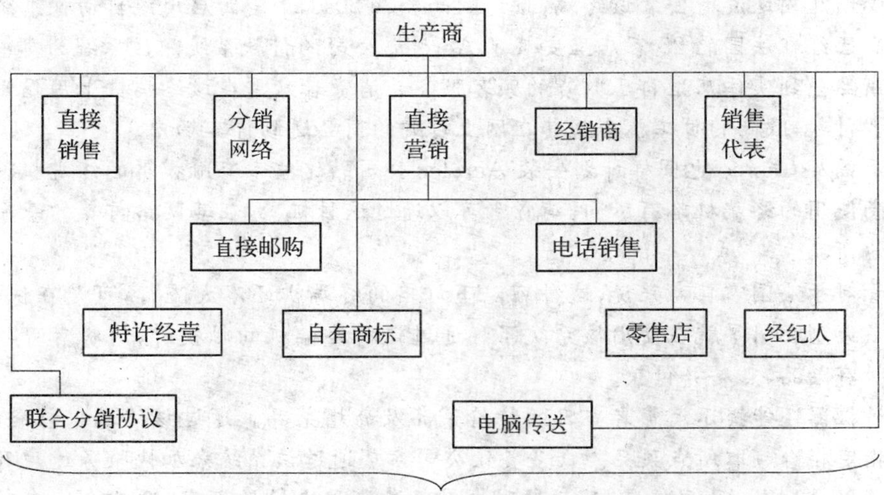

图 10－3　可选择渠道结构

三、分销渠道策略选择

企业选择正确的分销渠道是使产品有效地到达目标市场、提高本企业产品的市场占有率和企业知名度、实现企业的经营目标的关键问题。分销渠道策略就是企业对产品性质、市场状况、企业自身条件及环境等因素进行分析，对产品分销渠道的长度、宽度等方面进行合理组合而制定的具体分销方案和措施，也就是对分销渠道的长度和宽度所做的不同选择。常用的分销渠道策略有以下几种。

（一）分销渠道的长度策略

分销渠道的长度是指产品从生产者到最终用户或消费者所经过的渠道层次数。在产品从生产者转移到消费者的过程中，任何一个对产品拥有所有权或负有推销责任的机构，就叫做一个渠道层次。产品从生产企业流向市场消费者或用户的过程中，所经过的渠道层次越多，分销渠道越长；层次越少，分销渠道越短。从分销渠道的长度来看，企业的分销渠道有直接分销渠道和间接分销渠道之分。

所谓直接分销渠道，是指生产者通过自己的关系企业或分支机构直接把产品销售给顾客，渠道直接受生产者控制，又称“零阶渠道”。

直接分销渠道策略一般是产业用品企业集团采用的策略，这些企业集团具有庞大的资金实力、占优势地位的市场经验和丰富的人力资源，能够把握产品营销的各个市场环节，争取生产经营的高效运转。此策略的优点是：生产者和消费者直接接触，能及时全面地了解消费者的需求状况，把握市场变化，容易推广其产品；还有利于企业的生产部门与销售部门取得协调，生产者能够及时调整生产经营决策；同时流通中间环节少，可缩短流通时间，节省流通费用；由于直接销售自己的产品，企业态度较为积极，避免了中间商控制、不合作或不负责任等问题。但它也有缺点，就是涉及的经营环节太长，经营管理难度很大，经营费用会大幅提高。

小链接

雅芳化妆品公司的创始人麦肯尼尔曾经主要聘请家庭主妇为雅芳公司的推销员，在当地的街道做香水的访问推销。当时的访问推销非常兴盛，多卖些品质较差的东西，仅仅依赖于一锤子买卖。麦肯尼尔的经营方针正好相反。他组织的访问推销有两个特点：第一，被雇用的访问推销的主妇只在自家附近推销；第二，品质差的物品包换。这样消费者都很放心地购买雅芳公司的产品，“雅芳”的信誉迅速提升。同时，通过主妇推销员能够与当地消费者密切接触，这就是雅芳的高明之处。

麦肯尼尔的经营方针使雅芳公司的业务发展很快。1966年雅芳公司的营业额高达4亿多美元。同样是零阶渠道的销售方式，雅芳公司充分发挥这种销售方式与消费者直接接触的优越性，为公司获得盈利。

资料来源：王德章等．市场营销学[M]．2版．北京：高等教育出版社，2009.

所谓间接分销渠道，是指生产者需要一个以上的中间商的介入才能把产品销售给顾客。此策略的优点是：销售投入成本低，能一定程度避免销售风险和库存风险；经营管理相对简化，可集中优势资源进行产品研制、开发和生产；生产者不必花大量的人、财、物力直接同大量的消费者交易，只需要选择适量的中间商，借助中间商的能量来扩大销售范围，提高市场占有率。其缺点是：中间环节多，利润相对分散（见图10-4）。

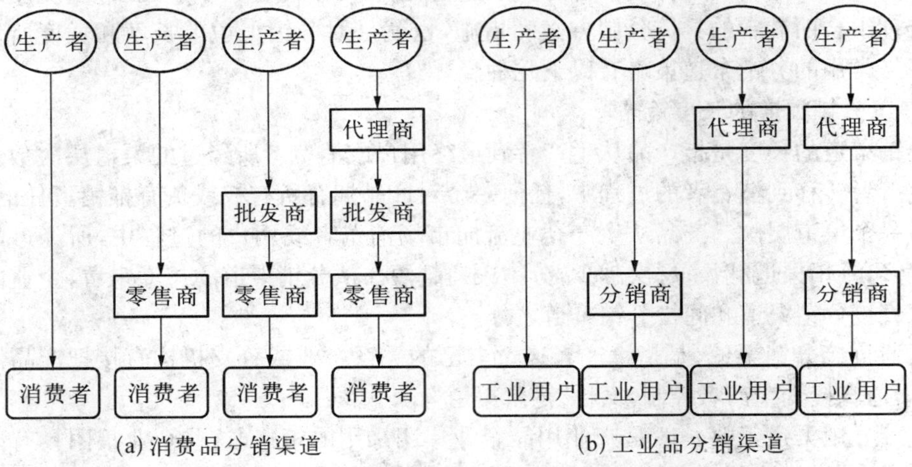

图 10－4　典型的消费品和工业品分销渠道

从纵向上来看，间接分销渠道根据其介入的中间商的多少可以将分销渠道划分为长分销渠道与短分销渠道。一般而言，商品从生产者转移到消费者手中经过的层次或环节越多，分销渠道就越长，反之，分销渠道就越短。在生产商与消费者之间，只有零售商参与的称为"一阶渠道"；生产商把产品售给批发商，由批发商转卖给零售商，最后由零售商销往消费者的称为"二阶渠道"，这是消费者市场最普遍的一种渠道；生产商经由代理商与批发商发生联系，产品再通过批发商、零售商销往消费者的称为"三阶渠道"。工业品市场类似。

对渠道长短的确定，生产企业应综合考虑市场容量(特别是目标市场容量)、中间商销售能力、产品特点、生产企业本身的状况和要求、消费者购买要求以及其他市场环境等。比如技术性较强的产品以及存在较多售前、售后服务的产品，需要较短的渠道；而单价低，标准化的产品以及日用消费品等，一般需要较长渠道。

近年来，多渠道战略(Multi-Channel Strategy)使用越来越频繁，其含义就是企业为接触到消费者而选择了不止一种渠道。多渠道战略自然会导致多渠道结构，因为分销的任务被分配给了多种渠道结构。利用多渠道结构接触客户的形式在消费者市场和企业市场均不少见。事实上，企业严格沿单一的渠道销售所有的产品在如今已不是规则而是特例。绝大多数企业已经或者即将采用多渠道战略。多渠道战略就是企业为接触到消费者而选择了不止一种渠道。下面举例说明多渠道战略的应用。

拉尔夫·劳伦服装公司的马球男装(Polo)所使用的即为多渠道结构，见图 10－5。在其多渠道结构中，包括了高档百货公司、专卖店、公司自有商店和基于公司网站的在线销售。这种多渠道结构帮助企业获得了更多的客户资源，同时提高了企业的经济效益。

家电企业的分销渠道如图 10－6 所示，易趣公司的渠道结构如图 10－7 所示。企业在经营中都越来越多地通过多渠道的方式，拓展其产品的销售领域，使更多的产品进入市场，让更多消费者有机会购买到企业的产品。

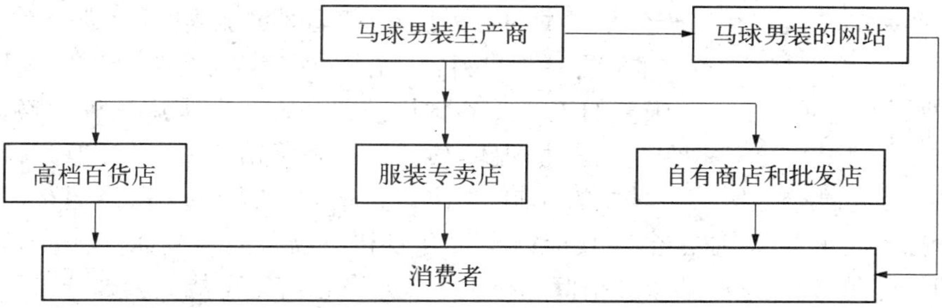

图 10－5　马球男装的分销渠道

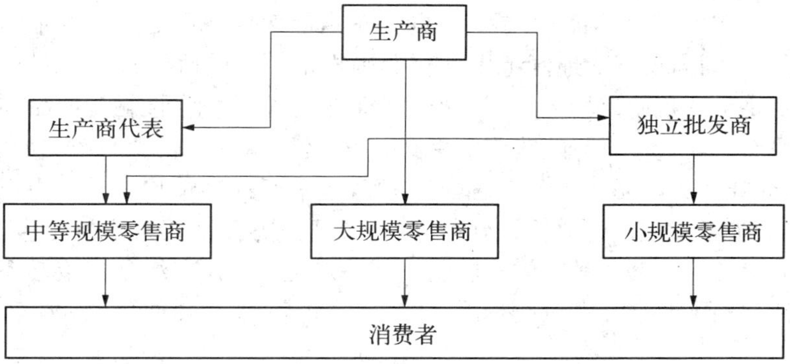

图 10－6　家电产品的分销渠道

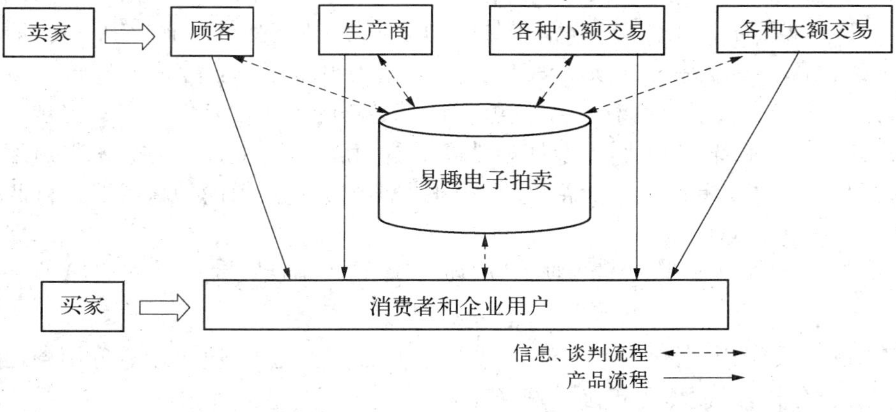

图 10－7　易趣公司信息、谈判与产品流程的渠道结构

（二）分销渠道的宽度策略

分销渠道的宽度是指渠道的各个层次中所使用的中间商数目。依据渠道的宽度，分销渠道的宽度策略可以被区分为宽渠道策略与窄渠道策略。企业在同一渠道层次选择较多的同类型中间商销售其产品，称之为宽渠道策略；反之，则称之为窄渠道策略。具体来说，企业在制定分销渠道的宽度策略方面有如下三种选择。

1. 独家分销渠道策略

它是指企业在某一时期、特定的市场区域内，只选择一家中间商来分销其产品，中间商享受该产品的专营权和生产企业提供的各种优惠，但同时要承担不为或少为其他竞争性企业分销同类产品的义务。消费品中的特殊品，尤其是名牌产品，以及需要现场操作表演、介绍使用方法或加强售后服务的工业品和耐用消费品较适合采用这种策略。此策略的优势是：有利于激发中间商的积极性，促使其努力提高营销效率，更好地为顾客服务；同时也有利于生产企业对渠道成员的控制（如决定价格和销售方式等）。但是，只通过一家经销商独家经销商品，往往会因其推销能力有限和市场联系狭窄而失去应有的顾客。最关键的问题是，如果这个独家经销商选择不当或经营不善则可能失去部分市场，可能会给企业带来失去市场的巨大风险。

2. 广泛分销渠道策略

它又被称为密集型分销策略，是指在同一渠道层次使用尽可能多的中间商分销其产品，企业对每一中间商负责的地区范围不作明确规定，对其资格条件也不作严格的要求。这种策略的主要目的是使市场上的用户或消费者有更多的机会接触到产品和方便地购买到产品。一般而言，对价格低廉、购买频率高、一次性购买数量较少的产品如日用品、食品等，以及高度标准化的产品如小五金、润滑油等，多采用这种策略。其优点是：市场覆盖面广泛，潜在购买者有较多机会接触到产品，可以通过方便购买来增加销售量，大大提高了企业产品的市场占有率和品牌的知名度。其缺点是：选择广泛分销策略一般要进行大量的广告宣传，从而增加成本；此外，采用广泛分销策略也会使价格、整合沟通等较难控制。

3. 选择性分销渠道策略

它是指企业在一定时期、特定的市场区域内精选少数中间商来分销自己的产品。这是介于上述两种策略之间的形式。消费品中的选购品、特殊品及工业品中专业性较强、用户较固定的设备和零配件等，较适合采用这种分销渠道策略。企业之所以选择该分销渠道策略，是因为它比独家分销渠道宽，能够保证有足够的市场占有份额和一定规模的产品销售量。与广泛分销渠道相比，它能明显地降低营销成本，并能加强对分销渠道运转的控制力度。另外，它还具有较大的灵活性，便于根据不同分销渠道的销售状况进行调整。

四、影响分销渠道的因素

影响分销渠道的因素很多，生产商在决定选择分销渠道前，应对影响分销渠道的各种因素进行综合分析，以便做出正确的选择。

（一）用户因素

工业品用户常常选择直接分销渠道或短分销渠道进行产品的分销，这是由于工业品用户特点和消费特点所决定的。而对大多数最终消费品来说，一般采用较长的分销渠道，这也是因为最终消费者特点和消费特点决定的。最终消费者数量极多，地理位置上极为分散，购买量少，购买频繁，购买方式不定，因此，中间商的功效就得以充分地发挥。

（二）产品因素

易腐的产品应该尽可能采取短分销渠道，以免拖延和重复搬运造成产品变质。时尚的产品也应该尽可能缩短分销在途时间，尽早上柜以免过了流行季节。体积笨重的产品如水泥、矿石、谷物、饮料、啤酒等应该减少运输距离和重复搬运次数。对非标准化的产品则最好由企业销售代表直接销售，以便于安装与使用指导，而在这方面中间商往往缺乏必要的知识。对于日常必需品一般要采取较长的分销渠道，以方便消费者的购买。

（三）生产企业自身因素

生产企业的目标、资源和能力也会影响到对分销渠道的选择。一般来说，生产企业产品组合宽，产品多规格齐，可以采取短分销渠道的方式，把产品直接卖给零售商或最终用户。而对于产品线狭窄的中小型企业一般要依赖于中间商才能有效地把产品销往零售商。

企业如想增加产品销售的市场覆盖率，提高市场分销渠道的密度，则应该采取长而宽的分销渠道策略。

如企业具备丰富的营销经验和知识，有足够资金保证，同时又希望对分销渠道有较强的控制，加强售后服务，提高企业的声誉，则可以采取直接分销渠道，自行销售，建立起自己的营销网络。

（四）中间商因素

在进行分销渠道选择时，中间商的资源与能力，不同中间商的优势与劣势也需要认真考虑。一般希望中间商具有有利的地理位置，较广的经营覆盖范围，丰富的分销经验，良好的信誉与资信，一定财力，并能提供所需的其他营销功能。

（五）外部环境因素

对竞争环境的了解是十分重要的。一般要对竞争对手的销售地点、渠道类型、产品和服务特点、市场规模、消费者特点与规模等等进行分析，还要对竞争对手的分销策略如销售密度、销售性质（排他性）、渠道成员及渠道结构进行分析，从而有助于企业决定自身的分销渠道，通常要避开与竞争对手采用同一销售渠道或采取相同的销售策略。

在经济不景气时，一般要求以最经济的方法把产品销往市场，因而要采取短分销渠道，取消不重要的服务。在有关法规方面，一般政府有限制和减少分销垄断政策与法规，在开展分销活动时必须遵守，如不能搞价格歧视、非法回扣、搭售、有碍竞争的排他性分销和地区限制等等。

五、分销渠道设计

分销渠道设计是指那些涉及以前不存在的、新分销渠道的发展决策，或对现有分销渠道的调整。

生产商（消费品和产业的）、批发商和零售商，都面临着分销渠道设计决策。然而，对于零售商而言，他们看待分销渠道设计是从生产商的对立面出发。零售商是“向上看渠道”以试图确保供应，而不是“向下看渠道”以面向市场（这正是生产商的情况）；批发商则从两方面考虑分销渠道设计决策。

如果不考虑直接分销渠道，只对间接分销渠道进行讨论，那么企业在分销渠道设计时必须选择决定如下方面。

（一）确定分销渠道功能/服务水平

理解消费者或用户购买什么、在哪购买、为什么购买、什么时间购买和怎样购买是分销渠道设计的首要一步，也就是说要根据顾客的要求来设计分销渠道功能和服务水平。

(1) 销售点的数量和规模。销售点数量指的是分销渠道提供给消费者或用户进行购买的场所数量，而销售点的规模则是购买场所的大小。对于较贵重的家电、金银饰品、名牌服装等等，一般消费者要求在较大较正规的商场购买，而普通日用品则要求有尽可能多的销售点，显然，这两种情况的分销渠道设计是不一样的。销售点越少，每个点所能提供的功能服务水平就应该越高。

(2) 等候时间的长短。这是指顾客等候获得商品的平均时间。一般顾客总是选择交货最快的分销渠道，而较快的服务就要求分销渠道有较高的服务水平。

(3) 便利性。这指的是分销渠道提供给顾客购物时便利的程度。

(4) 产品多样性。这是指分销渠道所提供的产品规格的齐全程度。专业商店能提供某一大类产品的专门化服务，而百货商场则能提供全方位的产品，产品组合很宽。

(5) 其他服务。这主要是指分销渠道所能提供的诸如商品信用、送货上门、安装、维修等服务。这种服务越多，分销渠道的工作也越多。

分销渠道功能与服务水平的设计必须从顾客的要求出发，因为增加功能服务水平会带来分销渠道成本的增加和较高的价格。许多折扣商店的成功说明了有不少顾客愿意接受较少的服务而获得较实惠的价格。

（二）确立分销渠道目标

分销渠道的目标是以对目标市场的服务水平来描述的。在竞争的条件下，一条分销渠道的有效性取决于在实现预定功能与服务的情况下整个分销渠道费用是否最小。不同的细分市场对分销渠道的要求不同，因而有效的分销渠道设计应该是为每一个不同的细分市场选择最佳的分销通道。当然，企业在选择设计分销渠道时，会有许多约束与限制，如第一点所述的那样，产品特点、企业特点、中间商特点等等都会使选择的余地缩小，这是企业在确定分销渠道目标时所必须考虑的。

（三）决定中间商类型

生产企业选择中间商的最终目的是充分满足最终用户的需要。产品途径中间商只是达到这一最终目的的方式。因而，最终用户导向是选择中间商的出发点。从具体工作来说，选择中间商类型是为了使产品更有效地送抵最终用户。

（四）确定中间机构数目

生产厂家分销渠道的每一层次选择使用多少中间商决定了分销渠道的宽度。营销密度，也即产品在目标市场上的显露程度是分销渠道设计中的一个关键，同时也是分销渠道宽度的一个函数。

小链接

娃哈哈公司的营销队伍走的是一条“联销体”路线。跟其他一些大型企业相比，娃哈哈在全国各地的营销员少得让人难以想象，只有2 000人。

娃哈哈公司的分销渠道结构是：总部→各省区分公司→特约一级批发商→特约二级

批发商→二级批发商→三级批发商→零售终端。

其运作模式是：每年开始，特约一级批发商根据各自经销额的大小打一笔预付款给娃哈哈公司（融资），娃哈哈公司支付与银行相当的利息。然后，每次提货前，结清上一次的货款。一级批发商在自己的区域内发展特约二级批发商与二级批发商，两者的差别是，特约二级批发商将打一笔预付款给一级批发商以争取更优惠的政策。

（五）对分销渠道的设计方案进行评估

假定有两种分销渠道设计方案，一是委托一代理商进行产品销售，该代理商业务关系良好，可投入 20 名销售人员。另一是自己招聘 10 名新的销售人员，在销售地区成立销售机构。对这两种方案的评估一般可从三个方面进行：

（1）经济性。每一个分销渠道方案都将产生不同水平的销售量和费用成本。首先评估不同分销渠道方案的预期销售量的大小。生产企业自己承担产品的分销，其销售人员可能比较尽心，努力工作，同时对本企业产品也比较熟悉，而许多顾客喜欢直接与厂家打交道，觉得比较放心。由中间商来分销，有较好的业务关系与分销网络，容易打开局面。企业可以根据实际来选择。有些企业在进入一个新市场时，由于对该市场不熟悉，不敢贸然大量投入营销，因而先让中间商销售，进行试探性营销，当市场成熟明朗、销售量增加时，企业再组建自己的分销渠道。也有的企业一开始由自己干，研究市场，建立起知名度，打开销售局面，然后再由代理商或经销商分销。究竟采用哪一种取决于实际情况。其次是评估不同分销方案的成本大小。一般来说，代理商的固定费用比企业自己的销售机构要低，但随着销售业务量的增加，佣金也随之增加得很快。当销售量较小时，可由代理商销售，当销售量较大时，由企业自己的销售队伍销售。

（2）控制性。厂家对分销渠道的控制性是评估分销渠道的另一个重要的方面。使用中间商意味着厂家对分销失去部分或全部的控制，从而在营销的投入力度和根据市场竞争而采取的对抗性行为方面将受到影响。中间商是一个独立的企业，有其自身的利益与目标，厂家不可能对中间商有过多的干涉，尤其是在具体业务方面。

（3）适应性。间接分销渠道的建立一般要与分销渠道成员签订为期几年的合同，这样就会缺乏弹性，厂家与中间商都不可自由解除合同。从经济性和可控制性的考虑出发，长期合作的分销渠道比较好。

六、现 代 物 流

物流（Logistics）通常又称为实体配送（Physical Distribution，PD），它有很多种定义，但绝大多数都与科特勒的定义不谋而合，即原料和最终产品从产地向使用地点流动，满足顾客需要并生成利润，对此实物流动过程的计划、执行和控制就是物流。物流是为满足消费者需求而进行的对原材料、中间库存、最终产品及相关信息从起始地点到消费地点的有效流动与储存的计划、实施和控制的整个过程。它构成了企业价值链的基础活动，是企业取得竞争优势的关键。许多生产企业在加强技术开发和推进全面质量管理的同时，已经把寻求成本优势和价值优势的目光转向生产前后的物流领域。

(一) 现代物流是生产流通企业的第三利润源泉

20世纪60～70年代,发达国家的企业大多把追求利润的竞争焦点放在生产领域,千方百计降低物资资源消耗获取“企业的第一利润源泉”,千方百计提高劳动生产率获取“企业的第二利润源泉”。然而,生产领域的这两个“利润源泉”,都要受到科学技术发展水平的制约,在生产机械化、自动化程度不断提高和生产工艺日趋程序化、规范化的新情况下,技术趋同性的增强使这两个“利润源泉”基本无“泉”可挖。

进入20世纪80年代,面对全球激烈的市场竞争,人们开始把探寻利润的目光从生产领域转向非生产领域,惊奇地发现创造物流价值的成本相当高昂,企业生产经营过程中的浪费仍然十分突出。再加上微电子技术、信息技术以及制度创新等因素,自80年代以后,作为企业的“第三利润源泉”的物流,就自然成为市场竞争的一个新焦点,受到理论界和实务界的高度重视。

物流因其贯穿于生产和流通的全过程,所以合理、高效的物流能够通过对企业的整个生产和流通结构的协调与完善带来巨大的利润。

对第三个利润源理论的最初认识基于两个前提条件:第一,物流是可以完全从流通过程中分化出来的。物流自成一个独立运行的体系,有本身的目标和管理,因而能对其进行独立的总体核算;第二,物流和其他独立的经营活动一样,它不是总体的成本构成因素,而是单独的盈利因素,物流可以成为“利润中心”型的独立系统。

物流成为第三个利润源要基于两个自身能力:第一,物流在整个企业战略中,对企业营销活动的成本发生重要影响,物流是企业成本的重要的产生点。因而,通过物流合理化、现代化等一系列活动降低成本,支持保障营销和采购等活动。所以,物流既是指主要成本的产生点,又是指降低成本的关注点,物流是“降低成本的宝库”等说法正是这种认识的形象表述。成本和利润是相关的,物流作为主体可以为企业提供大量直接和间接的利润,是形成企业经营利润的主要活动。第二,物流活动最大的作用,并不仅仅在于为企业减少了消耗、降低了成本或增加了利润,更重要的是在于提高企业对用户的服务水平,进而提高了企业的竞争能力。通过物流的服务保障,企业以其整体能力来压缩成本、增加利润。

(二) 现代物流是企业获取竞争优势的重要源泉

近年来,企业的经营理念在从“生产导向”过渡到“顾客导向”之后,迅速转为“为顾客创造价值”。在“为顾客创造价值”的时代,价值不仅意味着是有形的金钱,还意味着是无形的、可以感知的利益,这是当前企业参与市场竞争的新规则。

管理大师迈克尔·波特在《竞争优势》一书中指出,企业竞争的成功只能通过成本优势或价值优势来取得。一个既无成本优势又无价值优势的企业只能属于前途渺茫的企业,必将走向衰亡。但是,企业只做到最低成本,还只是一个成本领先者,就不得不与对手在价格上展开单一的竞争,这种价格上的低级竞争会强化顾客对该产品只是一种普通商品的认识。而一个基于价值优势的竞争战略比单纯的价格竞争战略要优越得多,因为物质上的价值固然重要,而使顾客对所要得到产品的整体价值的认同,感到物有所值、甚至物超所值更为重要,即使价格稍高一些,顾客也会接受。

当前既能提供成本优势,又能提供价值优势的管理领域是极少的,而物流管理则是这些并不多的管理领域中的一个。高效、合理的物流管理，既能够降低企业经营成本，又能为顾客提供优质的服务；既能使企业获得成本优势，又能使企业获得价值优势。因此，物流管理日益受到企业的重视，被纳入企业战略管理的范围，甚至成为企业发展战略的基石。

一个拥有卓越物流能力的企业，可以通过向客户提供优质服务获得竞争优势；一个物流管理技术娴熟的企业，如果在存货的可得性、递送的及时性和交付的一贯性等方面领先于同行业的平均水平，就能成为有吸引力的供应商和理想的业务伙伴。放眼世界 500 强企业，它们都拥有世界一流的物流管理能力，通过向顾客提供优质服务获得竞争优势。可以说，物流管理已成为当今工商企业最具挑战性的领域之一。

发展物流、强化物流管理不仅能使企业获取"第三利润源泉"，而且是企业获取竞争优势的重要源泉。例如，我国的海尔集团把物流能力定位为形成企业竞争优势的核心能力，重组成立了专业从事物流改革的推进本部，使原料采购、生产支持、物资配送从战略上实现了一体化。该企业希望通过物流重组，实现"以最低的物流总成本向客户提供最大附加值的服务"的管理目标。为了应对加入 WTO 的严峻挑战，中国企业必须将物流管理作为降低经营总成本和提高顾客服务水平的主要手段，把物流能力作为企业的核心竞争力。

（三）物流系统的构成

将物流概念视为一个系统，是现代物流管理的基础。从事物流管理的人在努力寻找基本的物流构成部分（运输、货物处理、订单处理、存货控制、仓储和包装）的最佳组合，以满足为顾客服务的需要。在设计一个物流系统时，企业必须审视每个构成部分的成本和它如何影响其他构成部分。用于物流管理的系统概念和总成本方法作为指导原则，能够以最低的成本向顾客提供其所需类型和水平的服务。

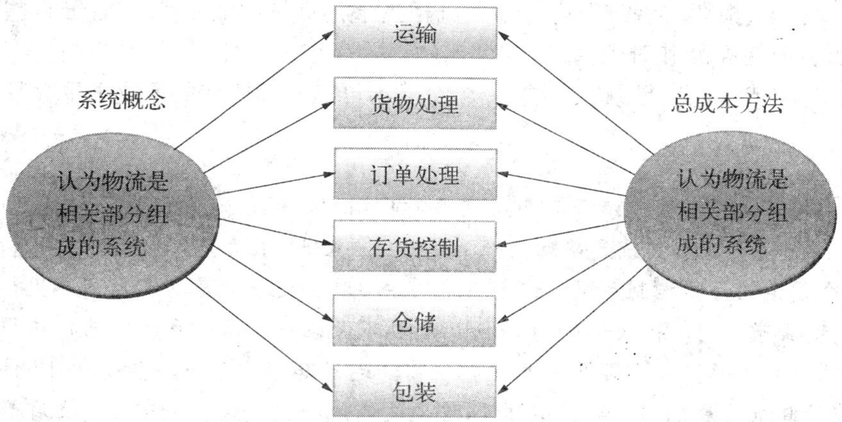

图 10－8　建立在系统概念和总成本方法基础上的物流管理观点

从物流管理的观点看，企业所面临的压倒一切的问题，是选择理想的运输方式，以满足为顾客服务的要求。这是一项非常复杂和技术性的工作，因为有太多东西需要考虑。例如，企业使用自有的还是非自有的运输工具？可以提供何种特别的运输服务？竞争者使用的是何种运输方式？

小链接

Mile Maker(注册商标)能为商用卡车货运市场提供标准的行业费率评定和设计线路运输方案。该软件安装有“家用物品运输管理局”(Household Goods Carriers Bureau, HGCB)的地理导航(Mileage Guide)数据的唯一的电子版,它能够给承运商提供一致、精确的里程数,这样就简化了费率商议过程,从而能更快更容易地分析运输费率,减少与电子评定费率有关的成本,理顺审计程序。Mile Maker 软件还有实际里程数计算的功能,它能计算出两点之间最短的距离,从而能够估计到达的时间。

资料来源:伯特·罗森布洛姆.营销渠道——管理的视野[M].北京:中国人民大学出版社,2006.

货物处理包括在存储地点对产品进行安放和移动的相关活动和设备。设计有效的货物处理过程(例如直接转拨),需要极高的技术和娴熟的工程分析。只有这样,才能开发出富有效率的系统。货物处理对于物流系统来说,是一个至关重要的部分。例如,宝洁公司的一项研究表明,直接转拨可以使分销商每次的搬运成本减少 2/3,使分销商每次向商店运送产品的平均成本(60～70 美分)节省 35～45 美分。

物流中订单处理的重要性取决于它与订货周期时间的联系,订货周期时间是指从订单生成到客户收到所订货物之间的时间间隔。如果订单处理缓慢无效率,就有可能极大地延缓订单周期时间,甚至会提高运输成本,因为在这种情况下,需要一种更快模式的运输来弥补延误的订单处理时间。

存货控制是指企业试图保有能够满足顾客需求的最低水平的存货。这是一场所有企业都面临的永远不会结束的战斗,也是至关重要的一环。存货成本(包括财务成本、保险、储存和货物遗失、损坏、被盗)平均每年大概相当于存货价值的 25%。对于某些特殊类型的商品,如易损耗商品和时令商品,这个比例还要高很多。然而,如果不能保有适当的存货,以便及时和持续地满足顾客需要,一个企业不可能在其所在的行业中生存下去。

小链接

康宁公司下属企业康宁消费品公司在存货控制方面做得非常出色。在圣诞节期间,如何设计 Corelle 餐具及如何确定确切的产量是一个关键问题。为了解决这个问题,康宁公司开发了一个复杂的存货控制系统。这个系统的主要特征之一就是从零售商那里得到最新销售数据之前,康宁公司对很大部分的 Corelle 餐具不做装饰。这个系统的启用使得康宁公司避免了一次灾难性的失误。那是一家巨型的零售连锁店推出了一种特殊的 12 件套的餐具后,当时以计算机为基础的预测模型预计,这次促销是一次失败。康宁公司立即警告另外一家零售商,让他取消 16 万套这种餐具的订单。然后,未装饰的餐具被装饰成另外一种更为流行的样式装运出去。所有这一切都发生在不到两周的时间内。康宁公司希望这套新的存货控制系统能够将其存活停留在仓库里的时间减少一半,以大大提高其利润水平。

资料来源:伯特·罗森布洛姆.营销渠道——管理的视野[M].北京:中国人民大学出版社,2006.

很多情况下，仓储是物流系统中较为复杂的构成部分，因为在很多情况下，选择仓储方式需要考虑很多非常重要的环节。其中最为重要的是：① 仓库设施的地点；② 仓库数量；③ 单个仓库的规模；④ 包括布置和内部系统在内的仓库设计；⑤ 所有权问题等。之所以说仓储是物流系统的一个重要构成部分，是因为它与企业提高顾客服务的能力密切相关。例如，随着互联网的发展，只购买单件产品的交易越来越多，这就使得单件发运变得越来越普遍，这与传统的大宗产品运输是截然不同的。

包装及与产品包装相关的成本，是与物流系统相关的构成部分，因为包装可以影响系统的其他部分；反之亦然。运输方式会影响包装及包装成本，例如，空运通常会使包装成本降低，因为空运时产生损坏的风险比使用卡车和火车时大为降低。货物处理与订单处理程序及其成本也可能受到包装的影响，因为设计较好的包装有助于提高这些物流系统构成部分的效率，有效的保障还可以通过减少产品损坏来削减存货成本。同时，如果包装设计在空间上富有效率，就可以节省仓库空间和相应的成本。

七、网络分销渠道

（一）网络分销渠道的定义

随着电脑网络以及电子商务技术的蓬勃发展，传统分销渠道受到了极大的挑战，某些行业的分销渠道受到了来自网络的巨大冲击，如全球最大的网上书店——亚马逊、中国的当当网上书店等；一些制造企业也通过建立企业网站，开展网络分销渠道，获得更大市场份额，如美国的戴尔电脑公司、中国的海尔集团等。与此同时，出现了一些新兴网络公司，它们以商务信息服务为中心，依托网络优势，搭建起虚拟网络分销平台，为传统企业提供在线的分销场地。仓储、配送等分销环节也越来越多地开始利用互联网进行管理，网络对分销渠道的影响越来越深远。

狭义的网络分销渠道是指生产者借助计算机、网络软硬件技术创建网络平台，并依靠这个平台再将产品或服务从生产者转移到消费者手中的过程中，能够实现分销渠道所涉及的商流、物流、资金流、信息流等功能的传递目的。

广义的网络分销渠道包括分销过程中的各个环节，都从不同程度使用网络及管理系统，并促使分销过程中商流、物流、资金流、信息流等功能的实现。

（二）网络分销渠道的特点

（1）虚拟性。网络空间是一个虚拟的世界，在互联网上从事销售活动，没有传统意义上的实体店铺，买卖双方都看不到对方，消费者看不到实物，整个购物过程只能是人与网站对话，也只能通过网站上的图片了解产品的价格、规格、特性和以前消费者留下的对产品的评论。因此，商品是在一个虚拟的空间进行交易。

（2）经济性。网络分销通过网上商店来实现，网上商店与传统实体店比起来，成本低廉、简单易行。网上商店一经建立，经营上的时空限制完全被打破。经营者可以面向全国、全世界，一天 24 小时的经营，这一点是传统市场中间商无法做到的。由于网络分销更多的是一种面向最终用户的直销方式，流通环节的成本被节省，库存也被大大减少，经济性大大提升。

(3) 购物益处多。网络分销使消费者有了新的选择,与传统购物比较起来,更能节省时间与精力。生产商因网上分销,对传统中间商的依赖有所减少,流通费用降低,消费者可以享受更多的折扣。网上分销为消费者提供了充分的信息支持,消费者通过浏览网站的说明能够明白网络购物流程,按自己的偏好选择付款方式、收货方式,并可享受优厚的会员服务及售后服务。

(4) 安全性相对较低。因为网络分销要通过网上商店来实现,在购买商品之前很难看到实体商品,因此不可避免地会出现卖家商品与买家期望不一致的现象,或者说真实商品与网络企业宣传商品之间存在较大差异。很多消费者仍然不愿意在网络上购买价值较大的商品,主要原因就是因为网络分销渠道安全性相对较低。

(三) 网络分销渠道的结构

在传统分销渠道的结构中,代理商、批发商、零售商、经纪人等中间商居于重要的地位,是分销渠道的主要组成部分。随着网络的发展,出现了一些隶属于生产商、分销商自己的网络平台,如生产商网上商店、经销商网上零售店、新兴网上零售商和新兴网络中间商,并通过互联网络形成了一个服务于消费者的网状分销渠道。

生产商网络平台,是传统生产企业通过自己建立互联网站点,赋予网站销售功能,亲自从事网络销售。海尔集团建立了海尔电子商务网站,直接在网上经销本集团的冰箱、空调、彩电、洗衣机、电脑等二十几种产品。

传统零售商网络平台,是传统零售企业建立自己的网上直销站点。例如,北京的西单商场建立了网上商城,经销图书期刊、音像制品、摄影器材、家用电器、通讯产品、日用品、化妆品等十几类商品。世界著名的零售巨头沃尔玛连锁超市也建立自己的网上商店。

新兴网上零售商,是随着网络的发展,在互联网上兴起的新型网上零售商。亚马逊网上书店自 1995 年成立以来,就一直在探索一种全新的零售模式,而且创造了一个世界知名的品牌。亚马逊网上书店通过网络营造出一种独特购物体验的环境,使消费者在网上可以任意检索、预览、购买任何书籍。当当网上书店等也是新型网上零售商的代表。

新兴网络中间商并不直接经销商品,而是搭建一个网络平台,为卖家和买家提供一个在网上接触的平台。从网络分销的角度,生产商既可以建立自己的站点,也可以选择知名的网络中间商分销自己的产品。阿里巴巴就是一个新兴网络中间商,在阿里巴巴注册的企业近两百万,并提供名为"诚信通"的收费会员服务。阿里巴巴每天访问流量巨大,并有英文、日文版本。对那些不知名的小厂家,虽然可以在自己的网站上直接销售产品,但互联网站站点成百上千万,让最终消费者找到自己企业的网站很难。此时,充分利用阿里巴巴这样的网站对企业的网络营销活动是一个有益的补充。

小链接

戴尔计算机公司于 1984 年由企业家迈克尔·戴尔创立。迈克尔·戴尔是目前计算机业内任期最长的首席执行官,他的理念非常简单:按照客户要求制造计算机,并向客户直接发货,使戴尔公司能够更有效和明确地了解客户需求,继而迅速地做出回应。

戴尔公司利用互联网进一步拓展其直线订购模式,使其再次处于业内领先地位。戴尔在 1994 年推出了网站(http://www.dell.com),并在 1996 年加入了电子商务功能,推动商业向互联网方向发展。戴尔公司在全球34个国家设有销售办事处，其产品和服务遍及170多个国家和地区。

戴尔公司作为一个国际性的公司，为更好地满足不同市场需求，在推行网上直销时专门针对不同区域市场推行特定的网上直销，有专门针对我国市场客户提供的直销服务，网站设计时用的是中文而且考虑了中国人的习惯，允许电话联系订货。改变了传统营销的手段和方式，而且在Internet上开展网络营销所具有的价格竞争优势。这些将推动网络营销开创一个划时代的革命性的营销新纪元。

八、渠道整合——派生营销

派生营销中相对重要的一个内容就是“通路问题”，即渠道问题。现有企业在提供产品给消费者时，多数采用多(企业)对一(顾客)的形式，即多家企业把不同的产品，通过相同的渠道提供给他们的目标“客户”。这样做的结果就是企业间竞争越来越激烈，目标“客户”有时却无从选择。未来营销领域研究的重点之一就是有效解决产品与渠道问题，将有着相同渠道的产品“打包”提供给目标“客户”，彼此之间的产品呈现互补性，企业不再为争夺同一“客户”激烈竞争，而“客户”的顾客价值也可以达到最优。

派生营销，即根据“客户”的各个不同层次的需求，企业通过多元化发展或与拥有共同“客户”资源但不相互竞争、具有互补性的企业合作，为“客户”提供更广泛的产品、服务，从而与“客户”建立长期、稳定的合作关系。派生营销将成为未来市场营销领域研究的重点。派生营销是在派生需求的基础上产生的，因此，派生营销的研究离不开对派生需求的研究。

派生需求是由阿弗里德·马歇尔在其《经济学原理》一书中首次提出的经济概念，是指对生产要素的需求，意味着它是由对该要素参与生产的产品的需求派生出来的，又称“引致需求”。对一种生产要素的需求来自(派生自)对另一种产品的需求。具体地说，产品市场上的需求和生产要素市场上的需求具有很不相同的性质。在产品市场上，需求来自消费者。消费者为了直接满足自己的吃、穿、住、行等需要而购买产品。因此，对产品的需求是所谓“直接”需求。与此不同，在生产要素市场上，需求不是来自消费者，而是来自厂商。厂商购买生产要素不是为了自己的直接需要，而是为了生产和出售产品以获得收益。厂商对生产要素的需求是从消费者对产品的直接需求中派生出来的。

随着经济发展、人均GDP的不断提高，尤其是像中国这样的发展中国家，市场的变化是全球发达国家过去发展速度的4倍，消费者需求与从前表现出较大差异。他们不再满足于显现或期待需求，而产生了更深层次的潜在需求，现有产品已不能满足其全部需求。同时，消费者的两极分化现象日趋明显，面对“优良客户”实施营销已变得越来越重要，基于观念营销的营销组合(从相关观念的设计入手，先期引入相关观念，通过观念推广来创造市场)、基于顾客关系的营销组合(以顾客导向为基础、以竞争导向为补充)等，都已无法完全满足“客户”多元化需求，向“优良客户”提供好的建议与提案才能与其真正建立长期稳定的供求关系。因此，企业要改变以往的营销组合思维模式，以客户的需求为中心，使客户从一种需求派生出多种需求，通过对跨部门、跨组织、跨行业的营销资源的互补性整合，营造出销售氛围，使客户得到更高层次的满足——派生营销。

启示故事 10－3：每千克 99 元的日本大米

某高端超市出售的大米中有一种是产自日本的进口大米，以每千克 99 元向外出售，开始卖得很畅销，很多消费者都被日本大米的醇香口味吸引，竞相购买。但过了一段时间，市场上这种大米却出现了销路不佳的现象。经过相关咨询公司的市场调研发现，消费者之所以不再购买这种大米，主要原因在于购买这种大米的消费者无法烹制出和宣传中一样醇香的日本米的真正香味，消费者普遍认为上当受骗。

通过市场调研发现了问题的关键点在于“产品上市前的营销计划制订不够周全”，企业只想着如何卖产品？并没有认真考虑这种产品的高端消费者真正的需求是什么，同时对每千克 99 元的日本大米本身也研究不足，“派生营销”的思维意识欠缺。

研究后发现此种日本大米在日本烹制出来的味道与在中国有较大差别的主要原因在于日本的水属于软水，中国的水属于硬水；日本人使用 360 度加热的电饭煲，中国人使用的多数为底部加热的电饭煲。因此，这种日本大米才无法在中国烹制出真正的醇香之味。

之后，高端超市将此种日本大米与日本的电饭煲和日本的软水一起“打包”销售给消费者，尽管价钱贵了很多，但销路却打开了，关键点在于解决了顾客的需求。

派生营销是在派生需求的基础上产生的，因此派生营销的研究离不开对派生需求的研究。企业如果想要更好的销售自己的产品，不仅要清楚地知道消费者的显现需求，更要充分了解消费者的派生需求，为消费者提供他真正需要的产品。

本章小结

营销渠道是指配合生产、分销和消费某一生产者的产品和服务的所有企业和个人。营销渠道包括参与某种产品的供产销全过程的所有相关企业和个人，包括供应商、生产者、商人中间商、代理中间商、辅助中间商以及最终消费者或用户等。分销渠道也叫“销售渠道”或“通路”，是指促使某种产品或服务顺利经由市场交换过程转移给消费者（用户）消费使用的一整套相互依存的组织。分销渠道与营销渠道不同，分销渠道中不包括供应商以及起辅助作用的中间商，作为帮助企业把产品及所有权从生产者转移到消费者或用户的有关中介单位组成的一个系统，这个系统的起点就是企业自己，即生产者，终点是消费者或用户。

渠道参与者主要包括生产商、中间商和零售商，每个渠道参与者的作用与功能都不同。生产商，是从事产品生产制造的商人，是制造业、第二产业经营者，也可以称为厂商、厂家、生产厂商、生产厂家、制造商等。中间商包括批发商和零售商，经营者必须非常了解批发商的种类与功能、零售商的作用与零售具体的组织模式，才能更好地选择和激励他们，并适时地进行渠道改进。

分销渠道策略就是企业对产品性质、市场状况、企业自身条件及环境等因素进行分析，对产品分销渠道的长度、宽度等方面进行合理组合而制定的具体分销方案和措施，也就是对分销渠道的长度和宽度所做的不同选择。特别注意理解直接分销渠道与间接分销渠道的差异。

影响分销渠道的因素很多，主要包括：用户因素、产品因素、生产企业自身因素、中间商因素和外部环境因素等。生产商在决定选择分销渠道前，应对影响分销渠道的各种因素进行综合分析，以便做出正确的选择。

分销渠道设计是指那些涉及以前不存在的、新分销渠道的发展决策，或对现有分销渠道的调整。在分销渠道设计时必须选择决定的几个方面包括：确定分销渠道功能/服务水平、确立分销渠道目标、决定中间商类型、确定中间机构数目、对分销渠道的设计方案进行评估。

物流是为满足消费者需求而进行的对原材料、中间库存、最终产品及相关信息从起始地点到消费地点的有效流动与储存的计划、实施和控制的整个过程。它构成了企业价值链的基础活动，是企业取得竞争优势的关键。在设计一个物流系统时，企业必须审视每个构成部分的成本和它如何影响其他构成部分。物流的构成部分主要包括：运输、货物处理、订单处理、存货控制、仓储和包装等。

随着电脑网络以及电子商务技术的蓬勃发展，传统分销渠道受到了极大的挑战，某些行业的分销渠道受到了来自网络的巨大冲击。狭义的网络分销渠道是指生产者借助计算机、网络软硬件技术创建网络平台，并依靠这个平台在将产品或服务从生产者转移到消费者的过程中，能够实现分销渠道所涉及的商流、物流、资金流、信息流等功能的传递目的。

派生营销，即根据“客户”的各个不同层次的需求，企业通过多元化发展或与拥有共同“客户”资源但不相互竞争、具有互补性的企业合作，为“客户”提供更广泛的产品和服务，从而与“客户”建立长期、稳定的合作关系。派生营销将成为未来市场营销领域研究的重点。

【问题与探讨】

1. 什么是营销渠道？它与分销渠道有何区别？
2. 渠道参与者具体包括哪些？请结合企业实际案例分析批发商与零售商在分销渠道中的地位与作用。
3. 什么是直接分销渠道和间接分销渠道？企业应该如何根据自身发展情况作选择？
4. 简述影响分销渠道的因素。
5. 结合企业实际分析分销渠道设计需要考虑哪些内容？
6. 为什么说物流可以创造企业“第三个利润源”？
7. 举例说明成功的网络分销渠道。
8. 如何理解派生营销的内涵？

【案例分析】

联通 iPhone 营销新思路

2009 年 11 月，联通在全国各地掀起了一股 iPhone 旋风，数据显示：在发布后 4 天内,iPhone 手机销售量达到 5 000 部。中国联通董事长常小兵当时表示,iPhone 推出后将对中国联通当年第四季度业务起积极作用,希望联通 3G 用户每月新增 100 万户。此前联通只允许苹果 iPhone 手机在少数家电连锁、手机连锁店和联通官方网站销售,对于这样一款联通寄予厚望的翻身产品,线下销售显然不能满足其对产品销量的预期,2009 年 11 月 18 日,中国联通在淘宝商城开通了 iPhone 联通淘宝专卖店,目标直指中国最广泛的网购消费者。

尽管在网络方面拥有优势,但作为三大运营商里最后一个推出 3G 正式商用的联通来讲,市场和消费者对其不乏怀疑之声。在这种情况下,iPhone 成为打响联通 3G 品牌的救命稻草,不容有失。但事实上,由于苹果与联通签订的是非排他性协议,苹果很可能正在寻找其他的渠道商。事实上,已经有消息称,苹果与一些本土数码零售商接触。因此,能否尽快抢占 iPhone 销售渠道,对联通借 iPhone 带动 3G 用户增长的效果影响甚大。因此,联通携 iPhone 进驻淘宝势在必行。

网络早已成为数码产品销售不容忽视的主流渠道,正望咨询此前发布的调查报告显示,2008 年中国数码产品网上交易额达到 380 亿元,其中手机的网购交易额占比近 40%。通过在淘宝商场发力,中国联通有望在这一日益壮大的新兴渠道上占领先机。联想等企业曾经在淘宝商城创下月销售额超过 1 000 万元的业绩,更为联通带来希望。

更重要的是,网购用户与 iPhone 的粉丝群有着良好的重合度。淘宝网的数据显示,自 iPhone 问世以来,其各个版本的产品在淘宝手机类产品的搜索排名中一直位列前茅。可以想象,联通淘宝专卖店的开通将有力推动 iPhone 的销售,从而拉动联通 3G 用户的增长。同时,借助 iPhone 打开网络销售渠道,也将为联通下一步更多终端乃至服务产品上网扫清道路。

当网购成为一股不可忽视社会主流消费力量的时候,越来越多的大品牌包括移动运营商在内,都无法忽视这一新兴领域,淘宝商城更是成为大牌厂商争夺的重地。联想、戴尔、海尔、惠普、优衣库、杰克琼斯等上万知名品牌陆续登陆淘宝商城。

目前淘宝上手机话费充值业务的火爆表明,不仅仅是手机等硬件产品,通讯服务在网上的发展空间远远不止于此。运营商完全可以在网上提供更加个性化的服务,提升消费者体验以提高品牌忠诚度,同时为自己争取更大的市场空间,在激烈的竞争中占据主动。

随着个性化消费需求的增多,对线下渠道成本压缩增大,移动通讯服务的淘宝网络销售必定是未来行业的重要发展趋势。目前来看,由公司总部进行淘宝网店运营的品牌还不多,主要是一些地方分公司在进行网店经营。而随着联通网店的开通,移动运营商对网络销售渠道的争夺无疑将进入一个新阶段。

问题讨论:

1. 你认为中国联通在淘宝商城开通 iPhone 联通淘宝专卖店,这种渠道拓展对其企业整体发展来说有何战略意义?

2. 结合本案例对网络分销渠道的未来发展进行展望,包括这种分销渠道可以销售的产品的变化、这种分销渠道的发展对渠道成员间的地位产生的影响等方面。

【实践训练】

固特异公司的双渠道营销策略

目的：通过对背景资料分析，运用本章所学分销渠道相关知识，对渠道设计的影响因素有清晰认识，并且能够准确理解和把握直接分销渠道和间接营销渠道之间的不同，能够根据企业所处的不同阶段，分析企业应该采用何种分销渠道更为合适。

组织：以小组为单位充分研究背景资料，并收集和补充现有资料的不足。小组人数 4～5 人为宜，小组成员要合理分工。

背景资料：为了进一步扩大市场覆盖能力，国外的轮胎公司经常采用双渠道或多渠道来销售产品，即除了通过代理/批发商和零售商的传统渠道外，还通过非传统渠道如大型商业零售集团、折扣店、会员俱乐部等销售产品。具体选择哪些渠道必须经过认真调查和慎重考虑才能决定。为此，固特异公司(Goodyear)在 20 世纪 80 年代中期曾经对不同渠道的效率进行了评价，详见表 10－1 评价表。

固特异公司 20 世纪 90 年代以前在北美地区的销售一直是通过传统渠道，并且业绩很好。到 90 年代初共拥有 1 000 多家自营经销公司和 2 500 家独立经销商，大家合作紧密，其中独立经销商贡献约 50％的销售额，是主要的销售力量。但受竞争对手冲击(当时米其林、石桥通过兼并大举进入北美市场)和消费者购买行为变化的共同影响，其主力品牌在替换轮胎市场的占有率 1992 年比 1987 年下降了 3％。当时公司的董事长兼总经理斯坦利·C. 高尔特决定采用双渠道战略以迎合消费者，打击对手，重新夺回市场。

1992 年 3 月正式向西尔斯、沃尔玛等大型零售集团及其他一些轮胎折扣连锁店如亚里桑纳等出售 7 种固特异品牌轮胎，其中仅西尔斯一年就能销售 950 万个轮胎。但是这种做法马上招致独立经销商们的强烈反对，因为同样规格的轮胎在大型零售集团的零售价通常比经销商所属的零售店低很多，这迫使他们也跟着降价，销售额和利润大受影响。而米其林、石桥等则趁机提供更高的毛利率和更优惠的促销方法，吸引他们来经销自己的品牌。从此，这些多年合作的独立经销商不再与固特异保持紧密关系，也不再忠诚于固特异品牌。

到 1995 年，高尔特退居二线，只担任董事长，由萨默·F. 吉伯拉担任总经理兼首席执行官，决定对双渠道策略加以调整，以减小两个渠道间的价格竞争和利益冲突。公司宣布将向自营经销公司和独立经销商提供专门的规格品种，与大型零售集团的完全不同。在高尔特完全退休后，固特异公司内部对当时策略的评价是："犯了一个大错误。"其主要原因是把相同规格的产品通过两个性质完全不同的渠道来经销，引发了一系列的问题，虽然暂时增加了销量，但失去了原来忠实的经销商网络，并导致主要竞争对手轻易进入了自己苦心经营多年的销售渠道。有些专家甚至对轮胎的双渠道战略本身也开始置疑。

表 10-1 固特异公司不同渠道效率评价表

效率因子 \ 渠道	公司自营零售店	独立经营商零售店	石油公司加油站	大零售集团汽配部
市场覆盖 1. 地理分布多样性 2. 地理分布绝对性	选择性少 选择性少	高 多	很高 很多	完全多样化 少
控制 1. 渠道任务执行 2. 公司产品在渠道中的形象传递	完全 完全	中等 中等	低 低	低 低
效力 1. 市场覆盖 2. 控制/能力	低 高	高 中	高 低	中 中
效率 1. 成本 2. 能力	高 有限	低 一般	低 有限	中 一般
合　计	差	好	一般	一般

实训内容：

(1) 分析研究背景资料，讨论大型零售商场能给固特异的销售带来什么样的增长？为什么独立经销商极力反对？

(2) 结合背景资料中的不同渠道分析：采取双渠道或多渠道策略时必须注意什么？

(3) 请结合现阶段出现的新的分销渠道，分析未来固特异可供选择的新的分销渠道有哪些。

(4) 在小组成员认真讨论分析的基础上，完成案例分析总结报告。

(5) 报告使用 A4 纸打印。

(6) 要求教师进行必要的课堂讨论。

第11章 促销策略

通过本章学习，你应该理解：

1. 沟通是企业与消费者联系的主要方式；
2. 沟通有不同模式；
3. 促销包含了五种基本策略内容：广告宣传策略、公共关系策略、人员推销策略、销售促进策略和直接营销策略；
4. 促销策略运用时涉及许多相关要素。

【引导案例】

“霞飞”化妆品的促销策略

上海霞飞化妆品厂针对促销对象，设计了两种类型的促销组合：① 以最终消费者为对象的促销组合。基本策略是：以塑造产品形象为目标的广告宣传活动，并辅之以一定的零售点营业推广活动；② 以中间商为对象的促销组合。基本策略是：以人员促销为主导要素，配合以交易折扣和耗资巨大的年度订货会为主要特征的营业推广活动。

霞飞厂在制定两种促销组合策略的基础上，对促销组合的几个方面都做了十分广泛而深入的工作。在广告方面，广告策划历年由厂长亲自决策。① 广告费投入十分庞大，1991年为2 400万元，占企业当年产值的6%；② 广告内容的制作，除聘请著名影星参与外，还把强化企业整体形象作为重点，播映一部以“旭日东升”为主题的电视广告片，同时利用中国驰名商标的优势，强调“国货精品”、“中华美容之娇”的品质；③ 在广告媒体的选择方面，因其目标市场是国内广大城乡中低收入水准的消费者，而电视在他们日常生活中占有重要地位，因而把70%的费用用于电视广告，20%的费用用于制作各种形式的城市商业广告和霓虹灯、广告牌，其余10%的费用用于其他形式的广告媒体。

在人员推销方面，全厂产品的销售任务由销售科全面负责，该科建制占全厂总人数的十分之一。推销人员实行合同制，每年同厂方签订为期一年的合同。推销人员若不能完成销售指标，第二年即不续签合同。推销人员的报酬实行包干制，无固定月薪收入，按销售实到货款提取0.5%的费用。推销人员工作实行地区负责制，每一省区配1～3名推销人员。此外，还派出营业员进驻全国各大百货商店的联销专柜，提高推销主动性。

在公共关系方面，每年大约投入120万～150万元，主要公关活动有：① 召开新闻发布会，例如1990年在北京人民大会堂召开“霞飞走向世界”新闻发布会，会议地点本身就产生不小的新闻效应。② 举办和支持社会公益活动。如赞助全国出租车优质服务竞赛、上海“夜间应急电话网络”，特别是针对女性对文艺活动的偏好等特点，赞助华东地区越剧大奖赛。

在销售促进方面，霞飞厂对零售环节采取一些常规性的推广活动，创新不大。对批发环节则集中了主要精力，主要包括两类手段：① 经常性手段，如交易折扣、促销津贴等；② 即时性手段，每年都举办隆重豪华的订货会，既显示企业强大的实力，同时又进行感情投资，融洽工商关系。

在市场营销过程中，直接的和间接的促销行为、商业性的和非商业性的促销活动都应重视，在充分利用各种促销手段时，一定要注意整体的组合和长远促销效果的追求，这样才能产生好的促进销售结果。

思考： 1. 霞飞厂在促销方面有哪些成功的经验？有哪些不足？
2. 请提出霞飞厂进一步提高促销效果的思路。

一、沟通模式与促销组合

（一）沟通模式

沟通模式由九个要素构成，其中两个要素表示沟通的主要参与者——发送者和接受者，两个要素表示沟通的主要工具——信息和媒体，四个要素表示沟通的主要职能——编码、解码、反应和反馈，最后一个要素表示系统中的噪音。

简单的沟通模式包括信息的发送者向接受者发送信息，而后者加以接受并理解。企业要生产适销对路的产品，必须了解消费者的需求、习惯和偏好，同时必须以信息的精确性和可靠性为前提。而事实上很多信息在传送过程中被扭曲或忽略，所以，信息发送者开始通过设计或“编码”把信息以接收者容易理解的方式发送出去。

并不是所有的沟通都能使用这种一步到位的模式，沟通是多方面、多步骤和多方向的。多方面进行沟通是指企业更好地通过传媒实现直接交流和通过舆论领导、舆论组织者、潮流领导者、革新者和其他有影响力的任务实现间接交流。沟通模式一般分为如下三种。

1. 一对一的沟通模式

这种沟通一般是通过两个人之间的直接交流完成的，可以是销售人员当面推销，也可以是电话推销，直邮有时也被归为一对一的沟通模式。这种模式要求和其他方式不同程度地结合起来，包括与信息的结合和与销售的结合。

2. 二维的沟通模式

它是指广告、宣传和赞助，这些宣传手段通常采用二维的宣传品。例如，报纸广告、海报都是使用平面图像，有长宽两个维度。二维沟通模式可以和一对一模式结合，例如广告和直销、电话推销结合，也可以把不同的二维沟通模式结合起来运用，目的都是吸引消费者注意，改变其态度，从而推动购买。

3. 三维沟通模式

三维沟通模式即有长度、宽度和深度的沟通模式，包括推销、卖点设计、包装、展览以及它们的结合。例如，包装设计师把形状、尺寸、色彩、图像和材料各个因素综合在一起，创造出一个陈列在货架上的三维广告品，它能重新激活储存在消费者脑海中的图像，从而激发其购买欲望。

（二）促销

1. 促销的含义

促销是指企业通过人员推销或非人员推销的方式，向目标顾客传递商品或劳务的存在、性能、特征等信息，帮助消费者认识商品或劳务所能带给购买者的利益，从而引起消费者的兴趣，激发消费者的购买欲望并促成其购买行为的活动。

促销实质上是一种通知、说服和沟通活动，是企业通过某种渠道为消费者有意识地传递信息，达到有效影响消费者行为与态度的活动。促销有三种实现式：一是雄辩式促销，即促销者首先以个人魅力博得受者的信赖，列举鲜明的证据诱发其需求。二是宣传式促销，这种促销早期是以组织（如教会、政府、政党、企业）为主体来实现的，用语言、文字、气氛和事件等来争取支持者。现在是由企业公关人员借助新闻事件，创造一种新的气氛，进行宣传沟通。三是交涉式促销，指一方的交涉代表与另一方的交涉代表进行拉锯式谈判，以取胜对方。

启示故事 11－1：净水器的展销

福州人来人往的国际会展中心，正举行着一场大型嘉年华活动，许多商家在其中大秀商技。其中最引人注目的就是立升净水器的展台，人头攒动，好不热闹！只见有两个姿色迷人的美女穿着泳衣坐在浴缸之中，享受淋浴的快乐，美女洗过的水沿着管道到一个玻璃缸中。这些水在滋润过美女之后，自然谈不上什么清澈，接着这些水通过了立升的一个净水器，然后又兵分两路，一路回到了那个淋浴头，一路则是进入了一个饮水器。美女用水杯接住净化过的水，一饮而尽，令人啧啧惊叹，原来觉得可能有细菌的一些观众，此刻纷纷效仿，接过工作人员递上的净化水，一饮而尽。有些参观者虽然还是不敢喝这些“美女身下”的水，但总算是大饱眼福，牢牢记住了立升这个净水器品牌。

这就是促销的力量！即使不能最后直接转化为购买行为，但是绝对让你过目不忘。

2. 促销的作用

威廉·斯坦顿认为：“在不完全竞争的条件下，一个公司利用促销来帮助区别其产品，说服其购买者，并把更多的信息引入购买决策过程。用经济学术语来说，促销的基本目的是改变一个公司产品的需求曲线的形状。通过运用促销，一个公司有希望在一定价格的条件下，增加某种产品的销售量；并希望促销会影响产品的需求弹性。促销的目的在于：当价格提高时使需求无弹性，当价格降低时使需求有弹性。”

具体而言，促销的作用包括以下几方面：

第一，有助于沟通信息，消除生产者和消费者之间由于时空和信息的分离引起的矛盾，加速产品进入市场的进程。“酒香不怕巷子深”、“皇帝女儿不愁嫁”的时代已经结束，在市场经济条件下，沟通信息已成为争取顾客的重要环节，它是新产品进入市场的前导。促销不仅密切了生产者、经营者、消费者之间的关系，也加强了分销渠道中各个环节之间的协作。

第二，有助于刺激和创造需求，稳定和扩大市场占有率。有效的促销活动不仅能诱导和激发需求，而且能在一定条件下创造需求。它能在需求潜伏时起催化作用；在需求波动时起导向作用；在需求萎缩时起刺激作用。在市场波动增强的情况下，促销有助于树立企业形象，扩大企业及其产品的知名度和美誉度，稳定乃至扩大企业产品的市场占有率。

第三，有助于突出企业和产品特色。企业通过促销可突出自己的产品和服务，便于消费者了解和识别，使其在做购买决策时作出有利于企业的决定。美国行销公司总裁J. R. 麦马纳曾经说过："现在，一般公司对创造产品必需的材料、人力等的了解大致均已成型，唯一能改善的只剩下将产品行销到市场上的技巧。"

第四，有助于带动关联产品的销售。例如，美国的尼尔逊调查公司发现支持某品牌餐桌用糖蜜的促销活动，这对薄烤饼粉料整个类别都产生了影响。两种产品类别第一周中的指数都在100，经近连续八周的分析后，会看到相似的趋势线的方向。在这一时期，并没有对薄烤饼粉料产品类别做主要的推广，然而第五周与第一周相比，薄烤饼粉料的销售竟高了67%。

需要明确的是：企业利用促销吸引的消费者多数是企业转换者，包括同一企业类型中其他企业的客户、其他类型企业的客户和经常转换企业者，但促销不可能将这部分人转变成自己品牌的忠诚拥护者。美国市场营销专家布朗（Brown）在对2 500名速溶咖啡的购买者进行调研后，得出如下结论：

第一，促销在企业销售中引起的反应快于广告推广。

第二，由于促销主要吸引追求交易优惠的顾客，这些顾客只要能获得交易优惠就会转变企业，因此促销不会在成熟的市场内产生新的、长期的购买者。

第三，即使在竞争性促销推广的情况下，忠于品牌的顾客也不大可能改变他们的消费习惯。

在理想状态下，促销应该可以增加品牌的价值，加强和顾客的联系。但是有些促销却冲淡了品牌的影响力，例如降价有时就会损害品牌的形象，尤其是高档品牌。相反，与品牌相联系的赠品则会增加品牌的价值，巩固品牌的影响力。

因此，促销必须和整个品牌的定位结合在一起进行。如果事先进行细致的规划，把促销和其他销售手段结合进行，它将更有战略性。不管是一对一的、二维的或三维的，所有的沟通模式必须结合起来才能产生更大的效应。

启示故事 11-2：四两拨千斤

世界著名的利普顿茶叶公司为了使自己的产品迅速打进市场，在开业伊始别出心裁地举办了一次精彩的表演，他们买来几头小猪，用缎带给它们精心打扮，并插上"我要去利普顿市场"字样的小旗，然后赶着它们穿过闹市，引起众人的注意，达到了让商品家喻户晓的目的。

做广告需要花重金，但若匠心独运，也能四两拨千斤，用最少的钱让广告有声有色。

茶叶公司与猪，风马牛不相及，经公司公关人员策划、牵线搭桥，小猪成了促销功臣，企业也借此腾飞。

相比之下，我们有些企业至今仍固守着传统的营销模式，促销方式习惯跟着感觉走，以致推出的促销方式不是步人后尘，就是偏离了市场，结果普遍感到竞争激烈，生意难做。

在当今的市场竞争中，除了商品质量和销售价格的竞争之外，营销策略也是一种竞争手段。如何以较少的投入获得轰动效果，已成为许多商家参与竞争、吸引顾客的又一热点。聪明的经营者不妨从利普顿茶叶公司促销成功的经验中得到一些启迪，针对不同层次消费需求，搞一些别出心裁的促销妙招，从而迅速达到销售目的。

3. 促销手段

现在通行的主要促销手段一般包括广告宣传、公共关系、人员推销、销售促进、直接营销五种。

(1) 广告宣传。广告指法人、其他经济组织或个人，为推销商品、服务或观念，通过各种媒介形式向公众发布的有关信息。大众传播媒介刊播的经济信息和各种服务信息，如报道商品和服务的经营者、提供者，凡收取费用或报酬的均视为广告。

(2) 公共关系。公共关系是指某一组织为改善与社会公众的关系，促进公众对组织的认识、理解及支持，达到树立良好组织形象的一系列促销活动。它既是一种状态，任何一个企业或个人都处于某种公共关系的状态之中；又是一种活动，当一个工商企业或个人有意识地、自觉地采取措施去改善自己的公共关系状态时，就是在从事公共关系活动。

(3) 人员推销。人员推销是指企业通过派出销售人员与一个或一个以上可能成为购买者的人交谈，对产品或服务进行介绍和推广宣传，以促进和扩大销售。人员推销属于直接的信息沟通，其作用不仅是促成交易，还要配合企业的整体营销活动来发现和满足顾客需求，反馈市场信息，再据此调整企业行为。

(4) 销售促进。销售促进又称营业推广，是指那些不同于人员推销、广告和公共关系的销售活动，它旨在激发消费者购买和促进经销商的效率。其形式多样化，如陈列、展销、消费信贷、赠送纪念品以及许多非常规的非经常性的销售尝试等都属于销售促进，简单看可以归为三类，即针对消费者的销售促进、针对中间商的销售促进和针对销售人员的销售促进。

(5) 直接营销。直接营销是一种以提供情报为手段，透过邮件、电话或其他方式从消费者处得到直接反应(订单或询问资料等)为目的，将商品或服务经由以上的媒体介绍到市场的活动。

(三) 促销组合

促销组合是指企业对广告宣传、直接营销、公共关系、人员推销和销售促进等各种促销方式进行的选择、搭配及其运用，使其成为一个有机的整体，发挥整体功能。

促销组合的战略意义越来越受到企业的重视，所以如何优化促销组合的问题也越来越成为企业关注的焦点。要实现促销组合的优化必须考虑以下几个因素的影响。

1. 企业阶段性目标的影响

企业整体目标在每一阶段有不同的侧重点，由于目标重点不同，导致促销组合策略也不同。当企业以提高知名度和塑造良好形象为目标时，应以公共关系和广告宣传为主，因为公关和广告在建立购买者知晓方面比人员推销效益要好得多；而当企业以产品销售为主要目标时，公关是基础，广告宣传是重点，人员促销是前提，销售促进才是关键。

2. 产品类型的影响

消费品和工业品两者适用的促销组合是有区别的。工业品一般具有技术性强、价格高、批量大、风险大等特性，购买时一般要经过研究、审批等手续，因此应以人员推销为主，配合公共关系和销售促进，而广告相对使用较少，也就是说工业品促销组合的先后次序应该是人员推销、公共关系、销售促进、广告宣传。消费品的主要销售对象是个人和家庭，面广量大，常以广告促销为主，辅以公共关系和销售促进，人员推销相对较少，即消费品促销组合的先后次序是广告宣传、销售促进、人员推销、公共关系。

3. 产品市场生命周期阶段的影响

产品所处市场生命周期的不同阶段，综合考虑促销成本与促销效果的关系，促销组合概括为如表 11－1 所示。

表 11－1　产品市场生命周期不同阶段的促销组合选择

产品生命周期阶段	促销目的	成本效应和促销组合
导入期	促使消费者认识，了解企业产品	以广告和公共关系为主，其次是人员促销和销售促进
成长期	提高产品知名度	虽以广告和公共关系为主，但应考虑用推销员来部分替代广告以降低成本
成熟期	保住已有的市场占有率，增加信誉度	应以销售促进为主，充分利用赠品等促销工具，并辅以广告、公共关系和人员促销
衰退期	维持消费者对产品的偏爱，保证利润	广告、公共关系和人员推销的效应都降低了，其中以人员推销的效应降得最低，因此仍以销售促进为主

4. 市场因素的影响

在诸多市场因素中，促销组合受市场规模与集中度、购买者类型、消费者心理与行为的影响较大。

第一，市场规模与集中度。规模小且相对集中的市场重点用人员促销；规模大、范围广且分散的市场，则应多采用广告、公共关系和销售促进。

第二，购买者类型。对个人家庭消费者应以广告、公关促销为主，辅之以销售促进；对组织用户、集团消费应以人员促销为主，辅之以公共关系和广告；对中间商则适宜以人员促销为主，并配合销售促进。

第三，消费者心理和行为。消费者购买过程一般分四个阶段，不同阶段的促销组合次序不同：① 知晓阶段，依次为广告、销售促进、人员推销；② 了解阶段，依次是广告、人员推销；③ 信任阶段，次序为人员推销、广告；④ 购买阶段，以人员推销为主，销售促进为辅，广告可有可无。

5. 策略因素的影响

企业可以采取两种促销策略，即“推”和“拉”。

“推”策略：如图11－1所示，即企业主要运用人员推销和销售促进手段把产品推向市场，由生产者推向批发商，然后由批发商推向零售商，直至最终推向消费者。

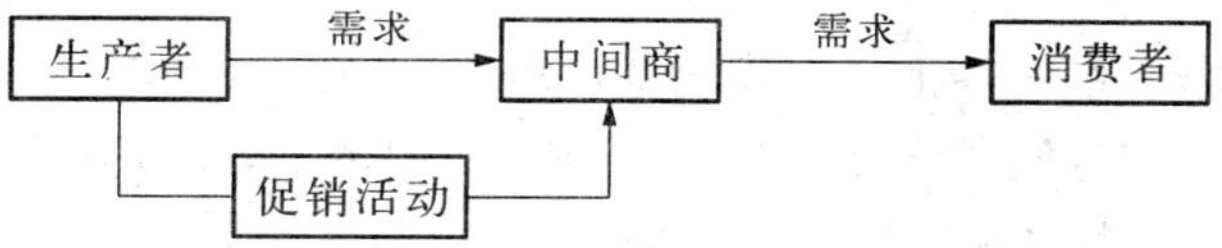

图11－1 “推”策略示意图

“拉”策略：如图11－2所示，即企业将主要的促销预算用于广告、公关等宣传措施上，侧重点是使消费者感兴趣，吸引他们来购买。

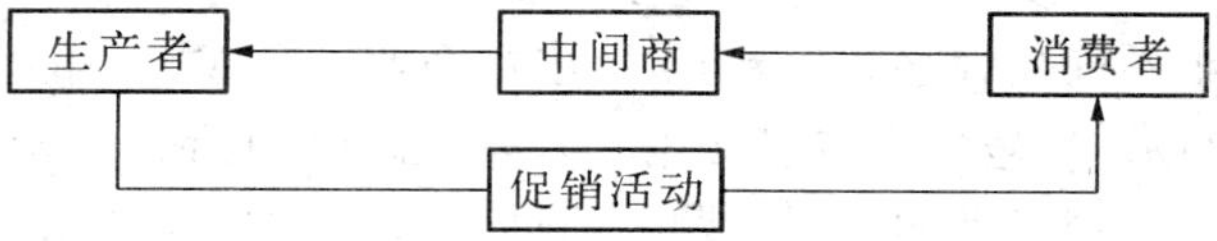

图11－2 “拉”策略示意图

除了上面提到的五种因素，促销组合还要受到产品价格、管理水平、销售时机和销售渠道等多种因素的影响，企业在制定促销组合策略时，应该全面地考虑和权衡。

二、广告策略

促销策略是企业市场营销组合策略中的重要组成部分，广告策略又是促销策略的重要分支，它对企业经营的成败有至关重要的作用。合理的广告策略不仅要符合自己的经营实质，还应以消费者为中心，根据消费者的需求特点、文化特点及风俗习惯等来制定，同时还必须符合有关法律法规及道德标准，兼顾消费者、社会及企业三者的利益。

（一）广告概述

1. 广告的类型

一般地，企业根据不同的广告目标可选择以下三种广告形式：

（1）推销性广告。这类广告着重宣传本企业形象及其产品的性能、特点、价格以及给使用者带来何种利益等，是企业向消费者提供信息的单向行为。推销性广告有两种表现方式，一种是告知性广告，即在新产品的引进时期，用直观的手法向消费者提供商品信息，旨在建立其对某类产品的基本需求；另一种是说服性广告，即在竞争加剧时，针对消费者的心理需求，通过艺术化的表现手法，求得消费者感情上的共鸣，建立其对特定品牌的选择性需求。

启示故事11－3：利用影星促销

日本东洋公司为原丝库存过多而深感困扰，于是决定以一种特别方式来推销。

刚好有消息说美国影星泰勒将赴日，东洋公司立即抓住此等良机。他们了解到，泰勒曾主演过“黑色闪电”影片，所以观众对他的印象判断为黑色。公司便决定制作适合他的雪衣，准备在泰勒赴日时送给他穿。

泰勒到日本时，东洋公司以“泰勒来了”、“泰勒穿的雪衣”为标题，刊登报纸广告。

这样，头一年，东洋公司卖出七八千件雪衣，第二年竟卖出4万多件，雪裤也卖出超过1万条。

在第二年的夏天，东洋再推出泳装营销计划，以当时流行的颜色——绿、蓝、红、褐、淡紫5种颜色凑在一起，做成一套名为“伫立凝视”的泳装，结果此泳装市场魅力大振，获得比头一年多50%以上的销售额。

借名人之力推动市场的关键，是要设法让名人的气质和公司的产品相吻合。这是国外名牌选择产品代言人的一条基本原则。

(2) 比较性广告。比较性广告是20世纪70年代发展起来的一种广告形式，着重比较同类产品或服务中不同品牌之间的差异，突出本企业产品或服务的优越性，吸引更多消费者，占领更大的市场。比较性广告多应用于非酒精饮料、电脑、汽车等产品，典型案例是美国阿维斯出租汽车公司发动的一场主题为“我们是第二位”的广告战役。在此系列广告中，每个广告都强调：阿维斯公司在行业中仅仅处于第二把交椅，因此我们极其努力地提高自己的服务质量。由此，阿维斯公司声誉大大提高，市场份额也大幅提高。

(3) 提醒性广告。这类广告旨在强化消费者对某种产品或服务的记忆，它是处于产品成熟期的企业通常选择的广告方式。

2. 广告的功能

商品流通由三部分组成，即商品交易流通、商品货物流通和商品信息流通。信息流是开拓市场的先锋，它的实现依赖于传播，而在众多的传播渠道中最主要的就是广告。在市场经济条件下，广告是非常必要的，它对消费者从知晓到购买所起的作用是很大的。具体而言，广告的功能可以从以下几个不同的角度来分析：

(1) 从消费者角度看。广告是以信息方式沟通社会需求和企业生产经营的中介环节，它对消费者的心理和行为产生影响有三个层次：满足现存的需求；激发潜在的需求；创造全新的需求。

随着商品经济的发展，“适应消费市场”的观念逐渐被“创造消费市场”的观念取代，如日本索尼公司在20世纪80年代就提出了“创造市场”的口号，向60年代提出的“消费者需要什么，我就生产什么”的市场观念提出挑战。营销观念的更新使广告改变了过去那种仅向市场诉求认知的表现方式，而向积极引导、创造需求的方向发展。

(2) 从企业的角度看。广告是提高市场占有率、增强竞争力的有效手段。企业要生存，就必须有一定的市场占有率，而广告有助于提高企业产品的市场占有率。随着产品趋于标准化和规范化，要提高市场占有率就必须形成与竞争对手的产品差异，广告定位中的差别化策略就有助于增强企业的竞争力。所以，从企业的角度看，广告的功能为：有助于消费者建立品牌偏好，并最终导致购买行为；吸引消费者注意，以尽可能少的投入获得尽可能大的产出；营造良好的企业文化。

3. 广告定位

广告定位就是找出要宣传商品的独特的、有竞争力的特点，通过广告宣传使商品在消费者心中具有一定的地位。广告的定位通常有五种类型：

(1) 质量主导广告定位。质量主导广告定位就是在广告中突出表现产品的质量优势。这里的产品质量是广义概念，不仅包括品质，还包括产品的技术性能、耐用程度、安全性、价格合理性、维修保养难度等。在广告中突出产品质量优势时，需要选择有代表性的、典型的质量因素，不能过于笼统。

(2) 价格主导广告定位。价格主导广告定位就是在广告中突出商品的价格特点，给消费者造成一种良好的价格印象，激发其购买欲。在广告定位中，价格特点可从不同角度表现，既可以是“低廉价格”，也可以是“整数价格”或“高价位”，可分别刺激不同层次、不同心理需求消费者的购买行为。

(3) 造型主导广告定位。造型主导广告定位就是在广告中突出商品的造型特点，通过造型的美感享受或造型的特殊功能来吸引消费者。采用这种广告定位，要求根据时代的特点和潮流的趋势来确定广告的基调，以求适应消费者的审美心理特点。

(4) 色彩主导广告定位。色彩主导广告定位就是在广告中突出产品的色彩或包装的色彩，借以抓住消费者的注意力，吸引其购买。选择这类广告定位，除了要适应消费者的个性特点外，还要注意调动消费者心理愉悦和色彩的联想力，例如蓝色就给人清新、凉爽、平和的感觉。

(5) 商标主导广告定位。商标主导广告定位就是在广告中突出商标名称和商标设计图案特点及其象征意义。通过宣传商标特点来树立商品和企业的独特形象，提高企业和商品的知名度，建立商品信誉。

(二) 广告预算与广告媒体选择

1. *广告预算的主要方法*

(1) 销售百分比法。销售百分比法指企业按照销售额或单位产品售价的一定百分比来计算和决定广告开支。例如，美国的汽车公司一般就是以每辆汽车预估价格的某一固定比率作为确定广告预算的基础。这种方法的优点在于简便易行，能促使企业管理人员正确把握售价、成本和利润之间的关系，并有利于保持竞争的相对稳定；其缺点是实际操作过于呆板，造成销售收入和广告成本的因果倒置，难以适应市场变化。

(2) 目标任务法。目标任务法指明确广告目标后，选定广告媒体，再计算出为实现这一广告目标需要支付的广告费用。由于广告目标很难以数字精确计算，因此这种方法在实际操作中难度较大。

(3) 竞争对等法。竞争对等法就是根据竞争对手的广告宣传情况来决定自己的广告费用支出，以保持竞争上的优势。这种方法在实践中经常被企业采纳，但其运用必须以能获得竞争对手广告预算的可靠信息为前提，事实上这是很困难的。

(4) 倾力投掷法。倾力投掷法是指企业在不能测定广告目标和广告效果的情况下常常采用有多少资金就做多少广告的办法。换句话说，企业广告费用的多少取决于其他经费占用比例的大小，这种做法的风险较大。

启示故事 11-4：一代“标王”的悲剧

1994年，出任中央电视台广告信息部负责人的是一位叫谭希松的女强人。谭女士使出的绝招便是，把中央电视台的黄金段位拿出来，进行全国招标，她还给投标金额最高的企业准备了一顶金光四射的桂冠:"标王"。

11 月 8 日,山东秦池酒厂厂长姬长孔第一次出现在中央电视台梅地亚中心。他的皮包里带了 3 000 万元。这几乎是上一年秦池酒厂的所有利税之和,意味着 3 万吨的白酒。但要想竞标成功似乎还远远不够,姬长孔连夜与临朐方面联系,并得到了当地政府的大力支持。经过紧急的密谋,一个新的标底终于浮出水面。

唱标结束,山东秦池酒厂以 6 666 万元竞得"标王",高出第二位将近 300 万元!

"谁是秦池? 临朐县在哪里?"众人问。一夜之间,秦池成为世人关注的焦点,名扬天下。

1996 年,根据秦池对外通报的数据,当年度企业实现销售收入 9.8 亿元,利税 2.2 亿元,增长 5~6 倍。

1996 年 11 月 8 日,早已名满天下的姬长孔再次来到梅地亚,并以投标金额为 3.212 118 亿元,再次当选"标王"。

有记者问,"秦池的这个数字是怎么计算出来的?"姬长孔回答:"这是我的手机号码。"以 3.2 亿元人民币的代价让一个外国记者记住一个人的电话号码。这样的回答,仿佛是一个让人哑然的黑色幽默。其实,像姬长孔这样精明的人不可能不明白,摆在他面前的事实是:秦池太需要这个"标王"了。或者说,他已经无路可走了。

如果秦池不第二次中标,那么其销售量肯定会直线下降。前任"标王"孔府宴酒便是前车之鉴。对于一个富有挑战精神的企业家来说,这不仅意味着企业的死亡,实际上也意味着企业家生命的终结,这是绝对不能接受的。

暴风雨往往突然而来。1997 年年初的一则关于"秦池白酒是用川酒勾兑"的系列新闻报道,把秦池推进了无法自辩的大泥潭。当年,秦池完成的销售额不是预期的 15 亿元,而是 6.5 亿元;再一年,更下滑到 3 亿元。从此一蹶不振,最终从传媒的视野中消失了。

近年来,中央电视台黄金时段广告招标每年如期举行,厂家及广告媒介公司趋之若鹜,斥资天文巨额争当标王,以期带动产品畅销。但事实证明,巨额广告投入并没有给企业带来想象中的回报。相反,一些标王企业因承受不了巨额广告费用而陷入困境。这就给我们提出了一个如何合理确定广告预算的问题。广告预算不能以中标为目的,只能根据企业本身状况和产品市场情况而定。盲目争当标王,只会得不偿失。在当今经济全球化过程中,唯有放弃浮躁,不图虚名,脚踏实地认真做事,才能在市场竞争中站稳脚跟,稳操胜券。

2. 广告媒体策略

广告媒体策略,就是广告主合理选择广告媒体借以有效传达广告信息的决策。其工作步骤包括以下方面:

(1) 确定广告的接触度、频率和效果。接触度是指一定时期内应有多少目标受众接触到该广告活动;频率是指一定时期内,平均每位目标受众应接触到该信息的次数;效果是指信息展露应具有的效果。确定广告的接触度、频率和效果是制定广告媒体策略的首要环节,它影响广告主对媒体及媒体工具的选择,同时也决定广告费用的多少。

(2) 广告媒体的选择。广告媒体选择一方面要考虑所选择媒体类型,一方面还需要考虑选择这些媒体时涉及哪些因素。

可供选择的广告媒体越来越多，具体有：① 印刷品广告，如报纸广告、杂志广告、电话簿广告、画册广告、火车时刻表广告等；② 电子媒体广告，如电视广告、电影广告、电台广播广告、电子显示大屏幕广告以及网络广告；③ 户外广告，如路牌广告、霓虹灯灯箱广告、交通车厢广告、招贴广告 、气球广告等；④ 邮寄广告，如商品目录、商品说明书、宣传小册子、明信片、挂历广告以及样本、通知函、征订单、订货卡、定期或不定期的业务通讯等；⑤ POP(Point of Purchase Advertising)广告，即售货点和购物场所的广告，如在商场、百货公司、超级市场、零售店、专卖店、专业商店等场内场外所做广告；⑥ 其他广告，如馈赠广告、赞助广告、体育广告，以及包装纸广告、购物袋广告、手提包广告。

小链接

微软公司视窗95促销组合

1995年8月24日，Windows95操作系统首次面市，为之发起规模空前的营销和广告攻势。这场广告大行动并不只限于美国国内，在英国，微软公司在一大片地面上涂上Windows95巨幅标志，以便人们在飞机上俯视可见；在巴黎，微软公司在法国国会大厦举办了一次有7 400人参加的大型晚会；在多伦多，微软公司把一幅长达300英尺的Windows95条幅悬挂在该市最高的建筑物——加拿大国家电视塔上。攻势同时向公司客户展开。1995年2月至8月的6个月中，微软公司发放一千万张该程序的演示盘，让约40万人测试了Windows95，并向23个城市的4万人作了Windows95系统的巡回演示。对技术人员，微软公司则准备了一场精彩的在线发布仪式。然后是微软公司的黄金时间“信息出演”，播出了从阿巴拉契山的学生到拉斯维加斯滑冰场的各种Windows95用户的使用情况。

选择广告媒体应考虑的因素：① 产品因素。如技术复杂的机械产品宜用样本广告，它可以较详细地说明产品性能，或用实物表演增加用户实感；服饰类商品宜选择杂志广告，增强对消费者视觉冲击；一般消费品则可用视听广告媒体。② 消费者媒体消费习惯。如针对工程技术人员的广告，应选择专业杂志为媒体；化妆品推销则最好选择电视、时尚杂志作为媒体。③ 广告媒体的知名度和影响力。发行量、信誉和频率等都是媒体影响力的标志，不同知名度和影响力的媒体其广告费用也是不同的。④ 媒体的传播范围。如行销全国的产品，应选择全国性的报刊和中央电视台、中央广播电台做广告媒体；而局部地区销售的产品，则可选择地方性的报刊、电台和电视台等媒体。⑤ 成本因素。如电视是最昂贵的媒体，而报纸则较便宜。

应该选择什么媒体、应该突出什么主题、应该瞄准哪些受众，等等，这都是广告策略要考虑的问题。一般来说，广告媒体的选择策略有：

第一，无差别市场广告策略。即在同质市场上，在一定时期内运用各种广告媒体向同一个大目标市场推出相同内容主题的广告。

第二，差别市场广告策略。即在一定时期内，针对细分的目标市场，选择部分媒体或媒体组合进行广告宣传。

第三，动态策略。即没有确定的媒体选择，完全根据需要和信息反馈来确定下一步媒体选择方案。

第四，媒体组合策略。即把各种媒体进行搭配、组合，扬长避短，达到最好的广告效用。

(三) 广告设计策略

1. 广告创意与广告设计

广告创意是广告设计制作者在酝酿广告时的构想，是全部广告活动的基础和核心。广告创意必须表现广告主题，符合市场定位要求和目标市场特点；在表现广告主题时要构思新颖，既要有明确的针对性，又要突出差异性。

国际广告协会对创意新颖的广告有五点要求：

第一，能体现愉悦的感觉；

第二，能体现创新进步的精神；

第三，能解决某一实际问题；

第四，有明确的承诺；

第五，有潜力。

启示故事 11-5：孔府家酒：叫人想家

孔府家酒有个15秒钟广告："荣获布鲁塞尔金奖，出口量全国第一。"1994年春节，孔府家酒推出了"回家篇"，这个广告的突出点是几个"一"：

第一，抓住了一个观念……家庭观念。家庭，这是人类特别是中国人的传统观念。我们中国人把家看做是自己感情的归宿、成长的摇篮、事业的支柱、灵魂之乡，是中国文化象征之一的孔圣人的家乡酒，与传统文化、家乡、家庭、家人、亲情等是相吻合的。

第二，瞄准了一个时间……"新春探家"时。"回家篇"选定在1994年元旦……春节的档期首播。这是中国人回家团聚，尽享天伦之乐的年关时节，广告的煽情性与观众的接受气氛特别相融。

第三，捕捉了一个机会……电视剧《北京人在纽约》播出红火时。这个电视剧题材新颖，整部剧作对以往的"出国热"作了一番理性的反思，从而唤起了一种本土文化的回归意识，其巨大的社会影响烘托了"回家篇"，起到了一种推波助澜的作用。

第四，起用了一个恰到好处的形象人……王姬。王姬的身份很特殊，她既是一个海外归来的游子，又是《北京人在纽约》的女主角。一个角色独特的公众人物伴着产品标版，以一个特写镜头面向观众，说出了："孔府家酒，叫人想家"，其诱惑力、散发的文化魅力是有足够力度的，令人难以忘怀。

第五，很有心计地选用了广告音乐……刘欢作曲的主题曲，音乐主旋律十分接近于《北京人在纽约》的主题歌，让观众既有熟悉感又有新鲜感，在似与不似之间，使观众欲罢不能地饶有兴趣地一次又一次地把广告看完。

第六，构思了一条"绝"了的文案……"回家篇"，使广告推销的产品与品牌不差一字，尽得风流：

"千万里，千万里，我一定要回到我的家。

我的家啊！永世永世不能忘，

孔府家酒，叫人想家！”

广告的设计要体现民族文化特征。在广告中融进本民族文化特定的价值观念和行为模式，则这些价值和行为模式的诉求表现出同一文化的亲和力，极易唤起消费者的文化认同，从而导致其购买行为。

广告设计就是把广告创意具体化，使设计制作者的构想变为现实。广告设计的内容包括主题设计、标题设计、正文设计、语言设计及画面设计等，它们都必须遵循一个原则：以广告诉求为中心，以消费者需求为导向，以促进销售为目标，把企业和产品信息迅速准确地传递给广大受众，刺激其购买欲望。

2. 广告主题设计

广告主题是广告设计的基础环节，它反映设计者对事物的认识、见解和思路。广告主题设计必须考虑：① 目标市场的特点，如高档车强调品牌、中档车注重质量、低档车关心价格等；② 顾客的消费心理，如顾客最需要什么等；③ 时代特点，如20世纪70年代注重商品价格、80年代注重商品质量、90年代注重商品品牌等；④ 产品的主要用途。

3. 广告标题设计

一个新颖、独特的广告标题有助于获得即刻打动的效果，能有效激发消费者的兴趣。标题具有指向作用，通过标题消费者可对广告内容进行选择。标题还能抓住消费者的注意力，使其阅读广告正文。因此，企业总是在广告标题上下工夫，不断创新，推出多种样式的标题。

广告标题一般包括商品名称和厂家向消费者承诺提供的利益。标题力求简单，调查表明，多于六个字的广告标题只有13%的受众能记得。当然，其前提是标题能概括广告内容和清楚表达广告意图。广告标题可以分为以下七种类型：

(1) 新闻式标题。这种广告标题利用新闻的特点，向消费者提供新闻的事实，给人以新鲜感。

(2) 问题式标题。这种广告标题站在消费者立场上提出“为什么、怎么办”等问题，引起消费者的共鸣或思考，并求得答案，给受众留下深刻印象。

(3) 记事式标题。这种广告标题不加任何感情色彩，只如实地将广告内容简明扼要地告知受众，如“某某企业的产品说明会”，适用于介绍产品和服务项目的广告。

(4) 祈使式标题。这种广告标题用礼貌的态度和劝告的言辞来鼓励消费者采取购买行为。

(5) 赞扬式标题。这种广告标题用赞美的词句夸耀产品的过人之处，如“钻石恒久远，一颗永流传”，但这种夸耀必须以产品的优良品质做后盾，否则会引起消费者的反感。

(6) 催促式标题。这种广告标题说明货品已不多，时机千载难逢，催促消费者尽早购买，如“清仓处理，最后一天”等。

(7) 悬念式标题。通过广告标题的词语，给受众留下一个悬而未决的问题，满足消费者的好奇心。这种悬念的制造必须考虑周到，不能故弄玄虚。

4. 广告正文设计

广告正文是广告的主体和精髓。一般会在这一部分列举最重要、最具有说服力的证据和事实，阐明产品的优点，诱导消费者购。

广告正文的结构类型有很多，究竟选择哪一种需要根据企业性质、营销目标、产品和媒体特点来决定。其结构类型包括如下五种：

(1) 布告型广告，即用严肃、庄重的文字将某一事情的事由、条件、手续、过程都十分明白地表达出来。

(2) 故事型广告，即以讲故事的形式，传达有关的广告信息。

(3) 问题型广告，即通过两个或两个以上问答的方式表现广告的内容，搭建产品和问题之间的桥梁，由此说明产品的功能和质量。

(4) 证据型广告，即用充分的论据和雄辩的逻辑来说服消费者，为其释疑解惑。

(5) 证书型广告，即搬出权威方面的鉴定、评奖，或用名人、可靠人士、消费者的赞扬作为正文主体。

5. 广告语言设计

不同风格和形式的广告语言，会产生不同的美感，受到受众不同程度的注意，从而产生不同的心理效应。比如，早在19世纪末，中国最早的报纸广告上出现了南洋兄弟烟草公司为其新产品“白金龙香烟”制作的广告词：“饭后一支烟，胜过活神仙。”事实证明，当初的广告词已成为如今瘾君子的座右铭。

专家指出，广告语言最重要的就是要符合满意性、独特性和可信性，也就是既要说明产品或服务给人带来的利益，使消费者满意；又要具有特色，不能人云亦云、缺乏新意；同时要以客观事实为依据，真实可信。

6. 广告画面设计

广告画面设计的关键是通过画面给受众带来美感，刺激销售。优美的广告画面，不仅包含强烈的经营意图和思想，而且具有色彩配合、画面分割、视觉规律等艺术享受。广告设计是一个包括多方面的设计活动，各方面的配合能产生最大的效益。广告画面设计包括图案设计、色彩设计和版面设计。

启示故事 11-6：太阳神集团广告

广告主：太阳神集团

广告标题：孩子，妈妈能给你的真的不多……

广告正文：12岁，我就离家读寄读中学了。那时正是春荒季节。每次返校前，妈妈总能变戏法似的弄出一小袋米来，再让我捎上一罐咸菜，这便是那时山里孩子一星期最奢侈的伙食了。送我上路时，妈妈那爱怜的眼神里总是盛满了愧疚与无奈。岁月荏苒。今天，我才读懂了妈妈的眼神，她仿佛喃喃地对我说：“孩子，妈妈能给你的真的不多，但那可是我能给予的全部啊。”火柴很小，散发的光亮也很微弱。但它真的是在竭尽所能燃烧着，就像妈妈。

（背景画面：全黑底包围中，一根火柴头在黑暗中燃烧着，散发出微弱但绚丽无比的光焰。）

太阳神通过一个动人故事的叙述，赋予企业的精神理念在其中，火柴头、妈妈的形象象征着太阳神集团，虽然散发的光亮也很微弱，但它真的是在竭尽所能燃烧着。这样的形象在平凡中闪耀着伟大的光辉，更贴近普通人的心，让人信服，极具说服力。

（四）广告效果评值

广营效果包括三方面：一是广告的经济效果，即广告促进商品或服务销售的程度和企业的产值、利税等经济指标增长的程度，主要用销售效果来评估；二是广告的心理效果，即消费者对其广告的心理认同程度和购买意向、购买频率，主要用沟通效果来评估；三是广告的社会效果，即广告是否符合社会公德，是否寓教于乐。

1. 经济效果评估

对广告的经济效果进行测定和评估，就是对广告活动的促销效果和提高利润的程度进行测定和评估。一般根据广告前后销售额的变化来评估，其计算公式为：

$$R=\frac{S_2-S_1}{A}$$

式中：R 为百元广告效益；S_2 为广告发布后的销售额；S_1 为广告发布前的销售额；A 为广告费用。

2. 心理效果评估

广告到受众心理作用的过程从引起注意、产生兴趣、刺激需求、激起购买欲望和行动、对所买产品的满意程度等五个方面。所谓广告心理效果评估就是广告对受众的心理作用过程中引起注意、激发兴趣、刺激需求和影响消费行为的程度。

3. 社会效果评估

广告的社会效果主要表现在两方面：一是广告对消费者消费的指导作用。一些新产品往往可以通过广告使人们改变旧的生活习惯，引导新的消费潮流；二是广告的思想性、艺术性对社会精神文明建设具有推动作用。广告社会效果的评估主要是通过专家会议，对广告的促销效果和产品知名度、品牌形象、心理价值创造能力、社会效果等进行综合评价。

三、直接营销策略

（一）直接营销概述

1. 直接营销兴起和发展的原因

传统的营销渠道绝大多数是一层以上的多层渠道，一般都通过零售商把商品售给顾客，而零售商又通过其零售商店来销售商品。随着经济的发展和人们消费观念、习惯的变化，传统营销方式的局限性越来越大。

直接营销兴起和发展有两方面因素的推动：

（1）外部因素的推动。首先，传统的营销渠道使交易成本不断上升，从而使企业更愿意采用直接营销这种较为廉价的销售渠道。其次，传统的促销手段并没有使营销效果持续提高，而且在这个强调个性化的时代，人们追求新意、个性的目标无法通过传统营销方式得以实现，这些都为直接营销提供了发展的机会。再次，随着科技的发展，特别是电话、电视、电脑、互联网以及现代邮寄系统的普及，使企业分割顾客群成为可能，他们可以按照产品特征来分割、接触不同的目标客户群。第四，家庭结构小型化、主妇职业化和人口老龄化创造了家庭中新型的生活与购物方式，方便的直接营销日渐受到了人们的青睐。

(2) 自身因素的推动。首先，直接营销将人员推销、广告、销售促进等促销手段合而为一，节省了大量的营销费用；其次，直接营销能通过集中付费的电话、有线电视、E-mail、直接信函等手段直接与每一位潜在消费者进行沟通，并通过直接回应建立消费者数据库；再次，通过直接营销，企业可以与客户建立长期稳定的营销关系。

2. 直接营销的定义和特点

直接营销是一种不受传统营销套路限制的营销系统，其关键是通过媒体与客户直接沟通。它秉承了需求中心论的观念，强调以比竞争对手更及时、更有效的方式传递目标市场上所期待的商品和服务，以满足消费者的各种需求。

美国直接营销协会对直接营销的定义是：直接营销是一种相互作用的营销系统，使用一种或一种以上的广告媒体，在任何地点所产生的一种可衡量的反应或交易。美国直接信函营销协会对其定义为：直接营销是一种以提供情报为手段，或是通过邮件、电话或其他方式，以从消费者处得到直接反应(订单或询问资料等)为目的，将商品或服务经由以上的媒体介绍到市场的活动。

小链接

戴尔公司的电话营销

戴尔公司是直接营销的典范，它的特点就是简便、快捷。顾客无论距离远近，欲购电脑只需拨通 800 - BUY - DELL 即可。即使发展到目前的水平，在美国顾客购买戴尔电脑的典型方式仍然是拨打公司电话。当客户给戴尔公司打电话时，一个电脑声讯会自动应答，并指导打电话者进行服务内容的选择。回答完一系列询问后，打电话的顾客就会被接到进行电脑订购、回应请求或解决问题的适当渠道中去。接着，顾客所需要的产品或服务就会以最快的速度出现在其面前。

直接营销的独特性表现在以下六个方面：

(1) 直接营销有明确的目标对象。直接营销的目标顾客群是可衡量的、可掌握的，市场的规模足够大并能获得利润。正是由于这种确定性，直接营销也被称为有目标的营销或标靶营销。

(2) 直接营销是一个相互作用的体系，没有中间环节，准确性较高。直接营销采用的是双向信息交流模式，是顾客与企业互动式的营销方式。这样可以弥补传统营销根据通常难以准确衡量的广告效果进行决策的不足。直接营销根据市场直接反应的效果(如订货量)进行决策，使精确度明显提高。

(3) 直接营销具有很强的灵活性。直接营销广泛地使用各种媒体，如平面印刷广告、直接信函和目录，还有电话、传真、电视、广播、有线电视、电子通讯、家庭个人电脑等和消费者沟通。而且，直接营销不受传统零售店的空间限制，它可以在任何地点交易。

(4) 直接营销活动的效果可以测定。直接营销强调与客户建立互动关系，要求客户对广告做出立即回应，包括来电询问、索取资料和订单等。直接营销对客户回复的信息进行分析、分类和储存，以便对症下药。

（5）直接营销强调与客户建立长远关系。直接营销要求建立客户数据库，建立个人化的关系，作为后续营销的依据。

（6）直接营销把信息搜集、促销与销售合而为一。直接营销不管采用何种营销工具，都具有针对性地传递服务信息、实施销售促进及实现销售的功能，并且通过信息反馈掌握市场营销资料。市场调查与广告、销售促进、人员销售三大促销工具在直接营销中得到了完全的统一，形成真正意义上的整体营销。

3. 概念的区别

（1）直接营销与传统营销的区别。直接营销与传统营销相比，一个最根本的区别就是前者能和顾客建立起直接的联系。具体而言，两者在目标对象、产品和生产、交流方式、销售地点、商品流通过程、媒体选择、广告目的等方面都不同。主要表现见表11－2所示。

表11－2　直接营销与传统营销的区别

	传统营销	直接营销
目标对象	针对广泛的大众进行销售	针对特定的个人进行销售
产品和生产	向顾客提供标准化产品，实行大规模的标准化生产	向每一位特定顾客提供特殊产品，实行定制化生产
交流方式	单向信息传播，建立一种普遍的客户关系	双向信息交流，建立个别的、长远的客户关系
销售地点	零售商店	媒体
商品流通过程	依赖零售渠道和销售网络，除非建立零售网络和物流系统，否则无法完全控制产品的流通系统	完全可以控制产品的流通系统、使商品准确、及时、顺畅地送达消费者手中
媒体选择和使用	较多使用大众媒体，介绍新产品，塑造品牌个性的效果较佳	偏好使用特定目标习惯的媒体，需要着重演示的产品就用电视营销，便于文字说明的产品就用直接信函或目录营销
广告目的	较强调消费者对品牌的印象、知名度、记忆、忠诚度，以及影响消费者的购买态度、习惯或行为	强调以强有力的广告诉求来激起消费者的立即回应，如订单或询问

（2）直接营销与直销的区别。直销是直接销售的简称，而不同于直接营销。直销与直接营销的区别表现在：

第一，前者是推销员以个人方式向消费者推销商品，后者是以非个人方式向消费者推销商品，买者和卖者之间没有推销员的介入；

第二，直接营销的范畴要比直销的范围大得多，直销以挨家访问推销、聚会示范、多层次网络直销为主要方式，而直接营销包括直接邮寄、目录营销、电话营销、电视营销、网络营销和其他媒体营销。

小链接

麦当劳的手机短信

麦当劳在中国有一个非常有创意的举动，它利用手机短信，并结合了世界杯的最新消息，来吸引消费者，不仅仅是吃快餐，而且是吃麦当劳的快餐。

麦当劳在2010年4月的上海，总共发出了15万条的手机短信，它的短信是非常有针对性的，只针对它的目标客户。并且是在正确的地方、合适的时间、合适的场合，把这个手机短信送到消费者手中，当然它收获的效果非常好，这种短信的促销回应率有12%，这比用传统的直接促销手段只有1%～3%，3%～5%有很大的提高。这是麦当劳做过的最为有效、最为成功的一个营销活动之一，并为麦当劳获得了新的消费者。

（二）直接营销策划

1. 直接营销的任务和途径

（1）直接营销的任务主要有：① 让消费者通过直接邮件、电话或推销员取得相关产品目录、图文介绍或有关信息；② 告诉消费者可要求厂商派人到家里、办公室或零售店做现场示范；③ 让人们参观零售店、展销会或一些广告片；④ 让人们参加某种社会活动。

（2）完成直接营销任务的途径一般包括：① 单一步骤的销售，如免费试用；② 持续沟通方式，如保险服务；③ 多重步骤销售；④ 利用其他机会，如竞赛等等。

2. 直接营销的整体策划

（1）确定企业目标。企业目标包括长期目标、中期目标和阶段性目标。

（2）确定营销目标，选择营销策略。直接营销的主要目标是刺激潜在消费者立即采取购买行动，这可以用顾客的反应率来衡量，但不能忽视其另一隐性目的在于为自己的销售人员或营销渠道引导出发现潜在顾客的途径。营销策略是实现营销目标的战术，策略选择一定要与企业长期目标相协调。根据企业目标和资源条件，分析评价市场机会，进行市场定位，制定市场营销计划。

（3）确定目标顾客和传播策略。直接营销人员必须找出现实顾客和潜在顾客，将其中具有吸引力的潜在顾客按年龄、性别、受教育程度、收入、购买记录等标准进一步细分。传播策略的设立主要是建立完整的顾客和潜在顾客的资料库，以此建立企业和顾客的长期关系。

（4）制定广告目标和广告策略。直接营销中，消费者的反应是测定广告效果的重要依据，也是广告目标的核心。广告策略的制定即如何把确定的信息通过选择好的媒体渠道传给消费者，通常直接营销者会先运用大众传媒，再用直接信函、电话营销等方式。

（5）选择媒体及顾客接触策略。媒体的选择或组合是直接营销的核心内容，它关系到效果的好坏和成本的高低，从而影响企业利润率。顾客接触策略是指如何与现有顾客或潜在顾客进行接触并建立关系。

（6）交易活动的安排。交易活动的安排主要涉及如何将商品实体传递到顾客手中。它不仅要求有严格的备货、发货、退货制度，而且还要求设计一个顾客投诉系统，处理信息反馈和售后服务的问题。

四、公共关系策略

(一) 公共关系的职能

公共关系是一种管理职能,即评估社会公众的态度,确认与公众利益相符合的个人或组织的政策与程序,拟订并执行各种行动方案,以争取社会公众的理解与接受。公共关系的对象广泛,包括与企业经营管理活动发生直接或间接联系的所有社会组织和个人,主要指消费者、供应商、新闻媒体、政府、社区等。公共关系作为一门经营管理的艺术被广泛应用,组织机构利用公共关系去吸引公众的注意力或者消除留在公众头脑里的坏印象;国家使用公共关系去吸引更多的观光者、外国投资者和赢得国际社会的支持。公共关系的职能主要表现在以下几个方面。

1. 有助于企业树立良好的形象

现代经济条件下,企业形象逐渐成为企业竞争战略的核心内容。良好的企业形象既可以提高新产品的市场认知率,又可以使企业赢得更多的公众理解和信任,扩大市场影响力。公共关系是树立企业良好形象的重要手段,它不仅能向公众介绍自己的产品、服务、方针、政策和行为,还能通过传播、沟通等手段影响公众,增加公众对企业的好感,促进和谐的关系。

2. 有助于塑造名牌

消费者之所以追求、向往和崇尚名牌,其原因既在于它的内在价值,也在于产品好处的延伸。好的产品不一定就是名牌产品,名牌需要借助公共关系宣传来推动和强化,如利用"制造新闻"、"名人效应"等宣传手段,通过组合传播塑造完整的形象,全方位地提高产品的知名度、美誉度。

3. 有助于创造和谐的企业外部环境

现代企业是一个经济、技术、文化、心理的复合体。企业的生存和发展离不开和谐的外部环境,如何维护、协调和发展各种多边关系成了每个企业都面临的课题。公共关系在信息沟通和关系协调方面具有独特的功能。对内,公共关系可以协调领导与员工的关系、各部门之间的关系、员工之间的关系,创造良好的内部环境;对外,公共关系可以帮助企业处理好与顾客、政府、媒体、社区、名流等各种公共关系,使企业在经济、技术、社会等方面保持平衡与协调。

4. 信息收集

公共关系所需收集的信息主要有两大类,即产品形象信息与企业形象信息。产品形象信息包括公众对产品价格、质量、性能、用途等方面的反映,对于该产品优点、缺点的评价以及如何改进等方面的建议。企业形象信息包括:① 公众对本企业组织机构的评价;② 公众对企业管理水平的评价;③ 公众对企业人员素质的评价;④ 公众对企业服务质量的评价。

通过公共关系,企业可以及时获得可靠的社会信息、市场信息、质量反馈信息,为经营决策提供第一手资料,有助于及时开发新产品,提供新服务,不仅可以满足市场的现在需求,而且可以预测市场的未来发展趋势,引导消费者科学、文明、健康的消费潮流,驱动企业不断增强竞争能力。

小链接

惠普：搞好关系，回报社会

跨国公司要想在中国取得成功，处理好同政府及社会各方面的关系营销十分关键。惠普公司在这方面的工作可谓上乘。

它在处理同政府及社会各方面的关系营销时，具体做法上可以概括为三条经验。

1. 常保持与政府的密切接触

这一条在其创立之初就奠定了基础。中国惠普公司创立的背景比较特殊。据透露，早在 1979 年，美国原国务卿基辛格博士首次访华时，邓小平提出能否让一些美国公司到中国投资。基辛格表示愿意积极促成。于是，惠普公司的创始人之一戴维·帕卡得先生于 1980 年访问中国，受到了当时中国高层领导人的热情接待。1983 年，惠普在中国设立技术代表处。1984 年同中国签订了合资协议。1985 年，中国惠普公司正式成立。在惠普同中国进行谈判时，江泽民总书记正在国家电子工业部任职。对惠普公司的情况十分了解。1998 年克林顿总统率领企业家代表访华时，江泽民总书记曾反过来向克林顿总统介绍惠普中国公司的总裁，此事让惠普公司十分荣光。惠普总部非常重视通过与中方上层人士的接触，密切与政府的关系。总裁几乎每年都要访问中国，同中国高层人士甚至首脑举行会谈。为了加强同政府的联系，中国惠普公司内部设立了专门负责政府事务的部门，其主管由有着丰富经验的前政府部门官员担任。

2. 自己的优势，积极为政府“排忧解难”

惠普公司同有关部门协商，搞了一个叫做 EMP（Executive Management Program）的项目，结合惠普的管理经验，通过案例，研究、模拟市场等形式对中国国有企业领导人进行培训，受到了很好的效果。表面上看，中国惠普公司花费精力做这样的事似乎不值，其实是一笔非常划算的买卖。因为这样不仅密切了同政府、国有企业之间的关系，而且还为其培养了一大批配套零部件的厂商，从而为通过提高生产的本地化来大幅度降低成本铺平了道路。

3. 中国惠普公司积极参与社会公益事业活动

例如，赞助中国申办奥运会和各项体育赛事、音乐会及国际和地区间的学术经济交流活动。在中国举办的第十一届亚运会中，惠普公司向中国政府捐赠了价值 500 000 美元的 HP3000/925 小型机。惠普还是第一家鼓励员工无偿献血的外资公司。作为惠普在华投资十周年庆典的组成部分，1995 年 12 月 8 日，中国惠普公司举办无偿献血活动，从总裁、部门经理到普通员工，包括外籍人士 120 余人参加了这项活动。实际上，在看重社会公益活动的同时，也宣传和塑造了自己的形象。惠普公司的种种善举，使其在中国人心目中的印象颇佳，为其产品扩大销售打开了方便之门。一家跨国公司如果能同当地的消费者产生一种亲和力，或对企业、产品产生认同感，这种亲和力和认同感必将化为增长的动力。

（二）公共关系的原则

1. 诚信原则

企业要在公众心目中树立良好的形象，关键在于诚实。所谓诚实，就是要以事实为基础，真实、客观、公正、全面地传递和沟通信息。只有诚信的企业才能获得公众的认可和信任。

2. 公众利益与企业利益相协调的原则

企业的生存发展离不开社会的支持，诸如人力、资金、生产资料的提供及政府的宏观调控。企业的公关活动必须将公众利益与企业利益结合起来，尊重双方的共同利益和各自的独立利益，努力使企业与公众共同发展、平等互利。

3. 全员公关原则

企业形象是通过企业所有人员的集体行为表现出来的，它是企业内个人形象的总和。企业的公共关系不仅要靠公关部门和公关人员的努力，还离不开企业各部门的密切配合和全体员工的共同关心和参与。全员公关原则要求企业全体成员都要树立公关意识，共同关注和参与公关工作。

（三）公共关系促销方式

启示故事11-7：高露洁在日本岛上的促销

美国的高露洁牙膏在进入全日本这样一个大的目标市场时，并没有采取贸然进入、全面出击的策略，而是先在离日本本土最近的琉球群岛上开展了一连串的广告公关活动。

他们在琉球群岛上赠送样品，使琉球的每一个家庭都有免费的牙膏。因为是免费赠送的，所以琉球的居民不论喜欢与否，每天早上总是使用高露洁牙膏。

这种免费赠送活动，引起了当地报纸、电视的注目，把它当做新闻发表，甚至连日本本土的报纸、月刊也大加报道。

于是，高露洁公司在广告区域策略上就达到了这样的目的：以琉球作为桥头堡，使得全日本的人都知道了高露洁，以点到面，广告效果十分明显。

营销攻坚战究竟该怎么打？一般而言，有两种打法：正面进攻和侧面出击。当企业对战场不熟悉，群众基础尚未建立之时，先建立稳固的根据地，从侧面入手是一条稳健可行的策略。

1. 开拓性公共关系

这是企业在初创时期采用的技巧，借助大众媒体迅速地使企业形象、产品形象在公众中一举定位，较快地打开营销局面，制造轰动。例如，由于消费者倾向于新闻界或第三方对企业或商品的赞赏和评价报道，并据此决定消费行为，所以企业更多地借用媒体推出自己的产品。

2. 情感性公关

情感投资是现代公共关系活动的重要内容，对外会产生自身的社会责任感，对内则会增强员工的凝聚力和战斗力。这种公关活动具有直接性、灵活性和浓厚的人情味，成为不少企业和企业家的成功之道。

3. 服务性公关

服务性公关营销技巧主要通过一系列优惠服务来实现，如美国王笼公司在香港举办电脑培训班，免费为我国大陆培养电脑人才，既加快了我国电脑普及的速度，也有利于该公司电脑在大陆的推销。

启示故事 11-8：新加坡航空公司的完善服务

新加坡航空公司在国际航空业群雄角逐的激烈竞争中独占鳌头，多年连续被国际民用航空组织评为优质服务第一名。新航的服务有很多独特之处，他们把西方的先进技术及管理手段与东方的殷勤待客传统有机地融合在一起，把“乘客至上”的公共关系思想贯穿于服务的全过程，给每一位乘客留下极为深刻的良好印象，使来自各国的乘客自然成为新航的义务宣传员，再加上通过新闻媒体做广告宣传，公司的形象就不胫而走，誉满五洲。

新航的服务准则是：对所有乘客一视同仁地施以关心和礼貌，在一切微小的服务细节上给乘客留下难忘的印象，并树立公司的整体形象。这些服务准则通过每一位工作人员的良好举止体现出来。

(1) 订票时可得座位号，登机时对乘客以姓相称；

(2) 殷勤款待，乘飞机如同做客；

(3) 照顾乘客休息用餐，将饭店服务方式搬进机舱；

(4) 纪念品加优待券，希望你再来光顾。

以上这些及其他各项服务措施，构成新加坡航空公司充满活力的公共关系，使新航在国际航线上赢得了声誉，赢得了顾客，在激烈的国际竞争中胜人一筹。

新加坡航空公司为塑造本组织的形象，实行了完善服务的一系列措施，其突出特色在于航空公司抓住每一个细小环节来赢得顾客的信任，为塑造组织形象服务。

4. 社会性公关

社会性公关即通过各种有组织的社会性、公益性、赞助性活动来体现创业社会进步和发展的社会责任，同时也在公众中增加美誉度，展示良好形象，促进企业销售，如我国的健力宝集团、李宁公司就是通过赞助体育活动获得很大知名度的。

5. 危机性公关

危机性公关是指在企业形象受到损害时进行营销活动的技巧。任何企业都不可能避免市场营销的失误，是否具有危机公关的能力在一定程度上决定了企业的生死存亡。例如，“三株”常德事件发生后，企业没有采取任何积极补救措施，而寄希望于消费者不再告诉其他人、媒体不要再报道，这种举措加速了企业的灭亡。相反，比利时可口可乐中毒事件发生后，可口可乐公司就积极应对，通过权威媒体发布公司的第一手真实资料以正视听，并不惜成本大规模回收在比利时的可口可乐系列产品，公司行政总裁也前往比利时处理善后事务。

五、销售促进策略

在促销活动中，公共关系提供的是企业形象，广告促销提供的是购买理由，而销售促进提供的是购买刺激。销售促进区别于人员推销、公共关系和广告宣传，但又给这些促销手段以有效的补充，被誉为现代营销的开路先锋和销售的推进器。

（一）销售促进的特点和形式

1. 销售促进的特点

销售促进是企业为刺激顾客的需求而采取的能够迅速产生购买行为的一系列短期的销售活动。随着市场竞争的加剧，销售促进以其针对性强、刺激性大、时效性明显等特征受到企业的重视。销售促进具有两个显著的特点：

（1）针对性强，刺激效果明显。销售促进可根据顾客心理和市场营销环境等因素，采取针对性的方法，向顾客提供特殊的购买机会，具有强烈的吸引力和诱惑力，能够唤起顾客的广泛关注并立即促成其购买行为，在较大范围内收到立竿见影的功效。

（2）有一定的局限性和副作用。销售促进的方式多样，有些方式显现出企业急于销售产品的意图，容易造成顾客的逆反心理。例如赠送、奖售等方式，如果使用太多，或使用不当，顾客会怀疑产品的品质、品牌，怀疑产品价格是否合理，有损企业和产品的形象。

2. 销售促进的形式

依据对象的不同，销售促进主要有以下三种形式：

（1）针对消费者的销售促进。这种形式的主要目的是引导消费者改变购买习惯，或培养顾客对本企业产品的偏爱。其常用的方法有以下几种：① 赠送，即向消费者赠送样品，使其在试用过程中了解产品，产生兴趣，激发购买欲。② 优惠券，即企业给潜在顾客或现有顾客优惠券，他们在购买某种商品时可以凭券免付一定比例的金额。③ 廉价包装，即企业在商品包装或招贴上注明，为达到降低费用和削价的目的，大包装比小包装、简易包装比精美包装优惠若干。④ 奖励，即消费者可以凭奖券买一种低价出售的商品，或者凭券免费获得商品，或者凭奖券购买某种商品时给予一定的优惠，各种抽奖也属此类。⑤ 现场示范，即企业派人在销售现场进行示范表演，把一些技术性较强的使用方法介绍给消费者，这样既能展示商品的性能，又能打消消费者的疑虑。⑥ 展销会、交易会，即通过展销会、交易会，企业将一些能显示企业优势和特征的产品集中陈列，边展边销。

小链接

伊莱克斯公司的亲情化促销

伊莱克斯公司深谙攻心策略，知道只有“拥有消费者的心，才能拥有市场”。针对城市的新婚家庭，每逢“国庆”、“春节”期间、公司都适时推出极富针对性的“有情人蜜月有礼”促销活动，在有的地方也称“送贴心嫁妆”活动，对购买伊莱克斯冰箱的新婚夫妇赠送食品搅拌机、蒸汽熨斗、面包炉等小家电商品。甚至还让其形象大使乒坛名将瓦尔德内尔骑三轮车帮消费者送冰箱。2001 年“十一”，一向追求个性化服务的伊莱克斯公司推出一整套充满浪漫色彩的促销方式：“生活需要情趣，婚姻需要保鲜”，创造一个对家人表达心意的机会。通过这些“情”味十足的促销活动，不但扩大了伊莱克斯冰箱的市场占有份额，更重要的是它在消费者中的亲情形象得到了淋漓尽致的发挥，这种亲情化形象反过来又强化了品牌优势，形成新的良性循环。

（2）针对中间商的销售促进。这类销售促进的目的是鼓励批发商大量购买，吸引零售商扩大经营，动员有关中间商积极购买或推销企业产品。其常用的方式有以下几种：

① 批发回扣，即企业为争取批发商或零售商多购进自己的产品，在某个时期内可给予购买一定数量本企业产品的中间商一定的回扣。② 推广津贴，即企业为促使中间商购进企业产品并帮助企业推销产品，支付给中间商一定的推广津贴。③ 销售竞赛，即根据各个中间商销售本企业产品的实绩，对表现优异者给予奖励，如现金奖、实物奖等。④ 工商联营，即企业为中间商分担一定比例的市场营销费用，如广告费用、摊位费用，建立稳定的购销关系。

(3) 针对销售人员的销售促进。这是为鼓励销售人员热情推销产品，或促使他们积极开拓新市场而采取的促销手段。可以采用以下方式：① 销售竞赛；② 有奖销售；③ 比例分成；④ 免费提供人员培训、技术指导。

(二) 销售促进的实施

企业在运用销售促进手段时，必须遵循一定的步骤和程序。

1. 确定销售促进的目标

销售促进的目标是多方面的，一般可以归纳以下几点：① 鼓励现有客户继续并扩大使用本企业产品，刺激潜在客户试用，以及争取竞争对手的客户；② 吸引零售商经营新的产品和维持较高水平的存货，降低竞争者促销的影响效力，建立零售商的品牌忠诚，获得进入新的零售网点的机会；③ 鼓励销售人员支持新产品或新型号产品，激励他们寻找更多的潜在客户，并刺激他们推销积压产品。

2. 选择销售促进的工具

销售促进工具的选择总的来说，要求以消费者、购买者的感受作取舍，而不是凭企业的好恶、习惯和费用节省为依据，在实际运用中根据市场的变动做适时的调整。

企业选择销售促进工具时需考虑的问题为：① 商品的性质，如对于新上市的大众消费品可采用免费赠送样品的方式；② 销售促进的目标，当以刺激消费者购买欲为目标时，折扣销售、赠品销售效果较好；③ 促销对象的特点，对潜在客户可采用讲座、咨询等方式引导消费需求，刺激购买；④ 竞争动向，针对竞争对手开展免费使用，企业可以开展有奖销售；⑤ 费用预算。

3. 制订销售促进的方案

销售促进方案主要内容为：① 费用安排；② 确定销售促进对象；③ 确定优惠及让利的幅度与比例；④ 选择信息传递媒体、途径；⑤ 确定销售促进的时机和持续的时间；⑥ 总预算的确定。

4. 销售促进方案的试行

销售促进方案的制订一般是建立在经验的基础上，要检验其是否科学和适当，避免发生大的失误，有必要在有限的地区范围内进行预试。

5. 销售促进方案的具体实施和控制

每一项销售促进工作都应有实施和控制计划。实施计划包括了前置时间和销售延续时间。前置时间是指方案开始实施所必需的准备时间，包括计划、设计工作，配合广告的准备工作，各销售点的配额分发等等。销售延续时间是指从方案开始实施到大约95%采取销售促进的商品已在消费者手里为止的时间。

在活动开展期间，监督和控制必须同步进行，及时纠正推广人员的行为偏差，协调工作中随时可能产生的矛盾，以此来保证销售促进目标的实现。

6. 销售促进结果的评价

最后还必须运用一定的方法，把销售促进效果与营销目标进行比较，找出问题，进行调整和修改，达到优化下一次活动方案的目的。

六、人员销售策略

（一）人员推销概述

1. 人员推销的功能

（1）探寻市场。推销人员除了满足人们重复购买的要求，更重要的是积极寻找和发现更多的可能顾客和潜在顾客，创造需求，开拓新的市场。

（2）传递信息。推销人员在工作中及时把关于企业产品和服务方面的信息传递给现有的及潜在的顾客，为顾客提供购买决策参考资料。

（3）销售产品。推销人员是和顾客直接接触的人，可以根据各类顾客的需求、动机，运用推销技术为他们提供各种优惠和服务，诱导其购买推销的产品。

（4）收集信息。推销人员是企业收集信息的重要渠道之一。推销人员既可以在推销过程中进行市场调查，了解顾客的需求，收集其反馈信息，还可以提供市场情况中最真实资料。通过信息的及时收集和传递，企业可以改进营销策略和措施，保证营销目标更好地实现。

（5）开展售前、售中、售后服务。推销人员在销售中为顾客提供各种服务，如咨询服务、帮用户解决某些技术问题等，能起到事半功倍的作用。

2. 人员推销的过程

一般来说，人员推销的过程包括寻找顾客、顾客资格审查、接近准备、约见、面谈、促成交易、后续工作几个步骤。

（1）寻找目标顾客。寻找顾客是人员推销的首要环节，可以通过多种方法实现，如地毯式访问法、连锁介绍法、个人观察法、广告开拓法、市场咨询法等。寻找顾客的目标是找到目标顾客，即指一个既能对某种推销的商品产生购买欲，又有购买力的个人或组织。

（2）顾客资格审查。在确定目标顾客后，推销人员应对他们的有关资料进行收集，包括需求状况、收入水平、消费习惯、消费方式等等，由此制订推销方案。

（3）接近准备。一般来说，人们都不大欢迎推销人员来访。为接近目标顾客，推销人员可采取下面这些方式：① 产品接近法，即推销员直接利用推销的产品引起顾客注意，适用于有吸引力、轻巧、质地优良的产品。② 利益接近法，即利用给予的实惠引起顾客注意和兴趣。③ 问题接近法，即从目标顾客感兴趣的问题入手打开话题，根据顾客的反应逐步引入关于产品的话题。④ 馈赠接近法，即推销人员利用赠品引起顾客注意和兴趣，然后可以进入面谈。

（4）面谈。面谈是人员推销过程的关键性环节。在这个过程中，推销人员经常会遇到顾客各种各样的异议，包括需求异议、购买力异议、决策权异议、产品异议、价格异议等。在这种情况下，推销人员必须遵循一条黄金法则，即不与顾客争吵，了解异议产生的原因，对症下药。

(5) 促成交易。当解决顾客的各种异议后，推销人员要注意把握顾客的购买意向，及时促成交易。

(6) 后续工作。人员推销的工作并不是在交易达成后就结束了，各种后续工作如备货、送货、配套服务和售后服务等都得跟上。这不仅有利于建立稳定的客户关系，还能建立良好的口碑，吸引新的顾客。

小链接

推销的3H1F

推销由三个H和一个F组成的。第一个"H"是"头"(Head)。推销员需要有学者的头脑，必须深入了解顾客的生活形态、顾客的价值观，以及购买动机等，否则不能成为推销高手；第二个"H"代表"心"(Heart)。推销员要有艺术家的心，对事物具有敏锐的洞察力，能经常地对事物感到一种惊奇和感动；第三个"H"代表"手"(Hand)。推销员要有技术员的手。推销员是业务工程师，对于自己推销的产品的构造、品质、性能、制造工艺等，必须具有充分的知识；"F"代表"脚"(Foot)。推销员要有劳动者的脚，不管何时何地，只要有顾客、有购买力，推销员就要不辞劳苦，无孔不入。

因此，具有"学者的头脑"、"艺术家的心"、"技术员的手"和"劳动者的脚"是一名推销员的基本条件。

(二) 人员推销的策略

1. 人员推销设计

(1) 人员推销的组成。① 建立自己的销售队伍，使用本企业的推销人员来推销产品。在西方国家，企业自己的推销队伍成员又叫推销员、销售代表、业务经理、销售工程师。这种推销人员又分为两类：一类是内部推销人员，他们的工作一般是在办公室内用电话或电脑来联系洽谈业务，并接待可能成为购买者的来访人员；另一类是外勤推销人员，他们的工作是旅行推销，即上门访问客户。② 使用专业合同推销人员，如制造代理商、销售代理商、经纪人等、按照其代销的金额付给佣金，西方国家的大公司甚至雇用国内外退休的高级官员当推销员。③ 雇用兼职的推销员，雇佣兼职人员在各种零售点运用各种方式推销，并按销售额的一定比例提取佣金，例如产品操作演示、现场模特、咨询介绍等都属于这一类型。

(2) 推销队伍的规模。推销队伍的规模是人员推销策略的一个重要方面，它既受到市场营销组合中其他因素的制约，又会影响企业的整个市场营销策略。

企业设计销售队伍的规模通常有三种方法：① 根据预计销售额的一定百分比确定销售人员数量；② 根据预计销售额和每个销售人员的能力来确定；③ 根据某个地区顾客访问的工作量和每一销售人员的平均访问次数来确定销售人员的数量。

2. 人员推销的管理

(1) 推销人员的甄选。人员推销策略实施效果的好与坏，关键因素是推销人员的素质。推销人员的素质是指在推销过程中，其品质、作风、知识结构、性格等内在因素有机结合所表现出来的各种能力。一名优秀的推销人员应具备的素质包括知识面广，有一定的业务知识，热情果断，富于进取，反应灵敏，吃苦耐劳。

(2) 推销人员的培训。目光长远的企业在确定了销售人员后，都会对他们进行认真的业务培训，并为了让其适应市场变化的需要定期组织培训。实践证明，训练有素的推销人员增加的销售业绩比培训成本大得多。对推销人员的培训内容包括企业知识、产品知识、市场知识和推销技巧几方面。培训方式可以是专题讲座、模拟演示，也可以是一帮一训练。

(3) 推销人员的组织。① 区域型。这是一种最简单的推销组织形式，是指每个推销人员或推销小组负责一个地区的推销业务。这种组织形式既有利于权责利的明确，又有利于市场的开拓，并大大节约了销售费用，一般适用于情况相近的市场。② 产品型。它是指每个推销人员或推销小组负责某种或某几类产品的推销业务。这种组织形式能促使推销人员用更专业的知识取得顾客的认可，有利于扩大顾客群；并且及时准确掌握产品销售状况，有利于销售趋势的预测和货源的安排。产品技术性强、生产工艺复杂、产品品种和顾客群多样的企业一般采用此法。③ 顾客型。它是指根据顾客的行业不同、数量不同、分销渠道不同而分别配备推销人员。这样不仅有利于推销人员与顾客建立稳定的购销关系，还能促进工作效率的提高。顾客型的组织形式适用于顾客比较集中、规模较大、分销渠道比较稳定的企业。④ 综合型。它是指将区域、产品、顾客三种组织形式有机结合，综合运用。这种形式适宜于顾客类别繁多而分散的企业。

(4) 推销人员的业绩评估。推销人员业绩评估的主要考核指标包括销售数量、访问顾客的次数、增加新用户的数量、销售完成率、推销费用率等。业绩评估的目的是对优秀的推销人员给予激励，在销售队伍中形成你追我赶的氛围，刺激整体业绩的上升。

本章小结

企业要提高促销工作效果，必须先研究沟通模式。沟通模式包含九个构成要素和三种类型。

促销实质上是一种通知、说服和沟通活动，可以分为人员推销与非人员推销两大类。企业通过促销，起到沟通信息、刺激和创造需求、稳定和扩大市场占有率、突出企业和产品特色，以及带动关联产品的销售的作用。

现在通行的主要促销手段一般包括广告宣传、公共关系、直接营销、人员推销、销售促进五种。促销组合指企业对广告宣传、直接营销、公共关系、人员推销和销售促进等各种促销方式进行的选择、搭配及其运用，使其成为一个有机的整体，发挥整体功能。

【问题与探讨】

1. 促销的实质是什么？促销有什么作用？
2. 现在通行的主要促销手段一般包括哪些？
3. 什么是直接营销？直接营销兴起和发展的原因是什么？

4. 直接营销的独特性表现在哪些方面?

5. 简述直接营销与直销的区别。

6. 公共关系的职能主要表现在哪些方面?

7. 销售促进的特点和形式有哪些?

【案例分析】

"泰利诺"的危机公关

"泰利诺"是美国强生联营公司于1975年研制出的止痛新药。问世7年内,该药已占领了美国35%的成人止痛药市场,年销售额达45亿美元,"泰利诺"带来的利润占强生公司总利润的15%~20%。

1982年9月29日和30日,美国芝加哥地区连续有7人因使用强生联营公司生产的"泰利诺"解痛胶囊而中毒。消息一经报道,强生公司形象一落千丈。人们纷纷对"泰利诺"避之而唯恐不及。不久谣言四起,据说全美各地有250多人因服用"泰利诺"得病或死亡。"泰利诺"中毒事件一下子成了全国性新闻。

尽管后来查明,此药根本无毒。前7人的死亡是由于有人故意打开包装,在药中加入剧毒氰化物所造成的;而后250余人的生病或丧生也与"泰利诺"胶囊根本无关。但是,危机时的强生公司名誉扫地,甚至有人断言,这种年销售额高达4~5亿美元、在全美拥有1亿多使用者的药物将从市场上永远绝迹。

在危机发生之前,消费者非常信赖强生联营公司。该公司以生产保健品及幼儿药品而闻名,在欧美几十个国家近10亿消费者中享有极高的信誉。

中毒事件发生后,强生公司立即作出决策:迅速向公众公布事实真相,并与记者和当地媒介保持良好关系,及时通过他们对外发布最新消息;同时,与美国最大的公共关系公司博亚公司密切合作,共同制定了一个作最坏打算的危机管理公关方案。

为维护信誉,公司在很短的时间内从市场上收回价值1亿美元的3 200万瓶"泰利诺",并全部销毁;对800万瓶"泰利诺"进行试验,查明其是否受过其他的污染;设立专用电话线,答复媒介和社会公众的质疑,仅10月份就答复了来自新闻机构的2 000多个采访电话;暂停"泰利诺"的推销广告;发出45万份电报、电传(耗资50万美元),提醒那些有可能与此有关的内科医生、医院和经销商提高警惕。这些补救措施都收到了良好的效果。

在整个危机期间,公司的所有领导都在美国的电视新闻节目上露过面,其销售代理通过当地的电视向全国发表了75次电视讲话。有关"泰利诺"事件的电视覆盖面之大也令人吃惊。

强生公司真诚的做法受到了公众的赞赏,产品重新获得公众信任,公司在消费者心目中的形象已逐渐得以恢复。事故发生后5个月内,公司就夺回了该药原所占市场的70%,一年后,"泰利诺"胶囊重新获得了原有市场份额的95%,由于该公司是第一家对"防污染包装"以及美国食品和医药管理局制定的新规定作出反应的企业,使其很快在价值12亿美元的止痛片市场挤走了竞争对手。公司摆脱了危机,走出了困境。

问题讨论：

1. 强生公司的危机公关给我们带来哪些启示？
2. 如果你是强生公司公关部负责人，你将如何处理这次“泰利诺”危机？
3. 若强生公司不采取公关措施而是静观其变，那结果将会如何？

【实践训练】

促销策略

项目：为校园内某商店制定一份针对新生入学时的促销策划方案。

目的：通过制定促销方案，锻炼学生分析问题与解决问题的能力，懂得在不同的条件与背景下制定适宜的促销策略。

组织：以小组为单位制定一份促销策划方案，小组人数4～5人为宜，小组成员要合理分工。

内容：校园营销环境与新生需求特点分析，促销工作的组织管理，促销方式的比较与选择，促销的具体实施办法，并制定成演示文件在全班进行演讲，老师与其他组的同学共同评估方案的长短优劣，并选出优胜者。

第12章 卖场营销

通过本章学习，你应该理解：

1. 卖场营销研究的是流通领域卖场空间、卖场商品与消费者之间的关系问题；
2. 卖场营销是一个整体活动，涉及多方面的知识与技术；
3. 卖场营销已成为零售商提高其核心竞争力的重要途径；
4. 卖场营销始终围绕消费者购买心理与购买行为来开展活动。

卖场营销是20世纪60年代随着以超级市场为主的新兴业态的兴起和迅速发展而逐渐受到人们重视的。70年代以来，消费者购买行为的变化、企业间竞争的加剧，特别是以POS系统为核心的商业信息技术的进步和普及等因素的作用，促使卖场营销的研究不断深入，并逐渐形成了一个较为完整的营销体系。

【引导案例】

以满足顾客需求为中心的塞夫威公司

了解顾客需求

以消费者为中心，并不是凭感觉去模拟顾客的需求，按经营者的喜好来选择经营项目。塞夫威的1 000多家店铺，每天有顾客400万人次。如何摸清他们的需求特征呢？塞夫威的掌舵人麦高恩先生曾经说过："首先要知道消费者需要的是什么，然后针对其需求，来确保商品的新鲜度并陈列在店里，供顾客挑选。"随着社会的变迁和消费者偏好的变化，塞夫威公司频繁地进行市场调查，麦高恩桌上的市场调查报告常有15厘米厚。

以市场调查为基础，塞夫威公司不断地进行商品调整，扩大超级市场商品的范围，并取得了极大的成功。在80年代初、中期，他们率先在超市里开设了海鲜品部，鲜活的龙虾在水槽里活动，还有鲜毛蟹、鲜牡蛎等；为了适应女性工作时间延长、烹饪时间减少的需要，在超市里还新设了沙拉专柜、半成品专柜等；为了满足顾客一次购足的需要，增设了酒、药品、花卉等专柜及洗衣房等。近几年来，美国女士兴起减肥热，塞夫威因势利导，不仅将超市里沙拉专柜丰富起来，而且准备了一些快餐食物，以满足减肥女士的午餐需要。

提供顾客满意的服务

人们常常以为，超级市场是顾客自选购物，没有服务问题。其实不然，顾客面对琳琅满目的商品常常不知所措，排队交款时极易产生烦躁心理，因此，提供顾客满意的服务比柜台或售货更为重要。

到塞夫威超级市场购物，你会感到每一个环节都是顺畅和高效的，心情自然非常轻松与愉快，购物欲望也会大增。当你驱车到塞夫威超市时，店前有很大的停车场，不会因为停车困难而发愁。踏进塞夫威超级市场大门，“欢迎您来店购物”的标语令人感到亲切，看不到“顾客是上帝”的空洞口号和“贼手莫伸”的恐吓提示，整个店堂宽敞、整洁、明亮、舒适。过道是根据顾客身体结构特点设计的，不是片面追求卖场利用率而使顾客弯不下腰、走不过去。在出口交款处，为了缓解人们排队的焦躁心情，有意陈列了杂志、口香糖、香烟、刮胡刀等商品，顾客随手可取，既可挑选、翻阅，也可购买，使顾客轻松地完成排队过程。

塞夫威实行会员制，但不是以会员制来赚取会费，而是提供优惠价格和优质服务。顾客只需填写一张申请表，不需要交纳任何手续费和会员费，就可以得到会员购物卡。会员凭卡可享受某些食品的优惠价，生日时还可收到超级市场赠送的生日蛋糕。每次的降价广告，列出主要商品的原价多少，减价多少，绝不是空洞地打出几折优惠这种含糊的广告。每位光顾的顾客常会满意而归，逐渐成为塞夫威的忠诚顾客。

巧设店铺布局，方便顾客购买

超级市场的店铺布局主要包括卖场布局和商品陈列设计两部分。

如果卖场布局不合理，就会给顾客的自由选购设置障碍。有鉴于此，塞夫威公司为方便顾客的购物，着重从以下几个方面设计其卖场布局。

一是营业厅的入口设在顾客流量大的一边，通常入口较宽，而出口相对窄一些，并根据出入口的位置，设计顾客的流动方向，以保持通道的畅通。

二是出口处设置相应标准的自动收银机，以免顾客等待付款时间过长。

三是商店布局上合理安排顾客行走、购物路线；营造良好的店堂气氛，配置各种安全设施，控制适宜的温度等；同时店内布局还根据店址条件、经营商品、季节、促销等因素进行适当的调整，以适应不断变化的需要。

塞夫威公司在商品陈列设计方面也颇费了一番工夫，为了使店内商品的陈列能方便顾客的购买，公司着重从几个方面入手开展工作：

一是商品陈列尽量做到一目了然。公司经营者深知，消费者走在超市中，面对无数的选择，根本无暇顾及那些看不清的品牌、规格或标签的商品，只能放弃购买。为避免这些事情的发生，公司尽量在商品陈列时达到每种商品的最大显露度，并且将畅销品和高利润品放置在顾客视线最先进入的地方，已达到吸引顾客的目的。

二是商品陈列尽量做到伸手可及。公司调查发现，人们来超市购物不仅追求廉价，还要考虑便利和舒适。顾客常常对他们伸手可及的商品更为偏爱，购买比例较大。因此，公司除了尽量扩大卖场面积外，还采取了诸如避免商品陈列过高，为购买生鲜食品的顾客提供拿取工具等措施。

三是商品陈列尽量做到琳琅满目。商品陈列的丰富感不仅会使人们眼前发亮，会使人们产生购买冲动。如果顾客走进一家超市，货架空空，马上会产生萧条的印象，购买热情大大降低。为避免因缺货影响顾客购买情绪，公司制定了一套科学、严密的补货制度，保证了商品陈列的丰富多彩。

四是商品陈列尽量做到一尘不染。清洁的商品陈列，不仅会给顾客留下舒适印象，且会对超市产生好感，增强对商品的信任。该公司一方面商品上架时擦拭干净，另一方面对已上架的商品定期再擦拭，对标签松落的商品及时修复，对弄脏、打碎、变形的商品及时从货架上撤下来。

资料来源：屈云波. 超市营销[M]. 北京：企业管理出版社，2000.

只有深入了解顾客的需求，从卖场的细节入手，让顾客在最短时间发现他所需要的商品，才能够使其快速做出购买的决定，为消费者提供满意的服务。因此，零售业必须认真研究顾客的心理，研究卖场的经营业绩与卖场布局、商品配置、商品陈列等相关因素，通过提高卖场营销水平提高零售终端的竞争力。

思考： 1. 服务是什么？
2. 塞夫威给了我们什么样的启示？

一、卖场营销概述

（一）卖场营销内涵与特性

随着零售业的快速发展，不同业态的出现，卖场营销成为欧美和日本各大商学院消费者购买行为和市场营销学研究的一个重要课题。对店内顾客购买行为的研究已成为国际上市场营销研究的热门课题之一。

1. 卖场营销内涵

所谓卖场营销（In-Store Merchandising，ISM），是指在零售业的卖场，通过最有效果和效率的方法，向消费者提示符合他们需求的商品和商品构成，已达到企业效益最大化的活动。卖场营销实际研究的是在卖场有限空间前提下，店铺的卖场空间、商品与顾客之间的互动关系，强调的是商家通过卖场环境与商品自身的有机结合，有计划地干预顾客的店内购买行为。不管是零售商还是生产商，对顾客心理与行为的研究是决定卖场营销水平的关键。

因此，卖场营销关键要解决的问题是：① 零售商能否提供符合消费者需求的商品和商品构成；② 如何通过最有效果且最有效率的方式向顾客展示商品和商品构成。首先，商品是否符合顾客需求，取决于商品种类、品质、价格以及商品构成的有效组合，企业必须对每一个单品的销售状况及商品合理的构成状况（价格带）进行有效监测（如利用 POS 系统）才能保证顾客需求得到满足。其次，商品销售取决于商品组织能力、商品陈列及商品促销能力。一个卖场空间可以组织多少种商品、如何陈列、如何最有效地对顾客提示商品，提高顾客对商品的注目率，使用更有效的促销方法与手段，才能提高卖场营销效率。

2. 卖场营销特性

（1）场所特性。与店外的营销不同，卖场营销是针对入店顾客的营销活动。一般来说，生产商或零售商的店外营销活动主要是通过媒体广告，作用于家庭或上下班途中的消费者，店外营销针对的是那些不能确定的消费者。而店内营销是通过商品配置、商品陈列、商品表演、POP 广告等手段，直接作用于来店拟将实施购买行为的顾客的营销活动。

（2）时间特性。卖场营销针对实际购买行为要发生之前的顾客，对顾客购买什么品牌、购买多少等购买决策将产生非常大的影响。与店外营销相比,营销的效果更为显著。

(3) 技术特性。随着生产商与零售商对卖场营销的深入研究,卖场营销已形成较为完整的营销技术体系。生产商卖场营销技术体系主要包括卖场信息的收集和分析活动、新产品研发活动、卖场商品信息的提示活动、渠道营销的拓展活动、卖场促销活动等。零售商的卖场营销技术体系更加突出卖场整体对消费者的影响,包括商品和消费者信息的收集与分析活动、卖场整体设计活动、卖场商品信息提示活动、商品促销活动等。生产商与零售商尽管营销的切入点不同,但活动场所是一致的,两者营销活动相辅相成。

(二) 生产商与零售商卖场营销区别

零售商对卖场营销的研究更多集中于如何树立店铺形象,营造店内气氛,以及通过卖场规划、商品布局、商品配置、商品陈列和演出、区域商品的关联和有效组合等,向顾客提供满足他们需要的商品和服务。即零售商是从卖场整体角度出发,研究以怎样的方法和手段,提高卖场整体销售效率和效果,并赢得商圈内顾客的信赖。

生产商对卖场营销的研究目的在于调整生产商与消费者需要之间的关系,生产商需要以卖场 POS 数据为基础,对消费者的需求状况进行分析,并将分析结果应用于新产品的开发。当新产品投入市场后,通过卖场中商品陈列位置、陈列方式、POP 广告等手段向消费者传达商品信息,达到促进销售的目的。

生产商和零售商都关注卖场营销,但其关注点不同。零售商是从店与店之间竞争角度看待卖场营销的,需要对商圈内顾客的流向、如何吸引竞争店顾客、顾客购买商品频率和数量等方面进行关注。而生产商更关注自己的商品是否被顾客所认同,关注的是品牌之间的竞争。两者的关注点可以用图 12-1 表示。两者关注点不同的原因是两者承担的功能不同。零售商的主要功能是代顾客购买商品,必须依据商圈内顾客的需要组织商品,因此它们更关注商圈内顾客的流向及店铺在顾客心目中的形象。而生产商是以生产和其他竞争者不同商品为生存条件的,因此它们必须不断提高品牌知名度、不断开发新产品、不断扩大市场份额。

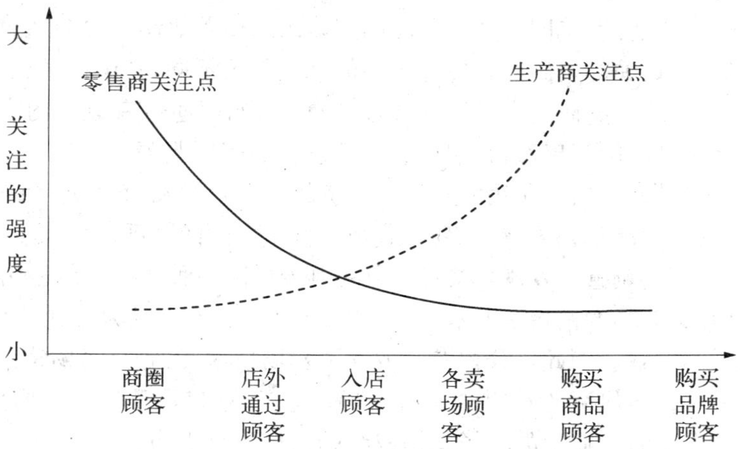

图 12-1 零售商与生产商的关注点和关注强度

虽然零售商与生产商关注点不同,但在卖场营销中仍然存在很多共同的地方。图12-2重叠部分清晰地反映了零售商与生产商之间卖场营销的共同点。两个椭圆重叠部分是站在两个不同视点而又共同关注的研究内容,不重叠部分则是从单独视点关注的研究内容。如站在零售商角度看,它们需要非常重视采购管理、店铺管理和员工培训等问题,但这些问题对生产商和从事消费者行为研究的学者来说,并不是最关注的问题。再如,自由品牌商品的开发、其卖场陈列位置、陈列方式以及卖场表现,这些是零售商非常关心的问题,对于生产商来说却不是关注的主要内容。

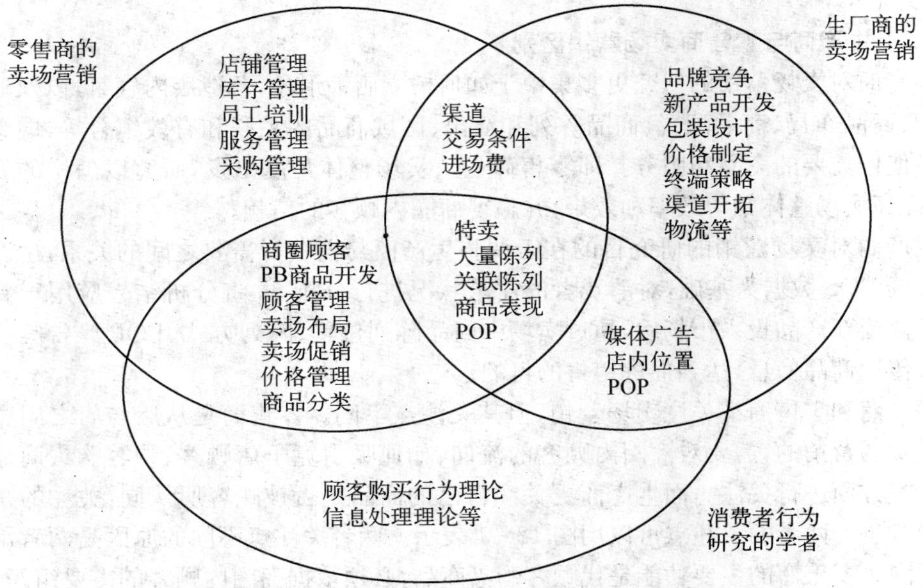

图12-2 卖场营销研究中的不同视点和共同课题

(三)卖场营销的产生及发展

最早对卖场加以重视、关注并进行研究的是生产食品和日用品的生产商和批发商。早在20世纪60年代初期,美国生产奶制品的团体组织全美奶制品协会通过调查发现,在超市中销售的奶酪、黄油等奶制品在冷冻柜中的陈列位置不同,其销售量也大不相同。为此,一些奶制品生产商开始研究在冷冻柜狭小空间里,如何通过有效率的商品陈列方法,最大限度地提高奶制品的销售额,并取得了出乎意料的销售业绩。

此后,一些生产农产品、洗化用品及日用杂货的厂商及批发商也开始重视卖场营销技术,着重研究卖场中商品陈列位置、陈列方式与销售量之间的关系。

日本花王,在市场调查中发现:在同一商圈内传播同一种广告,并在相同业态的店铺中销售同一种商品,商品的销售额却有非常大的差别:其原因就是各个店铺商品陈列位置和陈列方式不同所致。因此该公司专门成立了卖场技术部,研究卖场营销技术。

推动我国卖场营销研究的是宝洁、联合利华、花王、可口可乐等大型跨国公司。这些消费品生产商大多设有专业化的卖场营销或终端销售研究机构。

特别是近十年,沃尔玛、家乐福、伊藤洋华堂等国际零售巨头在我国的快速扩张,也将其核心竞争力之一的品类管理、卖场布局、商品陈列与表现等卖场营销理念和卖场营销技术转移到我国,极大地推动了我国零售企业对卖场营销重要性的认识。

随着对消费者关注度不断提高,不断涌现新的营销观念及营销理论,顾客成为所有企业研究的重点,不论是生产商还是零售商,以直接接触顾客的流通终端——卖场,其营销手段、营销技术的研究,能够极大提升企业销售能力,成为企业获取竞争力的有效途径。

小链接

消费者购买行为研究的进展

日本研究者通过大量实证分析研究表明,顾客在超市的购买顺序依次为:生鲜食品——→半生鲜食品——→副食品——→休闲食品——→日用品,而且前两项商品的购买往往决定后几项商品的购买。

美国研究者的调查研究分析表明,货架右侧的商品的注目率要远高于左侧,而且在品种相同的情况下,右侧商品的销售量要比左侧高出1～1.5倍。另外,在卖场通路宽幅为1.8米的情况下,货架中间位置的顾客注目率最高。但是,当通路宽幅超过2.5米时,货架下端的顾客注目率最高。

美国研究者的调查分析表明,在卖场回游的顾客头脑中有40%是被购物以外的家事所占据,因此商品一定要突出陈列位置才能吸引顾客的注意。另外,研究表明,顾客在店内行走距离的延长,其购买金额会呈现正比例增加。

色彩效果研究同样会促进商品展示和卖场演出水平的提高。色彩与灯光的组合可以大大提高生鲜品、冷藏柜商品的视觉效果,以更好吸引消费者目光。

二、零售商卖场营销策略

零售商卖场营销策略的制定,直接关系到卖场业绩及企业效益。因此,制定卖场营销策略首先要了解影响卖场销售业绩的因素,然后通过详细市场调查与分析,确定商圈内顾客需求,确定商品组合、商品位置及陈列方式、促销手段等。

(一) 影响卖场销售额的因素

销售额的增减取决于来店的顾客人数及顾客购买的数量。其计算公式如下:

$$销售额 = 客数 \times 客单价$$

当店铺被消费者所认同能够吸引更多的人进店,或者通过有效方式(如商品种类、品质、价格及商品构成和商品提示等)满足顾客需求并增加每位顾客购买商品的数量,提高客单价,则销售额将大幅度提升。

1. 增加来店客数

零售店铺吸引顾客驻足入店取决于店铺的形象、零售集聚程度和所处的地理位置。

店铺在顾客心目中的形象和魅力,取决于店铺商品的组成、价格适宜和服务质量。商品组成是由商品线的广度、深度、关联度决定的。当商品组合能够满足顾客不同需求时，店铺具有一定吸引力；消费者对卖场商品的关注还取决于商品的价格带、商品特卖水平、商品促销力度及服务水平；同时卖场的环境、空间密度以及所营造的卖场氛围，也是吸引顾客前来的主要因素。

零售集聚程度是指店铺及周围业种和业态的构成。如果业态形成互补（有卖场、专卖、专业等多业态组成）、其他配套设施（如餐饮、娱乐设施等）齐全、公共的活动空间充分等，都将是吸引顾客前来入店的主要因素。

店铺所处的地理位置，顾客来去方便也是吸引顾客的主要因素。主要包括与居住地距离、公共交通状况、车站距离、有无停车场、商圈内竞争对手强弱等。

2. 提高客单价

客单价的增加取决于品单价与购买数量。

$$客单价 = 品单价 \times 购买数量$$

在现代竞争如此激烈的零售业，提高品单价几乎是不可能的事，商家促销的一个主要方法仍然是以低价格来吸引顾客。因此，提升客单价主要取决于顾客购买的数量。

顾客购买数量的增加又取决于顾客计划性购买比例的提高和非计划性购买比例的提高。对于卖场而言，非计划性购买是店内顾客购买行为的主要特点。如何最大限度提高顾客卖场非计划性购买比例，店内客动线、商品配置、商品陈列等卖场营销技术，成为增加顾客购买数量的决定性因素。

因此，卖场营销策略制定的两个基本思路：一是以提高顾客进店数为核心的营销策略，另一个是以提高客单价为核心的营销策略。营销策略选择不同，营销的实施方式方法亦不同。

（二）以客数为中心的营销策略

1. 早期以客数为中心的营销策略

早期以客数为中心的营销策略认为，只有不断扩大商圈的范围，吸引更多新顾客，才能提高销售额和利润。因此许多零售企业一方面投入巨资进行广告宣传，另一方面大打价格战，进行持续的特卖促销。

从短期看，这种营销策略能够较快吸引顾客眼球，迅速提升销售额。但从长期看，这是一个两败俱伤的策略。首先，投入巨资吸引的顾客常常是不确定的顾客，只为特价商品而来，很少关注其他商品，对零售店而言，不确定顾客越多，特价商品越多，损失也会越多。其次，常年的价格战也会招致原有的固定顾客和忠诚顾客的不满，促销花样百出，服务跟不上，导致这部分顾客的流失。再次，零售店铺的促销活动费用往往是向供应商征收的促销费，这种频繁价格战和促销，会加剧零供之间的矛盾，特别是那些大型零售企业，强行向供应商收取名目繁多且高额的促销费、通道费、堆头费等等，使零供关系更加趋于恶化。这种方式又迫使供应商把这些费用转嫁到商品中，导致终端商品价格居高不下，又反过来作用到零售店铺，使其失去竞争力，失去顾客信任。

据统计，20 世纪 70 年代，由于频繁价格战，美国百货店平均每年顾客的流失量达到

15%～20%，利润更是平均每年下降25%左右。最终导致零售商、供应商之间重新认识维护原有顾客的重要性，直接推动顾客关系管理在企业间的展开。

2. 对顾客识别管理的营销策略

对顾客识别管理是零售企业利用购买金额累积积分办法，奖励那些长期稳定来店购物的顾客，并期待他们转为固定顾客的管理办法。会员卡制就是目前吸引顾客，稳定顾客的一种较为适用的方法。这一方法来自美国航空公司，当顾客的积分累积达到一定数量后，可从航空公司享受免费机票或特别服务的奖励。后来这种方式扩展到饭店、旅游业、美容美发业、汽车租赁业等多种服务性行业。20世纪90年代后扩展到百货业、专卖店和大型超市等零售业态。

对顾客识别管理的营销策略认为，顾客对于零售企业利润的贡献是具有巨大差别的。那些每周光顾店铺的固定顾客，其累积购买金额高，对企业贡献大，是店铺的“优良顾客”。相反，那些平常光顾次数少或偶尔光顾的顾客，或者只为特卖而光顾的顾客，变成了企业的“不良顾客”。据调查，超级市场购买额前50%的顾客占全部超级市场销售总额的90%，而排名后50%的顾客的购买额只占有总销售额的10%，对于销售额所起到的作用微乎其微。也就是说，前50%的顾客对企业利润的贡献率要远远大于后50%。而且，后50%的顾客主要是廉价商品和特卖品的主要购买者，这些商品通常是为促销而专门设置的，几乎没有什么利润甚至是亏损出售。表12-1是美国某大型超市长期调查的结果，“优良顾客”和“不良顾客”对企业利润的贡献差距非常大。

表12-1 美国某大型超市的FSP调查

顾　客　种　类	优良顾客	经常顾客	浮动顾客	特卖顾客	偶然顾客
年购买额(美元)	2 765	1 404	416	156	52
毛利率(%)	25	22	18	16	15
利用年数(年)	17	10	4	2	1.5
累积销售总额(美元)	46 052	14 040	1 664	312	78
累积毛利总额(美元)	11 713	3 089	300	50	12

为此，美国零售企业开发了一种称为FSP(Frequent Shopper Program)新的促销方法。所谓FSP就是“回头客计划”，是指超级市场为了增加顾客的忠诚度和重复购买而实施的一项促销服务项目，它是将顾客会员卡与店铺的POS系统相连接开发出来的计算机自动促销系统。该系统能够利用计算机系统较好地向会员顾客提供商品信息和企业促销活动，不需要传统媒体广告，经营效率高而广告费用开支大大减少。当顾客加入FSP体系达到一定程度后，该系统将会把顾客按照购买额分为两类：购买额前50%的顾客是超市的优良顾客，购买额后50%的顾客是超市的非优良顾客，不同的顾客采取不同的优惠政策，区别折让。这也是超市差别营销的具体体现。

因此，顾客识别管理是以促进和提高客单价及毛利率为目的的营销策略，使零售企业真正去关注顾客，了解顾客，服务顾客，维护顾客，使其最终成企业的忠诚顾客，将大大提升企业的经营业绩。

(三) 以客单价为中心的营销策略

提高客单价意味着使进店购物顾客增加每次购买数量,反过来顾客购买数量的增加也就意味着同样销售额而顾客人数增加了。以客单价为中心的营销策略就是要围绕店内顾客开展营销活动,使其能够在店内方便行走,有吸引其眼球的各种商品,并诱发顾客购买,在购买时增加其购买数量,尽可能使顾客购买客单价高的商品。因此,需要分析顾客在店内的购买行为特点,在此基础上研究制定刺激和劝诱顾客非计划性购买的营销手段和方法。

1. 客单价影响因素

研究顾客店内购买行为,发现客单价的高低取决于以下五个相互关联、相互作用的因素。

$$客单价 = 动线长度 \times 停留率 \times 注目率 \times 购买率 \times 商品单价$$

对每项因素背后的顾客店内行为过程加以诱导和控制,能够有效提高客单价。主要包括:

第一,如何让顾客在店内行走;

第二,如何让顾客在行走过程中停留;

第三,如何让顾客在停留时注视商品;

第四,如何让顾客在注视商品时诱发其购买;

第五,如何让顾客在决定购买时增加购买数量;

第六,如何让顾客在购买商品时尽可能购买客单价更高的商品。

2. 提高客单价的营销手段

(1) 动线长度。顾客在店内行走的路线越长,在店内的滞留时间就越长,购买商品可能的机会就越大。因此,"如何让顾客在店内行走"是卖场营销的核心课题。

顾客在店内一般不会盲目行走。他们是通过行走来收集商品信息,最后做出判断是否购买。因此,商品的性质及其在店内的位置是决定顾客行走距离长短和滞留时间长短的主要原因。卖场的布局合理则成为关键,通过卖场商品配置、通路设计、商品关联、商品陈列、色彩与灯光的组合对店内顾客的购买行为将产生重要影响。

(2) 停留率。停留率是总停留次数除以动线长度。顾客在店内"逛"是不会产生任何效益的,只有当顾客停留在某一销售区域,关注商品时,才有可能产生购买动机,诱发购买行为。因此,顾客停留率的高低取决于卖场提供商品信息的水平,如商品的配置水平、商品群的关联设计、商品陈列及表现形式、POP 广告等,这些因素都有可能诱使顾客停留。

(3) 注目率。注目率也称视线控制力,即注目次数除以总停留次数,是指商品在卖场中吸引顾客视线的能力。商品的外形、包装、品牌、位置、色彩、容量等都是吸引顾客视线的主要因素。不论生产商还是零售商,都希望提高顾客的注目率,生产商注重在商品本身属性上做文章,而零售商更关注商品的合理配置、商品在卖场的表现形式、商品陈列方式、商品色彩搭配与灯光照明、店内 POP 广告等。

(4) 购买率与购买数量。购买率即购买次数除以总注目次数。只有将顾客停留转化为真正的购买行为,才能够达到卖场营销的目的。而顾客购买数量越多,其客单价也越高。引起顾客购买兴趣并实现购买的因素除了价格因素外,还需要其他营销手段来促成顾客购买行为的发生，如通过了解顾客购买行为习惯合理配置商品，通过商品色彩和灯光的展示来吸引顾客购买，通过巧妙的商品陈列诱发其购买，还有店头的促销活动等，不仅要实现购买，还要增加购买数量。

(5) 商品单价。商品单价即购买金额除以购买数量。提高顾客购买商品的单价，主要取决于企业的价格政策、价格带合理配置、商品陈列位置与方法、商品品质等。

小链接

顶顶鲜 TOPS 超市的商品组合与特色

TOPS 是荷兰皇家阿霍德公司最成功的连锁超市。在中国内地的店名为“顶顶鲜”。

TOPS 超市在商品组合上提供了“一站式购物”方式，使顾客在整洁、舒适、温馨的购物环境里，能够一次性购买好全部所需商品。TOPS 除了经营日常食品、日用品外，还扩展了门店服务范围：如扩大冲印照片、销售药品、鲜花和其他家居需要商品。在经营特性上，以经营生鲜食品为特色，把“鲜”奉为至上，讲鲜、求鲜。超市每天多次进蔬菜，保证其新鲜度，超市 40%～45%的销售额来自生鲜食品。为做好生鲜食品供应，TOPS 超市投资添置了冷柜、冷风机、冷藏专用车，建立了稳定生鲜食品供应基地。TOPS 同蔬菜公司、肉联厂、养殖场、水产品批发市场、果品批发市场等建立了长期稳定合作关系，并和一些进口食品代理商建立联系，以满足不同层次顾客需求。

三、卖场营销实务

顾客是从整体感受卖场的。一家店铺是否获得顾客支持，赢得顾客信任，取决于卖场是否方便顾客购买，是否让顾客感受到良好的环境气氛，是否有符合需要的商品与服务。因此，我们这里将用较为简短的篇幅介绍卖场营销涉及的相关内容。

(一) 店铺设计

1. 店铺设计重要性

顾客看到一家店铺，首先映入顾客视野的是店铺外观形象，包括建筑物形状、店名标识、店铺招牌、店铺外壁、店面式样、店铺入口以及从街面看到的卖场景象等。这些要素设计的水平高低，对顾客进店产生直接的影响。

经过调查，行人看到店铺外观时的最初 20 秒往往会决定后面 80%的行为，“晕轮效应”或先入为主的心理现象同样适用于零售业。当顾客最初接触店面时，通常会迅速形成对店铺的主观印象，并以此联想和推测到店内商品种类、价格、质量、服务水平、价值观念，以及店铺的风格、等级等。当顾客对一家店铺的外观形成良好印象时，对店内商品和服务往往能得到正面的评价。美国的一些调查表明，在商品、服务、价格相同的条件下，店铺外观好的商店，其销售额也会相应提高。

2. 店铺设计应注意的问题

店铺外观对零售业的营销效果和顾客购买行为发生及顾客满意产生重要影响，为此店铺设计时应注意以下问题：

(1) 业态定位。业态定位是店铺外观设计的出发点。不同业态,可以通过外观设计来反映其经营的主要特征。顾客也是通过店铺外观识别店铺这种特征的。

从建筑学角度看,行人在识别店铺时,是从建筑物高度3倍的距离开始的。如果建筑物高度为4米,行人是从12米远的距离开始识别店铺。如果在这个距离顾客不能识别出店铺的主要业态特征,那么就很难被顾客注意。对于驾驶汽车的人来说,至少50米以外就要识别出店铺的招牌,否则,即使车速很慢也很难顺利驶入停车场。

外观设计不仅传递商品、价格、销售方式、服务等级等信息,还要反映出顾客性别、年龄、生活方式等社会特征,以及店铺历史、产地等文化特征。

(2) 目标顾客定位。顾客不仅通过店铺外观识别业态经营特征,更重要的是通过外观判断自己能否以支付得起的价格购买所需商品。因此,店铺外观成为识别店铺档次水准的重要指标。店铺外观设计,吸引行人注目不是最终目的,而是要在明确目标顾客前提下,通过外观设计,把商品定位、服务定位等信息一并传递给目标顾客。

(3) 商圈及竞争者调查。商圈调查是店铺设计重要阶段,其目的在于了解消费者的生活特性,锁定消费群体中的目标顾客,设计出个性化的店铺形象。其次,还需要了解商圈内竞争店的形象、特征、分布状况、经营状况及商圈内各业态构成情况,要进行系统调查与分析。再次,还要充分考虑商圈内消费者分布状况、机构、学校分布状况、行人流动方向、交通状况、交通站点等等外部客观环境因素。

3. 店铺设计内容

为方便顾客进出店铺,并且能够更长时间停留在店内,店铺既要考虑外观设计还要考虑店内设计。

店铺外观设计包括:

(1) 店铺诱导设施设计。这是引导顾客方便前来购物必须考虑的内容。主要有:① 店前空间设计,即商家有计划在店前预留适当空间,特别是专卖店、高档店,预留空间给顾客一个宽敞明亮感觉,起到烘托店铺外观的作用。但对于经营日常生活用品的店铺而言,无需考虑。② 停车场设计,特别是大型综合超市、购物中心、大型折扣店、专门店等新型业态出现逐渐改变着人们的生活方式与购买行为,是否方便停车成为有车族对店铺选择的重要依据。因此,停车场设计成为店铺外观设计的一项重要内容。

(2) 店铺形象设计。店铺形象设计,要做到:一是通过店铺形象向顾客诉求其经营的基本内容和经营理念,即传递给顾客其经营的业态、提供怎样的商品和服务等信息;二是吸引顾客的注意,通过外观独特设计诱导顾客进店。

具体包括:① 店铺标识设计。店铺的LOGO,是企业形象的重要组成部分,也是企业经营理念及店铺性格最直接的表现,是视觉传达的重要手段,具有可识别性、可读性、象征性、统一性等特征。其表现形式包括色彩、符号、图形、照片、文字等。图12-3是企业

图12-3 企业LOGO

LOGO设计。② 店铺外观色彩设计。店铺外观色彩是否协调，是否与店铺所要传递的信息相吻合，这也是店铺吸引顾客的重要因素。店铺一般采用较淡的色彩为外观的主色调。尽管深色系醒目，如黑色、茶色等，但同时也给人一种厚重、沉闷、了无生气的感觉。店铺也尽量避免使用白色为外观主色调，白色外壁时间长受到风吹日晒很容易污浊，给人以不洁净感觉；另外，白色外壁在夏日阳光反射下易使驾车者感到刺眼和疲劳。因此，店铺外观大多采用混合较为淡雅色调。③ 橱窗设计。橱窗是向消费者传递商品和服务信息的用玻璃隔开的商品陈列空间。其主要作用是吸引顾客，甄别顾客，促进销售，以及提高商店的品位和形象。橱窗中展示的商品要随着季节和节日的变化不断变化，橱窗的变化也反映出人们生活节奏的变化。通过橱窗商品展示向人们提示一种生活方式和对生活的态度。橱窗中展示的商品应是店铺中最具有代表性的主力商品，是极力向消费者推荐的商品，或者是顾客最为关心的商品。

(3) 店铺出入口设计。店铺出入口设计要考虑店面宽幅及出入口的比例。店面的宽幅指店面的开放度，可分为：① 开放型。即店面没有橱窗、墙壁，向外开设宽幅很大的出入口。由于宽幅较大，一般不设推拉门，采用全透明玻璃，使顾客可以从店外清晰地看到店内卖场的商品和经营状况。这种形式一般适合低价格，以食品、日用品为主的大型超市、家居中心等零售业态。② 半开放型。即店面有墙壁、橱窗、推拉门等，只设宽幅较小的出入口。店面50%左右面积被橱窗、玻璃幕墙等占用，顾客从店外很难看到店内商品和经营情况。这种形式一般适用于服装、首饰、鞋等专门店或品牌专卖店，顾客相对停留时间较长，对商品挑选仔细，要求有良好的服务。③ 封闭型。即店面大部分为外壁、橱窗所占用，出入口较小，有固定推拉门。这种店面设计外观通常采用较为高级的装饰材料，顾客从外部几乎看不到店内状况。这种设计适用于购买动机明确、购买频度低、挑选时间长的高级品牌店或具有会员性质的高级专卖店。

另外，店铺出入口数量、出入口管理、出入口标识、出入口照明等因素，都是在设计时需要考虑的因素。

(二) 卖场布局

在自选购物环境下，如果顾客没有看到商品，就如同没有商品一样。顾客购买商品的数量，主要取决于商品在卖场中的位置、商品空间的配置以及商品的陈列与表现方式。因此，卖场营销关键内容之一，是卖场的布局是否合理，是否符合消费者购买行为及购买习惯。

1. 卖场布局目的

合理的卖场布局是商家通过一系列物理和心理方面的有计划、有目的的投入，对入店顾客进行有效诱导和控制，以最大限度地刺激顾客的购买欲望，使卖场的效率和效益最大化。因此，卖场布局要达到以下效果：

(1) 给顾客留下良好印象。大量调查表明，顾客心目中认为良好的商店形象主要表现在：购买方便，能节省时间；购物过程轻松、愉快；价格便宜；商品丰富，能体会到挑选商品的乐趣；卖场清洁、新鲜、亲切、有魅力；购物放心等方面。因此，店面设计尽管也能吸引顾客，但真正给顾客留下良好印象的是卖场所营造的氛围、环境、商品与服务。

(2) 提高卖场经营业绩。卖场动线设计目的是提高顾客在店内的回游性，只有当顾客在店内行走更长距离，停留更长时间，才有可能接触更多的商品，也就创造出更多的购物机会。

因此,销售额、客单价、毛利率、商品周转率等,在客观上是由顾客动线设计是否合理决定的。

另外,顾客动线设计时要兼顾到物流动线、员工动线的合理设计,这样才能提高卖场工作效率。

(3) 降低商品损耗。卖场布局混乱不仅造成顾客购物的不便,减少顾客购买机会,同时也增加了人为的商品破损机会,并且也为偷盗提供了机会。因此,通过合理卖场布局,可以最大限度减少卖场的死角,防止商品的损耗,增加顾客与商品的接触机会,促进销售。

2. 卖场布局与消费者心理

零售企业的卖场布局与消费者心理有着密切的联系。通过对卖场布局与消费者心理研究,掌握其变化规律,使卖场布局更加符合消费者心理特点,促进销售。

人的心理过程一般可归纳为:心理过程——认识、感情和意志,个性心理——个性心理倾向及个性心理特征两大类。任何人在任何时候所产生的心理活动,都是由这两类心理现象的若干部分参与结合成整体的心理活动,是这两类心理现象相互联系、相互作用的结果。因此,卖场布局应便于顾客参观与选购商品,便于展示与出售商品为前提。零售企业需要开展以下几方面的研究。

(1) 对消费者意识影响的研究。零售业者必须清楚,消费者对客观事物现实的心理反应形式,即意识是具有整体性特点的,只有受到刺激物的影响才有可能产生,而刺激物的影响又总是有一定的整体性。因此,卖场布局就需要给消费者创造一种整体性感觉,把具有连带性消费的商品种类邻近设置、相互衔接,给消费者提供选择与购买商品的便利条件,同时也有利于服务人员介绍商品。

(2) 对消费者无意注意的研究。消费者注意可分为有意注意与无意注意两类。消费者无意注意,是消费者没有明确目标或目的,因受到外界刺激物的影响而对某些商品产生注意。这种注意,只需要在卖场布局中考虑进去,对刺激消费者购买行为发生很有意义。例如,将妇女用品专柜与儿童用品柜、儿童玩具柜邻近设置,向消费者发出暗示,引起消费者无意注意,刺激其产生购买冲动,诱导购买。

(3) 对商品特点与购买规律研究。如销售频率高、交易零星、选择性不强的商品,其柜组应设在消费者最容易感知的位置,以便于他们购买、节省时间。而花色品种复杂、需要仔细挑选的商品及贵重物品,要针对消费者求实的购买心理,设在卖场深处或楼房建筑的上层,以利于消费者在较为安静、顾客相对流量较小的环境中认真仔细地挑选。还应考虑,在一定时期内调动柜组的摆放位置或货架上商品的陈列位置,使消费者在重新寻找所需商品时,受到其他商品的吸引。

(4) 对顾客物理性与心理性诱导的研究。卖场布局最初只采用单纯依靠物理性诱导手段,即利用卖场中一些物理条件,将卖场通路上的消费者呈直线状(特别在自选购物环境下)地诱导至卖场最深处的方法。卖场最深处是指与入口呈对角线的区域,这个区域是通过直线诱导达到的最理想区域,到达这个区域至少可以使消费者经过店内大半的主通路,可以有效促进主通路上商品的销售。另一方面,把消费者诱导致最深入,可以有效分散消费者,使其在卖场内的流动更趋于平衡,有效提高卖场单位平方米的效益。因此,卖场物理性诱导技术研究包括:卖场入口与出口设计;卖场主通路与副通路的设计;收银台与卖场外部共同通路的设计。

随着各种新型业态的出现,卖场布局也发生了重大变化。仅仅依靠物理性诱导的卖场布局方式已经不适应新业态经营的需要，诱导的作用在逐渐减弱。因此，卖场布局开始关注消费者，将物理性直线诱导与心理性的商品关联诱导相结合，使消费者在更自然的购物环境下方便购物。

心理性商品关联诱导，是指通过卖场中的商品配置和关联关系，把顾客从一个销售区域诱导至下一个销售区域的方法。卖场布局的核心在于商品的配置，商品的配置是通过对磁石商品与磁石卖场的分散而有序的分布，从而在心理上达到有效诱导消费者的目的。

磁石商品是指对于消费者具有特殊魅力、能够强烈地吸引消费者注意的卖场中陈列的商品。卖场中磁石商品的存在必然会形成对消费者具有较强吸引力的卖场。磁石卖场也称磁石点，是指能够引发消费者兴趣并且充满活力的销售区域。磁石商品与磁石卖场必须经过有计划的统筹设计，相互间密切结合、有机配置，才能达到在心理上有效诱导消费者的目的。心理性关联商品诱导技术主要包括：商品分类；磁石卖场设计；卖场关联；楼层关联；商品陈列与商品演出。

3. *磁石卖场配置*

任何零售业态都存在磁石商品与磁石卖场，只不过其磁石商品和磁石卖场的分布模式不同，要根据其业态商品特点和消费者购买习惯的不同来配置。对于百货、食品超市、大型超市、综合超市、家居中心等业态而言，磁石商品和磁石卖场基本属于分散型配置，可以使消费者在店内的流动更趋于平衡，提高卖场使用效率和消费者对商品的识别率。而对于便利店，为方便顾客在最短时间找到所需商品，其磁石商品和磁石卖场的配置则要相对集中。

对于超市而言，磁石卖场从第一磁石到第四磁石共有四种（也有学者认为是三种）。四种磁石卖场商品配置如表 12-2 所示。

表 12-2 磁石卖场商品配置

磁石卖场	特点	商品配置
第一磁石卖场： 主力商品	位于主通路的两侧，消费者必经之地。能拉引顾客至内部卖场的商品，是商品销售的最主要的地方	消费量多的商品 消费频度高的商品 主力商品 采购能力强的商品
第二磁石卖场： 展示观感强的商品	位于通路的末端，通常是在超市的最里面。承担诱导消费者走到卖场最里面的任务	最新商品 人气高的商品 季节性商品 流行、时尚商品
第三磁石卖场： 端架商品	端架位置。起到吸引主通路消费者进入副通路，使消费者停留时间延长作用	特价品 高毛利的商品 自有品牌商品 季节性商品 供应商的促销商品
第四磁石卖场： 单项商品	货架上具有强力磁石效果的某品项商品。是让消费者在陈列线中间引起注意的位置	有 POP 广告推荐的商品 有意图大量陈列的商品 媒体广泛宣传的新产品

启示故事12-1：卖场有"死角"吗？

某企业是后起之秀，进入卖场比同行业产品要晚得多，卖场只有死角的位置了，也只能硬着头皮要了。一个月下来，商品在大卖场走不动货，该企业的销售经理急得团团转，在数次到现场考察后，终于想出一个好办法，他立刻与卖场协商，看是否可以在陈列区一头放置一个落地卡通POP，卖场最终同意了。于是幽默的卡通POP就立在了陈列区一头，上面一行醒目的工笔字："往前走12米，必有收获！"许多消费者见此，果真往前走12米，到达他们的货品陈列区，促销小姐见有顾客到来就赠送小礼品、介绍产品，结果每月的卖场销售量为同类产品之首。

某清洁抹布大卖场里，一改传统思路，将着眼点盯紧了手扶电梯，充分利用电梯上下手扶之间的35厘米距离处，将清洁抹布一袋袋产品放入手扶电梯的中间处，并在电梯的最上方悬挂了一个POP，打出"有××，就有清洁的家，9.9元/包。"消费者进入卖场一踏上手扶电梯，看到一袋袋产品躺在身旁，便在无事可做中伸手抓起一包清洁抹布看；下电梯的消费者无事中也伸出手拿商品，这一上一下都在做相同的动作，一个都不放过，可谓是"一网打尽"。

卖场无"死角"，只要用心观察，处处有商机！

（三）卖场商品组合

卖场营销最重要的前提是向消费者提供符合其需要的商品。因此，零售商需要研究卖场中商品分类与商品构成。如果没有合理的商品组合体系，卖场布局、商品陈列、商品展示等多么出色，卖场营销的效果将无从谈起。

由于零售企业商品种类繁多，一般百货店和大型超市的商品数量少则达到万种，多则达到十几万种，即便是便利店也有3 000种左右。面对如此众多的商品，如不加以分类，不论是对消费者还是零售商，都将造成不便和混乱。

零售业最基本的功能就是通过对商品的有效组合，以满足消费者的需要和对商品的多样性的选择。随着经济的发展，消费者的消费需求、生活方式、价值观念都发生深刻变化，特别是年青一代的消费意识不断向个性化、多样化和感觉化的方向转变，新产品、流行产品不断涌现，必须建立一套能够与消费者需要变化相适应的商品分类体系。

1. 以消费者需要为导向的商品分类

以消费者需要为导向的商品分类，是按照消费者生活实态，以商品的用途和使用目的为标准对商品进行划分。随着生活水平的提高，消费者对商品的使用和消费态度发生了根本变化，消费者更加喜欢追求按照商品用途和目的来规划自己的生活，并通过各类商品的组合去享受生活。例如，人们在餐具、洗涤、清洁、家居、服装、服饰等日常生活用品上，甚至在电冰箱、电视机等耐用消费品使用上，也习惯于按用途和目的将商品使用细分化，追求商品的专用。同样是洗涤用品，厨房和卫生间使用商品当然不同；即使同样是厨房的洗涤用品，又分为餐具、蔬菜、灶台、水池、地面等，对多种洗涤用品区分使用。在着装上，也更在意不同场合的不同着装要求。基于消费者生活方式改变，以商品用途和使用目的为标准进行商品分类的方法，不仅适应了消费者需要的多样性，也是零售业提高卖场营销效率的必然要求。

在自选销售方式下，按商品用途和使用目的分类商品，便于消费者快速识别商品的位置，也便于消费者挑选商品，同时会使消费者感到卖场商品的丰富。如果卖场商品分类不能让消费者瞬间识别，就会对消费者的购买和选择造成很大的障碍，消费者不可能从卖场一头走到另一头来寻找商品。对商品按“厨房用品”、“餐桌用品”、“旅游用品”等进行分类，非常清晰表明了商品的用途和使用功能，消费者就能够快速寻找到自己所需的商品。另外，相同用途商品和使用功能相同的商品，是关联商品设置的前提条件。通过关联商品的配置，可有效提醒消费者，给顾客更多选择商品的机会。特别是新产品，如果按照商品用途和使用功能设置商品，消费者很容易根据自己的经验、宣传广告和联想推测出新产品的性能，可以更好地了解新产品，诱发消费者的冲动购买和关联购买。卖场提供的商品，消费者是否满意是否感觉丰富，不在于商品数量越多越好，而是让消费者感觉到生活中所需的商品能够迅速找到，并随手能够拿到。因此，按照商品用途和使用目的分类，打破了按传统商品材料、属性的分类方法，从实际生活的角度出发，对商品进行组合、陈列。

TPOS分类就是将商品按用途、使用目的进一步细化的分类方法，即按时间（Time）、场所（Place）、动机（Occasion）、生活方式（Life Style）进行分类。其强调在商品分类过程中，必须充分了解每种商品在消费者实际生活中是如何使用的，使用的目的是什么，与什么样的商品一起使用，在什么时间、场合使用，在什么样的氛围中使用，想达到什么样的使用效果，即按5W1H（Who、What、When、Where、With、How）的要求，根据商品实际使用状况进行分类。表12－3是美国超市的一种TPOS分类示例。

表12－3 美国超市的一种TPOS分类示例

	大分类	中分类	例外
A	清洁用品	室内一般清洁 地面清洁 厨房清洁 洗澡用品清洁 厕所用品清洁 清洁机器、零配件、消耗品	汽车清洁用品在汽车用品卖场 室外清洁、清扫用品在庭院用品卖场
B	厨房用品	调理 烘烤 冰箱用品 灶台 饭后清理用具 布巾、抹布 厨房用小家电	厨房清洁、清扫用品在清洁用品卖场
C	餐桌用品	食器（分中、西餐具） 杯子 餐桌用小物件 台布 椅子垫、桌腿垫 儿童用品	礼品用组合餐具在礼品卖场
D	卫生间用品	洗澡用品 毛巾、浴巾类 洗面处用品	洗发水在洗涤用品卖场 卫生间清洁用品在清洁用品卖场

2. 商品构成

商品分类是把不同商品品种根据消费者实际需要进行有效组合;商品构成是指具体商品的组织,即在特定的品种范围内,为消费者提供可供选择的范围和程度。商品构成的着眼点是解决在特定品种内,不同品项间的价格构成。商品构成不重视,再好的商品分类也起不到应有的效果。

商品构成主要体现在对商品的价格带与价格线的合理设计,使之表现出鲜明的经营特征。所谓价格带,是指某个特定品种零售价格的上限与下限之间的全部价格,价格带的宽度决定了门店所面对的消费者的受众层次和数量。价格线是指零售价格的种类,反映的是品项的销售量、陈列量和售价之间的关系。图 12-4 表明了价格带与价格线之间的商品构成关系。

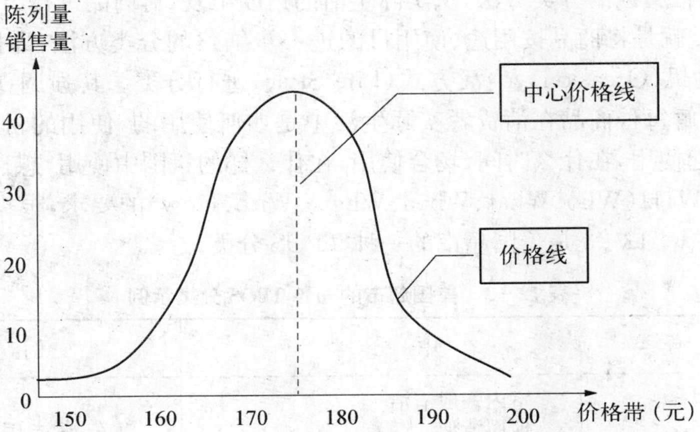

图 12-4 价格带与价格线关系

在同一品种内包含一定数量的品项,各品项由于样式、材质、品牌、生产方式的不同而形成了多种价格种类。一般把价格种类中销售最多的品项的价格称为中心价格线。理想状态是以中心价格线为中心形成左右对称的销售量。价格线是基于对消费者过去的购买行为和经验的调查而设计的。一般来说,消费者在购物之前都会有一个预定的支出范围,即锁定了一个适合自己的价格带。如,有些女性在选购皮包时把价格锁定在 150～200 元范围内。但是在这个价格范围内不同消费者又会有不同的要求,如果商家在这个价格带内取中间附近价格为中心线价格(170 元或 175 元),或许能够满足大多数消费者对价格的要求。

价格线设计是卖场营销的一个重要内容,必须事先对目标顾客进行详细调查,对品项进行精心挑选,然后计划好价格线,并根据价格线对商品进行一系列的组织。其作用表现在:第一,通过对品项数和价格线的精心设计,可以突出少数且价格适当的畅销品,使消费者在众多商品中很容易识别和挑选自己所需的商品,促进消费者购买率的提高。第二,根据消费者实际需要进行品项的精心挑选组织适当价格的商品,可以有效防止商品缺货和断货,让消费者感觉到卖场商品的丰富与多样,增加消费者的信任。第三,价格线的设计能促进从商品采购、库存到销售过程的高度组织化与效率化,品项减少不仅能提高库存的合理化，也能缩短上货时间，使卖场商品的管理变得简单而有效。由于提高了单品的管理水平，也就能加快对滞销商品的淘汰，加速商品的周转。第四，通过品项的精心挑选及适当价格畅销商品的组织，可实现大量采购、降低采购成本、提高商品采购效率和效益。

（四）商品陈列

商品陈列是指以商品为主体，并运用一定的技巧和方法，把卖场能够促进销售提高的商品摆在最佳位置，给消费者最佳展示，并方便购买。合理陈列可以起到展示商品、刺激销售、方便购买、节约空间、美化购物环境的作用。据 AC. 尼尔森调查发现，2/3 的消费者是在店内做出购买商品决定的。一般做出购买某种商品的决定只需要 20 秒钟，意味着卖场有能力影响消费者的店内采购行为。经过调查发现，在所有影响消费者购物的要素中，商品陈列是一个非常重要的指标。

1. 卖场商品陈列与销售额的相互关系

据调查，对于相同的商品，店铺改变消费者能见到的商品陈列面，会使商品销售发生变化。陈列的商品越少，消费者见到的可能性就越小，降低购买率。图 12－5 显示了陈列面积的变化所引发的销售额的变化。

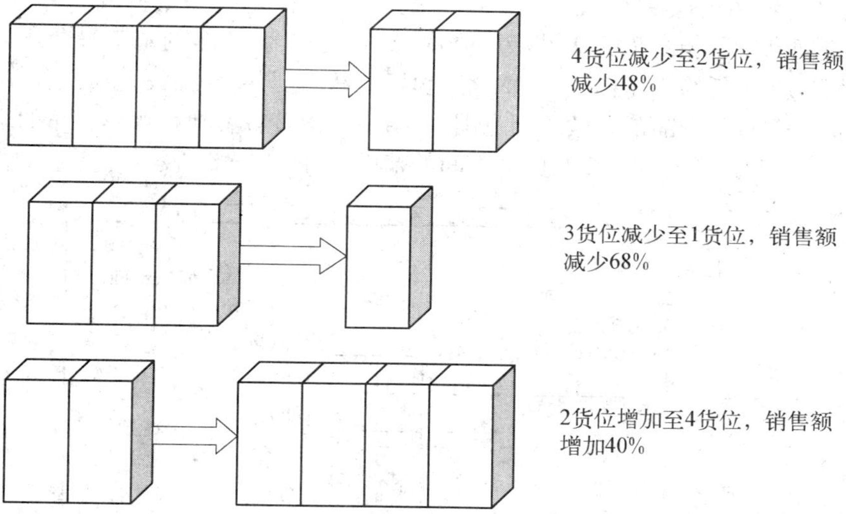

图 12－5 陈列面积与销售额

另一方面，商品陈列的高低不同，也会有不同的销售额。货架区一般分为三个位置：上段、黄金段、下段。根据实践经验，在平视及伸手可及的高度（黄金段，高度大约为 85～120 cm），商品售出概率约为 50%，在上头及腰间高度，售出概率为 30%，高于或低于视线之外，售出的可能性仅为 15%。所以主力商品或极力推荐商品应陈列在平视及伸手方便的位置，而消费者不易拿到商品的位置，一般用于陈列低毛利、补充性和体现量感的商品，货架上端还可以有色彩调节和装饰的陈列。

经调查发现，商品陈列时间的变化也能引起销售额的变化：店铺陈列第一天的促销效果为 100%，第二天为 90%，第三天降为 80%，第四天为 60%，第五天为 35%，第六天仅为 30%。可见，保持陈列的新鲜感非常必要。

2. 商品陈列原则

每个卖场都有一定的陈列原则，并利用这些原则指导着卖场的操作细节。不同的卖场，陈列原则不尽相同，但大致情况比较相似，其主要陈列原则有以下几点：

第一，从类别上应分为：大类、中类、小类、细类、品牌、单品；

第二，在杂货区包装规格陈列原则为“上小下大”；

第三，以摆放在走道入口为原则；

第四，价格陈列原则从下到上为便宜到贵；

第五，冲动性购买的商品放置于面向主动线的货架；

第六，位于货架上方的库存品应适时向下移动，以避免产品过期；

第七，以销售状况来决定单品的陈列数面及放置位置；

第八，将高品牌忠诚度的商品摆放在接近走道的入口；

第九，人气/大量广告商品放置黄金段；

第十，货架上库存区商品与正下方的陈列商品一致。当下架商品销售完毕时的补货原则仍然遵循整座货架的陈列原则，切不可随意塞入与陈列原则不符的商品。

3. 商品有效陈列范围

卖场空间高度是指地面到天花板的高度，其高度在 3～4 米的范围最合适，过高给人空旷、冷淡感觉，过低给人压抑、沉闷感觉。卖场空间高度共分为展示空间、有效陈列范围和库存空间三部分。商品的有效陈列范围，是指便于消费者看到和触摸商品的空间，即从地面 30 厘米以上到最高上限 210 厘米之间的范围，如图 12－6 所示。

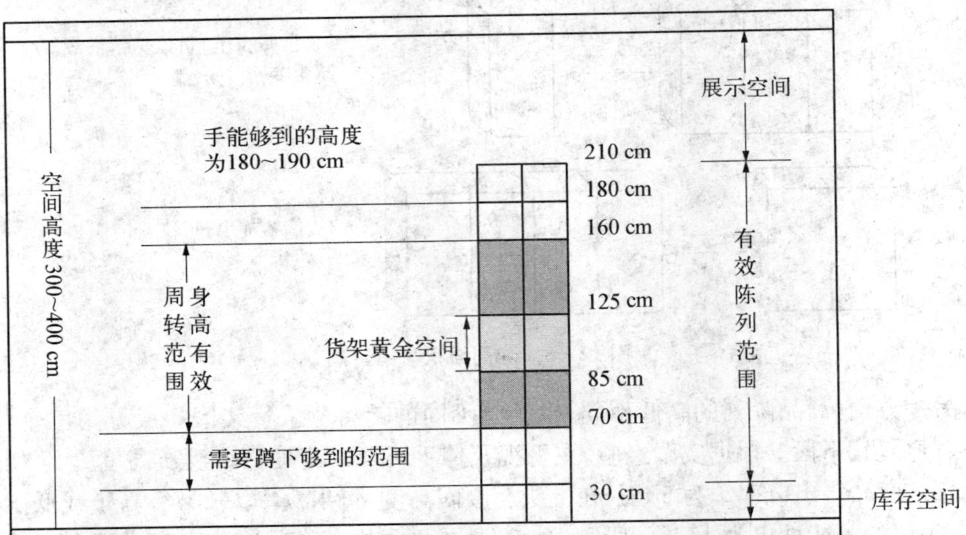

图 12－6 卖场中的有效陈列范围

根据零售业业态和陈列商品性质不同，有效陈列的范围也不尽相同。对于一般超市而言，其商品有效陈列范围的上限与下限比较广，但对于经营高级商品的百货店和专卖店来说，商品的有效陈列的上限与下限比超市窄得多。210 厘米以上至天花板之间的空间为商品展示区，这个空间主要用于悬挂店内标识、照明灯具、商品广告、商品展示等。对于百货店、专卖店来说，这个空间是非常重要的商品展示空间，可以有效吸引较远的消费者注意。离地面30～60厘米的空间，由于消费者触摸商品非常费力，因此这个空间基本用于存放一些商品。特别是百货店、专卖店，普遍使用的箱式货架，这个空间一般都用作小库房。

小链接

沃尔玛的25：50：25重点管理法

沃尔玛在品类管理中发现，各品项的基本构成遵循25：50：25这样一个普遍的规律，即排位前25%的品项占全部销售额的75%～90%，中间50%的品项占5%～20%，最后25%的品项占5%以下。见图12－7所示。

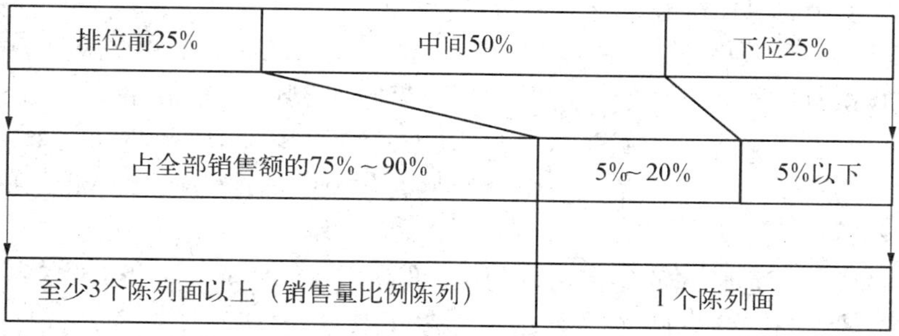

图12－7　25：50：25重点管理法

由于排位前25%的重点品项占全部销售额的绝大部分，因此商品部经理每个星期都要对这部分重点商品的订货量、陈列量、陈列面数等进行重点管理。即根据POS数据进行排列分析，以决定下一周各品项的陈列数量。还要通过各品项陈列量的比较分析其中不足，并不断补充能够进入前25%的其他品项。

对于中间50%的品项，要根据每周的销售量重新调整其在品项中的位置，通过销售量排列，决定哪些品项进入前25%，哪些品项淘汰至下一个25%。

对于成为重点管理对象的品项，要以3周或4周为一个周期重新进行品项定位和调整，对于下位25%的品项，通过销售量排列，决定哪些品项被淘汰或停止订货。

（五）卖场促销——VMD

卖场促销是针对目标顾客和潜在顾客，运用各种积极的方式，吸引消费者进店并刺激其购买，以达到增进商品的销售。卖场促销涵盖的内容非常多，它不是单纯广告、人员推销、销售促进等方式，而是零售企业需要根据顾客需要，通过商品计划，透过视觉表现，有效地将商品的魅力和特征展示给消费者的促销方式。

1. MD与VMD

MD是英文Merchandising简称，是指零售企业为满足消费者需要而提供商品过程的全部活动的总称。具体而言，就是店铺根据商品计划和采购政策，在品质、价格、功能、特征等方面，向消费者提供满足他们需要的产品。

VMD就是英文Visual Merchandising的缩写，即通过视觉的表现方法，把卖场中商品的魅力和特征(MD)有效地传递给消费者。一般又称为“视觉营销”或者“商品计划视觉化”。VMD不仅仅涉及陈列、装饰、展示、销售的卖场问题，还涉及企业理念以及经营体系等重要企业经营战略思想，需要跨部门的专业知识和技能，并不是通常意义上我们狭义理解的展示、陈列，实际它应该是广义上“包含环境以及商品的店铺整体表现”。所以，VMD的实施能够达到表现零售企业独特性以及与竞争对手差异化的目的，这项活动的基础是商品计划，必须要依据企业的经营理念来决定。

VMD一直以来是百货店和专卖店陈列服装、服饰等高级奢侈品的主要方法。近30年来，这一技术又被移植到大卖场、综合超市等新型业态，成为食品、日用品、家居用品、家用电器等商品陈列展示的主要方法，即通过视觉、听觉、嗅觉等表现方法，将卖场中不同商品的材料、味道、新鲜度、容量、质量、型号、样式、性能、使用方法等商品特征表现出来，传递给入店消费者，吸引他们对商品的关注和兴趣，以刺激购买。如卖场中玩具的VMD，如果把玩具仅仅陈列在橱窗、货架或端架并加以装饰，从视觉上看很漂亮，但不一定能够引起孩子们的兴趣。若采用开放式陈列，并在玩具中装上电池，使其活动起来，发出声、光、电，并设置一个活动空间，让孩子们身临其境触摸和操作玩具，感受玩具带来的乐趣，其效果远胜于单纯的陈列与展示。

卖场中的VMD是整体的促销活动，是将商品展示、卖场布局、陈列方式、人员服务、POP广告、卖场空间配色与灯光等多要素组合起来，是体现整体性和持续性的卖场促销活动，即将卖场中各要素和资源整合为一个整体，进行有计划的持续性的商品促销活动。卖场通过制定详细的全年52周的VMD计划，使卖场员工、供应商、促销员等清楚了解每周工作的重点和工作的优先顺序，以提高工作效率。因此，VMD不仅仅是卖场整体促销活动，更是体现企业经营理念、提高经营效益的管理方法。

小链接

顾客购买行为与VMD

心理学和生理学的研究表明，人的大脑所接受的外部信息90%以上是由视觉引起的。现实生活中，顾客对卖场的感知也是先从视觉开始：卖场外观形象、周围环境等；进入卖场后，消费者也是通过视觉了解卖场位置和商品的。当某些商品引起消费者注意时，其心理活动过程是：① 这是什么？(Attention)→② 这个东西真不错！(Interest)→③ 想要、想买！(Desire)→④ 嗯，就买这个吧。(Memory)→⑤ 请给我这个。(Action)这个过程实际就是AIDMA法则的具体体现，即：注意→兴趣→欲望→记忆→行动，是美国著名心理学家罗兰·霍尔提出的消费者购买行为的一种假说。这个理论最早是作为广告效果研究的经典理论，随后广泛应用于市场营销领域的多方面，并不断演化为AIDA模型(注意、兴趣、欲望、行动)，AIDCA模型(注意、兴趣、欲望、确认、行动)，AIDAS模型(注意、兴趣、欲望、行动、满足)等。

近年来，AIDMA法则又应用于对店内消费者购买行为的解释和分析，并成为VMD研究的重要理论基础。

2. VMD程序

VMD程序是指活动过程中必须明确商品的目标顾客(Who)、商品概念及特性(What)、商品展示时间(When)、商品陈列地点(Where)、商品主要表现形式和方法(Why)、商品陈列道具(How)等六个方面,见图12-8所示。

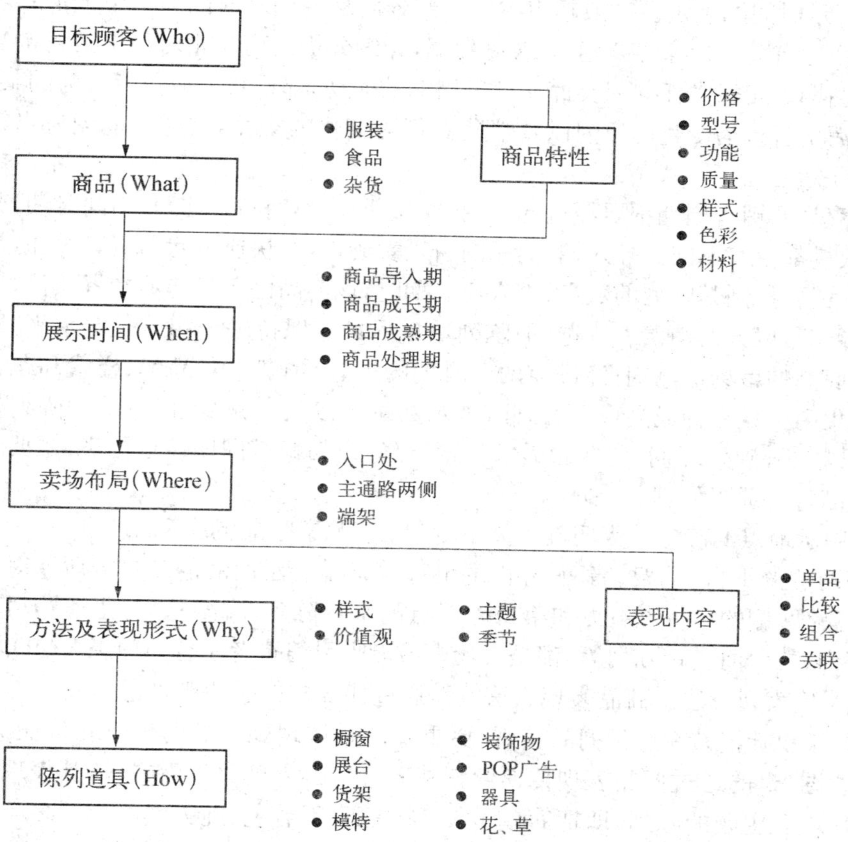

图12-8 VMD程序

(1) 目标顾客确定。VMD首要任务是确定向哪些消费者传递商品价值和特征信息。这些消费者就是企业的目标顾客。可以根据消费者的年龄、性别、职业、收入等具体特征,或者生活方式、价值观念、生活态度等心理特征进行细分。一般,便利店通常以单身和白领阶层为目标顾客,超市基本以中产阶层的已婚家庭为目标顾客,百货店则以中产阶层收入较高的群体为目标顾客。因此,不同业态面对不同的目标顾客,其VMD活动的开展就具有其独特性与差异性。

(2) 重点商品确定。零售企业不可能将如此多的商品全部展示给消费者,消费者也不可能在卖场中走遍所有地方。因此,卖场需要根据时间、季节、气候、节日等自然、社会、流行的变化,为消费者挑选出可能满足其需要的重点商品,并在卖场中理想位置向消费者展示。如在每年的母亲节、父亲节,商家都要挑选出商品进行主题陈列;每年8月超市会精心挑选各种文具、书包、服装等进行主题陈列。

在展示重点商品时，商家应给商品赋予某种概念，这种概念要吻合消费者的生活习惯与生活方式、价值观念、职业、地位等。例如，家电市场就有层出不穷的新概念出现，静音空调、等离子空调、自然风空调到除菌空调、节电空调等。实际上一年之中还有许多节日可以作为主题陈列展示重点商品。因此，VMD计划是一个全年52周的详细计划。

(3) 展示时间的确定。一般超市中绝大部分商品的展示时间与季节或消费者购买行为的周期变化有关。商家需要通过POS数据，详细分析出商品相对集中的畅销高峰期及相对的滞销期。卖场中任何一类商品销售周期的变动，都反映了消费者行为的某种变化，找到影响消费者行为变化的原因以及消费者行为变化的规律，这样才能创造出符合消费者行为的促销主题。

任何商品的销售周期都要经过导入期、成长期、成熟期和处理期，不同时期，其陈列数量、展示数量都会有不同。导入期，商品刚引入卖场，需要快速引起消费者关注，尽可能地展示商品，但要控制其陈列的数量；进入成长期时，该商品已经引起消费者关注，商品展示尽可能多品项，以方便消费者挑选，但陈列数量尽可能保持一个相对稳定水平，即这个阶段实际是商品的市场探测期；经过前两个时期的挑选，消费者对品牌、样式和花色的喜好逐渐相对集中少数品种或品项上，因此，展示数量可以大大减少，而商品的陈列量却达到最大，方便购买；到处理期，消费者需求急剧下降，商品销售周期接近尾声，主要工作就是对剩余商品进行适当处理。

(4) 展示地点的确定。当明确了展示时间后，就需要确定展示的地点了。一般，卖场中主通路两侧的平台、端架、墙面、柱面的上部等都是展示商品的理想场所。对大型超市而言，主通路两侧的第一磁石点和第二磁石点的平台陈列、端架陈列、主通路尽头和拐角处商品陈列、款台前平台陈列等，都是卖场中最能吸引消费者注意的理想VMD场所。

(5) 明确表现方法。商品表现方法就是通过什么样的手段把商品的特性有效地传递给消费者，不仅让消费者感到商品美观，更重要的是体现到商品的价值和特征，要把商品的卖点、意图、目的通过商品表现传递给消费者。如诉求健康生活方式，其表现为关注健康、关注环境等主题的陈列，即把简单包装、无农药、无着色、纯天然材料的多品种和品类商品聚合在一起，从而突出卖场的独特性。

(6) 明确陈列道具。VMD效果的体现，还需要陈列道具的有机配合。如放在铁盘中销售法式面包与放在有亚麻布垫圈的篮子里销售，给消费者的感觉完全不同。因此，需要从消费者角度去感受不同的陈列道具带给消费者的不同感觉。

3. VMD构成

卖场VMD由VP、PP、IP三部分活动空间构成，如表12－4所示。

表12－4　VMD构成

VMD构成	目　　的	表现方法	场　　所
VP 视觉陈列	以主题提案的形式，通过视觉表现给顾客实际需要的重点商品	● 在卖场最引人注目的地方展开 ● 以顾客最关心的商品为主，进行生活提案陈列 ● POP广告	● 展示店铺整体形象的空间 ● 店内展台、陈列平台

（续表）

VMD构成	目　的	表现方法	场　所
PP 陈列点搭配	展示新产品、广告热播商品、话题商品、店长推荐商品	● 展示和演出商品的使用方法、便利性和趣味性 ● 表现商品特征的POP广告	● 展示卖场重点商品的空间 ● 卖场展台、平台、货架上端、壁面、柱子四周、端架
IP 销售陈列	便于顾客比较、触摸和挑选	● 表现商品丰富 ● 表现商品特征的POP广告 ● 陈列器具要便于顾客挑选和触摸	● 展示品项丰富的空间 ● 衣架、货架、货柜

(1) VP空间。VP(Visual Presentation)空间是指从视觉上表现卖场重点商品的魅力。一般位于店铺入口、店内大堂、楼层电梯出入口正面、主通路两侧等卖场最吸引顾客的位置。该空间通常以主题陈列方式展示和演出季节关联商品、节日关联商品、新商品等。VP商品的主要功能是吸引店内顾客的视线，因此，要求其商品的挑选和组合非常重要。

(2) PP空间。PP(Point Presentation)空间是指在卖场中展示重点商品的场所。重点商品主要是指新产品、广告热播商品、话题商品、店长推荐商品等，应陈列在卖场主通路两侧等理想位置，并结合POP广告、电视广告进行演出和展示。

(3) IP空间。IP(Item Presentation)空间是指售货区中每一个商品品项的展示空间，与前两者不同，其更多的是提供便于消费者比较、挑选和购买的销售陈列。

小链接

沃尔玛“萨姆会员卡”促销

沃尔玛萨姆会员店实行仓储自助式会员制经营，店内装修整洁，商品大多以大包装出售，尽量降低营运成本，确保向会员提供最合理的价格。其做法：

(1) 申请萨姆会员商店的个人会员资格时必须出示居民身份证作为资格证明。会员可提供2个附属会员。主卡年费为150元，附属卡年费为50元，消费者凭借会员卡可以享受到商店提供的各项优待。

(2) 萨姆会员商店以优质优价的各种商品款待会员。商品种类从餐厅用品、家电用品到化妆品、休闲食品、海鲜、肉类、蔬菜等应有尽有，充分地满足会员的各种需要。

(3) 萨姆会员商店为会员提供了多种服务。主要项目有复印、快速收银、商品展示、购物休闲廊、免费停车等，确保顾客方便、满意地购物。

（六）POP广告

POP广告是英文“Point of Purchase”的缩写，是指“在购买场地所有能够促进销售的广告”，也称为店头广告。美国国际终端营销协会(POPAI)关于POP广告与销售效果与冲动购买的调查表明，在卖场促销中有无POP广告对销售效果和消费者购买行为会产生非常大的影响，表12-5、表12-6反映了这种影响。

表 12-5 POP 广告与销售效果

商场添加 POP 广告	销售额平均增加 50%
POP 广告中标明商品信息	销售额平均增加 33%
POP 广告中标明特卖价格	销售额平均增加 124%
插页广告中登载的商品	销售额平均增加 194%

资料来源：松村清. 销售心理学[M]. 东京：株式会社商业界，2002.

表 12-6 POP 广告与冲动购买的关系

商品名	冲动购买平均增长率(%)
化妆品	23
香烟	13
医药品	25
家庭日用杂货品	23
女性卫生用品	18
男性化妆品	24

资料来源：松村清. 销售心理学[M]. 东京：株式会社商业界，2002.

1. POP 功能

卖场 POP 广告的主要功能表现在以下几方面：

第一，传递商品信息。POP 实际是卖场与消费者进行沟通的工具，替代了卖场售货员解答消费者的疑问。通过 POP 可以将商品价格信息、商品品质及使用方法信息、超市经营促销信息等传达给消费者，以引起消费者注意，唤起消费者购买兴趣。特别是企业自有品牌商品，能够通过 POP 直接有效传递给消费者。

第二，营造店内购物气氛。POP 广告不仅提供各类信息，也能够美化卖场购物环境、营造卖场购物气氛，消费者不仅了解了商品，同时也了解了制造商，在满足消费者自然、舒适购物环境的需求下，还能起到刺激消费者采取购买行动。

第三，突出卖场形象。POP 既是强调商品特征的广告，也是强化消费者对店铺形象的广告，同时也是形成店铺独特个性与竞争对手差异化的主要工具。

2. POP 广告中的 3S 理念

消费者一进入卖场，各种 POP 广告、海报、广播、电视、录像、商品目录、插页广告等大量商品信息都在传递给消费者，都在试图说服劝诱消费者购买。消费者所接受的信息量大大超过了他们能够处理信息的能力。面对如此大量信息，消费者会本能地采取无视或回避的态度。这种情况下，对 POP 广告提出了更高的要求：即以最短时间快速吸引消费者，又以最短的时间引起消费者兴趣。

按照心理学研究的成果，人的记忆分为感知记忆、短期记忆和长期记忆。短期记忆容量非常小，最多只有 7 个左右的信息能够在大脑中存储，短期记忆的时间一般是 15 秒钟左右。换句话说，就是 1 秒钟引起兴趣的广告，最多只有 15 秒钟的阅读时间。因此，美国提出了

POP广告的3S (Simple,Straight,Strong)理念,对POP提出了三项明确的要求。Simple强调的是必须精选POP广告的诉求内容;Straight强调的是POP广告要有打动消费者的语言;Strong强调的是POP广告要有强烈的个性和魅力。沃尔玛就提出了管理POP广告的三项原则:① 过多POP广告等同于没有广告;② 低劣的POP广告有损店铺形象和顾客的信赖;③ 对于不懂英语的人来说,POP广告没有任何意义,要多用形象化的图画和照片。

3. *店内POP广告种类*

卖场内的POP广告主要来自两方面:生产商的POP和卖场自身的POP。具体类型主要有五种:

(1) 海报:其功能是向消费者告知促销活动的内容。一般贴于商店外的橱窗,或在商店外悬挂起来。要及时更换,以免旧的海报有损店铺外观,破坏消费者对店铺的影响。

(2) 店内悬挂物:其功能是配合季节或促销活动,以增强卖场气氛,一般悬挂于天花板,要色彩鲜艳,保持整洁,并控制悬挂数量。

(3) 定点广告宣传:其功能是宣传由厂商推荐的特定商品。由展示台、展示品及相应的店内海报、购物说明等组成。

(4) 卖场指南:其功能是向消费者展示卖场商品配置及商品区分。常见的有卖场商品配置表、划分各大类商品区域的吊牌、特写商品群的指示牌以及"入口处"、"电话"、"禁烟"、"洗手间"等指示牌。

(5) 标示价格及说明商品的POP:其功能是激发消费者对特定商品的购买,这也是最重要的POP广告。如特价品POP、推荐品POP等。一般位于商品陈列处,或在商品陈列处上方天花板悬挂,再配合陈列位置的POP。这类POP应包括三个主要内容:一是价格,要让消费者知道商品便宜;二是价值,告知商品特色、成分、质量等;三是提供使用的方法。

小链接

超市POP广告组合的使用

某超市为配合当地居民的生活模式,每个月都制定一个很有季节感的主题。在该主题下,超市每星期均举办促销活动,消费者通过报纸中夹附的广告传单得知该超市的促销活动内容。同时,该超市在其建筑物外面的墙壁上悬挂了宣传条幅,在店内通道、电梯两旁的布告板也贴上海报。而且,还制作了大量的商品展示卡、价目卡,从而大大提高了该超市的购物气氛,促销活动在POP配合下,一直搞得比较成功。具体布置如图12-9所示。

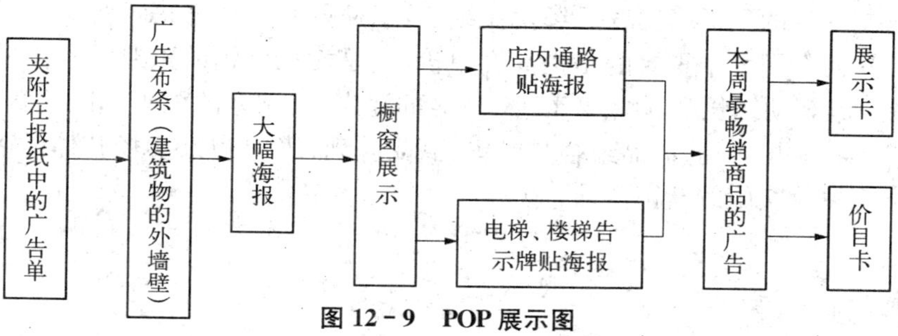

图12-9 POP展示图

4. POP广告的使用条件

POP广告是对卖场中重点商品的展示和陈列起到补充性说明的作用，如果重点商品过多，就无所谓重点商品了。因此，卖场需要考虑对什么样的商品在什么情况下安插POP广告最合适。根据国内外的经验，可以归纳为五个方面：

(1) 相同的问题顾客提问五次以上，就必须安插POP广告；

(2) 新产品的推出，需要及时将其特性、使用方法、保存方法等通过POP广告告知消费者；

(3) 自有品牌商品，对于大部分消费者来说是一个完全未知的商品，需要投入比一般新商品更多的精力，通过POP广告将其产品的特性和优点告知消费者；

(4) 特卖商品，原因是越来越多的消费者看到插页广告之后专程前来购物，因此店铺需要在保证一定库存的前提下，通过POP广告把特卖商品位置告知消费者；

(5) 店铺向消费者极力推荐的商品，如"店长推荐商品"、"本店最畅销商品"等商家有自信推荐的商品，需要通过POP广告告知消费者。

日本一些大型百货店和超市都设有商品实验室。商家经常把各品牌商品的特性和优缺点在实验室中进行认真分析和比较，然后把最好的商品通过POP广告在卖场中推荐给消费者，从而赢得消费者信赖。

卖场营销技术涉及非常多的内容，除上面介绍一些内容之外，还有卖场的色彩营销、卖场的服务营销、公关营销等，由于篇幅所限，在此不再介绍。

本 章 小 结

卖场营销实际研究的是店铺的卖场空间、商品与顾客之间的互动关系，强调的是商家通过卖场环境与商品自身的有机结合，并做到有计划地干预顾客的店内购买行为。因此，对顾客心理与行为的研究是决定卖场营销水平的关键。

生产商也越来越重视卖场营销，但生产商与零售商对卖场关注的重点不同。生产商对卖场营销关注的重点在于调整生产与消费者需要之间的关系，生产商需要以卖场POS数据为基础，对消费者的需求状况进行分析，并将分析结果应用于新产品的开发。因此，生产商更关注自己的商品是否被顾客所认同，关注的是品牌之间的竞争。零售商是从店与店之间竞争角度看待卖场营销的，因此它们关注的是商圈内顾客的流向、怎样吸引竞争店顾客、顾客购买商品频率和数量等。

卖场营销的目的是提高卖场的经营业绩，可以从两个方面考虑：增加来店客数和提高客单价。这两个因素中重要的是提高客单价，它是卖场营销的重要因素。需要从五方面入手考虑：顾客动线长度、顾客停留率、顾客的注目率、顾客的购买率以及商品的单价。因此，店铺形象、卖场布局、商品组合与配置、商品陈列、POP以及卖场整体的VMD等都是围绕提高客单价实施的营销活动。

【问题与探讨】

1. 怎样理解卖场营销内涵？与一般营销有什么不同？

2. 零售商与生产商在营销方面的关注点有什么不一样的?
3. 零售商卖场营销策略有哪些?
4. 提高零售业绩的关键因素是什么?
5. 什么是磁石卖场?有什么作用?
6. 什么是卖场的VMD?
7. 消费者购买行为与VMD有什么关系?
8. 卖场中POP广告起什么作用?

【案例分析】

家乐福促销陈列

春节将至,一年之中最令人兴奋的赚钱的黄金季节也将随之而来。家乐福作为外资零售企业,进入中国已十多年,早已洞悉中华民族传统文化的底蕴,他们又是如何做的呢?

因时制宜:民族节日元素烘托节日气氛

在2008年春节促销期间,选择传递单一简单主题的促销信息才能抓住顾客图吉利心理。新春佳节人人企盼来年顺顺利利,在购物时也希望带着"喜气",喜庆欢乐气氛会大大刺激消费者的购物欲望和冲动。因此,利用民族元素营造出浓郁的节日氛围才能吸引消费者前往购物。

走进家乐福北京方庄店的大门就感受到了热烈的节日气氛,正对大门的收银台前的防盗报警器上都整齐地围上了印有"全能冠军鼠"图案和"恭贺新禧"字样的节日海报,多了几分喜气。在卖场中央有一用儿童的红色马夹纵向组成的壁挂式陈列,让消费者很远就能看见。家乐福方庄店公关部经理介绍,这个区域虽然标出儿童马夹的价格,但主要作用还是用来烘托春节的节日气氛。

家乐福北京方庄店分为地下一层和地上一层,顾客购物要先进入地下一层的食品卖场,在两层之间的滚动扶梯上方悬挂了许多春节红灯笼,使这部分原本"冷清"的空间一下变得春意盎然。

红色是受瞩目和吸引人的颜色,在可视光线中的波长是最长的。红色给人很强的视觉刺激,使人热情高涨。黄色给人明朗和希望的感觉,也象征幸福或福气,并且黄色与金色相近,又具有了财气的象征意义。因此,中国人将这两种色彩的组合定义为中国最隆重的春节的主色调。

家乐福方庄店利用红福字、红袜子、红腰带等这些本身具有节日色彩的商品放入大陈滑车,并且穿插摆放于其他商品货架之间,让顾客每走一段就会看到一些红色的节日商品。相对于将节日货品集中于一个大空间的陈列,这种多层次穿插、色彩渗入的陈列方式的优势在于,一方面可以利用不断出现小面积红色来强调卖场的节日氛围;另一方面红色版块之间的"空白"又不会使顾客产生视觉上疲劳感,将节日商品有层次地展现给顾客,不断变换顾客的视觉中心点,家乐福对色彩及"空白"的运用可谓独具匠心。

因地制宜:合理利用卖场促销空间

大卖场的核心竞争是商品,所以商品促销活动则是卖场活动的重头戏。挑出客户想买的商品，就是最好的创意。春节期间，人们张贴春联、“福”字、挂一些民族节日饰品等所引发的需求营造出节日用品市场的繁荣。常规商品的陈列只要是在醒目些的地方就可以了，但是对于主题型节日用品的陈列形式、位置的要求就不一样了。

入口处往往是给人第一印象最深，最吸引消费者驻足的促销区域。方庄店将春联、“福”字等节日用品放在地下通往地上卖场的扶梯出口处，让消费者从食品卖场一进入百货卖场时，就首先接触到春节商品。而这些商品的摆放更是错落有致，同等价位的商品放在同一大陈滑车内，并用从1元左右的低价商品向外延伸到几十元的商品，这种摆放方式先满足消费者的低价诉求吸引消费者观望，进而以高价格的优质美观的商品加强对消费者的吸引，从而促使消费者产生购买欲。

在卖场内直接展现促销信息的POP中，空白海报和各类价格标签是最有效的传递信息工具。应尽可能减少文字，使消费者在3秒钟之内能看完全文，清楚知道促销内容，使消费者更容易在无意识中察觉促销信息，促成购买。

家乐福方庄店的春节促销POP选择的最简单的黄底粗红字的样式，很直白地告诉消费者商品的促销价格。在家乐福卖场中，POP除采用悬挂方式外，还有一种支架摆放方式，这种方式在春节商品区中出现，采用这样的摆放方式是为了便于陈列车上方空间可以展示灯笼等春节用品，另外，还可以对陈列车上的商品进行价格分区，让消费者一目了然。

因物制宜：针对节日消费群体科学布局

春节是中国人的团圆节，担负着亲友礼仪往来、同事感情联络、宣泄美好情感等重要社会功能，与走亲访友、问候祝福、合家团聚相应的是年货和礼品市场的兴旺。保健品、洋酒等礼盒这些高利润的商品应该加大陈列，做效果布置。

洋酒类礼盒的采购最主要的还是团购方式，因此，将洋酒礼盒商品摆放在地下一层的最里端，这里人员流量相对较小，需要团购的采购人员可以根据打开的样品进行挑选，并可以在相对安静的环境下与售货员洽谈团购事宜。

许多在北京工作的外地人员，在回家过年时都选择带一些北京土特产送给亲朋，家乐福将北京的果脯等土特产品陈列在较大的大陈滑车中，并且放在最宽敞的空间里，这样既可以让多数消费者尽情挑选，又让消费者感觉到货品充足。

做好因时制宜、因地制宜、因物制宜三个方面的工作，卖场就营造出了喜庆、舒适的购物环境，使春节销售业绩快速提升，获得更高利润，把握住春节促销这一桶金。

问题讨论：

1. 家乐福是如何实施VMD计划的？
2. 家乐福的商品陈列有什么独特的地方？
3. 换一个中国的传统节日，对于卖场营销你会有什么样的想法？

【实践训练】

卖场营销

项目：某店铺“教师节”促销活动策划

目的：通过制定某店铺具体的促销方案，锻炼学生分析问题与解决问题的能力，懂得在不同的条件与背景下制定适宜的促销策略。

组织：以小组为单位制定一份促销策划方案，小组人数4～5人为宜，小组成员要合理分工。

内容：选择校园内某一零售店铺，帮助其设计围绕“教师节”的活动促销方案。

要求方案体现如下内容：① 活动时间；② 活动主题；③ 活动地点；④ 活动目的；⑤ 活动内容；⑥ 费用预算；⑦ 组织实施；⑧ 效果预估。

主要参考文献

[1] 加里·阿姆斯特朗,菲利普·科特勒. 市场营销学[M]. 7版. 何志毅,赵占波. 译. 北京:中国人民大学出版社,2009.

[2] 迈克尔·R. 所罗门. 消费者行为学[M]. 卢泰宏,杨晓燕. 译. 北京:中国人民大学出版社,2010.

[3] 格雷厄姆·胡利,约翰·桑德斯,奈杰尔·皮尔西. 营销战略与竞争定位[M]. 3版. 楼尊,王国新. 译. 北京:中国人民大学出版社,2008.

[4] K. 道格拉斯·霍夫曼,约翰·E. G. 贝特森. 服务营销精要——概念、战略和案例[M]. 中文改编版. 范秀成. 译. 北京:北京大学出版社,2008.

[5] 菲利普·科特勒,加里·阿姆斯特朗,洪瑞云,等. 市场营销原理[M]. 亚洲版. 何志毅,等. 译. 北京:机械工业出版社,2010.

[6] 菲利普·科特勒. 营销管理[M]. 11版. 上海:上海人民出版社,2008.

[7] 菲利普·科特勒. 营销管理[M]. 梅汝和,等. 译. 北京:中国人民大学出版社,2001.

[8] 程淑丽. 市场营销部规范化管理工具箱[M]. 北京:人民邮电出版社,2010.

[9] 吴晓波. 案例(第六辑)[M]. 杭州:浙江人民出版社,2007.

[10] 史光起. 颠覆——中国市场营销与管理规则[M]. 北京:清华大学出版社,2010.

[11] 刘洋,乐为,王晓萍. 市场营销习题、案例与实训[M]. 北京:科学出版社,2008.

[12] 吴健安. 市场营销学[M]. 3版. 北京:高等教育出版社,2007.

[13] 郭国庆. 市场营销学通论[M]. 4版. 北京:中国人民大学出版社,2010.

[14] 吴振兴. 市场营销经理工作手册[M]. 黑龙江:哈尔滨出版社,2006.

[15] 李晏野. 市场营销学[M]. 北京:高等教育出版社,2009.

[16] 加里·L. 利连,阿温德·朗格斯瓦米. 营销工程与应用[M]. 魏立原,成栋. 译. 北京:中国人民大学出版社,2005

[17] 詹姆斯·L. 伯罗,中国市场营销课程标准开发中心. 市场营销[M]. 3版. 北京:电子工业出版社,2009.

[18] 庄贵军. 市场调查与预测[M]. 北京:北京大学出版社,2007.

[19] 王建国. 1P理论——网络经济时代的全新商业模式[M]. 北京:北京大学出版社,2007.

[20] 纪宝成. 市场营销学教程[M]. 3版. 北京:中国人民大学出版社,2002.

[21] 杨顺勇,牛淑珍,赵春华. 市场营销案例与实务[M]. 上海:复旦大学出版社,2009.

[22] 周修亭,孙恒有. 市场营销学[M]. 郑州:郑州大学出版社,2009.

[23] 程淑丽,王宏. 市场营销精细化管理"全案"[M]. 北京:人民邮电出版社,2010.

[24] 王建. 市场营销案例新编[M]. 2 版. 北京：清华大学出版社，北京交通大学出版社，2009.
[25] 叶生洪，张泳，张计划. 市场营销经典案例与解读[M]. 广州：暨南大学出版社，2008.
[26] 凯蒂亚・安德森. 罗宾汉市场营销[M]. 潘晓曦. 译. 北京：东方出版社，2009.
[27] 王琍，周勇. 零售学[M]. 上海：立信会计出版社，2010.
[28] 陈立平. 卖场营销[M]. 北京：中国人民大学出版社，2008.
[29] 陈海鸥，许卫平，李俊魁. 超市营销[M]. 北京：企业管理出版社，2000.
[30] 翁智刚. 营销工程[M]. 北京：机械工业出版社，2010.
[31] 杨慧，吴志军. 市场营销学[M]. 第 2 版，北京：经济管理出版社，2001.
[32] 李仉辉，项巨力. 市场营销学[M]. 上海：立信会计出版社，2006.
[33] 苏兰君. 现代市场营销能力培养与训练[M]. 北京：北京邮电大学出版社，2005.
[34] 吴丰. 市场营销管理[M]. 成都：四川大学出版社，2004.
[35] 何立居. 市场营销理论与实务[M]. 北京：机械工业出版社，2004.
[36] 范晓屏. 市场营销学[M]. 杭州：浙江大学出版社，2004.
[37] 苏亚民. 现代营销学[M]. 北京：中国对外贸易出版社，2002.
[38] 江林，张险峰等. 现代市场营销管理[M]. 北京：电子工业出版社，2002.
[39] 杨加陆，方青云. 管理创新[M]. 上海：复旦大学出版社，2003.
[40] 傅慧芬. 当代营销学[M]. 北京：对外经济贸易大学出版社，2001.
[41] 王德章等. 市场营销学[M]. 2 版. 北京：高等教育出版社，2009.
[42] 伯特・罗森布洛姆. 营销渠道——管理的视野[M]. 北京：中国人民大学出版社，2006.
[43] 朱立. 市场营销经典案例[M]. 北京：高等教育出版社，2004.
[44] 戴贤远. 市场营销通略——营销技术高级分析[M]. 北京：中国金融出版社，2004.
[45] 方光罗. 市场营销概论[M]. 大连：东北财经大学出版社，2007.
[46] 王妙. 市场营销学[M]. 上海：上海复旦大学出版社，2005.
[47] 肖劲风. 中国经典营销案例集[M]. 北京：中国方正出版社，2004.
[48] 远江. 中国直复营销[M]. 北京：中信出版社，2001.
[49] 唐赤华，戴克商. 消费者心理与行为[M]. 北京：清华大学出版社，北京交通大学出版社，2009.
[50] 屈云波. 超市营销[M]. 北京：企业管理出版社，2000.
[51] 松村清. 销售心理学[M]. 东京：株式会社商业界，2002.